Children's Mathematical Development: Research and Practical Applications

아동의 수학 발달

-연구와 실제의 적용-

David C. Geary 저 | 신현기·이병혁·이태수·박경옥 공역

학지사

Children's Mathematical Development: Research and Practical Applications
by David C. Geary

역자 서문

대부분의 아동은 수학과목을 가장 싫어하고, 가장 어려워한다. 왜 그럴까?

여러 가지 이유가 있겠지만 수학과목에 등장하는 용어의 이해, 즉 기본개념의 이해에 어려움이 있는 것으로 생각된다.

한글만 사용하는 시대에 사는 요즈음의 아동들에게 상징성으로 이루어진 수에 대한 기본개념을 이해시키는 일이 결코 녹록한 일은 아닌 듯하다. 구체적으로 자연수, 소수, 정수, 공약수, 분수, 수직선, 방정식, 함수, 면적 등과 같은 용어를 일상생활에서 터득하게 하는 일이 어찌 간단하겠는가? 그럼에도 여전히 수학 관련 책에서는 수학이 모든 교과의 바탕이 되는 가장 기초학문이라고만 강조하고 있으니 답답한 일이 아닐 수 없다.

따라서 수학과 관련된 가장 기본적인 것부터 더듬어 보며 생각해 볼 필요가 있다. 그것은 아동들이 성장하는 과정에서 어떻게 수학적 개념을 형성하고 발전시키는지를 고찰해 보는 일이다.

그러던 차에 다소 오래전에 출판된 책이기는 하지만, David C. Geary 교수의 『아동의 수학 발달: 연구와 실제의 적용(Children's Mathematical Development: Research and Practical Applications)』(1994; 1996) 이라는 책을 접하게 되

었다.

이 책은 총 8장으로 구성되었으며, 1장은 아동의 초기 수 관련 능력이 어떻게 나타나는지를 살펴보면서 동물의 수 관련 능력의 발달과 비교하여 시작하고 있다. 2장은 산술능력의 발달, 3장은 수학적 문제해결 학습능력의 발달을 다루고 있다. 4장은 수학 학습 능력의 개인차를 심리측정적 관점, 인지적 관점 그리고 행동유전학적 관점의 연구 결과에 더하여 설명하고 있다. 5장에서는 발달의 차이가 아닌 수학 학습에서의 장애를 설명하기 위하여 인지적 요소, 신경심리학적 요소, 유전적 요소, 읽기장애와 수학장애 간의 관계를 망라하여 산술 수학장애와 문제해결 수학장애로 구분하여 설명하고 있다. 특히, 6장은 그동안 구전으로만 들었던 수학 학습에서의 남녀 성차와 수학영재의 발달적 특성을 다루고 있어 이와 관련된 사항을 연구에 기반한 결과로서 확인할 수 있을 것이다. 7장은 수학발달에 문화적 영향이 있는지를 다룸으로써 국가 간 수학능력에서의 성취 차이에 대한 설명을 하고 있다. 끝으로 8장에서는 지금까지의 연구 결과를 토대로 한 효율적인 수학 교수와 수학 교정교육의 개선을 위한 대안을 제언하고 있다.

이 책의 저자는 수학적 학습능력과 그의 발달과정에 관심을 두고 연구하는 인지발달 심리학자기에 설명의 이론적 근거가 명확하다는 것이 이 책의 큰 장점이다. 따라서 인지심리학, 발달심리학 그리고 교육심리학 분야는 물론 특수교육학 분야의 숙련가 및 대학원생들에게 수학발달과 그 교육적 함의를 찾도록 하는 데 매우 큰 도움이 될 것이다.

이 책은 같은 대학에서 함께 동문수학한 선후배가 의기투합하여 번역 작업을 하였기에 더욱 의미가 있는 책이다. 지금은 역자 모두가 중견학자로서 대학에서 왕성한 교육 및 연구 활동을 하고 있어 그 기쁨이 배가되고 있다. 이 책이 나오기까지 전체 과정을 조율하고 이끌어 준 극동대학교 중등특수교육과의 이병혁 교수에게 특히 감사 드린다.

끝으로 이 책이 나오기까지 2년여 동안 인내로 기다리며 지원해 주신 학지사 김진환 사장님과 편집부 직원들, 특히 박혜미 선생님께 감사 드린다.

늘 그렇듯이 원고를 넘김과 동시에 부족한 부분을 발견하고는 곧 후회하는 것이 우리의 반복되는 일이다. 비록 다음이 언제가 될지 모르겠지만, 좀 더 나은 책으로 계속해서 출간될 수 있도록 함께 노력하겠다.

2012년 가을을 재촉하는 빗줄기를 바라보며

대표 역자 신현기

저자 서문

최근 아동과 청소년의 수학 발달과 관련한 쟁점이 과학계는 물론, 대중에게 많은 관심을 끌고 있다. 예를 들어, 미국의 각종 뉴스 매체에서는 미국 아동들의 수학적 처리 기술이 다른 여러 나라의 또래 아동들에 비해 뒤처져 있음을 보여 주는 연구 결과를 자주 보도하고 있다. 빈약한 수학적 처리 기술은 아동들 개개인의 미래 고용 가능성과 급여 및 삶의 질의 표준 등에 영향을 미칠 가능성이 매우 크다. 그러므로 아동의 수 및 수학 발달이 점점 더 과학계는 물론, 국가적인 관심사가 되어 가는 현실은 그리 놀랄 일이 아니다(U. S. Department of Education, 1991). 이러한 관심이 증대되고 있는 시점에서 아동의 수 및 수학 발달과 관련된 다양한 영역에 대한 연구 결과를 종합하는 일은 매우 적절한 것 같다.

아동의 수학 영역에 대한 연구가 매우 다양한 것임을 생각해 볼 때, 이 책은 동물의 수 능력에서부터 수학에 대한 교수 접근방식에 이르기까지 광범위한 내용을 다루고 있다. 이 책의 가장 기본적인 목적은 아동과 청소년의 수학적 성장을 주제로 하여 현존하는 문헌을 포괄적으로 다루면서, 이 분야에서 중요하게 여기고 또한 종종 논란이 되고 있는 쟁점에 대한 결론을 이끌어내는 데 있다. 수학 능력에서의 성차와 동아시아 국가의 아동이 미국의 아동에 비해 우월한 수학 학습 수행을 보이는 것은 어떠한 요인(예를 들어, 이러한 차이가 지능과 관련 있는가, 아니면 학교교육과 같은 문화적 요인과 관련 있는가)에 기인하는지 등이 이러한 쟁점 중 실례에 속한다. 이 책의 범위가 매우 포괄적이다 보니 인지심리학자, 발달심리학자 그리고 교육심리학자뿐만 아니라 수학 발달 및 이와 관련된 쟁점(예를 들어, 성차나 수학장애 혹은 수학 교수 등)에 관심이 있는 교육자들과 다른 학문 분야의 숙련가들도 관심을 기울이게 될 것임에 틀림없다.

이 책을 구성하고 있는 여덟 개의 각 장에서 통찰력 있는 의견을 제공해 준 Peter Frensch에게 감사한다. 또한 사려 깊은 의견을 제시해 준 Craig Anderson, Mark Ashcraft, Christy Bow-Thomas, Harris Cooper, Linda Coutts, Leslie Geary, Jeff Gilger, Webster Kher 그리고 Fred vom Saal에게도 감사한다. 그리고 이 책이 여러 가지 조직적인 특성을 갖추는 데 유용한 제안을 해 준 APA의 선임 편집자 Judy Nemes, 최종본이 나오는 과정까지 다양한 측면에서 작업해 준 APA의 기술 담당 편집자 Kathy Lynch 등에게 감사의 말을 전하고 싶다. 끝으로 이 책을 준비하는 동안 미국 미주리 대학교 연구위원회에서 지원받을 수 있었기에 이에 대해 사의를 표하고 싶다.

David C. Geary

CONTENTS

서론

아동의 수학 발달과 관련된 영역은 다양하고 흥미롭다. 이와 관련된 연구 프로그램들은 인간의 인지와 발달에 대한 가장 기본적인 쟁점뿐만 아니라, 아동의 수학 학습에 대한 발전적인 응용 분야에 대한 관심사도 다루고 있다. 예를 들어, 현재 아동의 수학 발달과 관련된 논쟁 중 한 가지는 수 기술도 기초 언어 기술처럼 개인의 생물학적 특성에 영향을 받는다는 사실이 핵심적인 내용인지 아니면 그렇지 않은지에 초점이 맞춰져 있다. 이와 동시에 이 분야의 다른 연구자들은 효과적인 교수방법론을 규명하고, 수학에서의 국가 간 성취 수준 차이의 원천이 무엇인지를 더 잘 이해하기 위한 노력의 일환으로 동아시아 국가의 교사들과 미국 교사들의 학급에서의 수업 실제들을 비교하고 있다. 이 모든 것을 종합하면 아동의 수학 학습에 대한 다양한 연구 노력은 미국의 교육과 미국 사회에 많은 시사점을 줄 것이고, 동시에 정신능력의 발달에 대한 우리의 이해를 더해 줄 것이다.

이 책의 목적은 세 가지로 구분할 수 있다. 첫째, 아동의 수학 기술과 이 기술의 발달에 대해 알려진 연구 결과에 대한 포괄적인 개요를 제공하는 것이다. 이는 1~3장에서 다루며 초기 수 능력, 산술 발달 그리고 수학적 문제해결 등이 이에 포함된다. 둘째, 아동의 수학 발달 영역 내에 존재하는 특정 쟁점, 즉 수학 성취에서의 개인차, 성차 그리고 국가 간 차이 등에 대한 지금까지의 철저한 논의를 제공하는 데 있다. 이는 단순히 이런저런 이론을 요약하는 수준이 아니라, 이 분야에 대해 알려진 지금까지의 연구 결과를 종합하고 이들 간의 쟁점에 대한 실질적인 결론을 제공하는 것이다. 셋째, 아동의 수학에 대한 연구 결과가 미국 아동의 수학 교수를 개선하는 데 어떻게 활용될 수 있는지에 대한 몇 가지 아이디어를 제공하고, 이러한 연구가 아동이 보이는 수학 학습에서의 어려움을 교정하는 데 어떻게 사용될 수 있는지 깊이 생각해 보도록 하는 데 있다.

각 장의 결론 부분에서는 그 장에서 논의된 내용의 기본 영역과 그 영역 내의 주요 쟁점을 강조한다. 더욱이 단지 관련된 자료에 대한 형식적인 개요만을 제공하기보다는 세부 사항들을 제시하고, 각 장에 대해 더 자세하고 전문적인 부분에 대한 요약을 제공하기로 결정하였다(요약이 들어 있는 부분은 각 장의 시작 부분 주석에 언급되어 있다). 이렇게 구성함으로써 누군가가 세부 사항에 관심이 있다면 전체를 읽도록 하고, 단지 관련된 연구 결과의 요점에만 관심이 있다면 요약 부분만 읽을 수 있도록 하였다. 이러한 구성은 이 책의 내용 일부가 중복되는 결과를 가져올 수 있으나, 어떤 독자에게는 너무 적은 정보를 그리고 또 다른 독자에게는 충분치 않은 정보를 제공하는 것보다는 더 나은 것으로 보인다.

다음은 이 책의 각 장에서 다뤄지는 몇몇 측면에서 두드러지고 중요한 쟁점에 대한 개요다.

1장은 유아의 기초적인 수 기술에 대한 고찰로 시작된다. 유아를 대상으로 한 연구의 결과를 보면 유아도 제한적인 영역이기는 하나, 몇 가지 물건들에 대한 다수성(numerosity) 혹은 양에 대한 인식의 민감성을 타고남을 주장하고 있음을 보면서 때때로 꽤 놀랍다. 예를 들어, 유아는 생후 1주만에 세 개가 한 묶음인 물건들은 두 개가 한 묶음인 물건들과 양적인 측면에서 다름을 아는 것으로 보인다(Antell & Keating, 1983). 생후 5개월이나 그보다 개월 수가 적은 유아는 하나의 물건을 더하거나 빼는 것이 몇 개의 물건으로 이루어진 집단에 영향을 미침을 이해하는 것 같다(Wynn, 1992a). 생후 18개월이 되면 유아는 서수 관계에 반응한다. 즉, 이들은 세 개가 한 묶음인 물건이 두 개가 한 묶음인 물건보다 더 많다는 것을 이해하는 것으로 보인다(R. G. Cooper, 1984).

학령 전기 동안 아동은 기본적인 수 이름과 그들이 속한 문화 내에서의 세기 체계 그리고 숫자들이 사용되는 서로 다른 모든 맥락(예를 들어, 측정 등)을 배운다(Fuson, 1988). 비록 수 기술에 대한 지식이 표현되는 방식에 있어 중요하고도 흥미로운 문화적 다양성이 존재한다 하더라도, 아동이 드러내는 수 기술 중 많은 부분은 보편적인 것으로 보인다(Saxe, 1982a).

1장은 동물의 수 능력에 대한 생각으로 끝을 맺는다. 많은 종류의 동물이 인간 유아에게서 발견되는 것과 유사한 수 능력을 보인다는 연구 결과는 많은 기초 수 기술이 타고난 혹은 생물학적으로 1차적인 것이라는 주장을 뒷받침하고 있다. 예를 들어, 인간 영유아에게서 발견되는 기본적인 덧셈 기술은 보통의 침팬지에게서 발견되는 그것과 매우 유사하다(『Pan troglodytes』, Boysen & Berntson, 1989).

기초 수 기술과 마찬가지로 많은 산술능력이 전 세계에 걸쳐 발견되었다. 예를 들어, 세계 전역의 아동은 그들이 지니고 있는 세기 기술과 세기에 대한 지식을 기초적인 산술문제들을 푸는 데 적용하고 있다. 이와 동시에 분수처럼 아동이 익히기에는 매우 어려운, 산술의 다른 특성들도 존재한다(Gelman, 1992). 2장의 1, 2절은 아동의 산술에 대한 **비형식적**(학교에 들어가기 전에 배우는) 그리고 **형식적**(학교에서 배우는) 지식의 개요를 제공하고 있다. 이 개요 다음으로 덧셈과 뺄셈 그리고 곱셈과 나눗셈에서 아동의 기술 발달에 대한 철저한 고찰이 뒤따른다. 각각의 부분에서 아동의 능력 발달에 있어서의 문화 간 유사성과 차이점이 언급될 것이다. 2장은 아동의 산술 발달의 기반을 이루는 인지적 · 사회적 기제에 대한 고찰로 끝을 맺는다.

아동의 수학 발달에 있어 핵심적인 요소는 효과적으로 문제를 해결하는 방법을 배우는 것이다. 3장에는 산술 및 기하 문장제 문제를 해결하는 아동의 능력에 대한 연구가 소개된다. 3장에서 다뤄지는 주제로는 문제의 구조와 아동의 문제해결 전략 간의 관계, 문제해결 도식(schema)의 발달 그리고 수학적 문제해결에 있어서의 초인지적 처리과정 등이 있다. 일례로 이 분야에 대한 한 가지 매력적인 일련의 연구는 어린 아동이 산술 문장제 문제들을 해결하는 데 사용하는 전략은 문제의 의미 구조를 반영한다는 것을 보여 주었다(Carpenter & Moser, 1983). 이 분야의 연구는 아동이 관련된 문제를 풀 때 '더 많은(more)'과 같은 핵심어가 어떤 유형의 전략을 사용할지에 강력한 영향을 줄 수 있음을 보여 주고 있다.

문장제 문제 자체에 반영되었다고 하기보다는 오히려 아동에게 내적인 처리과정 또한 산술 및 기하 문장제 문제 모두에 대해 폭넓게 고찰되고 있다. 이러한 처리과정에는 문제에 제시된 양적 관계의 의미를 정신적으로 표상하는 능력과 그 표상을 적절한 방정식으로 해석하는 능력 등이 포함된다(A. B. Lewis, 1989). 산술 및 기하 문제해결에 대한 부분은 발달 패턴, 즉 한 단계에서 다음 단계로의 향상을 지배하는 기제에 대한 고찰로 끝을 맺는다. 관련된 자료는 아동의 수학적 문제해결 능력의 발달적 변화에 읽기 기술과 작업기억이 미치는 영향은 물론, 숙련가-초보자 차이에 대한 고려 또한 반영하고 있다.

4장은 아동과 성인 둘 다 수학 능력이 다른 이유와 관련되어 있다. 이 문제는 심리측정적 · 인지적 · 행동유전학적이라는 세 가지 관점에서 접근할 것이다. 심리측정적 연구에서는 수학 능력에 ① 수 및 산술, ② 수학적 문제해결 등 두 가지 일반적인 영역이 있다고 주장한다. 이 두 가지 부류의 능력은 고등학교에 진학할 때까지 본질적으로 서로 별개(Dye & Very, 1968)라는 연구 결과와 동등한 정도의 중요한 연구 결과인 뛰어난 수 및 산술능력에 기여하는 처리과정은 수학적 문제해결에 공헌하는 정도와는 다르다는 점을 암시하고 있다.

인지적 연구는 심리측정적 검사에서 보이는 개인별 수행 차이의 기초를 이루는 처리과정을 규명하는 것과 관련되어 있다. 이러한 연구는 산술 성취 및 능력 검사에서 높은 점수를 보이는 아동이 각각의 개별적인 문제를 해결하는 데 있어 자신들이 이용할 수 있는 가장 효과적인 전략 선택에 매우 능숙하다고 주장하고 있다(Geary & Burlingham-Dubree, 1989; Siegler, 1988a). 예를 들어, 간단한 산술문제(예를 들어, 3+5)를 풀기 위해 아동은 때때로 그 답을 단지 기억에서 찾아낼 것이다. 다른 문제들의 경우 손가락을 셀 수 있고, 또 다른 문제들의 경우 머릿속에서 세기도 할 것이다. 이에 비해 문장제 산술문제를 해결하는 능력은 전략 선택보다는 작업기억 자원(즉, 기본적인 계산을 수행하는 동안 중요한 정보를 머릿속에 유지하는 능력)과 더 강력하게 관련되어 있는 것으로 보인다.

산술 및 수학적 문제해결 능력에서의 개인차에 유전적 요인이 어떤 기여를 하는지에 대한 문헌은 많지 않다. 그러나 수행된 연구는 흥미롭다. 예를 들어, 기초 산술능력의 변이성 중 대략 절반 정도는 이러한 기술들을 뒷받침하는 근본적인 유전형 차이에서 기인하는 것으로 보인다(Vandenberg, 1966). 다른 말로 하자면, 기초 산술능력은 부분적으로 유전되는 것 같다는 것이다.

과학계와 교육계에서는 대부분 아동이 수학에서 특정 학습장애를 지니고 있는지의 여부와 관련된 문제를 무시했거나 오해했다. 예를 들어, 최근에 출판된 어떤 발달심리 교재는 읽기장애에 대한 논의를 제공하고 있으나 수학장애에 대해서는 언급조차 하고 있지 않다(Steuer, 1994). 게다가 더 심한 경우는, 또 다른 최신 교재에서는 수학장애는 절대로 존재하지 않는다고 주장했다는 것이다(Krantz, 1994). 사실 학령기 아동 중 약 6%가량이 수학에서 어떤 형태의 학습장애를 지니고 있는 것으로 보인다(Badian, 1983). 5장에는 수학장애의 인지적 · 신경심리학적 · 잠재적 유전 요소에 대한 포괄적인 검토가 제시되고 있다[더 전문적인 검토는 Geary(1993)에 제시되어 있다]. 나는 여기서 산술 관련 장애에 세 가지 하위영역이 있을 뿐 아니라, 수학적 문제해결 과정에서 보이는 어려움과 관련된 특정 인지적 결손도 존재한다고 주장한다. 각각의 산술 관련 하위영역들에 대해서는 인지적 · 신경심리학적 상관관계가 발달 패턴, 읽기장애와의 관계 그리고 잠재적 유전 요인 등과 함께 논의될 것이다.

수학 능력에서의 성차라는 쟁점은 복잡하고 논란 또한 많다. 6장을 살펴보면 서로 다른 수많은 유형의 수학 기술과 수학 발달에 미치는 서로 다른 영향이 많이 존재함이 분명해졌을 것임에 틀림없다. 그처럼 복잡한 주제에 대해 '남성이 수학을 더 잘한다.'와 같은 개략적인 진술은 정당화되지 않는다. 사실 6장에서 검토된 연구는 빠르면 초등학교 1학년부터, 수학의 몇몇 영역에서 남성이 우월하다는 결과가 일관되게 존재하지만, 다른 영역에는 전혀 성차가 없음을 강하게 주장하고 있다. 이 분야에서 더 매력적인, 하지만 지금까지 무시되어 왔던 쟁점들 중 한 가지는 선천적인 혹은 생물학적으로 1차적인 것으로 보이는 수 기술에 있어 성차가 존재하는지 여부다. 여러 문화권 전반에 걸쳐 이러한 기초 기술에서의 성차가 존재하지 않는다는 일관된 연구 결과는 '남성 수학 유전자' 같은 것은 없음을 시사한다.

더 복잡한 수학 능력(학교에서 배우는)의 성차에 대해 최근에 실시된 메타분석 연구를 통하여 발견된 모든 성차는 청소년 시기까지는 드러나지 않을 뿐더러, 그 차이가 적고 점점 사라지고 있다(즉, 지난 수십 년 동안 점점 더 적어졌다; Hyde, Fennema, & Lamon, 1990)는 점을 주장하고 있다. 이러한 결과는 폭넓게 인용되고 있고 영향력도 크지만 어쩌면 잘못된 것일 수 있다. 6장에서는 다양한 수학 기술들에 있어서의 성차라는 쟁점이 문화권 간 패턴에 초점을 맞춰 다뤄지고 있다. 문화권 전반에 걸쳐 남학생들은 빠르면 초등학교 1학년부터 시작하여 성인기까지 계속 기하와 측정 그리고 문장제 문제해결(산술 및 대수) 등의 영역에서 여학생들보다 더 나은 수행을 보이는 것으로 나타났다. Hyde, Fennema 그리고 Lamon(1990)이 이끌어 낸 결론은 주로 미국에서 수행된 연구들에 그 기반을 두고 있다. 문화권 간 연구는 수학에서의 성차가 미국을 포함하여 아동이 가장 낮은 수준의 성취를 보이는 나라에서 가장 적게 나타나는 경향이 있음(Husén, 1967)을 보여 주고 있다. 미국에서 수학 능력에 있어서의 성차가 적고 점점 사라져 간다는 연구 결과는 대부분 '바닥효과(floor effect)' 때문인 것으로 보인다. 즉, 미국 아동의 수행이 너무 낮아서 어떤 차이도 발견할 수 없다는 것이다.

이 문화권 간 자료를 개관한 후, 수학 능력에 있어서의 성차 크기에 대한 인지적 · 심리사회적 · 생물학적 영향이 제시되었다. 공간능력 및 수학 수행 사이의 관계, 지각된 수학적 역량 및 진로 목표에 있어서의 차이, 남학생과 여학생의 학급에서의 경험 그리고 이와 관련된 문제 등과 같은 주제들이 철두철미하게 논의되었다. 6장의 이 부분은 인간의 진화라는 더 넓은 맥락 내에서 수학 능력에 있어서의 성차의 고찰로 끝맺음을 하고 있으며, 이는 다시 수학 성차의 정식 생물사회적 모형 내로 통합되고 있다.

6장의 마지막 부분은 수학영재성의 인지적 상관관계에 초점을 맞추고 있다. 성차 및 수학영재들에 대한 연구를 합쳐서 제시하고 있는데, 이는 수학적 문제해결에서의 성차 크기가 영재들의 표본에서 가장 크게 나타나는 경향이 있기 때문이다(Benbow, 1988). 따라서 수학적으로 조기에 발달하는 데 기여하는 기술 중 얼마간은 또한 수학 능력에 있어서의 성차의 중요한 원천일 수도 있다. 예를 들어, 분명히 수학영재 중학생은 공간 정보에 대한 기억력이 대학생들보다 더 낫지만, 언어 정보 기억력은 그리 특별할 것이 없었다(Dark & Benbow, 1991).

7장은 끊임없는 정치적 · 사회적 · 과학적 관심사인 수학성취에서의 국가 간 차이의 속성 및 원천이라는 쟁점을 다루고 있다. 이 쟁점의 정치적 속성은 『America 2000: An Education Strategy』(U.S. Department of Education, 1991)에 반영되어 있다. 여기서 주요 목적 중 한 가지가 "2000년까지 미국 학생들은 과학 및 수학성취에 있어 세계 1등이 될 것이다."(p. 3)라는 것이다. 7장에서 나는 수학성취에 대한 국제 연구들을 폭넓게 검토하고 있다. 이러한 연구는 미국 아동이 산업화된 세계에서 가장 빈약한 수학교육을 받고 있다는 것을 일관성 있게 보여 주고 있다.

7장의 2절에서 수학 성취에 대한 이러한 국가 간 차이의 잠재적 원인이 검토되고 있다. 예를 들어, 미국 아동의 수행이 또래의 동아시아 국가(즉, 일본, 타이완, 한국 그리고 중국) 아동의 그것과 비교될 때 성취 차이는 가장 극명하게 드러난다. 어떤 이들은 이와 관련된 성취 차이가 지능에서의 인종 간 차이를 반영한다고 주장하고 있다(Lynn, 1983). 7장에서는 이 쟁점 및 이와 관련된 증거가 미국 내 민족 집단 간의 성취 차이와 대응하는 것으로서 비판적으로 검토되고 있다. 가치와 학교교육 그리고 가족 등과 같은 일반적인 문화 요인들이 국가 간 성취 차이에 미치는 영향 또한 차례로 고찰되고 있다. 7장은 동아시아 국가 아동이 수학에서 또래의 미국 아동보다 훨씬 더 나은 수행을 보이는 이유에 대한 내 자신의 결론 및 『America 2000』의 목적이 달성될 수 있을 것인지에 대한 판단으로 끝을 맺고 있다.

8장은 아동의 수학교육, 특히 교수 및 교정에 있어서의 쟁점을 직접적으로 다루고 있다. 8장은 미국 내에서 벌어지고 있는 교육 개혁에 대한 현재의 철학적 접근을 비판하면서 시작되고 있다[이 주제에 대한 전체적인 논의는 Geary (출판 중)를 참조하라]. 거기에서부터 사회적 정책 및 직접적인 교수적 쟁점이 다뤄지고 있다. 예를 들어, 미국이 수학에 국가 수준 교육과정을 채택해야 하는지의 문제가 고려되고 있다. 8장의 일부에서 더 실질적인 정보 또한 찾아볼 수 있다. 수학의 절차와 개념을 더 잘 가르칠 수 있는 방법에 대해서, 심리학적 연구에 기반을 둔 제안들이 제공되고 있다. 8장은 수학적 불안에 대한 논의 그리고 5장에서 논의된 바 있는 서로 다른 형태의 수학장애를 교정하는 방법에 대한 여러 가지 제안으로 끝을 맺는다.

Chapter 1 아동의 초기 수 관련 능력

지난 25년 동안 유아나 유치원 아동의 기초적인 수 관련 능력에 대하여 수행된 연구는 우리에게 매우 풍부한 정보를 제공해 주었다. 이 장은 이 분야의 기초가 되는 학술적 성과를 담고 있는데, 유아의 수 관련 기술(numerical skills)에 대한 고찰을 시작으로 수 세기 기술과 수 지식의 발달에 초점을 맞추어 유치원 아동의 수 관련 기술의 발달을 소개하고 있다. 이 장의 1~2절에서 논의되고 있는 많은 실험은 수라는 것이 인간의 삶에서 극히 자연스런 영역이라는 점, 즉 인간은 수량에 대한 기본적인 감각을 가지고 태어난다는 것을 강력히 주장하고 있다. 이러한 주장을 지원하기 위해 이 장은 여러 종의 동물이 보이는 수 관련 기술에 대한 고찰로 결론을 맺고 있다. 이는 특히 이러한 기술이 유아 및 학령 전 아동의 초기 능력과 관련되어 있기 때문이다.

우리는 아동의 정신세계로 여행을 떠나기에 앞서 어린 아동의 수 관련 기술 발달에 대한 Piaget의 중대한 연구를 간략히 소개하는 것으로 시작하려 한다. Piaget는 어린 아동의 수 관련 기술을 사정하기 위해 다양한 실험과제를 개발하였다. 그중 한 예를 들면, 한 줄에 구슬을 네 개씩 끼우고 두 줄을 만들어 아동에게 제시한 후, 어느 쪽 줄의 구슬이 더 많은지를 물어보는 과제다.

이때 구슬을 일대일 대응이 되도록 배열한 후 물어볼 경우, 4~5세 아동은 거의 항상 각 줄에 동일한 수의 구슬이 있다고 진술한다. 그다음 Piaget는 그중 한 줄의 구슬의 간격을 넓혀 각 줄 사이의 일대일 대응을 모호하게 만든 후 다시 아동에게 같은 질문을 했다. 그러자 대부분의 아동은 간격이 넓은 줄의 구슬 개수가 더 많다고 진술했다. 아동이 보이는 이런 식의 정당화에 기초하여 Piaget는 각 줄에 네 개씩의 구슬이 있는 것에 대한 아동의 이해, 즉 아동의 등가(equivalence)에 대한 이해는 **수**에 대한 개념적 이해에 기초하기보다는 줄이 어떻게 보이느냐 하는 시각적 배열에 달려 있다고 주장하였다. 아동이 **수**를 이해하고 있음을 보이려면 변환 후 줄들이 서로 다르게 보인다 할지라도 각 줄의 수는 동일하다고 진술하여야 한다. 그러나 이 과제에서 아동은 보통 7, 8세가 될 때까지 이러한 정당화를 보이지 못하였기에 Piaget는 어린 아동의 경우 **수**에 대한 개념적 이해 능력을 소유하고 있지 못하다고 하였다. 따라서 수 세기(counting)와 관련된 활동은 주로 기계적 암기에 의해 행해진다고 주장하였다.

Mehler와 Bever(1967)는 특정 상황에서 2세 6개월 된 어린 아동이 **보다 많다**(more than) 혹은 **보다 적다**(less than)에 대한 판단을 내리는 데 있어서 지각적 정보가 아닌 양적 정보를 사용한다고 주장하면서, 학령 전 아동이 수에 대한 개념적 이해를 하지 못한다는 Piaget의 주장을 반박하였다. 그들은 2세 6개월에서 4세 6개월 된 아동을 대상으로 한 줄에 4개씩 두 줄의 초코볼을 제시한 후 두 줄이 서로 같은지를 물었다. 그런 후 한 줄 또는 두 줄에 변화를 주었다. 예를 들면, 실험자는 두 번째 줄에 두 개의 초코볼을 더한 후 그 줄을 더 짧게 만들고 나서 아동에게 "먹고 싶은 줄의 초코볼을 선택하면 그 줄의 초코볼을 다 먹을 수 있다."(Mehler & Bever, 1967: 141)고 알려 주었다. 2세 6개월 된 아동의 80% 이상이 수가 더 많은 두 번째 줄을 선택함으로써 그 아동이 **보다 많다**와 **보다 적다**에 대하여 이해하고 있다는 주장을 하였다. Beilin(1968)은 반복 연구를 통해 Mehler와 Bever의 실험 결과는 아마도 초코볼을 더하는 행동과 줄의 길이에 변화를 주는 행동이 동시에 발생했기 때문일 것이라는 점을 보여 주었다. 왜냐하면 3세 아동은 초코볼을 더하는 것과 줄에 변화를 주는 것을 따로 했을 때 그 수행결과가 더 나빠졌기 때문이다. 그럼에도, 두 연구 모두 2세 6개월에서 3세의 아동조차 한 줄에 초코볼을 더하는 것이 그 줄의 양을 증가시켰다는 사실에 민감하게 반응하였음을 보여 주었으며, 이는 Piaget(1965)가 개발한 표준적 수 개념 과제가 어린 아동의 수 관련 능력을 과소평가했음을 시사하는 것이다.

유아의 수 관련 능력

Mehler와 Bever(1967) 그리고 Beilin(1968)은 현대 심리학자들에게 학령 전 아동은 물론 유아에 이르기까지 그들의 인지 기술을 더 상세히 조사하도록 동기를 부여해 주었다. 유아에 대한 연구는 흥미를 불러왔으며 종종 놀라운 결과를 보여 주었는데, 사실 유아의 세계는 "대단하다, 생기가 넘치다, 부산하다, 혼란스럽다."(James, 1890, 1950; 나는 이러한 표현이 새로 부모가 된 사람들의 행동에 더 잘 어울린다고 늘 생각해 왔다)기보다는 질서가 잡혀 있는 편이다. 유아는 태어난 순간부터 자신이 처한 환경에서 의미 있는 정보를 추출할 수 있는 것으로 보인다. 유아가 자기 엄마의 얼굴 모양이나 냄새와 같은 환경의 중요한 측면에 대해 보이는 민감성은 그리 놀라운 것이 아니지만, 수량과 같이 환경 내의 더 추상적인 특성들에 대하여 갖는 민감성은 놀라운 것이다. 엄마의 눈이나 코와 달리, 환경 내 양적 특성들은 지각을 통해 수용되는 속성이라고 볼 수 없다. 엄마와 아빠가 유아 주변을 서성일 때 유아는 그들의 얼굴 모양과 같은 신체적 특성을 지각할 뿐만 아니라, 그 장소에 하나 혹은 셋이 아닌 둘이 존재함을 알고 있는 것으로 보인다. '둘(twoness)'이라는 것은 부모 중 어느 한쪽이 갖고 있는 속성이 아니기 때문에 추상적인 것이다. 그것은 부모라는 집합이 갖는 중요한 특성으로서 얼마나 많은가를 나타내는 것에 해당한다.

유아의 수 관련 능력을 고려할 때 거론되는 중요한 세 가지 쟁점이 있다(R. G. Cooper, 1984; Strauss & Curtis, 1984). 첫 번째는 아동의 **다수성**(numerosity)에 대한 이해인데, 이는 물체의 수량에 기초하여 물체의 집합체를 변별하는 능력을 의미한다. 예를 들면, 세 개의 물체로 구성된 집합은 두 개의 물체로 구성된 집합과 수량에 있어 차이가 있음을 인식하는 것이다. 두 번째 쟁점은 **서수성**(ordinality)에 대한 인식과 관련되는데, 예를 들면 물체 세 개가 두 개보다 더 많다는 것을 아는 것이다. 마지막으로 유아 연구에서 가장 최근 연구영역이라 할 수 있는 것으로서 유아의 덧셈과 뺄셈 능력을 들 수 있다. 이들 세 영역 각각의 연구 결과와 이론적 입장에 대한 기술을 다음에서 검토하고 있다.

다수성

유아의 기초적 수 관련 능력에 대한 최초의 현대적 조사 중 하나는 Starkey와 Cooper(1980)에 의해 수행되었다. Starkey와 Cooper는 습관화 절차를 사용해 유아가 수량이 서로 다른 두 집합 간의 차이를 말할 수 있는지를 알고자 하였다. 일반적으로 **습관화 절차**(habituation procedure)란 하나의 자극을 유아에게 제시하는 것으로 시작하는데, 이 연구에서는 2~6의 점이 배열된 것을 사용하였다. 유아에게 일련의 점을 처음 제시하면 그 정보는 새로운 것에 해당된다. 이러한 상황에서 유아는 보통 그 점의 배열에 시선을 빼앗길 것이다. 어떤 배열을 반복해서 제시하면 유아는 그 배열에 습관화되기 때문에 바라보는 시간의 양은 점차 감소한다. 만약 배열된 점의 수를 변경했을 때(탈습관화) 해당 유아가 다시 주의를 기울인다면, 그 유아는 두 수량의 차이를 변별하는 것으로 가정하는 것이다. 그러나 만약 배열을 바라보는 유아의 시간에 변화가 없으면 그 유아는 수량의 차를 변별하지 못하는 것으로 가정한다. Starkey와 Cooper는 4개월 된 유아와 7개월 반 된 유아가 2개의 물체와 3개의 물체를 변별할 수 있었지만 4개와 6개는 변별하지 못했음을 보고하였다. 이와 별개로 수행된 연구에서 Strauss와 Curtis(1981)는 10~12개월 된 유아가 2개과 3개는 변별하였지만 4개와 5개는 변별하지 못했음을 보고하였다. 또 어떤 상황에서는 일부 유아가 3개와 4개를 변별할 수 있었다고 한다.

1~3개로, 때로는 4개로 구성된 물체의 다수성에 대한 유아의 민감성은 여러 번에 걸쳐 다양한 조건(예를 들면, 동질적 대 이질적 집합체)하에서 반복 연구되었다(Antell & Keating, 1983; Starkey, 1992; Starkey, Spelke, & Gelman, 1983, 1990; van Loosbroek & Smitsman, 1990). 이 연구 결과 중 가장 눈에 띄고 흥미로운 것은 유아가 생후 첫 주 시기에도 적은 수로 구성된 집합의 다수성 차이에, 움직이는 표시(이를테면, 직사각형 모양의 집합체)로(van Loosbroek & Smitsman, 1990) 그리고 복합적인 방식으로(Starkey et al., 1983) 민감성을 보였다는 것이다(Antell & Keating, 1983). 복합적인 방식을 채용한 연구는 더 상술할 가치가 있는데, 이는 이러한 연구 결과가 다수성에 대한 유아의 민감성이 특정 방식의 표상이 아닌 추상적 표상에 근거한 것임을 암시하기 때문이다. 다시 말해서 2개와 3개가 다소 차이가 있다는 것을 아는 유아의 지식은 그 물체가 어떻게 보이는가 혹은 어떻게 들리는가(예를 들면, 북을 연속적으로 2번 혹은 3번 치기) 등의 방식에 의존하는 것은 아니라는 것이다.

이 연구 중 첫 번째 것에서 Starkey 등(1983)은 7개월 된 유아에게 두 장의 사진을 제시하였다. 하나는 두 개의 물체를 찍은 사진이고, 또 다른 사진은 세 개의 물체를 찍은 것인데, 2번의 북소리 혹은 3번의 북소리와 함께 제시하였다. 이때 유아는 북소리 수와 일치하는 물체의 개수를 찍은 사진을 더 오래 바라보았다. 이것은 유아가 시각 정보(이를테면, 사진)로부터 추출한 수량을 청각 정보(이를테면, 북소리)로부터 추출한 수량과 연관지었음을 의미한다. 이러한 결과는 유아가 3~4개에 이르는 항목에 대한 다수성을 추상적으로 부호화하는 인지체계를 가지고 있음을 의미하며, 이러한 체계는 시각이나 청각에 기반한 것이 아님을 말해 주고 있다(D. Moore, Benenson, Reznick, Peterson, & Kagan, 1987의 연구를 참조하라).

무엇보다 이 연구 결과에서 중요한 것은 유아가 3개에서 어떤 경우 4개에 이르기까지의 수량을 표상하고 기억할 수 있다는 것이다. 적은 수로 구성된 집합의 다수성을 표상하는 이러한 능력은 생후 첫 수부터 존재하는 것으로 보이며(Antell & Keating, 1983), 특정한 제시방식에 의존하지 않는 것 같다(Starkey, 1992; Starkey et al., 1983). 또한 물체가 단순히 점인지 아니면 집에 있는 물건인지와 같은 요인에 의해서도 영향 받지 않으며, 제시된 물체가 고정된 것인지 움직이는 것인지에 의해서 혹은 제시될 때의 밀집 정도(예를 들면, 뭉쳐 놓는가 혹은 펼쳐 놓는가 등)에 의해서도 영향 받지 않는 것으로 보인다. 이러한 결과가 다수성에 대한 유아의 이해가 더 나이 많은 아동의 그것과 동일함을 의미하는 것이어서는 안 되며(Gelman & Gallistel, 1978), 유아가 어떻게 이러한 변별을 할 수 있는지 우리에게 알려 주는 것도 아니다. 오히려 이러한 결과는 유아가 적어도 3~4개의 물체로 구성된 수준의 다수성에 대해서는 민감성을 가지고 태어났음을 가리키는 결과로 받아들여야 할 것이다(Gelman, 1990).

서수성

비록 유아가 적은 수량을 탐지하고 표상할 수 있다 하더라도, 앞에서 서술한 연구 결과가 곧 유아가 필연적으로 어느 집합의 항목 수가 더 많은지 혹은 더 적은지에 대한 민감성을 가지고 있다는 식으로 이해하는 것은 잘못이다. 즉, 유아는 다수성을 표상하는 것으로 보이지만 이러한 표상이 순위를 매기는 것은 아니다. 서수성에 대한 민감성(이를테면, 다수성에 있어 2 다음에 3이 오고, 2는 1 다음에 온다는 것을 아는 것)은 생후 1년 6개월 정도가 되어서야 나타나는 것으로 보인다(R. G. Cooper, 1984; Strauss & Curtis, 1984).

유아가 다수성 간에 관계가 존재한다는 것을 언제부터 이해하기 시작하는지 조사하기 위해 Strauss와 Curtis(1984)는 먼저 조작적 조건형성(operant conditioning)을 통해 서로 다른 수의 점으로 이루어진 두 줄 중 더 적은 쪽 혹은 더 많은 쪽 패널의 옆면을 건드리도록 유아를 지도하였다. 적은 수의 줄은 3개의 점이 있고 많은 수의 줄에는 4개의 점이 있는데, 더 적은 수 쪽으로 조건화할 때에는 유아가 적은 수의 줄이 있는 쪽 패널을 건드릴 때 보상을 받도록 하였다.

그다음 유아에게 2개의 점이 있는 줄과 3개의 점이 있는 두 줄을 제시하였다. 만약 유아가 단순히 보상을 제공해 준 값에 반응한다면 3개의 점이 있는 쪽 패널을 건드릴 것이다. 반면에 유아가 서수적 관계에 기초하여, 즉 더 적은 수의 줄에 반응한다면 유아는 2개의 점이 있는 패널을 건드릴 것이다. 이 연구에서 16개월 된 유아는 2개의 점에 반응함으로써 **보다 적음**에 민감성이 있음을 보여 주었다(Strauss & Curtis, 1984). 10~12개월의 유아는 그 점들의 다수성 변화는 알아차렸지만 **보다 적음**과 **보다 많음**을 변별하지는 못했는데, 이것은 단순히 **서로 다름**만을 안다는 것이다(R. G. Cooper, 1984). 이 연구는 유아가 생후 18개월에 이르면 3개 혹은 4개에 이르는 적은 값들의 서수적 관계를 의식하기 시작한다는 것을 보여 주는 것이다.

산술

최근 흥미 있는 한 연구에 의하면, 5개월 된 유아도 적은 수량을 다루는 수준에서는 더하기나 빼기를 할 수 있다고 한다(Wynn, 1992a). 그 실험을 살펴보면, 유아에게 먼저 인형 하나를 진열대에 놓고 보여 준다. 그러고 나서 가림막을 쳐서 아동이 그 인형을 볼 수 없게 만든다. 그런 다음 유아는 실험자가 또 하나의 인형을 가림막 뒤에 놓는 것을 보게 된다. 그러고 나서 가림막을 걷고 인형을 하나만 보여 주거나 둘 다 보여 주는 것이다. 유아는 예상치 못한 사건을 더 오래 응시하는 경향이 있으므로, 만약 유아가 원래 있던 인형에 또 다른 인형 하나를 더하면 둘이 된다는 것을 알고 있다면, 가림막을 걷었을 때 인형이 예상대로 2개 있을 때보다 1개만 나타날 때 더 오래 응시할 것이다. 실험을 통해서 이러한 패턴은 분명하게 나타났다. 추가적 실험조작을 통해 그 유아가 '2-1=1'이라는 사실 또한 인식하고 있음을 보여 주었다. 이러한 결과는 유아가 단순히 다수성의 변화를 알아차렸기 때문이 아니라 예상되는 정확한 결과('1+1=2'와 '2-1=1'이 되는 것처럼)를 인식하고 있는 것처럼 보였다는 것이다. Starkey(1992) 역시 18개월 된 유아가 유사한 능력을 가지고 있음을 발견했지만(2장의 '비형식적 산술' 참조), 유아가 양에 대한 덧셈과 뺄셈의 효과에 대해 선천적인 감각을 가지고 있음을 확실하게 수용하려면 더 많은 후속 연구를 통해 반복되어야 할 필요성이 있다.

초기 수 관련 능력의 발달기제

일단 유아의 수 관련 기술에 대한 기초적인 이해가 가능해졌다면, 이제 그 다음 응답되어야 할 의문점을 살펴볼 차례다. 그것은 유아가 어떻게 다수성을 표상할 수 있으며, 유아가 서수적 관계 혹은 덧셈과 뺄셈을 이해할 수 있는가에 관한 것이다. 유아의 수 관련 능력을 설명해 주는 기제에 대한 초기 연구는 성인의 수행에 기반한 것이었다(예를 들어, Mandler & Shebo, 1982). 그 연구는 성인에게 간단한 물체들을 제시했을 때 다수성을 어떻게 파악하는지 이해하기 위한 것인데, 이 연구에 의하면 두 가지 일반적인 절차가 성인의 다수성에 대한 표상을 설명해 준다고 한다. 그것들은 지각기반 순간파악하기

(perception-based subitizing)와 언어 전 수 세기(preverbal counting)라 불린다 (Gallistel & Gelman, 1992; Klahr & Wallace, 1973; Mandler & Shebo, 1982; Starkey & Cooper, 1980). **순간파악하기**(subitizing)란 일반적으로 3~4개에 이르는 일련의 물체가 제시되었을 때 그 다수성을 신속하게 말할 수 있는 능력을 일컫는다. 물론 성인이나 아동 모두 물체의 수를 세어 봄으로써 다수성을 파악할 수는 있다(Silverman & Rose, 1980). 그러나 이 실험에서는 종종 매우 짧은 시간(보통 0.2초) 안에 물체를 제시하기 때문에 수를 세기는 어렵다.

Mandler와 Shebo(1982)는 성인이 배열의 다수성을 파악하는 데 있어 순간파악하기, 세기, 추산(estimation) 등 적어도 서로 다른 세 가지 절차를 사용한다고 주장하였다(Klahr & Wallace, 1973). 이러한 결론은 부분적으로 1~15개 혹은 20개에 이르는 물체 배열의 다수성을 판단하는 데 소요되는 시간의 양(반응시간)에 부분적으로 기초하고 있다. 이 절차를 살펴보면, 일련의 세 점을 0.2초 동안 제시한다. 실험 참가자는 제시된 점의 수를 답해야 하고, 반응시간은 점을 제시한 순간부터 대답하는 순간까지 측정된다. 반응시간을 제시된 점들의 수와 대응시킨 결과가 [그림 1-1]에 제시되어 있는데, 그 결과의 형태는 다수성을 파악하는 세 가지 서로 다른 방식과 일치한다.

[그림 1-1]을 왼쪽에서 오른쪽으로 살펴보면, 물체의 수량이 1~3개의 범위일 때 다소 평평한 기울기를 보이는 것을 알 수 있다. 그것은 2개의 물체를 제시했을 때와 비교하여 3개를 제시해도 추가로 소요되는 시간은 거의 없음을 의미한다. 그리고 물체가 3~9개일 때까지는 기울기가 급격하게 증가하지만 10개가 넘어가면 다시 완만해지는 것을 알 수 있다. Mandler와 Shebo(1982)는 1~3개까지의 완만한 기울기는 순간파악하기의 결과라 주장하였다. 3~9개까지의 기울기는 다수성을 파악하려는 내현적 수 세기의 사용을 반영하는 것이며, 그 이상의 경우는 물체의 수를 추산한 것에 기반한 것이다. 물체가 1~3개인 경우와 9개를 초과한 경우 공통적으로 완만한 기울기를 보이긴 하나 실패율에서는 큰 차이를 보인다. 물체가 4개 이하일 때 실패하는 경우는

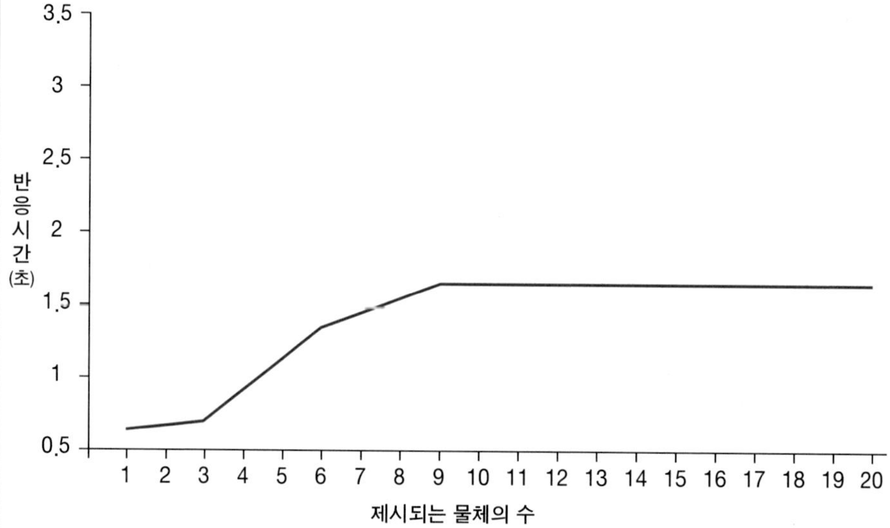

[그림 1-1] 다수성 판단을 위한 반응시간 형태

출처: Mandler, G. & Shebo, B. J. (1982). Subitizing: An Analysis of Its Component Processes. *Journal of Experimental Psychology: General, 111,* p. 8, Washington, DC: The American Psychological Association.

매우 드물었지만 7개 이상일 경우는 실패율이 50%를 넘었다. 적은 수의 배열과 큰 수의 배열이 실패율에서 차이를 보이는 것은 이 배열들의 다수성을 파악하는 데 서로 다른 절차가 사용된다는 주장을 지지해 준다.

특히 관심을 모으는 점은 순간파악하기의 기초를 이루는 처리과정, 혹은 세 물체까지에 대한 다수성의 신속한 판단에 있는데, 이러한 동일한 과정이 유아의 다수성에 대한 초기 민감성의 기반이 될 수 있기 때문이다. Mandler와 Shebo(1982)는 순간파악하기가 성인으로 하여금 자연스러운 환경에서 빈번하게 발생하는 패턴에 근거하여 둘 혹은 셋의 다수성을 추출할 수 있게 해 주는 기초적인 지각과정이라고 주장하였다. 예를 들면, 3개의 사물 배열은 삼각형으로 지각된다는 것이다. 적어도 성인에게 3이라는 수량은 삼각형에 대한 지각으로부터 신속히 그리고 자동적으로 추출된다는 것이다. 이와 유사하게 2라는 수량은 자동적으로 직선에서 추출됨에 따라 2개의 사물을 제시하면 하나의 직선으로 지각한다는 것이다. Mandler와 Shebo(1982)는 추가적 논의를 통해 성인에게 자동화된 것으로 보이는 이 절차가 아동기에 서서히 발달한다고 주장하였다. 다시 말해서 직선과 삼각형이라는 패턴이 2와 3이라는 다수성과 자동적으로 연합되는 것은 많은 경험을 거친 후에야 발생한다는 것이다. 그러므로 그러한 지각기반 과정을 가지고 유아의 다수성에 대한 민감성을 설명하기는 다소 어려울 것으로 보인다.

Gallistel과 Gelman(1992; Wynn, 1992b, 1992c 참조)은 유아와 성인의 순간파악하기가 기초적인 지각적 단서에 의한다기보다는 선천적인 언어 전 수 세기와 시간반응(timing) 기제에 기반한다고 주장하였다(Meck & Church, 1983). Meck과 Church(1983)는 동물의 다수성 판단 기술과 시간 추산(time-estimation) 기술을 설명하는 모형을 개발하였는데, 그 모형은 심박 조정기(pacemaker), 관문(gate), 축적기(accumulator)라는 세 가지 주요한 요소로 구성되어 있다. 심박 조정기는 맥박의 지속적 흐름을 생성한다는 전제를 지니고 있다. 어떤 다수성 과제가 있을 때 첫 번째 사물을 처리하는 과정에서 관문이 열려 축적기로 맥박의 흐름이 유입되도록 한다. 그러면 맥박은 축적기 안에 저장된다. 첫 번째 불연속적 사물이 지각되면 관문은 닫히고, 그 순간 축적기에 저장된 맥박들이 하나의 다수성을 표상하게 된다. 두 번째 사물이 지각되면(예를 들면, 시각적으로 스캔한 것) [그림 1-2]와 같이, 관문은 정해진 시간 동안 열린 후 다시 닫히고 마찬가지로 축적기에 맥박들을 저장한다.

모든 사물에 대한 처리가 완료된 후 해당 정보는 축적기에 저장되어 기억되고 선천적인 언어 전 다수성 표상들과 비교된다. 다시 말해, 축적기에 저장된 2개의 맥박은 2개의 사물을, 3개의 맥박은 3개의 사물을 표상한다는 것을 아동이 태어나면서부터 이해한다는 것이다. 또한 다수성을 판단하는 데 요구되는 언어 전 수 세기와 시간반응 기제의 정확성은 판단해야 할 사물의 수가 증가할수록 감소하는 것으로 전제된다. 그러므로 이러한 언어 전 기제의 사용은

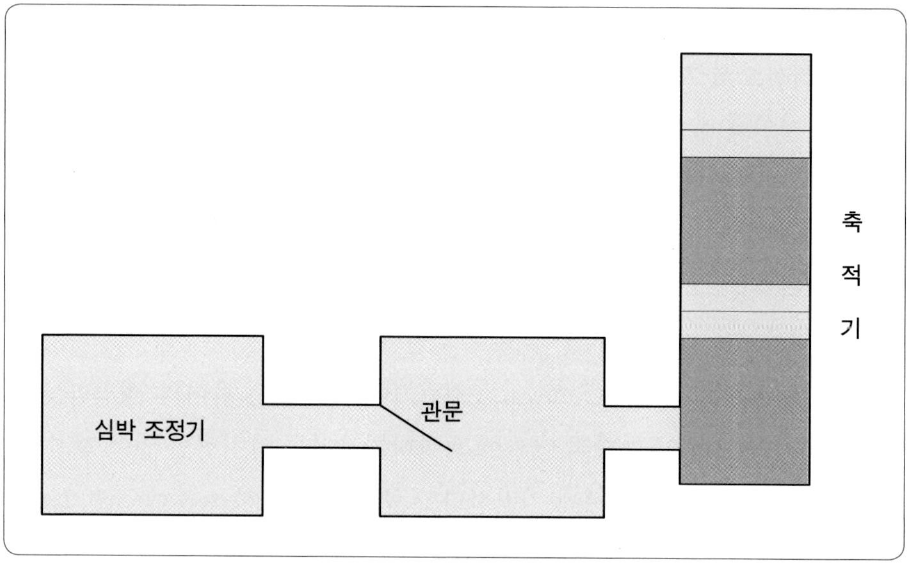

[그림 1-2] 언어 전 수 세기와 시간반응 기제의 도식적 표상

유아에게서 보이는 것처럼 적은 수의 다수성은 신속하고 정확하게 판단할 수 있게 해 주지만 많은 물체의 집합일 경우는 다소 부정확하다. 비록 Gallistel과 Gelman(1992)은 수량에 대한 민감성이 선천적인 것이라고 했지만, 유아가 수에 대하여 성숙한 이해력을 가지고 태어나는 것은 아니다. 그보다 언어 전 수 세기와 시간반응 기제가 유아로 하여금 주변 환경의 수량적 속성에 주의를 기울이게 하고 그러한 속성을 자동적으로 처리하게 하도록 안내하는 것으로 보고 있다. 수에 대한 보다 성숙한 이해는 그러한 선천적 체계와 더불어 아동의 수 관련 활동으로부터 시작된다고 할 수 있는 것이다.

더욱이 Gallistel과 Gelman(1992)의 모형은 서수적 관계에 대한 초기 민감성을 설명해 준다. 선천적인 언어 전 수 세기와 시간반응 체계는 물체의 상대적 수량에 대한 정보 역시 제공하는 것으로 간주된다. 이를테면, 유아는 2개의 사물로 구성된 집합이 3개의 사물로 구성된 집합보다 더 적다는 것을 안다. 반면에 R. G. Cooper(1984)는 서수값에 대한 유아의 이해는 이들이 자연스러운 환경에서 물체의 수량 변화를 경험하면서 점차 발달하는 것이라고 주장하였다. 이러한 변화는 보통 어떤 형태의 덧셈과 뺄셈을 포함하고 있다. 만약 부모 모두가 유아와 함께 놀이를 하다가 그중 한 명이 가 버리면 "다수성 탐지기가 순차적으로 활성화되는데"(R. G. Cooper, 1984, p. 164), 이 경우에는 2와 1에 대한 탐지기가 활성화된다는 것이다. 이러한 패턴은 유아의 일상 활동에서 수없이 반복되어 다수성 탐지기의 빈번한 순차적 활성화를 초래하고, 하나, 둘, 셋 그리고 그 이상의 수에 대한 다수성 탐지기 간의 서수적 관계를 점차 발견하는 것으로 귀결된다. Gallistel과 Gelman(1992)의 모형과 R. G. Cooper(1984)의 모형 모두 적절한 것으로 받아들여지고 있다. 앞서 언급했듯이, 기본적으로 어떤 아동의 서수값에 대한 이해는 다수성에 대한 선천적 민감성과 아동의 경험 사이의 상호작용을 통해 발달하는 것으로 보고 있다(Piaget, 1965; Steffe, von Glasersfeld, Richards, & Cobb, 1983).

언뜻 보기에 앞서 서술한 유아의 산술능력에 관한 연구(Wynn, 1992a)의 결과가 R. G. Cooper(1984; Strauss & Curtis, 1984)의 연구 결과와 모순되는 것처럼 보일 수 있다. 이는 일반적으로 더하기와 빼기가 서수성에 대한 이해를 필요로 하기 때문이다(Brainerd, 1979; Gelman & Gallistel, 1978; Siegel, 1974). 서수성에 대한 이해는 생후 1년 6개월쯤 나타나는데, Wynn의 연구(1992a)에 참여한 유아는 생후 5개월에 덧셈과 뺄셈의 효과를 이해하는 것처럼 보였다. 그러나 Wynn의 연구에서는 유아가 더하고 빼는 활동에서 어떤 절차들을 사용했는지 명확히 드러난 것이 없다. 유아가 2가 1보다 더 크다는 이해 없이도 제시된 물체(이 연구에서는 인형)에 대한 자신의 표상에 변화를 주는 것이 가능할 것이다. 다시 말해서 유아가 서수적 관계를 이해한다는 Wynn의 주장을 반드시 따를 필요는 없다는 것이다. 이 시점에서 말할 수 있는 것은 덧셈을 하면 더 많아지는 반면, 뺄셈을 하면 더 적어진다는 것을 유아가 어떻게 이해하는지 분명치 않다는 것이다.

요약

유아는 수 관련 기술과 관련하여 수량에 대한 기본적인 이해 혹은 다수성, 서수값, 양에 대한 덧셈과 뺄셈의 효과 등을 포함한, 놀라울 정도로 다양한 능력을 보여 주고 있다. 유아가 생후 첫 주(Antell & Keating, 1983)에 그리고 서로 다른 여러 조건하에서 양에 민감하게 반응한다는 연구 결과는 적어도 3~4개까지의 물체 배열에 대해 유아가 다수성에 대한 민감성을 타고날 가능성을 높여 준다. 또한 적은 수에 관한 것이기는 하지만 서수적 관계에 대한 유아의 이해는 생후 18개월쯤 나타나는 것으로 보인다. 즉, 이 시기에 유아는 3이 2보다 크고 2가 1보다 크다는 것을 이해하는 것 같다. 최근의 연구에 의하면 5개월 된 유아가 1개 혹은 2개의 물체를 더하고 뺄 때 이것이 수량에 미치는 효과에 대하여 민감하게 반응한다고 한다. 즉, 유아가 '1+1=2'가 되고 '2-1=1'이 된다는 것을 아는 것처럼 보인다는 것이다.

Gallistel과 Gelman(1992)의 언어 전 수 세기 및 시간반응 모형은 수 관련 기술에 대한 동물 연구와 인간 유아의 초기 기술에 대한 연구를 통합하려는 흥미로운 시도였다. 그들은 동물에게 적용되는 시간반응과 수 세기 절차가 유아의 기초적 수 관련 기술에도 동일하게 적용된다고 주장하였다. 사실, 현 시점에서 이러한 수 관련 기술에 대한 기제가 명확히 밝혀진 것은 아니지만 일부 동물의 수 관련 능력과 유아의 수 관련 능력 간의 연관성을 가정하는 것은 매우 타당해 보인다('동물의 수 관련 능력' 참조). 아무튼 이 분야의 연구에서 공통적으로 주장하고 있는 것은 많은 수 관련 기술이 선천적이라는 것이며(Starkey, Spelke, & Gelman, 1991), 이것은 나중에 수 관련 기술이 발현되는 기본 골격이 된다는 것이다(Dehaene & Mehler, 1992; Gelman, 1990).

수와 수 세기

수 세기를 비롯한 수 관련 활동은 인간의 자연적인 진취적 면모 중 하나다(Crump, 1990). 일례로 Saxe, Guberman과 Gearhart(1987)는 아동이 2세부터 정기적으로 수 관련 활동들에 참여한다는 것을 보여 주었다(Ginsburg & Russell, 1981 참조). 이러한 활동에는 사회적 놀이는 물론 인형이나 과자의 수를 세는 등 혼자서 수행하는 장면도 포함된다. 부모와 아동은 개별 숫자의 독특성에 대한 이해를 필요로 하는 활동(예를 들면, “TV 채널을 5번으로 돌려 줄래?”)뿐 아니라 수 참조물이 있는 노래(예를 들면, “하나, 둘, 신발 끈을 묶어라.”)를 부른다거나 손가락과 발가락의 개수를 세는 것과 같은 수 관련 놀이에 빈번히 참여한다. 수 관련 활동의 자연적 발생 그리고 수의 표상 및 수 세기 방법의 발달이 산업화된 문화권에 국한된 것은 아니다. 예를 들면, Saxe는 파푸아뉴기니의 농경사회인 Oksapmin 부족의 수 표상과 수 세기 체계를 연구하였는데(Saxe, 1981, 1982a, 1982b), [그림 1-3]에서 볼 수 있듯이 Oksapmin 부족의 수 세기와 수에 대한 표상은 사람 몸의 27군데를 활용하도록 되어 있다. “그들이 수를 세는 방식은 한쪽 엄지손가락에서 시작하여 반대쪽 손의 새끼손가락에 도달하기까지 상반신 위쪽 표면의 27군데를 세는 것이다.”(Saxe, 1982a, pp. 159-160) 이러한 체계는 수 세기를 할 때뿐만 아니라 서수적 위치를 표상할 때와 기초적 수준의 측정을 할 때에도 사용된다. 이와 유사하게, Zaslavsky(1973)는 아프리카 아동이 즐기는 수 관련 활동과 게임의 여러 공통점을 기술한 바 있다.

거의 틀림없이 모든 사회에서 이루어지는 수 관련 활동의 선천성과 기초적인 수 관련 기술의 중요성을 놓고 볼 때 학령 전 아동 및 초등학교 저학년 아동의 주요 과제 중 하나가 아동의 수 개념에 대한 이해를 획득하고 수 세기

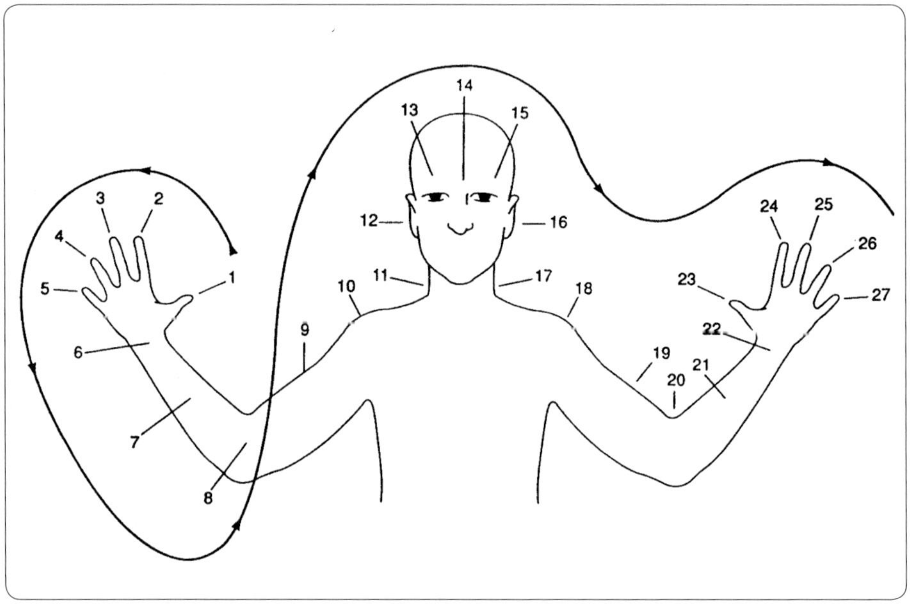

[그림 1–3] Oksapmin 부족의 수 세기 체계

출처: Saxe, G. B. (1982). Developing Forms of Arithmetical Thought Among the Oksapmin of Papua New Guinea. *Developmental Psychology, 18,* p. 585.

를 숙련시키는 것이어야 한다는 것은 그리 놀라운 일이 아니다(L. B. Resnick, 1983). 확실히 이러한 과제는 대부분의 성인에게는 쉽고 겉으로는 하찮은 일에 불과하다. 그러나 아동이 이러한 기술을 획득하는 과정은 상당한 시간이 걸릴 뿐 아니라 매우 어려운 과제에 해당된다. 대부분의 아동에게 이 절차는 2세에서 8세에 이르기까지 6년여의 기간이 소요된다(Fuson, 1988; Piaget, 1965). 이러한 기술을 더 잘 이해하기 위해 전형적인 8세 아동의 지식을 고찰해 보라. 첫째, 이들은 수에 대한 다양하고 중요한 특성을 이해하고 있다. 다시 말하자면 각각의 수는 고유한 이름을 가지고 있으며, 고유한 수량을 대표할 뿐 아니라 수들은 **연속적으로 배열된다**(serially ordered)는, 즉 연속적으로 커지는 수는 연속적으로 더 큰 수량을 대표한다는 점을 알고 있다는 것이다

(Brainerd, 1979; Fuson, 1988; Gelman & Gallistel, 1978). 그들은 각각의 수가 그보다 더 작은 수로 갈라질 수 있음을 알고 있다. 예를 들면, 8세쯤 되면 아동은 '8'은 '6과 2' 또는 '3과 5' 등의 여러 조합으로 갈라질 수 있음을 알고 있다는 것이다. 사실, 어떤 수가 다른 수들로 구성된 집단으로 대표될 수 있음을 이해하는 것은 상대적으로 더 큰 수들의 덧셈과 뺄셈을 개념적으로 이해하는 데 있어서 필수적 단계에 해당된다(즉, 유아가 '더하거나 뺄' 수 있는 물체가 한두 개 이상; Fuson, 1988). 이들은 수를 이용해 "나는 내년 여름이면 여덟 살이야."와 같이 말함으로써 연령 등을 측정할 수도 있다.

아동은 수 자체에 대한 개념적 이해를 발달시켜야 함은 물론 다양한 맥락에서 수를 적절하게 사용하는 법을 학습해야 한다. Fuson(1988)이 적절하게 지적한 바와 같이, 수는 일련의 물체에 대한 기수값이나 서수의 등급(예를 들어, 첫째, 둘째, 셋째……)과 같이 전통적 방식으로 사용될 뿐만 아니라 여러 가지 덜 전통적인 방식으로도 사용된다. 예를 들면, 전화번호 '547-9258'은 5,479,258번째 전화를 의미하는 것도 아니며 어떤 수치를 나타내는 것도 아니다. 이와 유사하게, 39번 버스를 타고 등·하교하는 아동은 그 버스가 매일 39번째 오는 버스도 아니며 39번 버스가 83번 버스보다 다소 작다거나 12번 버스보다 크다는 것을 의미하지 않는다는 것을 알고 있다. "Wait a second."라는 말은 어떠한가? 이 맥락에서의 second는 환경(시간)의 연속적 속성을 의미하는 반면, 배식 줄에서의 second는 서로 다른 사람들 간의 순서를 의미한다. 분명히 수에 대한 아동의 이해는 전통적 의미에서의 개념뿐 아니라 여러 가지 다른 방식으로도 이해되며 수가 사용되는 서로 다른 여러 맥락을 반영하고 있다.

이 상황을 더 복잡하게 만들기 위해, 아동은 **열거**(enumerating)의 절차 혹은 여러 항목에 기수적 또는 서수적 의미를 할당하는 것을 숙지해야만 한다. 이 절차는 물론 수 세기다(Gelman, 1978; Greeno, Riley, & Gelman, 1984; Miller & Gelman, 1983; Silverman & Rose, 1980; Steffe et al., 1983). 수 개념을 획득함

에 따라 소리 내어 세는 기술은 보통 2~3세 사이에 시작하여 수년의 기간에 걸쳐 발달하게 된다(Gelman & Gallistel, 1978). 수를 열거하는 데 있어 필수적인 특성은 세기의 대상이 되는 물체에 **하나**와 같은 단어 꼬리표(word tag)가 부여된다는 것을 포함한다. 이를 이해할 수 있는 방식으로 하기 위해 아동은 수 이름을 학습(이를테면, 암기)할 필요가 있는데, 어떤 문화권에서는 꼬리표를 붙여 주는 과정에서 손가락이나 몸짓이 활용되기도 한다(Zaslavsky, 1973). 수 개념이 확장되면 수 이름을 부여하는 데 더 복잡한 과정이 필요하다(Fuson, Richards, & Briars, 1982; Wynn, 1992b). 이를테면, 아동은 열거하는 행위와 수 이름이 일련의 물체에 대한 다수성을 파악하고, 한 집합 내에서 순서를 정하며(예를 들면, 첫째, 둘째, 셋째), 두 집합 이상의 수량을 서로 비교하고, 혹은 수량을 추상적으로 표상하는 등 많은 목적을 달성하는 데 사용된다는 것을 이해해야 한다(예를 들면, Saxe, 1977).

이 절의 나머지 부분은 학령전 기간 동안 아동의 수 세기 기술이 어떻게 변화하는지에 대한 기술적 개관으로 시작하여, 수 이름, 수 개념, 수 세기 오류와 더불어 기수성(cardinality)과 서수성의 표상, 측정을 위한 수와 수 세기의 필요성에 대한 이해 등이 포함되어 있다. 또한 이 절은 발달적 모형, 즉 수 개념과 수 세기 획득의 기초를 이루는 처리과정에 대한 이론적 조망의 고찰로 마무리된다.

수 이름

수 세기를 효과적으로 하려면 아동은 몇 가지 기초적인 기술을 숙지해야 한다(Fuson, 1988; Gelman & Gallistel, 1978; Schaeffer, Eggleston, & Scott, 1974; Wynn, 1990). 우선, 아동은 수 이름과 세는 물체 간에는 일대일 대응이 이루어지기 때문에 세는 각 물체에는 오직 하나의 명칭만 할당된다는 것을 학습해야 한다. 또한 아동은 정확한 순서(이를테면, 하나, 둘, 셋……)로 수 이름을 정렬하는 것을 배워야 하며, 수 세기에 있어서 마지막 수, 즉 기수가 특별한 의미를 갖는다는 것(세어진 물체의 총수를 대표한다)을 이해해야 하는 것이다.

아동이 이러한 기술을 숙지하기 위해서는 자기가 속한 문화권의 수 이름을 기계적으로 학습해야만 한다(Fuson, 1991). 보통 3~4세 아동은 1에서 10까지 정확한 순서로 그 명칭을 알고 있다(Fuson, 1988; Siegler & Robinson, 1982). 그런데 영어나 유럽의 언어를 사용하는 아동의 경우 10보다 큰 수 이름을 학습하는 것이 특히 어렵다(Fuson & Kwon, 1991; K. F. Miller, 1992; K. F. Miller & Stigler, 1987). 왜냐하면, 이들 언어권에서는 백 단위 수에 이르기까지 수 이름이 불규칙하기 때문이다. 즉, 이 수들의 이름이 10을 기반으로 하는 수 체계에 들어맞지 않기 때문이다. 이에 비해 대부분의 아시아 언어권에서는 10보다 큰 수의 이름과 그 이름이 대표하는 기본적인 십진법 값 사이에 직접적인 일대일 대응이 존재한다(Fuson & Kwon, 1991; Hatano, 1982; Miura, 1987; Miura, Kim, Chang, & Okamoto, 1988; Miura, Okamoto, Kim, Steere, & Fayol, 1993). 예를 들어, 11을 의미하는 중국어, 일본어 그리고 한국어를 영어로 나타내면 ten one이 된다. 11이라는 수를 eleven 대신 ten one을 사용하면 두 가지 이점이 있다. 첫째, 아동이 eleven과 twelve 등과 같은 추가적인 수의 꼬리표를 암기할 필요가 없다. 둘째, 중국어에서는 11이라는 수가 하나의 10단위와 하나의 1단위로 구성된다는 것이 명백하게 드러나지만 영어나 유럽에서 파생된 대부분의 언어에서는 그렇지 못하다는 것이다. 영어권 아동에게 eleven은 단지 수의 이름으로 이루어진 연속선상에 있는 하나의 명칭에 불과한 것이다. 기초적인 단위 값 숫자들(1, 2 …… 등)이 십진법 체계 내에서 반복됨을 반영하는 특별한 상태가 수 이름 자체에서는 분명하게 나타나지 않는다.

상황을 더욱 불리하게 만드는 것은, 영어를 사용하는 아동에게 -teen으로 끝나는 수들의 경우 fifteen에서 보는 바와 같이 1의 단위 값이 10의 단위 값 앞에 나오지만, 20이 넘어가면 thirty-five와 같이 10의 단위 뒤에 오게 된다는 것이다(Fuson & Kwon, 1991). 대부분의 아시아 언어에서는 수 이름에 이와 같이 혼란스러운 특성은 보이지 않는다. 예를 들면, 중국어에서 15는 단순히 ten five로, 35는 three ten five로 표현된다. 영어와 다른 많은 유럽에서 파생된 언어에서 보이는 이러한 불규칙성은 수 이름을 학습하는 데 더 많은 시간을 요구할 뿐 아니라, 초등학교 시절 흔히 경험하듯 15라고 듣고 51로 쓰는 등의 오류를 더 자주 범하도록 만든다(Ginsburg, 1989). 그럼에도 불구하고, 2학년쯤 되면 대부분의 아동은 100까지의 수 이름을 잘 이해하게 된다. 그러나 이것은 서로 다른 문화권의 아동이 수가 의미하는 것을 동일한 수준으로 이해한다기보다는 그 연령이 되면 100까지는 정확히 셀 수 있게 된다는 것을 의미하는 것이라 말할 수 있다.

수 개념

아동은 자신이 사용하는 언어에서 수 이름을 배우는 것과 더불어 이러한 수 이름들이 어떤 식으로 수 개념과 연관되고, 수 세기에 그 명칭들이 어떻게 사용되는지에 대한 이해를 발달시켜야 한다. 아동은 먼저 각각의 수 이름이 서로 다른 수량을 의미함을 이해해야 하고, 그러고 나서 특정한 수 이름을 특정한 수량에 표상시켜야 한다. 즉, Oksapmin 부족의 경우 신체 일부의 이름을 특정 수량과 연관 짓는 것을 예로 들 수 있다(Saxe, 1981). 지금부터는 수 이름과 수 개념이 어떻게 연관되는지에 대한 아동의 이해를 논해 보고자 한다. 그다음 절에서는 수 이름 적용 시 나타날 수 있는 오류, 즉 수 세기 오류를 간략히 검토해 볼 것이다.

2~3세 시기에 아동은 수 세기를 할 때 수의 이름을 사용하기 시작한다(Gelman & Gallistel, 1978). 모든 부모가 아는 것처럼 이 시기 아동의 수 세기는 비록 적은 규모의 수량이라 할지라도 완전하기는 어렵다. 특히, 어린 유

아의 경우 종종 수 이름의 표준적 순서(이를테면, **하나, 둘, 셋**)를 사용하지 못하고 어떤 경우에는 수 이름을 전혀 사용하지 못하기도 한다. 예를 들면, 아동은 두 개의 물체를 세는 데 '셋, 다섯'으로 말할 수도 있고 세 개의 물체를 세는 데 '셋, 다섯, 여섯'으로 말할 수도 있다. 때때로 이 연령의 아동은 수를 셀 때 두 개를 세는 데 'A, B', 세 개를 세는 데 'A, B, C'와 같이 알파벳 글자를 사용하기도 한다. 이러한 패턴에는 두 가지 중요한 측면이 존재하는 데, 첫째는 각 수를 세는 동안 각각의 수 이름 혹은 문자는 단 한 번만 사용된다는 점이다. 둘째는 수를 세는 데 있어 순서가 안정되어 있다. 이러한 전반적인 패턴은 아동이 서로 다른 수 이름(혹은 서로 다른 문자)은 서로 다른 수량을 대표하며, 진술되는 수량의 순서가 중요하다는 것을 어렴풋이나마 이해한다는 것을 시사한다(Gelman & Gallistel, 1978).

2세 6개월 정도의 많은 아동도 수 이름들이 빨강 혹은 행복 등과 같은 다른 기술적 단어들과 차이가 있음을 이해하는 듯 보인다. 예를 들어, 어떤 아동에게 세 개의 빨간색 장난감 병정을 일렬로 세워 놓고 세어 보라고 요구하면, 그 아동은 항상 그런 것은 아니지만 보통 그것들을 세는 데 수 이름을 사용한다. 더욱이 그 아동은 빨강이라는 말이, 세고 있는 물체들의 한 속성을 기술한다는 것은 이해하지만 각 장난감 병정에 할당된 수는 장난감 병정 자체의 속성을 설명하는 것이 아니라 그것들의 집합을 일컫는다는 것을 이해하고 있다(Gelman & Gallistel, 1978; Markman, 1979). 비록 많은 2세 유아가 서로 다른 수 이름은 서로 다른 수량을 의미한다는 것을 이해하는 듯 보이지만, 그들은 각각의 수 이름이 의미하는 특정 수량은 알지 못한다(Wynn, 1992b). 예를 들면, 2세 6개월 된 많은 유아는 세 항목으로 구성된 집합과 네 항목으로 구성된 집합을 변별할 수 있으며, 4가 3보다 크다는 것을 알고 있지만(Bullock & Gelman, 1977), **네** 개와 **세** 개의 항목이 든 집합에 정확하게 이름을 붙이지 못할 수 있다. Wynn(1992b)은 아동이 특정한 수 이름을 수량에 대한 자신의 정신적 표상과 연합시키고, 이 지식을 수 세기 과제에 사용하기 위해서는 2~3세부터 약 1년 정도의 수 세기 경험을 필요로 한다고 주장하였다. 그러므로 많은 3세 유아가 수 이름과 특정 수량을 연합시키기 시작하는데, 이러한 지식은 적은 값들에만 한정되는 것 같다. 많은 3세 유아는 세 항목으로 구성된 집합에 **셋**이라는 이름을 붙일 수 있지만 6항목으로 구성된 집합에는 **열**이라는 이름을 붙일 수도 있다.

사실, 수 이름을 수량에 대한 구체적 표상과 연결 짓는 것은 아동에게 어려운 과제이고, 많은 4세 유아가 10 이하의 수에서조차 이러한 과제를 완수하지 못할 가능성이 매우 높다(Gallistel & Gelman, 1992). 더 중요한 것은 앞서 기술했듯이 영어를 포함한 많은 유럽에서 파생된 언어의 수 이름이 가진 불규칙성을 고려해 보면, 수 이름들과 **수**의 개념적 이해 간의 관계는 더욱 복잡해진다. 아라비아 수 체계(이를테면, 1, 2, 3……)를 사용하는 대부분의 유럽에서 파생된 언어에서 13에서 19까지 −teen이 붙는 수 이름이 십진법 체계와 직접적으로 연결되지 못한다는 사실은 13에서 19까지에 해당하는 특정 수 이름을 학습하기 어렵게 만들 뿐만 아니라, 아동의 십진법 체계에 대한 개념적 이해를 방해하는 것으로도 보인다(Fuson & Kwon, 1991, 1992b).

이에 비해 아시아의 수 이름 체계는 십진법 체계와 직접적으로 연결되기 때문에 수 이름들은 십진법 체계의 이해에도 도움이 되는 것 같다. 아시아 아동은 영어의 twelve나 thirty와 같은 불필요한 수 이름들을 암기할 필요가 거의 없고, 이는 이들이 수 세기에서의 오류를 덜 범하게 해 주고, 기초적인 수 세기 기술의 획득도 미국 아동에 비해 더 일찍 획득할 수 있게 해 준다(Fuson & Kwon, 1991; K. F. Miller, 1992). 아무튼 중요한 점은, 아동은 수 이름을 제일 먼저 학습하고 이어서 각 이름을 특정 수량과 연관 짓는다는 것이다. 이러한 과정은 적은 값의 수들에 대하여 먼저 시작하고 점차 큰 수의 이름으로 확장된다(Fuson, 1988). 10보다 큰 수들의 경우 수 이름과 그 개념이 연관되는 데 걸리는 속도는 언어에 따라 다양한 것으로 보인다.

세기 오류

아동이 수 이름의 표준 순서를 암기한 후에도 수 세기에서의 오류는 여전히 빈번하게 관찰된다. Gelman과 Gallistel(1978)은 수 세기, 특히 수 이름을 세고 있는 물체들과 연결 짓는 활동에는 꼬리표 붙이기(tagging)와 분할하기(partitioning)라는 절차 그리고 이 두 가지 행동의 일치가 포함된다고 주장하였다. 꼬리표 붙이기란 수를 센 항목에 하나의 수 이름을 할당하는 것을 의미하며, 분할하기란 이미 센 항목과 세어야 할 항목 두 부분으로 항목들을 가르는 것을 의미한다. 꼬리표 붙이기와 분할하기의 과정이 이루어지는 동안 아동은 주로 지금 세고 있는 물체들을 손으로 가리키는 동작을 하거나(성인은 눈을 통해 그와 같은 일을 한다), 물체를 세면서 한쪽에서 다른 쪽으로 옮겨 놓는다. 손가락으로 가리키는 것이나 물체를 옮겨 놓는 행동은 아동으로 하여금 자신이 세는 것을 지속적으로 추적할 수 있게 도와준다. 비교적 흔한 것은 아니지만 꼬리표 붙이기 오류는 아동이 장난감 병정 3개를 세면서 "하나, 하나, 하나."라고 세는 것과 같이 2개 이상의 물체에 동일한 수 이름을 할당하는 경우다.

분할하기 오류의 예를 들면 어떤 물체를 세면서 세어야 할 물체가 있는 곳에서 이미 센 물체들이 있는 쪽으로 옮겨 놓지 않은 경우에 해당된다. Gelman과 Gallistel(1978)은 가장 흔하게 보이는 오류가 꼬리표 붙이기와 분할하기의 일치, 즉 꼬리표 붙이기와 분할하기를 동시에 멈추지 못하는 것이라고 한다. 예를 들면, 3개의 장난감 병정을 셀 때 아동은 마지막 장난감 병정을 가리킨 후에도 수 이름을 계속해서 말할 수 있다. Fuson(1988)은 어린 아동이 보이는 수 세기 오류를 광범위하게 연구하여 여러 오류를 유형화하였다. 수 세기 오류의 매우 흔한 형태 중 하나로 [그림 1-4]의 경우를 들 수 있다. (A)를 살펴보면, 아동은 각 항목을 한 번씩만 가리켰지만 지적할 때 두 개 이상의 수 이름을 말하였다. (B)의 경우, 아동은 각 원에 하나의 수 이름을 올바르게 할당하였지만 중간에 가리키기를 하지 않은 채 세 번째 명칭을 말하였다. (C)에서처럼 아동은 때로 수 이름의 각 음절마다 가리키기와 꼬리표 붙이기를 하는 경우가 있다. 어떤 경우에는 각 항목에 두세 번씩의 가리키기와 꼬리표 붙이기를 하기도 한다. 수 세기를 하는 동안에 발생하는 모든 유형의 오류에도 불구하고 아동이 유치원에 들어갈 시기가 되면 특히 더 적은 규모에 대해서는 일반적으로 능숙한 수 세기가 가능해진다.

기수성과 서수성

수 세기에는 단순히 올바른 순서로 적절한 수 이름을 할당하는 것 이상의 무엇인가가 존재한다(예를 들면, Becker, 1993; Fuson, Pergament, Lyons, & Hall,

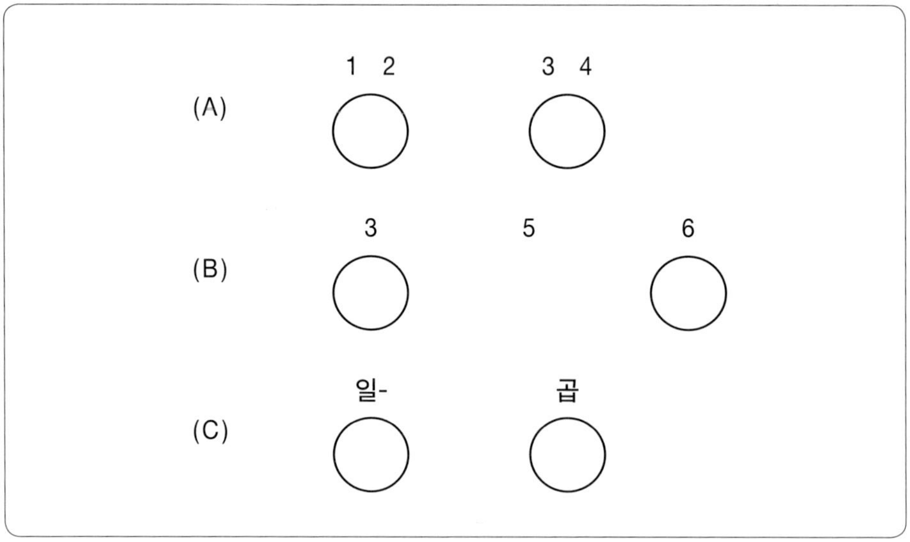

[그림 1–4] 어린 아동에게서 흔히 보이는 수 세기 오류

출처: Fuson, K. C. (1988). *Children's Counting and Concepts of Number,* p. 182.

1985; Wynn, 1990, 1992b). 아동은 세고 있는 항목의 수 이름이 중요한 정보를 제공하고 있다는 사실을 이해해야 한다. 특히, 아동은 기수와 서수에 대한 이해를 발달시킬 필요가 있다(Brainerd, 1979). 아동은 마지막으로 센 항목에 할당한 수 이름이 센 항목의 총수를 대표하는 데 사용될 수 있다는 것(**기수성**) 그리고 연속적인 수 이름은 연속적으로 더 큰 수량을 나타내기도 한다는 것(**서수성**)을 학습해야만 한다. 전자와 관련하여 아동이 기수성에 대한 통찰을 얻도록 하는 데 다양한 방법이 사용될 수 있다. 그중 한 가지 방법은 간단히 아동에게 자기 손가락 혹은 다른 물체 한 집합을 세도록 하는 것이다. 그러고 나서 "손가락이 모두 몇 개 있니?"라고 묻는다. 이 사례에서 마지막 수 이름 **다섯**의 중요성을 이해하지 못하는 아동은 간단히 '다섯'이라는 말을 하는 대신 손가락을 또 다시 셀 것이다(Fuson, 1991).

비록 대부분의 3~4세 아동이 '몇 개'라는 질문을 받으면 다시 수를 세지만, 3세 6개월 된 아동 중 일부는 그 질문에 마지막 수 이름을 다시 진술하는 것으로 답변한다(Wynn, 1990). 비록 그렇게 보인다 하더라도, 이러한 답변만으로는 해당 아동이 반드시 기수성에 대한 이해를 하고 있다고 말하기는 어렵다. 일부 아동은 기수성에 대한 이해 없이 마지막 단어 규칙(last-word rule)을 사용하는 듯 보이는데, 즉 "몇 개인가 하는 질문은 마지막으로 센 단어가 정답이다."(Fuson, 1991, p. 33) 단순히 마지막 단어 규칙을 사용하는 아동과 기수성을 이해하는 아동을 구별하는 한 가지 방법은 두 개, 세 개 혹은 일곱 개의 물체를 당신에게 건네 달라고 요구해 보는 것이다. 서수성에 대한 기초적 이해가 있는 아동은 요구받은 수만큼의 물체를 세어서 건네 줄 것이다. 그러나 서수성을 이해하지 못하는 아동은 세지 않고 물체들을 한웅큼 집어 건넬 것이다(Wynn, 1990).

비록 3세 아동 일부와 많은 4~5세 아동이 기수성 감각의 발달을 의미하는 이러한 과제를 능숙히 수행하지만 아직 숙련된 솜씨라고 하기는 어렵다. 왜냐하면, 이 연령대 아동은 그 물체들이 어떻게 배열되어 있는가에 따라 쉽게 혼란스러워하기 때문이다(Piaget, 1965). 예를 들면, 한 줄에 다섯 개씩 두 줄의 장난감을 제시하면 두 줄의 장난감을 모두 센 후 각 줄에 동일한 수량이 있다고 진술하지만 결론을 내리는 데 있어서는 자주 오류를 보인다. 만약 그중 한 줄을 길게 늘여 놓고 "윗줄이 더 길어."라고 지적해 주면, 학령 전 아동은 종종 윗줄에 더 많은 장난감들이 있을 거라고 결론을 내린다. 그러므로 아동은 마지막 수가 전체를 대표한다는 것을 이해하는 듯해도 종종 이러한 정보를 무시하고 모든 판단을 지각적 단서에 의존할 수 있다. Becker(1993)는 최근 4~5세 아동이 어떤 조건하에서는 지각적 단서에 의존하지 않은 채 기수성을 이해한다는 것을 보여 주었다. 따라서 기수성에 대한 아동의 이해가 반드시 지각적 단서(이를테면, 세어야 할 실물)에 의존하는 것은 아니지만, 때때로 지각적 단서(이를테면, 외양)가 아동에게 기수에 관한 지식을 무시하게 할 수는 있다. 아동은 7~8세가 되어서야 수를 세는 물체들의 수량에 대한 판단을 내릴 때 지각적 정보보다는 기수적 정보를 일관성 있게 선택하게 될 것이다(Piaget, 1965).

서수성에 대한 개념, 즉 순서관계는 일반적으로 아동의 **등가**(두 수량이 동일하다) 그리고 **더 많다**와 **더 적다**(두 수량이 동일하지 않다)에 대한 지식과 관련이 있다. 대부분의 수 관련 기술에서와 같이 어린 아동이 서수관계에 대한 지식을 가지고 있는지 확인해 보려면 특수한 기술들이 필요하다. 예를 들면, Bullock과 Gelman(1977)은 '마술' 게임을 이용하여 2세 6개월~5세 아동이 서수성에 대한 지식을 가지고 있는지를 조사해 보았다. 두 단계로 구성된 절차 중 첫 단계에서는 아동에게 인형들이 놓인 두 개의 접시를 보여 주었다. 한 접시에는 하나의 동물인형이 놓여 있고, 다른 접시에는 두 개의 동물인형이 놓여 있다. 아동에겐 두 개의 인형이 놓인 접시(**더 많은** 조건)가 승자라거나 혹은 한 개의 인형이 놓인 접시가 승자(**더 적은** 조건)라고 말해 주었다. 그러고 나서 아동에게 두 접시를 보여 주면서 승자를 골라 보라고 요구하였다. 두 번째 단계에선 "실험자가 하나의 인형을 두 개의 인형이 놓인 접시에 그리고 세 개의 인형을 한 개의 인형이 놓인 접시에 슬며시 올려놓았다."(Bullock & Gelman, 1977, p.

429) 중요한 문제는 아동이 첫 번째 단계에서 강화된 관계(즉, 더 많은 혹은 더 적은)에 기반하여 승자를 선택하는지의 여부다. 대부분의 3~4세 아동은 관계적 정보에 기반한 응답을 하였지만 2세 아동의 경우에는 반수 이하만이 그러한 응답을 하였다.

그러나 두 번째 실험에서의 2단계에서 과제에 대해 기억해야 할 요구를 줄여 주자, 2세 아동의 90% 이상이 관계적 정보에 기반한 응답을 하였다. 이 연구 결과는 2세 6개월 된 아동은 최소한 적은 수량의 경우에서는 서수적 관계를 이해하고 있음을 시사하는 것이다(Siegel, 1971a, 1971b, 1974 참조). 즉, 아동은 4가 3보다 크고 2가 1보다 크다는 것을 이해하는 것이다. 이러한 결과는 R. G. Cooper(1984) 그리고 Strauss와 Curtis(1984)가 유아를 대상으로 실시한 서수성 관련 연구 결과와도 일치한다. 그럼에도 불구하고, 이 영역에는 아직 해결되지 않은 점들이 많이 존재한다. 비록 많은 어린 아동이 작은 수치들 전반에 걸쳐 서수적 관계를 이해한다 하더라도 이것이 얼마나 큰 수까지 확장되는지는 분명치 않다(예를 들면, 9까지 혹은 12까지?).

더욱이 10이 9보다 더 크다는 것에 대한 아동의 이해가 3이 2보다 더 크다는 것에 대한 유아의 이해 저변에 깔려 있는 것과 동일한 기술을 반영하고 있는지 아직 분명하지 않다(Fuson, 1988, 1991). 다시 말해서, 더 큰 수들에 대한 서수적 지식의 발달에는 타고난 언어 이전의 양의 개념에 해당되는 수 이름이 단순하게 포함되어 있는지(Gallistel & Gelman, 1992), 아니면 더 큰 수들에 대한 아동의 지식이 수 이름들의 표준적 순서에 대한 학습과 사용으로부터 유도되는 것인지(Fuson, 1988)는 분명하지 않다는 것이다. 어느 쪽이든 우리는 앞으로 이 주제에 대해 더 많은 연구를 기대할 수 있다.

마지막으로 두 집합이 동일한 혹은 다른 수의 물체로 구성되어 있는지 결정하기 위해 어린 아동이 사용하는 비수적 전략의 경향을 고찰해 보도록 하자(Fuson, 1988). 예를 들면, 두 집합 중 어느 쪽이 더 많은 항목을 가지고 있는지 파악하고자 할 때 3세 아동은 일반적으로 항목들을 일대일 대응시키는 방식을 사용할 것이다. 많은 4~5세 아동은 두 집합의 물체 수를 세고, 그런 후에 그 집합의 기수값을 비교할 것이다. 이는 해당 아동이 상대적 수량은 각각의 기수값에 의해 표상된다는 것을 이해하고 난 후에만 작동되는 전략이다. 앞서 지적한 대로 아동이 7세 정도에 이르면 서수적 관계들을 파악할 때 길이나 밀도와 같은 지각적 단서들에 의해 방해받지 않고 이러한 유형의 수 세기 전략을 일관성 있게 사용할 수 있다. 적절한 실험 조건이 사용되었을 때, 어린 아동은 물론 심지어 유아까지도 **더 많은** 그리고 **더 적은**에 대한 민감성을 보여 주었으며, 수 이름들에 의해 대표되는 수량의 순서에 대한 얼마간의 이해를 보여 주었다(R. G. Cooper, 1984). 큰 수들 사이의 서수적 관계에 대한 아동의 이해는 아마도 서수적 판단을 내릴 때 수 세기 전략 활용이 그러했던 것처럼 더 점진적으로 발달하는 것 같다(Fuson, 1988).

측 정

수 및 순서 척도(예를 들어, 자)의 또 다른 중요한 활용은 측정을 위한 것이다. 아동에게 있어 측정은 매우 민감한 이슈가 되는 경향이 있는데, "**저 애는 나보다 더 많은 과자를 가지고 있어!**"라고 말하는 경우를 예로 들 수 있다. 그러므로 아동이 상대적 수량, 크기, 길이 등을 평가하기 위한 전략들을 발달시키는 것은 그리 놀라운 일이 아니다(K. Miller, 1984). K. Miller는 학령 전 아동의 측정 전략은 아직 양적이지 않은(prequantitative) 경향이 있지만 그럼에도 불구하고 등가와 **더 많은**, **더 적은**에 대한 이해를 반영하고 있음을 발견하였다. 예를 들면, 컵에 가득 든 사탕을 나눌 때 많은 2~3세 유아는 단순히 '컵 비우기(dumping)' 전략을 사용한다. 즉, 친구들의 컵에 사탕 몇 개씩을 넣은 것이다. 모두 사탕 몇 개씩을 갖게 되지만 아동 간에 사탕 수를 똑같이 하는 데에는 관심이 없다(Gelman & Gallistel, 1978; K. Miller, 1984). 이보다 더 정교한 접근법에는 컵을 비우고 세기를 통해 검사하는 것이 포함된다. 대부분의 나이가 많은 학령 전 아동과 초등학교 저학년 아동은 '나 한 개 그리고 너 한 개'처럼 분배를 위한 수 세기를 통해 사탕을 나눈다. 세 명에게 사탕을 나눌 때에는 더 정교한 접근법이 사용되는데 사탕의 수를 전부 센 후 3으로 나누어 동일한 수의 사탕을 분배하는 것이다. K. Miller는 9세가 안 된 아동도 이 전략을 사용한다고 보고하였다.

세 명이 핫도그를 나누는 경우처럼 길이를 나누는 데 사용하는 전략들의 발달적 경향은 더욱 뚜렷하게 나타난다(K. Miller, 1984; Piaget, Inhelder, & Szeminska, 1960). 3세 아동에게서 흔히 나타나는 전략은 핫도그의 길이에 별 신경을 쓰지 않고 6조각으로 자른 후 1인당 2조각씩 나누는 것이다(K. Miller, 1984). 이 전략을 사용하면 개개인에게 주어진 핫도그의 총량은 거의 항상 차이를 보일 것이며 주로 나누는 아동이 가장 큰 조각을 먹게 될 것이다. 그럼에도 불구하고, 모든 사람이 동일한 수의 조각을 먹게 된다는 것은 그 과제의 수량적 요구에 대한 초보적 이해를 보여 주는 것이라 할 수 있다. K. Miller(1984)는 이 전략을 사용하는 일부 어린 아동의 흥미로운 반응을 기술하였다. 마치 조각의 수를 증가시키는 것이 조각의 길이에서의 차이를 다소 보상해 주기라도 하는 것처럼, "불공평을 해소하기 위해 그 아동은 충분히 갖지 못한 아동으로부터 한 조각을 다시 가져와서 두 조각으로 자르고 그 아동에게 다시 돌려 주었다."(p. 202) 9세 정도 되면 아동은 이와 동일한 과제를 해결하기 위해 수를 활용하는 절차를 선택한다. 핫도그를 잘라서 나누기 전에 각 부분을 동일한 크기로 맞추기 위해 자를 사용한다. 물론 이러한 기술은 기수값은 물론 서수적 관계에 대한 이해 또한 요구하는 것이다.

이를 종합해 보면 측정에 대한 관심은 아동에게 일반적인 것이며, 이는 수 지식과 수 체계에 대한 하나의 중요하고도 실용적인 활용을 보여 주는 것임이 분명하다(Saxe, 1977). 많은 2~3세 아동은, 비록 성인이 이런 과제를 수행할 때와 같은 수적 기술은 결여되어 있지만 측정 과제를 위한 요구 조건들에 대한 초보적 이해는 가지고 있는 것 같다(K. Miller, 1984; Piaget et al., 1960; Siegel, 1971a, 1971b). 예를 들면, 어린 아동은 각자의 몫을 할당하기 위해 동량임을 결정하는 데 있어 수량 전(prequantitative) 전략에 의존하는 것 같다. 그러나 K. Miller의 연구에서 볼 수 있듯 아동은 많은 측정 과제에서 수량적 특성을 본능적으로 이해하는 것처럼 보였다. 측정을 위해 자를 사용하는 것과 같이, 아동이 점차 명시적인 수량 전략에 더 의존하는 것으로 보인다(Petitto, 1990). K. Miller의 연구는 비록 부피와 같은 더 복잡한 속성을 위한 성숙한 전략은 청소년기가 되어서야 나타나지만(Piaget et al., 1960; Saxe, 1981), 9세 아동은 간단한 형태의 측정(예를 들면, 수량, 길이, 면적)을 하는 데 있어 수량 절차들을 적용한다고 주장하고 있다. 아동이 어떻게 그리고 언제 측정 상황에서의 수 지식의 유용성을 인식하게 되는지 더 잘 이해하기 위해서는 이 영역에 대한 더 많은 연구가 필요할 것이다.

수 세기와 수 지식의 발달기제

아동의 연령이 높아지고 많은 연습을 거치면서 더 나은 수 세기 기술을 갖게 된다는 사실은 그 자체로도 중요하지만, 진정한 쟁점은 수와 수 세기에 대한 개념적 이해의 발달 및 이러한 발달을 지배하는 요인이다. 비록 이 분야의 연구자들 대부분은 어쩌면 수 관련 정보에 대한 민감성이 적어도 부분적으로는 타고나는 것이라는 데 동의할 테지만, 아동의 수와 수 세기에 대한 경험에 비하여 선천적인 민감성의 상대적 중요성에는 상당한 이견이 존재한다(Briars & Siegler, 1984; Fuson, 1988; Gallistel & Gelman, 1992; Gelman & Gallistel, 1978; Siegler, 1991; Wynn, 1992b). 이 영역에서 있었던 수많은 이론적 논쟁은 아동의 수 세기에 관한 것인데, 여기에는 일반적으로 두 가지 입장이 존재한다. 첫 번째 입장은 수 세기 기술과 수 세기 지식의 발달을 안내하는 선척적인 원리다

(Gelman & Gallistel, 1978; Gelman & Meck, 1983). 이 입장은 종종 **원리중심모형**(principles-first model)이라 한다. 두 번째 일반적인 입장은 아동이 처음엔 기계적으로 수 세기를 하며 이것이 점차 수 세기 개념을 유도하게 된다는 것인데(Briars & Siegler, 1984), 이는 **절차중심모형**(procedures-first model)이라 한다.

원리중심모형

Gelman과 Gallistel(1978)은 매우 영향력 있는 저술을 통해 어린 아동의 수 세기 행동이 **일대일 대응**(one-one correspondence)의 원리, **안정된 순서**(stable order)의 원리, **기수성**(cardinality)의 원리, **추상성**(abstraction)의 원리 그리고 **순서 무관**(order irrelevance)의 원리 등 다섯 가지 내재적 원리에 의해 안내된다고 주장하였다. 일대일 대응의 원리란, 세고 있는 물체에 오직 하나의 수 이름만이 할당될 수 있다는 것을 의미한다. 이 원리에 내포된 지식은 표준적 수 세기 순서의 활용이 아닌, 아동이 각각의 항목에 서로 다른 수 이름을 사용함으로써 반영된다. 그러므로 만약 아동이 무언가를 세는 동안 서로 다른 항목에 대하여 동일한 수 이름을 사용하지 않는다면(예를 들면, '한 개, 두 개, 세 개'라고 결코 말하지 않는다), 그 아동의 수 세기는 이 원리에 의해 안내되고 있는 것이다.

안정된 순서의 원리란, 아동이 서로 다른 집합에 속한 대상물을 세는 데 수 이름들을 동일한 순서로 사용한다면 이 원리가 반영되고 있다고 말할 수 있다. 그러므로 아동이 세 개의 항목으로 구성된 집합을 세면서 '둘, 넷, 다섯'으로 셀 수 있고, 네 개의 항목으로 구성된 집합을 '둘, 넷, 다섯, 여덟'으로 셀 수 있다. 기수성의 원리는 마지막으로 센 항목과 결합된 수 이름이 특별한 의미를 가지고 있음을 통해 아동의 이해 정도를 알 수 있게 된다. 마지막 수는 그것이 표준 순서에 의한 정확한 수이든 아니든 간에 그 집합의 다수성을 대표한다. 이 원리의 지식은 아동이 마지막 수를 강조하거나, 혹은 지금 막 센 것이 '몇 개'인지 물을 때, 그 아동이 마지막으로 센 수 이름을 재진술한다면 이 원리가 반영되고 있다고 할 수 있다. Gelman과 Gallistel(1978)에 의하면, 기수성의 원리에 대한 지식은 아동이 일대일 대응과 안정된 순서의 원리에 대한 어느 정도의 경험이 있은 후에야 발현되는 것이라고 한다(Fuson, 1988 참조).

추상성의 원리는 셀 수 있는 것이 무엇인지에 대한 아동의 인식과 관련된다. 즉, 이것은 수 세기의 행위 자체를 안내하는 것은 아니며, 오히려 수 세기가 적용될 수 있는 영역을 정의하는 것이다. 수 세기가 어떠한 항목의 집합에도 적용될 수 있다는 것을 이해하는 아동은 동질적인 항목들의 집합은 물론 혼합물의 집합(예를 들면, 서로 다른 색깔, 모양, 크기, 배열의 인형), 심지어 행동이나 소리를 세는 기술까지도 보일 수 있어야 한다. 정말로, 많은 2~3세 아동은 혼합된 항목들의 집합뿐만 아니라 행동이나 소리를 열거하기 위해 수 세기를 사용할 수 있다(Gelman & Gallistel, 1978; Schaeffer et al., 1978; Wynn, 1990). 마지막으로, 순서 무관의 원리는 물체를 셀 때 왼쪽에서 오른쪽으로 세든, 오른쪽에서 왼쪽으로 세든, 결과는 동일하다는 것을 아동이 이해할 때 반영된다고 할 수 있다. 이 원리를 지속적으로 사용하기 위해서는 아동이 4~5세 정도는 되어야 한다(Gelman & Gallistel, 1978). 앞의 세 원리, 즉 일대일 대응, 안정된 순서, 기수성 등은 세는 방법(how-to-count)의 원리를 규정한다. 이 원리의 상호관련성은 Piaget식으로 말하자면 아동의 초기 수 세기 도식(schema)을 형성한다(Piaget, 1965). "이 원리는 아동의 수 세기 행동을 안내하고 구조화시켜 주며, 아동의 실제 수 세기 행동을 평가할 수 있는 참조물로서의 역할을 하며, 그 행동을 유발한다."(Gelman & Gallistel, 1978, p. 208) 다시 말하자면, 이러한 내재적 지식은 아동으로 하여금 해당 아동이 이러한 수적 특성에 대한 정보를 얻기 위해 사용하는 여러 형태의 행동에 가해지는 환경 및 장소 제약의 수적 특성에 초점을 맞추게 한다는 것이다. 이것은 아동의 외적 행동이 항상 이러한 원리와 일치한다고 말하는 것은 아니다. 예를 들면, 어떤 아동은 규모가 큰 집합에 안정된 수 세기 순서를 사용하는 데 실패할 수도 있다. 왜냐하면, 안정된 순서의 원리는 크든 작든 모든 집합에 적용된다는 것을 아동이 이해하지 못하거나, 혹은 충분한 수 이름들을 아직 다 외우지 못할 수 있기 때문이다(Fuson, 1988). 아동은 수 세기 원리에 대한 이해를 하지 못해서가 아니라 과제에 요구되는 수 세기 수행이 너무 어려워서 '실패'할 수도 있다. 다시 말해서 어떤 아동의 행동이 근저를 이루는 지식이나 내재된 원리를 반영하고 있는 것으로 보이지 않는다면, 그 아동은 원리를 몰랐거나 검사가 너무 어려워서였을 수도 있다는 것이다(즉, 아동이 무엇을 해야 하는지는 알지만 그것을 표현해 내지 못할 수 있다; Kreutzer, Leonard, & Flavell, 1975).

Gelman과 Meck(1983)은 3~5세 아동을 대상으로 세는 방법 원리들을 평가하기 위해 세기의 수행 요구를 제거함으로써 가능성을 검증해 보고자 시도하였다. 그들은 아동에게 수 세기 방법을 배우고 있는 인형을 바라보도록 하였다. 어떤 경우에 그 인형은 정확하게 수를 세었지만 어떤 경우에는 세 가지 수 세기 요령 원리들 중 한 가지를 위배하는 오류를 범하였다. 예를 들면, 일대일 대응의 원리를 위배하는 장면일 경우 인형이 물체들 중 하나를 두 번 세는 행동을 하는 것이다. 만약 아동이 그 오류를 탐지한다면 그 아동은 적어도 내재적으로는 그 저변에 깔려 있는 원리를 이해하고 있는 것으로 가정된다. 이 상황에서 내재적 지식이라 함은 아동이 명시적으로 수 세기 원리를 진술하지는 못하지만, 그럼에도 불구하고 "그런 식으로 세면 안 돼요."라고 말할 수 있는 정도를 의미한다. Gelman과 Meck은 일련의 연구를 통해 3세 아동조차 세는 방법 원리들에 대한 위반을 쉽게 알아낸다는 것을 보여 주었다. 이러한 연구에서 3세 아동의 75%가량이 일대일 대응의 원리 위반을 알아냈고, 그중 일부는 예를 들어, 두 번 세는 것이 왜 잘못된 것인지에 대한 통찰력 있는 설명(인형이 '다시 했어.'와 같은)을 제공하였다.

만약 3세 아동이 수 세기의 기저에 깔린 기초적 원리를 이해하는 듯 보인다면, 왜 보통의 아동은 숙련된 수 지식과 수 세기 기술을 8세까지도 발달시키지 못하는가? 세는 방법 도식이 비록 선천적인 것이라 할지라도, 이것이 연관된 지식 및 그 지식을 적용하는 능력이 숙련되어 있음을 의미하는 것은 아니다. 정말로, 수 세기 요령의 도식은 아동에게 이 지식을 적용하도록(이를테면, 자연스러운 환경에서의 수 세기; Piaget, 1965) 자극할 뿐 아니라 해당 아동이 수 세기가 올바르게 되고 있는지를 측정할 수 있도록 지식을 제공해 준다(Ohlsson & Rees, 1991 비교). 초기에는 세기 오류가 예상된다. 경험과 연습을 통해 수 세기 지식을 표현하는 행동들은 세련되어지며, 부담은 줄게 되고, 갈수록 정확해진다(Case, 1985; Gelman & Gallistel, 1978). 경험과 연습은 또한 초기 세는 방법 도식의 정교화 및 수정을 가능하게 해 준다. 따라서 경험을 통해 아동은 수 세기가 수많은 서로 다른 맥락에 적용될 수 있고, 예를 들어 세고 있는 항목들의 순서는 중요하지 않다는 것을 이해하게 된다. Gelman과 Gallistel의 세는 방법 도식은 수 세기의 골격으로서의 원리를 제공해 주고(Gelman, 1990), 경험과 연습은 이러한 원리를 구체화해 준다 .

절차중심모형

이에 대한 대안적 견해는 아동이 처음에 기계적인 방식, 예를 들어 부모나 형제자매를 모방함으로써 세기를 배운다는 것이다. 이러한 상황에서 아동의 수 세기는 개념적 지식에 의해 안내되는 것이 아니며, 오히려 수 세기의 결과에서 규칙성을 인식하게 됨으로써 기초 원리들을 유도한다는 것이다(Briars & Siegler, 1984; Fuson, 1988; Schaeffer et al., 1974; Siegler, 1991; Wynn, 1992b). 그러나 이러한 주장이 유아가 선천적으로 수량에 대한 민감성을 가지고 태어나는 것이 아니라는 식으로 해석되어서는 곤란하다(Fuson, 1988; Siegler, 1991). 수량에 대한 유아의 선천적 민감성은 원리중심모형에서 주장하는 것처럼 골격구조라고 하기보다는 나중의 수 발달을 위한 토대를 제공하는 것이다. 예를 들면, 2~3개의 다수성을 즉지하는 능력은 특정 수량을 의미하는 수 이름을 추론하기 위한 기초를 제공해 줄 수 있다(Schaeffer et al., 1974). 그래서 2세 아동은 집합체에 **둘**이나 **셋**이라는 명칭을 붙일 수 있는가에 관계없이 두 개의 과자는 수량에 있어서 세 개의 과자와 차이가 있음을 소리 내어 세지 않고도 알아낼 수 있다. 다른 것들은 물론, 이 과자 집합 또한 아동의 환경 내에 있는 사람들에 의해 명칭이 붙여진다. 즉, 엄마가 과자 1개를 도로 가져가면서 "너는 과자를 **두** 개만 먹을 수 있어. **세** 개는 안 돼!"라고 말한다. 사람들이 서로 다른 다수성에 서로 다른 이름들을 붙이는 것을 아동이 듣게 될 때, 해당 아동은 서로 다른 다수성을 대표하기 위해서는 서로 다른 이름이 사용될 필요가 있다는 것을 유도해 내게 된다(Wynn, 1992b 참조).

Briars와 Siegler(1984)는 아동이 수 세기의 결과에서 규칙성을 발견함으로써 수 세기 원리들을 유도해 낸다는 가설을 실험적으로 검증하였다. 이들은 만약 어떤 아동이 수 세기 원리의 지식을 유도해 낸다면 해당 아동은 표준적인 수 세기(즉, 1, 2, 3……)를 위반할 때 이에 민감해질 것이라고 주장하였다. Gelman과 Meck(1983)과는 별개로 연구한 Briars와 Siegler는 비표준적이지만 정확한 수 세기와 수 세기 오류들에 대한 아동의 민감성이 그러한 수 세기의 기초를 이루는 개념적 지식을 가리키는 것이라고 주장하였다. 비표준적인 수 세기의 정확성과 수 세기 오류에 대한 민감성은 적어도 부분적인 수 세기 지식을 보여 주는 반면, 이러한 유형의 수 세기에 대한 민감성이 부족하다는 것은 모든 수 세기가 수 세기의 기초를 이루는 지식 없이 완전히 기계적으로 수행된다는 것을 암시한다. 또한 만약 어린 아동이 부분적이나마 어떠한 수 세기 지식을 가지고 있다면 그리고 이러한 지식들이 대부분 선천적인 것이라기보다는 유도된 것이라면, 그러한 지식은 왼쪽에서 오른쪽으로 세기와 같이 환경 내에서 흔히 관찰되는 수 세기의 특성들에 대한 특정 민감성에 반영될 것이다.

따라서 수 세기에 대한 아동의 지식은 Gelman과 Gallistel(1978)의 세는 방법 원리를 반영하고 있다기보다는 오히려 수 세기 활동에서 아동이 흔히 관찰하는 특성의 유형을 반영하고 있음에 틀림없다. 이러한 입장의 본질은 아동이 먼저 기계적으로 수 세기를 한 후 점차 세기의 핵심적 · 비핵심적 특성을 유도해 내며, 이와 함께 아동의 개념적 지식은 이러한 핵심적 · 비핵심적 특성을 반영하게 된다는 것이다(Briars & Siegler, 1984). Briars와 Siegler(1984)는 수 세기의 한 가지 핵심적 특성은 이름-물체 대응규칙(word-object correspondence rule), 즉 "수 이름이 올바른 순서로 나열되었다고 한다면, 수 세기를 하는 동안 각 물체에 오직 하나의 수 이름을 할당하는 것은 해당 집합체의 기수성을 결정하는 데 있어 필요충분조건이 된다."고 주장하였다(p. 608). 이름-물체 대응규칙은 Gelman과 Gallistel이 제안한 일대일 대응의 원리, 순서 무관의 원리, 안정된 순서의 원리 모두를 포괄하고 있다. Briars와 Siegler는 또한 표준 방향(수 세기는 일련의 물체들의 끝점 중 한 곳에서 시작한다), 인접성(인접한 물체들을 연속적으로 센다), 지목(세어야 할 물체들을 오직 한 번만 가리킨다) 그리고 한쪽 끝에서 시작(수 세기는 왼쪽에서 오른쪽으로 진행한다) 등 수 세기의 일반적이지만 비핵심적인 특성을 네 가지로 기술하였다.

Briars와 Siegler(1984)는 아동의 수 세기 지식이 세기의 핵심적 · 비핵심적 특성들의 패턴을 반영했는지 결정하기 위해 3~5세 아동을 사정하였다. Gelman과 Meck(1983)의 연구에서와 같이 아동에게 수 세기를 배우는 인형을 보여주었다. 그리고 인형은 핵심적 · 비핵심적 수 세기 특성을 체계적으로 위반하였으며, 이러한 위반에 대한 아동의 민감성이 기록되었다. 대부분의 4세 아동과 모든 5세 아동은 단어-물체 대응규칙이 수 세기의 핵심적 특성임을 믿고 있었다. 그러나 5세 아동 중 약 절반 정도는 또한 수 세기가 여러 끝점 중 하나에서 시작해야 하며, 인접한 물체는 연속적 순서(한 개의 물체를 건너뛰고 센 후 다시 돌아와 해당 물체를 세는 것은 허용하지 않음)로 세야 한다는 것을 믿고 있었다. 아동이 수 세기를 관찰했고 그러고 나서 공통 특성을 알아차림으로써 세기의 규칙을 유도해 냈다면 이러한 패턴은 예상할 수 있는 것이다. 그러면 일부는 핵심적이고 일부는 그렇지 않은 일반적인 수 세기 특성은 세기에 대한 아동의 개념적 이해를 위한 기초가 된다.

요약

비록 아동의 수 세기 기술 획득에 선천적 그리고 경험적 요인 모두 관련된다는 데 대한 일반적인 동의가 있다 하더라도 이들 요인의 상대적 공헌 정도에 관해서는 많은 논쟁이 있어 왔다(Fuson, 1991; Gallistel & Gelman, 1992; Siegler, 1991; Wynn, 1992b). 원리중심모형은 세는 방법 도식으로 발현되는, 환경의 수량적 특성에 대한 선천적 민감성이 미래의 수 관련 능력의 골격을 제공하고(Gelman, 1990), 경험이 잠재적인 수 관련 지식을 정련하고 구체화한다는 입장을 취하고 있다. 이에 대한 대안적 견해는 유아의 기초적인 수 관련 능력이 미래의 발달에 도약대를 제공하지만, 아동이 소위 그 도약대에서 일단 벗어나게 되면 개념적 발달은 주로 귀납적 과정에 의해 지배된다는 것이다. 즉, 아동은 주로 수 세기에 대한 자신의 개념적 이해를 구성한다는 것이다(Siegler, 1991). 확실히 이 영역에서 더 알아야 할 것들이 많으며, 그 발달 과정이 이해될 때까지는 아마도 앞으로 많은 세월이 걸릴 것이다. 이러한 논쟁의 결과에 관계없이, 양 입장의 연구 결과를 통해 학령 전 아동, 심지어 유아도 발달 수준이 낮지 않다면 상당한 정도의 수 관련 능력을 가지고 있다는 점을 매우 분명하게 해 주고 있다.

동물의 수 관련 능력

이 절에서는 동물의 기초 수 관련 능력들을 검토한다. 기본적인 의문사항으로는 동물도 인간 유아 및 아동과 몇 가지 동일한 방식으로 수 관련 기술을 표현하는지, 특히 동물도 다수성에 민감한지, 다수성의 서수적 특성에 반응하는지, 셀 수 있는지 혹은 덧셈까지도 가능한지 등을 들 수 있다. 이와 같은 주제에 대한 연구를 고찰하는 것은 두 가지 이유에서 그 중요성을 찾을 수 있다. 첫째, 만약 동물에게도 수 관련 능력이 명백히 존재한다면 그러한 결과는 인간 유아에게 있어 많은 기초 수 관련 기술이 선천적이라는 추가적 증거가 될 수 있을 것이다(Gallistel & Gelman, 1992). 둘째, 동물, 특히 영장류의 수 관련 능력에서의 한계는 우리에게 유아의 초기 수 관련 기술의 한계일 가능성이 있는 것에 대한 정보를 제공해 줄 수 있다(Boysen & Capaldi, 1993; Wasserman, 1993). 이 절에서는 이러한 쟁점들 각각에 영향을 미치는 연구가 간략하게 검토될 것이다. 이는 그러한 쟁점이 어린 아동의 수 관련 기술과 관계가 있기 때문이다.

다수성

실험용 쥐에서 침팬지에 이르기까지 많은 종의 동물에게서 다수성을 표상하는 능력을 가지고 있다는 증거들이 발견되었다(『Pan troglodytes』, Boysen & Berntson, 1989; Davis & Memmott, 1982; Matsuzawa, 1985; Pepperberg, 1987). Davis와 Memmott는 영향력 있는 연구를 통해 실험용 쥐들이, 예를 들어 3과 2 혹은 4와 같은 적은 수의 다수성을 변별할 수 있다는 결론을 내렸다. Matsu-

[그림 1–5] 화면 숫자와 같은 수량을 연계하는 침팬지의 능력을 검증하기 위한 절차

출처: Boysen, S. T., & Berntson, G. G. (1989). Numerical Competence in a Chimpanzee(Pan troglodytes). *Journal of Comparative Psychology, 103,* p. 25.

zawa는 침팬지에게 아라비아 숫자를 사용하여 1~6개의 항목으로 구성된 집합체에 꼬리표를 붙이도록 훈련시킬 수 있었다. Boysen(1993)은 다른 침팬지 몇 마리를 대상으로 하여 유사한 결과를 보고했다. [그림 1–5]에서 볼 수 있는 것처럼 침팬지들은 아라비아 숫자와 음식접시에 놓인 물체의 수를 대응하도록 훈련되었다. Pepperberg(1987, 1993)는 숫자들이 조류, 특히 Alex라는 이름의 아프리카 회색 앵무새에게 맞는다는 것을 보여 주었다. Alex는 2~6개의 항목으로 이루어진 집합체에 대해 그 숫자를 영어로 말할 수 있도록 배웠다.

이 연구를 포함한 여러 연구에서 많은 종의 동물이 특정한 적은 수의 다수성을 표상할 수 있다는 결론이 도출되었다. 그러나 이러한 수적 표상의 활용은 집중적인 훈련이 아니고서는 나타나지 않았으며(그러나 Pepperberg, 1987 참조), Davis와 Memmott(1982)도 밀도와 같은 다른 단서를 사용하면 수량 추정은 자연스러운 환경에서 더 쉽게 성취될 것이라는 결론을 내리게 되었다. 여하튼 많은 종의 동물에게서 수에 대한 기초적인 민감성은 분명했으며, 몇몇 경우에는 이것이 다수성에 대한 유아의 민감성과 매우 유사하게 보였다. 사실, 앞서 언급한 것처럼 Gallistel과 Gelman(1992)은 유아의 기초적인 수 관련 기술과 동물의 수 관련 기술은 서로 유사한 언어 전 수 세기와 시간반응 기제의 조작을 반영하는 것이라고 주장하였다.

서수성

Washburn과 Rumbaugh(1991)는 인간을 제외한 영장류의 서수성에 대한 이해를 보여 준 최초의 연구 중 하나다. 일련의 실험에서 두 마리의 붉은털원숭이에게 0~5 사이의 아라비아 숫자 중 두 개를 놓고 더 큰 것을 선택하도록 가르쳤다. 붉은털원숭이에게는 선택한 값과 동일한 수의 음식 조각으로 보상을 주었다. 400회 시도 후, 두 마리의 붉은털원숭이 중 Abel이라는 원숭이는 이후의 시도에서 88% 이상 더 큰 수를 선택하였다. 다른 원숭이 Baker는 그만큼 잘하지는 못했지만 우연히 선택할 수 있는 경우의 수보다는 훨씬 더 잘 선택했다. 두 번째 실험에서는 6~9 사이의 수가 도입되었다. 이 실험의 중요한 특성은 제시되는 두 수의 조합이 원숭이들이 한 번도 접해 본 적이 없는 것이라는 데 있다. 예를 들면, 연구 초기 단계에서 8과 7 그리고 9와 8로 구성된 조합들은 제시되었지만 9와 7의 조합은 제시되지 않았다. 만약 Abel과 Baker가 서수값에 기초한 수의 변별을 배웠다면, 처음 보게 된 조합(예를 들면, 9와 7)에 대해서도 더 큰 수를 선택할 수 있을 것이다. 정말로 Abel은 새로운 두 수의 조합을 7회 제시했을 때 7번 모두 더 큰 수를 선택하였고(즉, 해당 조합이 제시된 첫 번째 시도에서), Baker는 7회 중 5번을 정확하게 반응하였다.

마지막 연구에서 Abel과 Baker에게 다섯 개의 독특한 수들을 제시하였다. 요구되는 과제는 다섯 개의 수(예를 들어, 5, 6, 3, 8, 1) 중에서 가장 큰 수를 선택하고, 그다음에는 남은 네 개의 수 중에서 가장 큰 수를 순차적으로 선택하는 식이다. Abel과 Baker 둘 다 해당 수열에서 가장 큰 수를 선택하는 경향을 보였는데, 즉 처음에는 8, 그다음에는 6, 5, 3 그리고 1을 각각 선택하였다. 이러한 연구의 결과는 일부 영장류가 아라비아 숫자의 기수값은 물론 서수값까지도 학습할 수 있다는 것을 시사하고 있다. 다시 말하면, Abel과 Baker는 9라는 수로 대표되는 수량이 8이라는 수로 대표되는 수량보다 크고, 8로 대표되는 수량은 7로 대표되는 수량보다 크다는 것 등을 이해하는 것처럼 보였다. Boysen이 침팬지 몇 마리를 대상으로 유사한 결과를 얻은 것을 볼 때, 이러한 기술이 붉은털원숭이에게만 한정된 것은 아닌 것으로 보인다(Boysen, 1993; Boysen & Berntson, 1989).

수 세기

침팬지가 어린 아동이 하는 것과 유사한 방식으로 수 세기를 할 수 있다는 몇 가지 증거도 있다(Boysen, 1993; Rumbaugh & Washburn, 1993). 한 예로, Rumbaugh와 Washburn이 수행한 또 다른 연구를 살펴보자. 이 연구에서 성인 침팬지 Lana에게 아라비아 숫자 1, 2, 3 또는 4를 컴퓨터 화면을 통해 제시하였다. Lana가 수행해야 할 과제는 컴퓨터 화면상의 커서를 사용하여 제시된 수와 일치하도록 여러 네모 칸에 표시하고, 수행을 완료하면 끝났다는 의미로 커서를 화면의 다른 곳에 놓아두는 것이다. 연구자들은 이 과제가 수 세기와 유사하다고 주장하였다. 왜냐하면, Lana는 제시된 수와 동일한 수만큼 네모 칸에 연속적으로 표시를 해야 하는데, 이는 어린 아동이 물체를 셀 때 그 물체를 손가락으로 가리키는 것과 유사하기 때문이다(Gelman & Gallistel, 1978). 이 과제에서 Lana는 비록 아동과 마찬가지(Fuson, 1988)로 수가 커질수록 정확성이 떨어졌지만, 제시된 모든 수에 대하여 우연 수준 이상의 수행을 보였다. Boysen은 다른 침팬지 Sheba가 음식접시에 놓인 음식 조각의 개수와 일치하는 아라비아 숫자를 가리키도록 요구받은 것을 제외하고 나머지는 유사한 연구를 기술하였다. 이 과제에서 Sheba는 종종 음식 조각을 연속적으로 가리킨 후 그에 대응하는 아라비아 숫자를 가리켰다. 앞서 언급한 대로 세고 있는 물체를 가리키거나 이름 꼬리표를 붙이는 행동은 학령 전 아동에게서 흔히 관찰되는 것이다(Gelman & Gallistel, 1978). 그럼에도, 비록 시사하는 바가 많기는 하지만 Lana와 Sheba가 실제로 (비언어적으로) 수 세기를 한 것인지는 아직 분명치 않다.

덧셈

또 다른 실험은 Sheba가 적은 수들을 더할 수 있다는 주장을 제기하였다(Boysen & Berntson, 1989). 이러한 실험 중 하나에서는 총 1~4개의 오렌지를 서로 다른 세 곳의 장소 중 두 곳에 놓아두었다. 이 실험의 세팅은 [그림 1-6]에 제시된 바와 같다. Sheba의 과제는 세 장소에 각각 가 본 후, 연구자에게 세 장소에 있는 오렌지의 총수를 보고하는 것이다.

Sheba는 자신이 본 오렌지의 총수와 일치하는 숫자가 적힌 카드를 손으로 가리키거나 뽑아서 보고하였다. Sheba에게는 어떤 곳에서든 오렌지를 가져오는 것은 허락되지 않았다. 그래서 각 장소에 있는 오렌지의 개수를 기억한 후 이를 더해야만 답을 제시할 수 있다. 총수가 4 이하인 이 과제에서 Sheba

는 84%의 정확도를 보였다. 또 다른 실험에서는 아라비아 숫자가 적힌 카드 두 장을 음식이 놓인 장소 두 곳에 놓아두었다. 과제는 각 장소를 방문한 후 두 수를 더하는 것이다. 총수가 4 이하인 이 과제에서 Sheba는 76%의 성공률을 기록하였다. Boysen과 Berntson의 연구는 일부 침팬지들이 아주 적은 수를 더할 수 있다는 것을 분명히 보여 주었다(Boysen, 1993 참조). Boysen과 Berntson은 Sheba가 덧셈 과제를 풀기 위해 수 세기 기술을 사용했을 것

[그림 1-6] Sheba의 덧셈 기술을 검증하기 위한 실험 세팅
(화살표로 표시된 곳들은 음식이 놓인 위치를 의미함)

출처: Boysen, S. T., & Berntson, G. G. (1989). Numerical Competence in a Chimpanzee(Pan troglodytes). *Journal of Comparative Psychology, 103,* p. 27.

이라고 주장하였다. 그들은 Sheba가 어린 아동에게서 볼 수 있는 것(예를 들면, '3+1'이라는 문제를 풀기 위해 물론 비언어적 방식으로 1, 2, 3, 4를 세는)과 유사한 수 세기 전략을 사용하여 문제를 풀었을 것이라고 주장하였다(Groen & Resnick, 1977). 그러나 Sheba가 덧셈 문제를 풀기 위해 세기를 했다는 결론은 현 시점에서는 다소 추리적임에 주의하라.

요약

앞서 기술한 연구는 많은 종의 동물이 다양한 수 관련 능력을 가지고 있음을 의미한다(Boysen & Capaldi, 1993). 이러한 능력에는 적은 수로 구성된 항목들의 다수성을 정신적으로 표상하는 능력(Davis & Memmott, 1982)을 포함하여 영어 단어(Pepperberg, 1987)나 아라비아 숫자(예를 들어, Matsuzawa, 1985)로 수적 표상에 이름 꼬리표를 붙이는 능력 등이 포함된다. 많은 영장류는 또한 적은 규모의 기수값을 파악할 수 있고, 서수적 관계를 이해할 수 있으며, 아마도 비언어적인 방식으로 세기와 덧셈까지도 할 수 있는 것으로 보인다(Boysen, 1993; Boysen & Berntson, 1989; Washburn & Rumbaugh, 1991). 이보다 더 중요한 것은 비록 이러한 기초 수 관련 기술이 동물보다는 유아에게서 더 쉽게 표현되지만, 이러한 연구 중 많은 부분에서 나타난 기술의 패턴이 유아와 어린 아동이 보이는 기술과 질적으로 유사하다는 것이다(Gallistel & Gelman, 1992). 예를 들면, 영장류가 보이는 기초적인 수 관련 기술은 종종 집중적인 훈련과 경험을 요구하는 데 반해 인간은 생후 며칠만에 다수성을 표상하는 능력을 보인다(예를 들면, Antell & Keating, 1983). 그럼에도 불구하고, 동물을 대상으로 한 연구는 동물과 인간의 수 관련 능력 사이에 존재하는 근본적 연속성을 말해 주고 있으며, 수 관련 기술이 언어 습득의 기초가 되는 것과 마찬가지로 최소한 부분적으로는 다른 생물학적 체계와 별개인 선천적 체계를 대표하는 것이라는 입장을 확실히 지지하고 있다(Starkey et al., 1991).

결론

1980년대 초부터 수행된 연구는 유아가 수량에 대한 기초적이고 근본적인 감각을 가지고 있음을 보여 주고 있다(예를 들면, Starkey & Cooper, 1980). 유아의 수량에 대한 감각은 서로 다른 많은 실험 조건하에서 생후 첫 주부터 나타났고, 환경의 수적 특성에 대한 민감성과 4까지의 다수성을 정신적으로 표상하는 능력에 반영되어 있다(Antell & Keating, 1983; Starkey et al., 1990). 최근의 한 연구에서는 5개월 된 유아가 적어도 하나 내지 둘의 수량에 대해서는 더하기와 빼기가 환경 내 물체의 수량에 미치는 영향에 대해서도 인식한다고 주장하였다(Wynn, 1992a). 마지막으로, 유아가 18개월 정도가 되면 서수적 관계에 반응하기 시작한다고 하는데, 예를 들면 이들이 세 개의 물체가 두 개보다 더 많다는 것을 아는 것처럼 보인다는 것이다. 이 시기에 **더 많은**과 **더 적은**에 대한 이러한 의사결정은 밀도와 같은 다른 유형의 정보보다는 오히려 서수적 관계에 대한 이해에 그 기반을 두고 있는 것 같다(R. G. Cooper, 1984; Strauss & Curtis, 1984).

학령 전 기간 동안 아동이 수 관련 정보와 관계를 표상하기 위해 언어를 사용하는 것이 점점 더 중요해진다. 이 기간 동안 이들은 자신이 속한 문화의 수 이름을 배워야 하며, 이 수 이름들을 자기가 가진 기존의 수 관련 지식과 연결시킬 수 있어야 하고, 그러고 나서 수 세기 및 측정과 같은 양적 상황에서 수 이름이 사용될 수 있는 여러 방식도 배워야 한다(Fuson, 1988; Gelman & Gallistel, 1978). 대다수의 아동에게 기초 수 관련 기술은 2~8세까지 약 6년에 걸쳐 발달한다(Fuson, 1991; Piaget, 1965). 이 기간 동안 아동은 수 이름을 암기하고, 각각의 수 이름이 서로 다른 수량을 대표한다는 것을 이해하며, 자신의 수 세기 기술을 발달시킨다. 수 세기 기술을 정교화시키는 동안 아동은 처음엔 적은 수들을 그리고 나중엔 더 큰 수들을 대상으로 서수 및 기수의 의미를 배우게 된다(Brainerd, 1979). 이러한 기술은 다시 측정이나 산술 등과 같은 서로 다른 많은 상황에서 사용된다. 7, 8세경에 성취되는 아동의 기초 수 관련 기술의 발달 특징은 어떤 수가 그보다 더 적은 수들의 집합임을 반영하는 것이라는 지식과 수량과 관련된 결정을 할 때 길이나 밀도와 같은 지각적 단서보다는 수 관련 지식을 사용하는 것이다(Piaget, 1965).

유아와 학령 전 아동의 수 관련 기술은 분명히 모든 문화권의 도처에 존재하는 수와 연관된 게임이나 활동들과 결합되어(Ginsburg, Posner, & Russell, 1981b; Saxe, 1981, 1982a; Saxe et al., 1987; Zaslavsky, 1973), 마치 언어가 그러한 것처럼 수 역시 인간의 인지와 활동의 자연스러운 영역 중 하나라는 강력한 증거를 제공해 주고 있다. 이러한 입장을 더 지지하게 하는 것이 여러 종에 걸친 동물을 대상으로 한 수 관련 능력 연구에서도 발견되고 있다(Boysen & Capaldi, 1993). 이를 종합해 보면 이러한 연구는 많은 종의 동물이 적은 수의 다수성에 대해 민감성을 드러내고, 표상할 수 있으며, 이러한 다수성에 이름을 붙이는 것을 배울 수 있고, 종종 서수값과 기수값을 인식하고 있음을 보여 주며, 때로는 더하기와 같이 다소 정교한 방식으로 수 관련 지식을 사용할 수도 있다고 지적하고 있다(Boysen & Berntson, 1989; Davis & Memmott, 1982; Pepperberg, 1987; Rumbaugh & Washburn, 1993). 비록 수 발달의 구체적인 내용과 귀납적 과정과는 반대인 선천적인 민감성 및 지식의 상대적 공헌도 등이 앞으로 꽤 오랫동안 이 분야 연구자의 마음을 사로잡겠지만(Briars & Siegler, 1984; Gelman & Meck, 1983), 그럼에도 유아와 학령 전 아동은 15년 전에 우리가 생각했던 것보다 수량에 있어서 훨씬 더 정교한 능력을 가지고 있다는 것이 분명해지고 있다.

Chapter

2 산술능력의 발달

수 세기와 같은 산술능력은 여러 문화권에서 한 가지 형태 또는 다른 형태로 나타난다(Ginsburg, 1982, 1989; Ginsburg, Posner, & Russell, 1981a, 1981b; Saxe, 1985, 1988, 1991; Zaslavsky, 1973). 한 환전상이 오래전에 관찰한 바와 같이, "그 (산술) 도구를 사용하면, 수고는 적게 들고 사용하는 이익이 크다. 이에 그 도구를 사용할 준비가 된 사람은 어려움도, 노력도 그리고 막대한 비용도 들지 않았다."(Al-Uglidisi, 952/1978, p. 35)고 하였다. 이 장에서는 아동의 산술능력 발달에 대한 각 문화마다의 유사점과 차이점을 정리할 것이다. 이 장은 아동의 비형식적 산술 지식(Baroody & Ginsburg, 1986)과 이 지식이 아동의 수 세기 및 수에 대한 지식에서 발현되어 비형식적 산술 지식이 어떻게 발달하는지에 대한 논의로 시작된다. 두 번째 부분에서는 교환법칙과 같은 형식적인 산술 개념에 대한 아동의 이해에 대하여 기술하게 될 것이다. 그러고 난 후, 아동의 덧셈, 뺄셈, 곱셈, 나눗셈 등과 같은 사칙연산 능력의 습득에 대한 논의가 이어질 것이다. 이 장의 마지막 부분에서는 산술능력에 대한 일반적 이론 모형에 대하여 조망하였다. 아동의 산술 문장제 문제해결 능력은 3장에서 논의할 것이다.

비형식적 산술

Piaget(1965)는 아동이 약 7, 8세가 되기 전까지는 기초 산술에 대한 개념적 이해를 하지 못한다고 주장하였다. 그는 부분적으로 다음과 같은 실험 결과에 기초하여 이러한 결론에 도달하였다.

한 연구에서, 다양한 연령대의 아동에게 한 줄에 8개의 사탕이 있는 사탕 두 줄을 제시하였다. 각 줄에 동일한 개수의 사탕이 있음을 주목해야 한다. 그러고 나서 그중 한 줄은 네 개의 사탕으로 무리지어 두 묶음으로 나누고, 다른 한 줄은 한 개의 사탕과 일곱 개의 사탕으로 무리지어 두 묶음으로 나누었다. 아동은 이틀에 걸쳐 하루는 아침에 또 하루는 오후에 사탕을 먹었다. 따라서 첫째 날에는 오전에 네 개의 사탕을 먹고 오후에 네 개의 사탕을 먹었고, 둘째 날에는 오전에 한 개의 사탕을 먹고 오후에 일곱 개의 사탕을 먹었다. 그러고 나서 Piaget는 아동에게 어느 날에 더 많은 사탕을 먹었는지 물어보았다.

5, 6세 아동은 거의 대부분 둘째 날에 더 많은 사탕을 먹었다고 진술하였다. 그 이유는 둘째 날에 먹은 일곱 개의 사탕 묶음이 첫날 먹은 네 개의 사탕 묶음보다 더 많았기 때문이었다. 조금 더 영리한 몇몇의 아동은 이틀 동안 먹은 사탕의 수는 동일하다고 진술하였지만, 이는 두 줄의 사탕을 세거나 혹은 일대일 대응으로 배열하고 난 후에야 이러한 결론에 도달하였다. 이 경우 덧셈에 대한 성숙한 개념적 이해는 세거나 일대일 대응을 활용하지 않고 이틀 동안 먹은 사탕의 수가 동일하다고 진술하는 판단에 반영되어 있다. 이 아동은 비록 7이 4보다 많기는 해도, 1이 4보다 적으며 따라서 '결국 동일하다.'는 것을 알게 된 것이다. 이러한 유형의 판단은, 예를 들어 '1+7=2+6' 또는 '1+7=3+5' 등에 대한 아동의 이해 능력을 보여 주는 것이다. 이러한 결과 패턴을 근거로 Piaget(1965)는 산술에 대한 성숙한 개념적 지식이 어떤 하나

의 수는 그보다 더 작은 숫자들의 결합으로 구성되어 있고, 서로 다른 다양한 형태의 결합이 동일한 양을 나타낼 수 있다는 것에 대한 이해를 필요로 한다고 주장하였다.

Piaget(1965)는 산술에 대한 성숙한 개념적 이해의 정의를 또 다른 실험을 통해 보여 주었다. Piaget는 아동에게 개수가 다른 구슬 두 줄을 제시하고, 그것을 같은 개수의 두 줄로 만들어 보게 하였다. 첫 번째 줄은 구슬이 8개였고, 두 번째 줄은 14개였다. 이 과제를 해결함에 있어 5세인 Jak은 먼저 두 번째 줄에서 5개의 구슬을 빼내 첫 번째 줄에 보태어 각각 13개와 9개의 구슬이 있는 줄로 만들었다. Jak은 이제 첫 번째 줄에 더 많은 구슬이 있음을 알게 되었고, 첫 번째 줄에서 7개의 구슬을 빼내 두 번째 줄에 보태어 구슬이 6개인 줄과 16개인 줄을 만들게 되었다. 이러한 방식으로 몇 번의 시도를 하였으나 결국 과제를 포기하였다. 그러나 아동이 7세나 8세가 되면 이러한 과제를 별 어려움 없이 해결하게 된다. 8세 아동은 '14-8=6'이라는 것을 알아차리고 여섯 개의 구슬을 똑같이 세 개씩 나누고, 세 개의 구슬을 구슬의 개수가 더 적은 쪽 줄로 옮긴다. 우리는 이 과제를 통해 Piaget가 정의했던 성숙한 수행에는 어떤 하나의 숫자가 다른 숫자들의 집단으로 구성된다는 것을 이해하는 것이 필요하다는 것을 알게 된다. 아동이 '1+2=3'이라는 것을 아는 것과 같이, 수 집단에 대해 이해하기 전에 보여 주는 산술능력의 모든 징후는 대부분 기계적 학습을 반영한다고 가정할 수 있다. 즉, 이러한 기술의 기저가 되는 개념적 지식은 거의 존재하지 않거나 존재한다 하더라도 기초적인 수준에 머물러 있다고 가정된다는 것이다.

그렇지만 다른 방법을 사용한 아주 최근의 연구는 아동이 산술에 대해 상당한 양의 비형식적 지식을 가지고 있음을 보여 주고 있다(Starkey, 1992; Starkey & Gelman, 1982). 7~8세 이하의 아동은 덧셈과 뺄셈에 대한 이해가 부족해서가 아니라, 오히려 판단을 내릴 때 종종 산술 지식보다는 공간적 단서(예를 들어, 어떻게 배열되어 있는가)에 지나치게 의존하기 때문에 Piaget의 과제를 잘 해결하지 못하는 것이다. 이는 Piaget의 실험 결과가 잘못되었다고 말하는 것이 아니라, 과제의 속성이 수적으로 같음을 판단하기 위해 자신이 지니고 있는 비형식적 산술 지식보다 공간적 정보를 활용하게 만든다는 것을 말하는 것이다. 사실, 최근의 연구는 서로 다른 여러 문화 집단의 아동이 7세 이전에 대체로 비교할 수 있을 만큼의 비형식적 수 및 산술능력을 발달시키고 있음을 주장하고 있다(예를 들어, Ginsburg, 1982; Ginsburg et al., 1981b). 이러한 문화 집단에는 서구 농경사회뿐만 아니라 상입사회의 아동들이 모두 포함된다. 생후 5개월 된 유아도 매우 단순한 덧셈('1+1')과 뺄셈('2-1')의 결과를 이해할 수 있다고 주장한 Wynn(1992a)의 연구를 떠올려 보라. 이상의 내용을 종합해 보면, 이러한 연구들은 어린 아동이 형식적 교육이나 사회적 요구에 의존하지 않고 산술에 대한 매우 기초적인 수준의 이해 능력을 소유하고 있으며, Piaget가 사용한 과제가 학령 전 아동의 산술 지식을 매우 과소평가하고 있다고 주장한다.

이 점을 명확히 확인하고 아동의 산술에 대한 근본적인 지식의 한계를 이해하기 위해서는 Starkey(1992)가 수행한 최근의 연구를 살펴보아야 한다. Starkey는 아동이 덧셈과 뺄셈이 다수성에 미치는 영향에 대하여 이해하고 있는지 밝히기 위해 18개월부터 4세에 이르는 아동을 검사하였다. 이 연구의 목적은 어린 아동이 덧셈과 뺄셈을 할 수 있는지 단순히 보여 주기 위한 것이 아닌, 소리 내어 세지 않는 덧셈과 뺄셈이 어떻게 다수성에 영향을 주는지를 아동이 이해하고 있는지의 여부를 결정하는 데 있다. 이러한 목적을 달성하기 위하여 Starkey는 다음과 같은 암실상자를 제작하였다.

> [암실상자는] 윗부분이 뚫리고 바닥은 없으며, 뒤편에 숨겨진 문이 있는, 뚜껑이 달린 상자로 구성되어 있다. 뚫려 있는 상자의 윗부분은 탄성 소재의 천으로 덮여 있어 안에 든 내용물이 시각적으로 드러나지 않은 상태에서 사람의 손이 이 천을 통해 암실상자의 내부로 들어갈 수 있다(Starkey, 1992, p. 102).

첫 번째 실험에서 아동은 1~5개의 탁구공을 한 번에 한 개씩 암실상자에 넣었다. 마지막 공을 암실에 넣고 난 후 즉시(1, 2초 후), 해당 아동에게 집어 넣은 공을 모두 꺼내라고 말했다. 실험 도우미는 아동이 상자에 넣은 공들을 모두 치우고 아동이 공을 찾으려고 할 때 한 번에 하나씩 공을 다시 넣었다. 따라서 아동이 상자에 손을 넣어 하나의 공을 꺼내면, 실험 도우미는 그 아동이 다시 공을 꺼내려 할 것을 예상하면서 상자 속에 또 다른 공을 넣었다.

문제는 아동이 자신이 원래 암실상자에 넣어 둔 공의 수만큼 꺼내려고 시도할 것인가에 관한 것이었다. 예를 들어, 만약 아동이 암실상자에 세 개의 공을 넣었고 일단 세 개의 공을 꺼낸 후 더 이상 찾지 않는다면, 그 아동은 넣어 둔 공의 개수를 표상하고 기억할 수 있으며 이 표상을 이용하여 자신의 탐색을 관리할 수 있다고 주장할 수 있는 것이다. 실험 결과, 생후 24개월인 유아는 하나와 둘 그리고 이따금 셋의 다수성을 정신적으로 표상하고 기억할 수 있었다. 생후 30개월인 유아는 셋을 포함하여 셋까지의 다수성을 표상하고 기억할 수 있었던 반면, 생후 36~42개월의 유아는 때때로 넷까지의 다수성을 표상할 수 있었다. 이 실험을 통해 밝혀진 가장 중요한 결과는 대부분의 아동에게 이러한 표상이 소리 내어 세는 것을 통해서 성취되는 것으로는 보이지 않는다는 것이다. 그러므로 1장에 서술된 유아를 대상으로 한 연구처럼 Starkey(1992)도 어린 아동이 언어를 사용하지 않고도 3~4개의 양을 정신적으로 표상할 수 있다는 것을 보여 주었다. 그러나 이들이 소리 내어 세지 않고도 이 수량들을 더하거나 뺄 수 있을까? 아동이 소리 내어 세는 것을 통하여 이와 같은 문제를 해결할 수 있는지 여부는 매우 중요하다. 왜냐하면, 만일 문제가 비언어적 방식으로 해결된다면 그 결과는 아동이 언어기술과는 별개인 산술에 대한 기초적인 이해를 하고 있음을 암시하는 것이기 때문이다. 두 번째 실험은 바로 이 문제를 다루려 했다.

두 번째 실험은 일단 모든 탁구공을 암실상자에 넣고 난 후 실험자가 상자 속에 1~3개의 탁구공을 추가하거나 빼는 것만 제외하고 첫 번째 실험과 동일한 절차에 따라 진행되었다. 문제는 아동이 자신이 상자 속에 넣은 공과 동일한 개수의 공을 찾을 것인지 아니면 실험자에 의해 추가되거나 제거된 공을 고려할 것인지를 파악하는 것이다. 만일 아동이 덧셈의 영향을 이해하고 있다면, 아동은 자신이 상자 속에 넣은 것보다 더 많은 공을 찾을 것이다. 반대로 뺄셈을 이해하고 있다면, 자신이 상자 속에 넣은 공의 개수가 되기 전에 찾기를 멈출 것이다. 거의 모든 24~48개월의 유아는 이러한 방식으로 반응하였다. 더욱이 전부는 아니지만 많은 18개월 유아 또한 이러한 패턴을 보이는 것이 아닌가! 이 실험의 결과는 많은 18개월 유아, 즉 거의 2세에 가까운 유아들의 덧셈이 해당 집단의 다수성을 증가시켜 주는 것이고 뺄셈은 다수성을 감소시키는 것이라는 점을 이해하고 있음을 보여 주는 것이다(Sophian & Adams, 1987; Starkey & Gelman, 1982 참조).

정확성과 관련된 자료들을 조사해 보면, 5개월 유아를 대상으로 한 Wynn (1992a)의 연구 결과와 유사하게 많은 18개월 유아는 총합이나 **피감수**(被減數, 뺄셈 문제의 첫 번째 수)가 2 이하의 덧셈과 뺄셈(예를 들어, '1+1' 또는 '2-1')을 정확하게 해결했지만, 그보다 큰 수로 된 문제에서는 정확하지 않았다. 대다수의 24개월 유아는 3을 포함한 경우나 합이 3까지인 경우(예를 들어, '2+1' 또는 '3-1')에만 정확함을 보였다. 연구에 참여한 어떤 아동도 4나 5가 총합이 되거나 피감수가 되는 문제를 정확하게 해결하지 못하였다. 첫 번째 실험에서처럼, 대부분의 아동은 이러한 덧셈과 뺄셈 문제를 해결하기 위하여 소리 내어 세기에 의존하는 것으로 보이지 않았다. Starkey(1992)는 아동이 수를 표상하고, 덧셈과 뺄셈 문제를 해결하기 위하여 몇 가지 형태의 심상을 기반으로 한 전략을 사용하고 있을 것이라고 주장하였다. 이 아동이 사용한 특정 인지전략과 상관없이, 이러한 일련의 흥미로운 실험 결과는 인간이 수와 양에 대한 기초적 감각을 지니고 있다는 것에 대한 강력한 증거를 제시하고 있는 것이다. 더욱더 중요한 것은, 이러한 수 감각에는 단순한 덧셈과 뺄셈에 대한 직관적 이해가 포함되어 있으며, 수 감각은 여러 면에서 언어체계와는 독립적인 것으로 보인다는 것이다(Jordan, Huttenlocher, & Levine, 1992; S. C. Levine, Jordan, & Huttenlocher, 1992 참조).

그럼에도, 여러 문화권의 아동은 4세나 5세가 될 때까지 간단한 산술문제를 풀기 위해 소리 내어 세기에 의존하고 있다(Baroody & Ginsburg, 1986; Ginsburg, 1982; Groen & Resnick, 1977; Hatano, 1982; Saxe, 1985; Siegler & Jenkins, 1989). Baroody와 Ginsburg는 어린 아동이 산술문제를 풀기 위해 세기를 사용하는 것은 이들이 형식적 교육을 받지 않은 상태에서 이러한 기술을 활용하고 있기 때문에, 이는 비형식적 지식을 대표하는 것이라고 주장하였다. 이와 관련된 모든 연구에서 가장 중요한 연구 결과는 아동이 덧셈이나 뺄셈이 필요한 경우에 이미 소유하고 있는 세기 기술과 지식을 적용한다는 것이다. 덧셈이나 뺄셈 문제를 풀기 위해 아동이 사용하는 특정 전략은 아동이 속한 문화권의 세기 체계를 설명하는 것이다. 미국의 어린 아동이 구사하는 덧셈에는 보통 구체물에 대한 수 세기가 포함되어 있다(Steffe, Thompson, & Richards, 1982). 비록 세기가 일본에서는 그리 권장되지 않는다 하더라도, 한국 및 일본 아동들도 분명히 비슷한 전략을 사용하고 있다(Hatano, 1982; Song & Ginsburg, 1987). Saxe(1982b)는 어떤 무역이나 거래 경험이 없는 파푸아뉴기니의 Oksapmin 부족 성인조차도 그들의 세기 체계를 이용하여 간단한 덧셈 문제를 풀고, 물건들을 활용하여 문제를 표상하며 해결한다는 것을 보여 주었다.

이를 예증하기 위해, 엄마에게 세 개의 과자를 받고 나서 "엄마가 몇 개 더 가질 수 있다고 했어."라고 말하며 몰래 아빠에게 세 개를 더 받은 4세 아동은 자신이 가지고 있는 과자의 개수를 세어서 확인할 것이다. 이 전략에는 보통 과자를 일렬로 놓고 1부터 연속적으로 세는 행동을 필요로 한다(Fuson, 1982). 이와 유사하게, '3+4는 얼마인가?'와 같이 구어적 문제가 주어졌을 때 이 연령대의 아동은 보통 대응되는 물체의 수로 각각의 가수(加數)를 나타내고 난 후 1부터 시작해서 모든 사물을 센다. 예를 들면, 세 개의 블록을 세고 난 후 네 개의 블록을 센 다음 모든 블록의 개수를 세는 것이다. 만일 물건들을 이용할 수 없다면, 종종 대안적인 방법으로 손가락을 사용한다(Siegler & Shrager, 1984). 좀 더 나이가 든 Oksapmin 부족 사람들은 자신의 신체 부위를 이용한 세기 체계(1장 참조)에 기반을 둔, 이와 유사한 전략을 활용한다. 즉, '3+3'이라는 문제는 엄지손가락(1)부터 손목(6)까지 셈으로써 문제를 해결하는데, 이때 총합을 나타내는 적절한 접미사를 손목에 해당되는 단어에 붙인다(Saxe, 1982a).

이를 모두 종합해 보면, 이러한 연구는 어린 아동, 아마도 유아까지 덧셈과 뺄셈이 양에 미치는 영향, 즉 덧셈은 양이 늘어나는 것임에 비해 뺄셈은 양이 줄어드는 것이라는 점을 기본적으로 이해하고 있다고 주장하고 있다(Starkey, 1992; Wynn, 1992a). 그렇지만 초기의 덧셈과 뺄셈에 관한 내재적 지식은 세 개 이하로 한정되어 있고 비구어적인 방법으로 성취하는 것으로 보인다. Starkey는 그의 연구대상 아동이 다수성을 표상하는 데 심상을 활용하고, 그러고 나서 이 표상을 이용하여 적절한 경우 더하거나 뺀다고 주장하였다. 다른 한편으로, Gallistel과 Gelman(1992)은 이러한 기술이 1장에서 설명되었던 언어 전 세기와 시간반응 기제의 활용을 반영하는 것이라고 주장하였다. 여하튼 매우 어린 아동이 기초 산술을 암묵적으로 이해하고 있다는 사실은 매우 놀라운 일이다. 4세 또는 5세가 될 때까지 대부분의 아동은 덧셈이나 뺄셈이 필요한 상황에서 소리 내어 세기를 사용할 수 있게 된다. 이러한 연령 범위는 미국 아동에게 해당된다는 점을 주목하라. 비록 다른 문화권의 아동이 유사한 발달패턴을 보일지라도, 능숙한 세기가 나타나는 연령은 수 및 세기 활동의 빈도에 있어서의 문화 간 차이에 대응하여 다양하게 나타난다(Ginsburg et al., 1981b; Saxe, 1985; Song & Ginsburg, 1987). 그럼에도, 모든 문화권에서 소리 내어 세기 전략의 활용은 아동의 발달하는 세기 지식으로부터 자연스럽게 솟아나온다. 아동의 기초적인 비구어적 기술이 작은 값에만 적용될 수 있는 것으로 보인다는 점을 가정할 때 소리 내어 세기는 매우 합리적인 산술 전략인 것 같다.

산술 지식

불행하게도 수와 세기에 대한 아동의 이해 정도를 알아내기 위하여 쏟아 부었던 노력과 비교해 볼 때, 산술 개념에 대한 지식의 발달 연구는 그리 많지 않다(Fuson, 1988; Gelman & Gallistel, 1978). 그럼에도, 교환법칙[commutativity (Baroody, Ginsburg, & Waxman, 1983)]과 십진법[base-10system(Fuson & Briars, 1990)] 그리고 분수[fractions(Clements & Del Campo, 1990)] 등에 대한 아동의 이해 정도를 알아내기 위한 연구가 수행되어 왔다. 각각의 영역에 대한 기본적인 연구 결과는 다음에 제시되어 있다.

교환법칙

Baroody와 동료들은 함께 더해지는 숫자들의 순서는 총합에 영향을 미치지 않는다(예를 들어, '3+4=4+3')는 교환법칙에 대한 아동의 이해를 연구해 왔다(Baroody, 1987b; Baroody & Gannon, 1984; Baroody et al., 1983). Baroody와 동료들은 초등학교 1, 2, 3학년 아동의 교환법칙에 대한 이해 정도를 평가하였다. 아동은 게임 상황에서 일련의 덧셈 문제를 제시받았다. 몇몇 문제에서는 아동들에게 동일한 가수(加數)들이 그 위치를 바꿔 가며 제시되었다. 예를 들어, 아동에게 한 번은 '13+6'을 그리고 다음 번에는 '6+13'을 풀라고 하였다. 만일 아동이 덧셈이 교환될 수 있다는 것을 이해하고 있다면, 아동이 '13+6'을 푸는 데 사용한 전략은 '6+13'을 푸는 데 사용한 전략과는 다를 것이다. 특히 이들은 '13+6'을 풀기 위해 '13, 14, …… 19'라고 세겠지만 '6+13'은 세지 않고 '19'라고 진술하면서 "숫자가 같으니까 항상 답도 같아."라고 주장할 것이다(Baroody et al., 1983, p. 160). 이 연구에서 1학년 아동 중 72% 그리고 2, 3학년 아동 중 83%(적어도 3/4 이상)가 일관성 있게 이러한 양상을 보여 주었다. 1학년 아동이 아직 교환법칙을 명확하게 배우지 않았기 때문에 이러한 결과가 나타나는 점이 매우 흥미로운 것이다.

추후 연구에서 Baroody와 Gannon(1984)은 앞서 설명한 연구에서 사용된 것과 비슷한 과제와 두 번째 교환법칙 과제를 활용하여 교환법칙에 대한 유치원생들의 이해를 평가하였다. 두 번째 교환법칙 과제에서 우선 아동 개개인에게 '6+4'와 같은 해결해야 할 문제가 주어졌다. 그다음 실험자는 동일한 가수들을 이전과는 반대되는 순서, 즉 '4+6'으로 적고, 합이 10(혹은 아동이 첫 번째 문제에서 제공했던 그 어떤 답)이 되는지를 물어보았다. 만약 그 아동이 덧셈에서 교환법칙이 성립된다는 것을 이해하고 있다면, 그 아동은 답을 다시 계산할 필요 없이 "네."라고 대답할 것이다. 덧셈에서 교환법칙이 성립된다는 것을 이해하지 못한 아동은 답을 말하기 전에 보통은 세기를 활용하여 '4+6'을 해 볼 것이다. 연구는 40%의 아동이 두 과제 모두에서 교환법칙을 이해하고 있다는 것을, 29%의 아동은 어느 과제에서도 교환법칙을 이해하지 못하고 있다는 것을 그리고 나머지 아동은 그 사이에 있다는 것을 보여 주었다.

이러한 결과 및 다른 연구 결과에 기초하여 Baroody와 Gannon(1984; Baroody, 1987b 참조)은 대다수의 아동이 4~6세에 교환법칙에 대한 이해 능력을 발달시키고 있으며, 간단한 덧셈의 결과, 예를 들어 '3+2'가 5라는 것을 알고 '2+3' 또한 그렇다는 것을 알아차림으로써 이 원칙을 발견한다고 주장하였다. 이러한 입장은 어떤 아동이 교환법칙에 대한 개념적 이해 없이 가수의 순서가 문제되지 않는다는 것을 단순히 추측하고 그에 따라 행동하는 것이라는 가능성을 배제하지 않는다. 그와 같은 추측은 어떤 방향으로든 물건들을 셀 수 있고 더할 수 있다(Gelman & Gallistel, 1978)는 아동의 세기 지식으로부터 나온다. 여하튼 많은 유치원생과 대다수의 초등학교 1학년 아동은 덧셈에서 교환법칙이 성립됨을 이해하고, 덧셈 문제를 풀 때 이 지식을 활용하는 것 같다. 게다가 많은 아동은 교환법칙의 원리를 배울 필요가 없고, 반대로 기초 덧셈의 결과를 주목함으로써 이 지식을 추론하는 것으로 보인다.

십진법에 대한 지식

Fuson과 동료들(예를 들어, Fuson, 1990; Fuson & Briars, 1990)은 십진법 체계에 대한 아동의 이해와 산술 발달에 있어 이 지식의 중요성에 대해 연구해 왔다. 십진법에 대한 지식은 다음과 같은 몇 가지 이유에서 산술 발달에 중요하다. 첫째, 여러 자리 숫자(구어적 그리고 문어적)에 대한 아동의 이해는 십진법 지식에 달려 있다. 13이라는 단어는 단지 13개의 물체를 모아 놓은 것만을 의미하는 것은 아니다. 그 단어는 10의 자릿값과 1의 자릿값의 묶음으로서 10의 자리 1과 1의 자리 3을 나타낸다. 둘째, 예를 들어 100의 자리, 10의 자리 그리고 1의 자리를 표현하는 자릿값을 이해하는 것은 아동이 복잡한 산술문제를 해결하는 데 활용할 수 있는 문제해결 전략의 정교함에 영향을 준다. 이 지식에 근거한 한 가지 전략에는 재집단화(regrouping)전략이 있다.'43+24'는 10의 자릿값을 함께 더하고('40+20') 난 후, 1의 자릿값을 한데 더함으로써('3+4'), 결국'60+7'로 해결된다. 이 전략은 나중에 '복잡한 덧셈' 부분에 기술될 것이다. 이 지식을 갖추지 못한 아동은 이러한 문제를 풀기 위해 더 많은 시간을 소모하고 오류에 더 취약한 세기에 의존하게 된다. 마지막으로, 십진법에 대한 이해는 받아올림과 받아내림 및 자릿값에 대한 아동의 이해를 위해 중요하다(Fuson & Kwon, 1992b).

미국의 초등학생들은 여러 자리 수 이름의 십진법 구조를 완전히 이해하지 못한다(Fuson, 1990). 미국의 초등학생들에게 13(thirteen)은 8(eight)과 개념적으로 다르지 않다. 두 숫자 모두 단순히 사물의 집합을 의미하는 것일 뿐이다. 이들에게는 여러 자리 수의 10개 한 벌 구조에 대한 이해가 별로 없다. 즉, 이들은 13이 10의 자리 1개와 1의 자리 3개를 나타낸다는 것을 이해하지 못한다. 이에 비해 한국의 대다수 초등학교 2학년 학생들은 수의 십진법 구조를 명확하게 이해하고 있고 산술문제를 풀 때 이 지식을 활용한다(Fuson & Kwon, 1992b). 미국의 또래들과 비교해 볼 때, 한국의 아동은 산술문제를 풀 때 앞에서 언급된 재집단화 전략과 같은 더 세련된 전략을 사용할 수 있고, 받아올림과 받아내림 및 자릿값을 더 잘 이해하고 있다. 1장의 '수 이름' 부분에 언급된 것처럼, 이러한 문화적 차이가 발생하는 한 가지 원인은 여러 자리 수의 이름에 있어 한국어(그리고 다른 여러 아시아 언어)와 영어 사이에 차이가 있기 때문으로 보인다. 복잡한 수의 10개 한 벌 구조는 대부분의 아시아권 언어에서는 분명하게 표현되지만, 영어에서는 적어도 값이 100이 될 때까지는 전혀 분명하지 않다. Miura 등(1993)은 최근 자릿값에 대한 빈약한 개념적 이해가 프랑스와 스웨덴 아동에게서도 명확하게 나타나고 있음을 보여 주었다. 영어에서처럼 불어와 스웨덴어의 수 이름에서도 자릿값은 명료하게 표현되지 않는다.

영어 수 이름의 이러한 어려움에도 불구하고, Fuson과 Briars(1990)는 미국 아동이 여러 자리 수의 의미를 명료하게 만든다면 그 의미를 쉽게 배울 수 있다는 점을 보여 주었다. 그들의 접근방식에서 사용된 방법 중 하나가 [그림 2-1]에 제시되어 있다. [그림 2-1]에는 1000의 자리, 100의 자리 10의 자리 그리고 1의 자리값들이 아동에게 구체적으로 표현되어 있다. Fuson과 Briars는 실험에서 여러 자리 수의 10개 한 벌 구조를 미국 아동에게 명료하게 해 주는 것이 그들의 개념적 이해 및 문제해결 기술을 촉진한다는 것을 보여 주었다. 예를 들어, 아동에게 여러 자리 수의 의미를 가르친 후 받아올림과 받아내림 오류의 빈도가 대폭 감소되었다. 이를 종합해 보면, 여러 자리 수의 10개 한 벌 구조를 해당 언어의 수 이름으로 혹은 구체적 표현으로 명확하게 해 줄 때, 대부분의 초등학교 2학년 아동과 실력이 뛰어난 몇몇 1학년 아동은 십진법 구조에 대한 지식을 쉽게 획득할 것이다. 아시아의 아동이 사용하는 언어의 수 이름들은 그들에게 십진법 체계를 상대적으로 쉽게 유도하고, 확실히

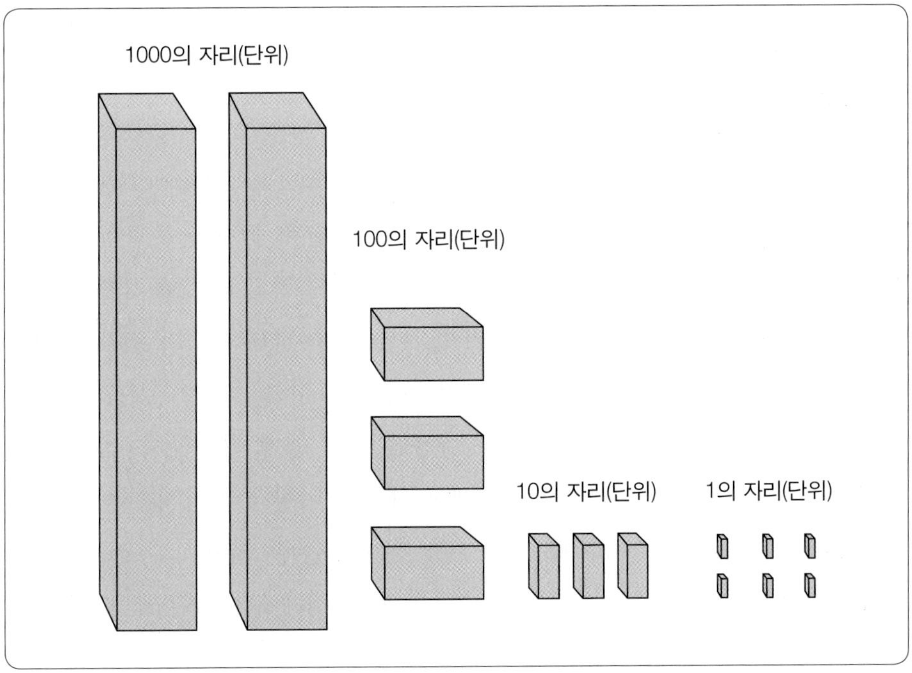

[그림 2-1] **십진법 체계의 구체적 표현**

이 구조를 직접적으로 가르칠 수 있게 해 주는 것 같다. 여러 자리 수의 십진법 구조의 유도를 촉진하지 않는 언어권의 아동에게는 이 구조를 직접 가르치는 것이 필요해 보이며 초등학교 2학년 아동에게 가르칠 때 성공적일 수 있다.

분 수

학령 전 아동은 분수 지식을 이끌어 낼 수 있는 활동들에 참여할 수 있는 기회를 많이 가진다. 예를 들어, 부모가 약간의 기지를 발휘하면 어린 아동은 분배를 할 수 있다. 즉, 이들은 두 사람에게 여덟 개의 사탕을 나눌 수 있으며, 결국 두 사람 모두 전체의 절반씩은 갖게 된다. 그러나 분수에 대한 지식의 습득은 대부분의 아동에게 매우 어려운 과제다(Clements & Del Campo, 1990). 아동은 그들이 세기 및 단순 산술을 할 때처럼 분수에 대한 직관적 이해를 갖게 되는 것으로 보이지는 않는다. 사실, 대다수의 아동은 세기 및 산술에 관한 비형식적 지식의 관점에서 분수를 다룬다(Gallistel & Gelman, 1992). 예를 들어, '1/5+1/6'을 풀기 위해 대부분의 아동은 단순히 분자와 분모를 더하여 2/11이라는 답을 얻는다. 비록 아동이 분배를 할 줄 알고 반으로 자른 물체의 조각을 1/2이라고 명명할 수 있을지라도, 이들은 여전히 분수가 전체의 어떤 부분을 나타내는 수라는 것을 이해하지 못한다(Gelman, 1992). 분수에 대한 지식은 대다수의 아동이 일상적인 수 활동을 통해 쉽게 획득할 수 있는 것이 아니다. 실제로 세기 및 단순 산술에 대한 아동의 비형식적 지식은 어쩌면 분수에 대한 개념적 이해를 파악하거나 가르치기 어렵게 만든다(Gelman, 1992). 일례로, 초등학생들은 3이 2보다 더 크다는 것을 이해하기 때문에, 1/3이 1/2보다 보다 더 크다고 생각하는 것 같다.

산술 연산

다음에는 단순한 그리고 복잡한 산술에서의 문제해결 전략 발달에 대한 연구가 제시된다. 그 초점은 '3+5'와 같은 비문장제 문제와 '사과 3개와 사과 5개를 더하면 모두 몇 개일까?'와 같은 매우 단순한 문장제 문제의 해결에 맞춰져 있다. 더 복잡한 문장제 문제를 해결하기 위한 기술의 발달은 3장에 제시될 것이다. 각각의 사칙연산에 한 부분씩 배정된다. 각 부분 내에는 기본 전략과 그 발달, 일반적인 오류 및 다양한 전략을 활용하기 위하여 필요한 관련된 개념적 지식에 대한 설명이 함께 기술될 것이다.

아동 발달 초기에 산술문제의 해결은 세기와 수 지식 그리고 해당 문화의 세기 체계의 적용에 매우 많이 의존한다. 교수를 받게 되면서 아동은 더 형식적이고 어쩌면 더욱 강력할 절차를 학습하게 된다(Ginsburg, 1982; Saxe, 1982b). 산술 전략, 특히 세기 전략에 있어서의 문화에 따른 변화가 초등학교 저학년 때 가장 명확하게 나타난다. 그렇지만 이러한 전략은 형식적 교육을 받을수록 문화 간에 더 유사해진다(예를 들어, Ginsburg et al., 1981b). 이는 성취 수준이 문화권 전반에 걸쳐 같아진다(7장 참조)는 것을 의미하는 것이 아니라, 덧셈을 하기 위해 Oksapmin 부족이 세기 체계를 활용하는 것처럼 문화적으로 특유한 절차의 사용이 초등학교 시절 형식적 교육을 통해 학습한 절차로 대체되기 시작한다는 것을 의미하는 것이다.

심지어 형식적 교육의 영향을 받기 이전에도 아동의 산술 발달에는 중요한 문화마다의 유사성이 있다. 연구된 모든 문화 집단 내에서 사칙연산 전반에 걸친 산술 발달은 단지 덜 성숙한 문제해결 전략의 사용에서 더 성숙한 전략의 활용으로 바뀌는 것의 문제가 아니다. 오히려 어떤 시기에는 대부분의 아동들이 산술문제를 해결하기 위하여 다양한 전략을 사용한다. 이들은 어떤 문제를 풀기 위하여 손가락을 세기도 하고, 다음 문제에서는 답을 생각해 내기도 하며, 또 다른 문제를 풀기 위하여 소리 내면서 세기를 하기도 한다. 산술 발달에는 전략 조합의 변화는 물론 각 전략이 실행될 수 있는 정확성과 속도의 변화도 포함된다. 더 흥미로운 결과는 아동이 어떤 문제를 풀기 위해 세기와 같은 전략을 사용하고 다음 문제를 풀기 위해 회상과 같은 다른 전략을 사용하는데, 이때 아동들이 전략을 아무렇게나 선택하지 않는다는 것이다. 오히려 아동은 "여러 전략 중에서 어떤 주어진 문제를 풀 때 다른 유용한 절차들에 비하여 상대적으로 전략의 속도와 정확성을 높이는 데 도움이 되는 전략을 선택한다."(Siegler, 1989a., p. 497)

이러한 조합 내에 보통 다른 전략보다 더 자주 사용되는 한두 개의 전략이 있다. 예를 들어, 덧셈 문제를 해결하는 방법을 처음 배울 때, 아동은 구체물 사용에 매우 많이 의존한다. 아동이 경험을 쌓고 성숙해질수록 선호하는 전략은 손가락 세기로 이동하게 된다(Ashcraft & Fierman, 1982; Carpenter & Moser, 1984; Siegler & Jenkins, 1989; Siegler & Shrager, 1984). 다양한 산술 전략과 이와 관련된 연령에 대한 다음의 논의는 전략이 언제 아동에게 가장 보편적으로 사용되는지를 나타내는 것으로서, 이러한 전략이 오로지 그 연령에서만 사용되는 것을 의미하는 것으로 받아들여져서는 안 된다. 대부분의 경우, 비록 아동이 선호하는 어떤 전략이 다음 전략으로 이동하는 속도가 여러 문화권에 걸쳐 다양하게 나타나지만, 동일한 일반적 진전은 서로 다른 문화권 출신의 아동을 위한 규준이 되는 것으로 보인다(예를 들어, Geary, Fan, & Bow-Thomas, 1992; Saxe, 1985; Svenson, Hedenborg, & Lingman, 1976; Svenson & Sjöberg, 1983). 일례로, 중국 아동은 미국 아동보다 더 어린 나이에 선호하는 어떤 전략에서 다음 전략으로 전이하는 반면, Oksapmin 부족은 미국 아동보다 더 늦은 나이에 전이하는 것으로 보인다(Geary, Fan, & Bow-Thomas, 1992; Saxe, 1982a).

대부분의 경우 이러한 문화적 차이는 산술문제해결 경험의 양에서의 차이(예를 들어, Stevenson, Lee, Chen, Stigler et al., 1990)와 그보다는 적은 정도로 수 이름에 있어서의 언어적 차이를 반영하는 것 같다. 이러한 주장에 대한 근거는 7장에 제시되어 있지만, 짤막한 개요 설명을 제공하는 것이 적절할 것이다. Ilg와 Ames(1951)는 5~9세 미국 아동에 대한 산술 발달에 관해 규범적인 연구를 제공하였다. 이 아동들은 수학 교육과정에서 기초 기술이 오늘날보다 훨씬 더 강조되던 시기에 초등교육을 받았다. 그때 미국 아동에게 설명했던 기술 및 문제해결 전략의 유형은 오늘날 우리가 동일 연령대의 아시아 아동에게서 볼 수 있는 산술능력과 매우 유사하다(예를 들어, Fuson & Kwon, 1992a; Geary, Fan, & Bow-Thomas, 1992). 그렇지만 오늘날 아시아 초등학생의 산술능력은 또래 미국 아동의 산술능력보다 훨씬 더 발달되어 있다.

덧 셈

덧셈 기술에 대한 논의는 세 부분으로 구성되어 있다. 첫 번째 부분에서는 아동의 문제해결 전략과 오류 유형 그리고 간단한 덧셈 문제를 해결하기 위한 개념적 지식이 제시된다. 두 번째 부분에는 더 복잡한 덧셈 문제를 해결하기 위해 아동이 활용하는 기술을, 세 번째 부분에는 처음 두 부분에 대한 요약을 제시하였다.

간단한 덧셈

'3+2'와 같은 간단한 덧셈 문제를 풀기 위하여 아동은 구체물 사용하기, 손가락 세기, 구체물을 활용하지 않으면서 소리 내어 세기(즉, 정신적으로), 유도된 기본 덧셈(derived facts), 기본 덧셈의 인출 등과 같이 다섯 가지 부류의 일반적인 전략을 사용한다(Carpenter & Moser, 1983; Ilg & Ames, 1951; Siegler, 1987). 이러한 일반적인 각각의 전략과 이와 관련된 개념적 지식이 차례로 제시될 것이다. 비록 전략이 사용되는 상대적 빈도와 전략이 처음으로 보이는 연령 등에서 문화 간 차이가 나타나기는 하지만, 여러 문화권 전반에 걸쳐 대체로 동일한 패턴의 발달이 나타나는 것이 분명하다(예를 들어, Ginsburg, 1982; Hatano, 1982; Saxe, 1985). 여기에 기술된 전략은 미국에서 수행된 연구에 초점을 맞추었다. 이 기본적인 범주 내에서의 문화적 변용을 강조하기 위해 적절한 곳에 국가 간 비교연구를 포함시켰다. 시작하기 전에 다음에 기술된 전략은 아동이 간단한 덧셈 문제를 풀기 위하여 사용하는 가장 보편적인 전략이지, 유일한 전략이 아님을 언급해야만 할 것이다.

3세 정도의 어린 아동 중 몇몇은 세기 기술을 활용하여 일상생활 장면에서 덧셈을 할 수 있다(Fuson, 1982; Saxe et al., 1987). 이 연령에서의 덧셈은 보통 물체나 구체물 사용 등의 도움을 받는다. 그래서 아동이 "과자 세 개와 두 개를 더하면 모두 몇 개가 되지?"라는 질문을 받게 되면, 앞서 언급한 것처럼 해당 아동은 보통 세 개의 물건을 세고 나서 두 개의 물건을 세며, 마지막으로 1부터 시작해서 모든 물건을 센다. 아동은 각각의 물체를 연속적으로 가리키면서 "1, 2, 3, 4, 5, 답은 5야."라고 대답한다. 구체물의 활용은 적어도 두 가지 목적이 있다. 첫째, 일련의 물체들은 세어야 할 숫자를 대표한다. 예를 들어, 이 경우 3이라는 추상적인 숫자는 글자 그대로 물체들에 의해서 대표된다. 둘째, 세기를 하는 동안 사물을 가리키는 것은 아동을 도와 세기를 기록할 수 있게 해 준다. 즉, 해당 아동은 일단 마지막 물건에 어떤 수 이름으로 꼬리표를 붙이면 멈추어야 한다는 것을 알게 된다(Carpenter & Moser, 1983). 구체물의 사용은 문제의 복잡성과 구체물을 손쉽게 이용할 수 있는지에 따라 심지어 몇몇 4~5세 아동에게서도 볼 수 있다(Fuson, 1982).

그럼에도, 대부분의 4~5세 아동은 기억에서 답을 직접 인출할 수 없는 경우 덧셈 문제를 풀기 위하여 손가락 세기와 소리 내어 세기를 결합하여 사용한다(Geary & Burlingham-Dubree, 1989; Siegler & Shrager, 1984). 물체들과 같이 손가락은 세어야 할 숫자를 표현하기 위하여 사용될 수 있지만, 아동이 자신이 센 것을 기록할 수 있도록 도와준다(Fuson, 1982). 하지만 Oksapmin 부족은 그들 자신이 센 것을 기록하기 위하여 손가락보다는 그들의 세기 체계와 관련된 몸의 일부를 사용한다(Saxe, 1982b, 1985). 합이 10 이하의 간단한 덧셈 문제에 대해 아동은 해당 숫자만큼의 손가락을 펴는 것으로 세어야 할 수들을 대표한다. **피가수**(被加數, 첫 번째 수)의 값은 한 손으로, **가수**(두 번째 수)의 값은 또 다른 손으로 표상하고, 그러고 나서 아동은 "1, 2, 3……."이라고 세면서 연속적으로 손가락들을 움직인다. '7+8'과 같이 합이 10보다 큰 덧셈 문제의 경우, 일반적인 전략에는 일곱 개의 손가락을 펴고, 그러고 나서 여덟 개의 손가락을 편 후 "8, 9, 10, 11, 12, 13, 14, 15."라고 세면서 연속적으로 손가락들을 움직인다. 손가락 세기는 유치원에 다니는 아동에게 보편적인 기술이며, 때때로 더 연령이 높은 초등학생도 사용한다(Geary & Brown, 1991; Geary, Brown, & Samaranayake, 1991; Ilg & Ames, 1951).

아시아의 어린 아동도 덧셈 문제를 풀기 위하여 손가락을 센다. 그렇지만 미국 아동에 비해 그들은 더 세련된 손가락 세기 절차를 활용한다(Fuson & Kwon, 1992a; Geary, Bow-Thomas, Fan, Mueller et al., 1992). 예를 들어, Fuson과 Kwon(1992a)은 한국의 초등학교 1학년 아동이 합이 19 이하인 덧셈 문제와 피감수가 19 이하인 뺄셈 문제를 풀 때 사용하는 전략을 연구하였다. 이 아동이 사용한 서로 다른 유형의 손가락 세기 전략은 [그림 2-2]에 제시되어 있다. 전략 한 가지를 살펴보면, "손바닥을 세는 사람 쪽으로 향하게 손을 들고, 엄지손가락은 바깥쪽을 향하게 편다. 엄지손가락부터 세기 시작해서 …… 새끼손가락에 이르기까지 연속적으로 모든 손가락을 움직이고, 다른 손의 엄지손가락으로부터 그 손의 새끼손가락에 이르기까지 세기를 이어 간다."(Fuson & Kwon, 1992a, p. 152) 이 절차는 [그림 2-2]의 첫 번째 그림에 묘사되어 있고, 이 절차의 변형은 다음의 두 그림으로 묘사되어 있다. 한국 아동은 가수들을 각각의 손에 표시하는 대신 손가락을 이용하여 연속적으로 표현한다는 점에서 보통의 미국인들이 보이는 패턴과 다르다는 것을 주목하라. 중국 아동도 한국 아동이 사용하는 절차와 비슷한 손가락 세기 절차를 사용한다. Fuson과 Perry(1993)는 몇몇 중남미계 미국 초등학생들도 아시아인들의 세기 방법에서 변형된 방법을 사용한다는 것을 발견하였다.

이 연속적 표시의 이점은 합이 10 이상인 문제를 해결할 때 더 분명해진다. 이러한 문제를 풀기 위한 한국 아동의 전략은 [그림 2-2]의 네 번째 그림으로 묘사되어 있다. 먼저 두 손바닥을 세는 사람 쪽으로 향하게 손을 든다. 피가수를 표현하기 위하여 그 수(이 예에서는 8)만큼 손가락을 접고, 그러고 나서 바로 다음 손가락을 계속해서 세며 모든 손가락이 접힐 때까지 센다. 가수의 나머지 값은 그 수만큼(이 경우에는 4) 손가락을 펴는 것으로 표시한다. 한국어를 포함하여 대부분의 아시아 언어에서 11~19의 수 이름은 십(10)과 어떤 값이라는 것을 상기하라. 그러므로 이러한 접근방식을 활용할 때, 답을 하기 위해 아동이 해야 할 모든 것은 펼쳐진 손가락 수에 해당되는 수 이름 앞

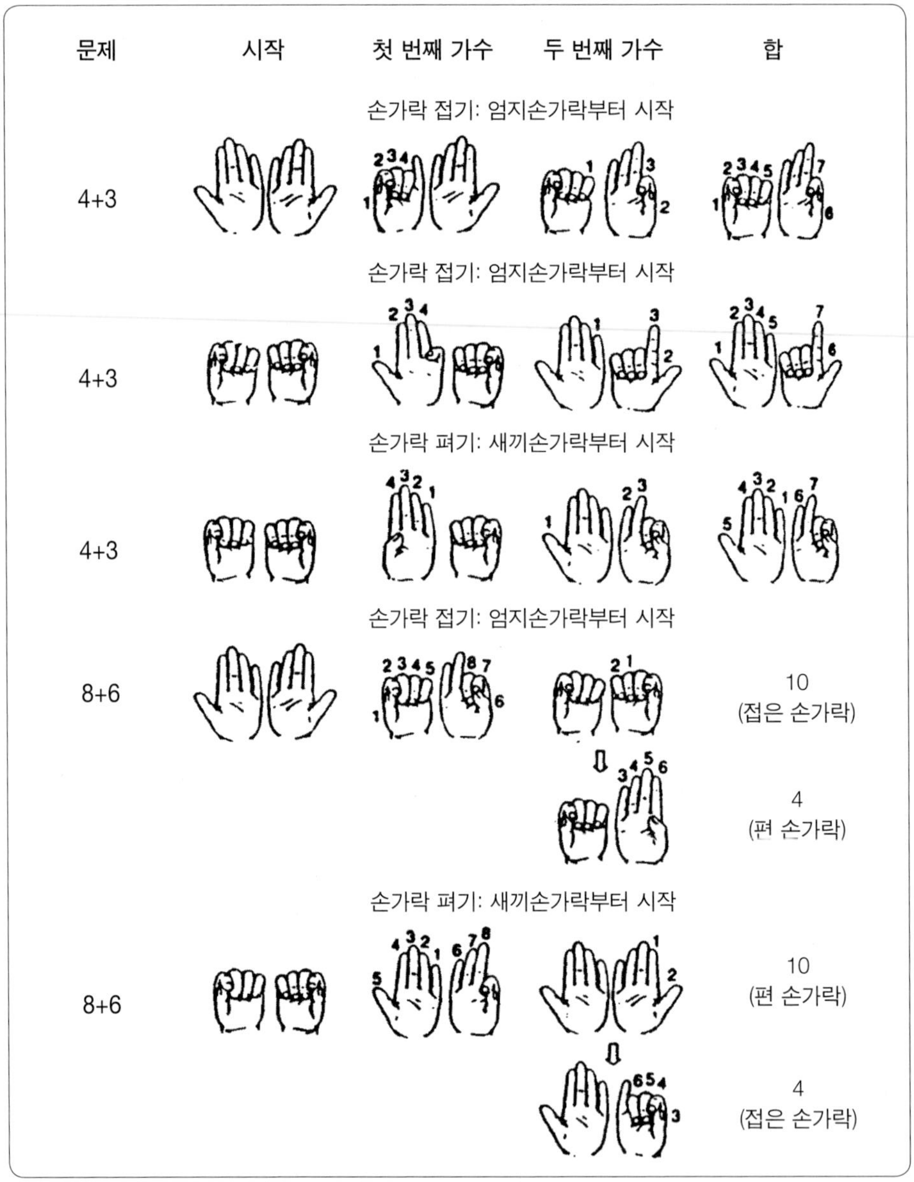

[그림 2-2] 간단한 덧셈 문제를 풀기 위한 한국 아동의 손가락 세기 방법

출처: Fuson, K. C., & Kwon, Y. (1992). Korean Children's Single-Digit Addition and Subtraction: Numbers Structured by Ten. *Journal for Research in Mathematics Education, 23,* p. 153.

에 십(10)을 붙여 진술하는 것이다(이 경우에는 십사[14]). 더욱더 중요한 점은 이 전략이 십진법 체계를 명확하게 이용하고 있다는 것이다. 한국과 중국 교사들이 가르치는 이 전략은 아시아 언어의 11~19의 수 이름으로부터 나온다. 나중에 언급되겠지만, 이러한 형태의 손가락 세기 전략의 활용은 상대적으로 정교한 '유도된 기초 연산 전략(derived-facts strategy)'의 이해 및 사용을 촉진할 가능성이 매우 높다.

손가락 세기에서 소리 내어 세기로의 전이는 주로 이미 세었던 수와 아직 세어야 할 필요가 있는 수를 머릿속에 기록해 놓은 아동의 능력에 달려 있다(Fuson, 1982). 대다수의 아동에게, 손가락 세기에서 소리 내어 세기로의 전이는 점진적인 것이다. 미국의 유치원 아동은 대략 소리 내어 세기와 비슷한 정도로 손가락 세기를 사용한다(Baroody, 1987a; Geary & Burlingham-Dubree, 1989; Siegler & Shrager, 1984). 손가락 세기 전략은 주로, 예를 들면 '6+4'와 같이 가수가 더 큰 문제를 풀기 위해 사용되는데, 이는 가수가 작은 문제보다 세기 과정을 기록하는 것이 더 어렵기 때문이다(Geary, 1990). 한편, 중국 유치원 아동은 소리 내어 세기를 사용하기 위해 일찍 손가락 세기를 버린다. 이는 중국의 수 이름이 영어의 그것에 비해 더 짧아(즉, 더 빨리 발음할 수 있음) 소리 내어 세는 동안 미국 아동보다 중국 아동이 수를 더 쉽게 기억하기 때문이다(Geary, Bow-Thomas, Fan, & Siegler, 1993). 아무튼 초등학교 1학년 말까지 대다수의 미국 아동은 소리 내어 세기보다 손가락 세기를 훨씬 더 자주 사용한다(Geary et al., 1991).

소리 내어 셀 때 아동이 사용하는 기본적인 절차로는 **모두 세기**, **첫 번째 수부터 세기** 그리고 **더 큰 수부터 세기** 등 세 가지가 있다(Baroody, 1987a; Capenter & Moser, 1984; Fuson, 1982). 인지심리학자들도 이와 동일한 절차를 규명해 냈지만, 각각 **합**(sum), **처음**(first), **최소**(min) 절차라고 부르고 있다(Ashcraft, 1982; Groen & Parkman, 1972). 모두 세기 혹은 합 절차는 아동이 세기를 기록하기 위하여 물체에 의존하지 않는다는 점을 제외하고 구체물을 세는 것과 유사하다. 이 절차에는 1부터 시작해서 피가수와 가수 모두를 세는 것이 포함된다(Baroody, 1984a). 예를 들어, '4+3'이라는 문제를 풀기 위해 아동은 "1, 2, 3, 4, 5, 6, 7, 답은 7이야."라고 할 것이다. 첫 번째 수부터 세기 혹은 처음 절차에서는 첫 번째 수의 값을 진술하고, 그러고 나서 두 번째 수의 값만큼 수를 센다. 예를 들면, '4+3'을 풀기 위해 "4, 5, 6, 7."이라고 센다. 이 절차를 활용하는 '3+4'라는 문제를 풀기 위해서는 "3, 4, 5, 6, 7."이라고 셀 것이다.

이렇게 보다 더 세련된 절차를 적용하기 위해서는 해당 아동이 첫 번째 수의 기수값을 진술하는 것이 어떤 의미에서는 그 수를 세기 위한 지름길이라는 것과 반드시 1부터 세지 않아도 된다는 것을 이해할 필요가 있다(Fuson, 1982; Geary, Bow-Thomas, & Yao, 1992). 가장 세련된 큰 수부터 세기 절차, 다시 말해 최소 세기 절차는 소리 내어 세기를 더 효율적으로 만들기 위해 가수들의 기수값이 어떻게 활용되어야 하는지뿐 아니라 함께 더해지는 수의 순서가 결과에 영향을 미치지 않는다는 점을 이해하고 있어야 한다. 그렇지만 아동이 순서가 문제가 되지 않는다는 것을 추측하고 있을 수 있으므로, 반드시 아동이 교환법칙에 대한 형식적인 이해를 하고 있어야 한다는 것을 의미하는 것은 아니다(Baroody & Gannon, 1984). 여하튼 아동은 더 큰 수를 가려내고 그것부터 수를 세어야만 한다. 앞서 언급했듯이, 소리 내어 세기는 대다수의 유치원생 및 초등학교 1학년 아동에게 보편적인 전략이다. 유치원 아동이 보통 모두 세기 절차를 사용하는 반면, 초등학교 1학년 아동은 보통 더 큰 수부터 세기 절차를 활용한다. 더욱더 중요한 것은, 아동이 서로 다른 덧셈 문제 해결 방식을 배울 필요가 없고, 오히려 가장 효율적인 절차를 스스로 발견한다는 점이다(Baroody, 1984a; Groen & Resnick, 1977; Siegler & Jenkins, 1989).

아동은 손가락으로 세든, 소리 내어 세든, 세기 오류들을 체계적으로 나타내는 경향이 있다(Ginsburg, 1989). 대부분의 세기 오류는 하나를 더 세거나 덜 세는 것으로 나타나는데, 하나를 덜 세는 경우가 더 자주 발생한다(Fuson, 1982; Geary & Burlingham-Dubree, 1989; Siegler & Shrager, 1984). 세기 오류는 종종 아동이 이미 센 것과 아직 세지 않은 것을 기억하지 못하거나 절차 오류를 범하기 때문에 발생한다. 만일 아동이 '4+3'이라는 문제를 풀기 위하여 4부터 센다면, 아동은 "4"라고 말하고 세 번을 더 세어야만 한다. 만약 세는 것을 기억하지 못한다면 아동이 네 번이나 다섯 번을 셀 수 있다는 것으로 귀결된다. 절차 오류는 세어가기(counting-on) 절차와 함께 발생한다(Fuson, 1982). 여기서 아동은 정확한 횟수를 세지만 잘못된 수에서부터 시작한다. '4+3'이라는 문제를 풀기 위해 아동은 세 번을 더 세어 가지만, 피가산수를 나타내는 4를 가수의 첫 번째 수에 포함하여 세기를 한다. 즉, '4, 5, 6, 7' 대신 '4, 5, 6'이라고 세는 것이다.

유도된 기초 연산 전략은 암기된 기본 덧셈을 더 어려운 문제를 풀기 위한 기반으로 활용하는 것이다(Carpenter & Moser, 1983). 때때로 인지심리학자들은 이 전략을 때때로 **해체**(decomposition)라고 부른다(Siegler, 1987). 아동은 다른 결합보다 '1+1' '2+2' '3+3' 등과 같은 **배수**(double) 혹은 **동수**(tie) 문제를 더 빨리 암기하는 경향이 있다(Ashcraft, 1992; Groen & Parkman, 1972). 이 암기된 기본 덧셈은 다른 덧셈 문제를 풀기 위한 기반으로 사용될 수 있다. '6+7'이라는 문제를 풀기 위해 아동은 장기기억에서 '6+6'의 답(즉, 12)을 인출하고 그 잠정적 답에 1을 더할 수 있다. 또 다른 일반적인 유도된 기초 연산 전략은 십진법 체계에 대한 이해를 통하여 구조화되어 있다. 예를 들어, '6+7'은 6을 두 개의 3으로 해체하고 이 두 개의 3 중 하나에 7을 더해 10을 만들고, 그러고 나서 '10+3'을 함으로써 풀 수 있다. 마지막 단계에서는 '10+3'의 답을 인출해 내거나 "10, 11, 12, 13."이라고 셀 수 있다. Fuson과 Kwon(1992a)은 이러한 유도된 기초 연산 전략을 **10의 자리 이상**(up-over-tens) 방법이라고 불렀다.

적어도 최근 연구(Fuson & Kwon, 1992a; Geary, Fan, & Bow-Thomas, 1992)에서만큼은 유도된 기초 연산 전략의 활용이 미국 아동보다 아시아 아동에게서 훨씬 더 보편적으로 나타나고 있다. 아시아 아동이 아라비아 수 체계의 십진법 구조에 대한 이해를 반영하는 손가락 세기 전략을 사용하는 경향이 있음을 상기해 보라. 10의 자리 이상 방법의 활용은 아시아 아동이 사용하는 손가락 세기 전략으로부터 쉽게 나올 수 있는 것 같다. 사실, 이 유도된 기초 연산 전략에는 비록 정신적인 것이기는 하더라도, 아시아 아동의 손가락 세기에서와 동일한 기능이 포함되어 있다. 비록 아시아 여러 나라의 학교가 이 전략을 가르치고는 있지만, 많은 아동은 이 유도된 기초 연산 전략을 그들 스스로 구성해 가는 것 같다(Fuson & Kwon, 1992a).

많은 아동이 스스로 유도된 기초 연산 전략을 발견한다는 증거는 미국에서도 찾을 수 있다. 비록 유도된 기초 연산 전략이 요즘 미국 아동에 의해 자주 사용되지는 않는다 할지라도, 항상 그런 것은 아니다. Ilg와 Ames(1951)는 수학 발달에 관한 그들의 종단연구에서, 그 당시(1940년대) 미국의 어린 초등학생들은 유도된 기초 연산 전략을 보편적으로 사용했다는 점을 언급하였다. Ilg와 Ames의 연구 그리고 현대의 연구 사이의 약 50여 년 동안 영어의 수 이름들이 변하지 않았기 때문에, 연습을 통한 기초 기제의 강화가 감소되어 왔고 이러한 점이 미국 아동에게서 이 전략의 사용 예를 찾아보기 힘들게 만든 한 가지 원인이 되었을 것이다. 연습을 통해 아동은 단순히 기초 연산을 암기하지 않고, 오히려 제시된 문제를 풀기 위해 세어가기와 같은 많은 다양한 형태의 절차를 사용한다. 이러한 절차를 반복적으로 사용함으로써 아동은, 덧셈의 개념을 이해하게 되고 이 지식을 활용하여 새롭고 더욱 세련된 전략을 구성할 가능성이 매우 높아진다(Siegler & Crowley, 1991; Siegler & Jenkins, 1989). 요즈음 미국 아동은 스스로 유도된 기초 연산 전략을 구성하기 위해 기초 덧셈을 충분히 연습하지 않을 수도 있다. 그러나 동일한 양의 연습으로도, 단지 11~19의 수 이름에 대한 아시아 언어와 영어 사이의 차이 때문에 아시아 아동이 또래의 미국 아동보다 더 빨리 이 전략을 구성할 수 있다. 결국 유도된 연산 오류들은 잘못된 일시적 답의 인출이나 잘못 세기(예를 들어, 하나를 덜 세는 경우)와 관련되어 있는 것 같다.

아동이 간단한 덧셈 문제를 풀기 위해서 사용하는 마지막 형태의 과정은 기초 연산의 인출이다. 여기서 아동은 세고 있다는 분명한 징후 없이 재빨리 답을 산출하고는 그냥 '알고 있다.'거나 '암기해서 안다.' 혹은 '기억하고 있다.' 등으로 진술한다. 아동은 세기 및 유도된 기초 연산 전략의 실행을 통해 답을 암기하게 된다(Siegler, 1986; '전략선택 모형' 부분 참조). 심지어 학령 전 아동도 몇 가지 간단한 답을 기억에서 인출할 수 있는데, 그중 '1+2=3'은 3이 세기 과정에서 1과 2 다음에 온다는 사실 때문에 특히 쉬운 것 같다(Siegler & Shrager, 1984). 대부분의 경우 배수 혹은 동수 문제가 가장 먼저 암기되고, 뒤를 이어 '2+1' '3+2' 등과 같이 가수의 값이 더 적은 문제가 암기되는 것 같다. 하지만 '7+8'과 같이 가수의 값이 큰 문제는 제일 마지막에 기억된다.

교육자와 심리학자는 수십 년에 걸쳐 어떤 문제를 다른 문제보다 더 쉽게 배우거나 암기하는 이유를 연구해 왔고(예를 들어, Washburne & Vogel, 1928; Wheeler, 1939), 요즘도 계속하고 있다. 원인이 되는 한 가지 요인은 문제의 제시 빈도다. 값이 작은 문제는 교과서에서 훨씬 더 빈번하게 제시되고, 부모들은 아동에게 값이 큰 문제보다 동수 문제 혹은 배수를 더 자주 제시한다(Ashcraft & Christy, 출판 중; Hamann & Ashcraft, 1986; Siegler & Shrager, 1984). 또 다른 요인은 문제를 풀기 위해 세기 전략을 얼마나 쉽게 사용할 수 있는지다. 문제를 풀기 위하여 세기를 쉽게 사용할 수 있으면 있을수록 정답은 더 빨리 암기된다(Geary et al., 1991; Siegler, 1986). 어떤 사람들은 인간이 서로 다른 양에 대하여 타고난 이해 능력을 가지고 있지만 양이 커질수록 이 양들 사이의 차이에 대한 이해는 모호해진다고 주장하였다(Dehaene & Mehler, 1992; Gallistel & Gelman, 1992). 8과 9를 구별하는 것보다는 1과 2를 구별하는 것이 더 쉽다. 그러므로 큰 수에 기초 연산 인출과 같은 정신적인 절차를 적용하는 것은 필연적으로 오류가 발생하기 더 쉽고, 더 많은 시간이 소모된다.

심지어 모든 기초 연산이 암기된 후에도, 어떤 연산은 다른 것들보다 더 인출하기 쉽다. 기억의 인출과 관련된 이러한 현상은 **문제 크기 효과**(problem-size effect)라고 한다. 이러한 현상은 Ashcraft와 동료들에 의해 발견되었다

(Ashcraft, 1992; Ashcraft & Battaglia, 1978). 문제 크기 효과는 덧셈은 물론 뺄셈과 곱셈에서도 찾아볼 수 있다(그러나 아무도 나눗셈에 대해서는 검증해 보지 않았다; Geary, French, & Wiley, 1993; Geary, Widaman, & Little, 1986; K. Miller, Perlmutter, & Keating, 1984; Stazyk, Ashcraft, & Hamann, 1982). 기본적으로 문제의 수가 크면 클수록 인출의 속도는 더욱 느려지고 오류의 발생 빈도는 높아진다. 그래서 아동이 기억으로부터 모든 기초 연산을 인출할 수 있는 시점이 지난 후에도 큰 수들로 이루어진 문제는 풀기 어려운 상태로 남아 있게 되는 것이다. 그럼에도, 간단한 문제를 어느 정도 자동적으로 풀게 되기 때문에, 기초 연산들을 암기하게 하는 것은 좋은 생각인 것으로 보인다(LeFevre, Bisanz, & Mrkonjic, 1988). 기초 연산에 대한 자동 처리는 더 복잡한 문제를 더 빨리 해결하게 하고 오류 발생도 감소시킬 수 있게 한다(Geary & Burlingham-Dubree, 1989; Geary & Widaman, 1992; Kaye, 1986; L. B. Resnick & Ford, 1981). 끝으로, 어떤 기본 덧셈은 일정한 규칙을 통해 장기기억에서 인출되는 것처럼 보인다(Baroody, 1984c). 그러나 규칙의 사용은 'n+0=n'이라는 형태의 문제로 국한되는 것 같다.

인출 오류는 **무리한 추측**(wild guesses), **근사치 실수**(near misses), **연산 혼동**(operation confusions), **표 오류**(table errors) 등 네 가지의 일반적인 범주로 나누어 볼 수 있다(Ashcraft, 1992; Baroody, 1989; Siegler & Shrager, 1984). 추측은 유치원 아동에게 매우 일반적으로 나타나는 오류로서, '4+1=41'이라고 하거나 가수 중에 하나를 답으로 단순히 재진술하는 것을 말한다(Baroody, 1989). 근사치 실수는 정확한 합보다 1 또는 2 정도 높은 답을 인출하는 것으로, 아동의 초기 세기 오류를 반영한다(Siegler & Shrager, 1984). 만약 아동이 '4+3'을 풀기 위하여 빈번하게 "4, 5, 6."이라고 센다면, 결국 그 아동은 문제에 대한 답으로 6을 인출하기 시작할 것이다. 연산 혼동은 이해하기 쉽다. 즉, 아동이 유사하지만 다른 산술 연산 문제의 정답을 인출하는 것이다. 예를 들어, 아동이 '4+3'이라는 문제를 풀도록 요청받을 때 답으로 12를 인출하는 것이다.

이러한 유형의 인출 오류들은 아동이 새로운 산술 연산을 처음 배울 때 가장 보편적으로 나타난다. K. F. Miller와 Paredes(1990)는 아동이 처음 곱셈을 학습할 때 덧셈 문제를 푸는 과정에서 곱셈의 곱을 인출할 가능성이 매우 높다는 것을 발견하였다. 연산 혼동 오류는 아동이 연산부호를 잘못 읽거나 읽지 못했기 때문이기도 하지만, 기본 덧셈 및 기본 곱셈들이 동일한 기억 체제에 함께 표상되어 있기 때문이기도 하다(예를 들어, Campbell & Graham, 1985). 표 오류는 관련된 문제의 답을 인출하는 것과 관련되어 있는데, 예를 들어 '6+7'이라는 문제에 12를 인출하는 것과 같다(12는 '5+7'의 정답이다). 표 오류는 기본 산술들이 장기기억에 표상되는 방식과 관련되어 있는 것으로 보이기도 한다(Ashcraft, 1992).

복잡한 덧셈

아동은 보통 초등학교에서 '23+4'나 '47+64' 등과 같은 여러 자리 문제를 푸는 방법을 배운다. 그와 같은 문제의 해결 방법을 배우는 것에는 효율적인 문제해결 전략뿐만 아니라 자릿값 및 받아올림과 받아내림을 하는 방법에 대한 이해의 발달이 포함된다. 일본, 중국, 타이완, 구 소련 그리고 미국에서는 받아올림 및 받아내림이 없는 두 자리 수 문제(예를 들어, '23+45')가 초등학교 1학년 2학기에 도입된다(Fuson, Stigler, & Bartsch, 1988). 중국 및 구 소련에서는 이 시기에 받아올림 및 받아내림이 있는 문제도 도입한다. 일본과 타이완에서는 받아올림 및 받아내림이 있는 문제가 초등학교 2학년 초에 제시되는 반면, 미국에서는 동일한 문제가 초등학교 2학년 2학기에 제시된다. 이처럼 미국에서는 복잡한 덧셈 문제가 다른 대다수의 국가들보다 1~3년 정도 늦게 제공된다. 예를 들어, '234,547+487,523'과 같은 문제는 중국에서는 3학년 때 제시되지만, 미국에서는 5학년이나 6학년이 되어서야 제시된다(Fuson et al., 1988).

그러므로 복잡한 덧셈 기술의 습득이 미국에서는 초등학교 시절 내내 제공되지만 동일한 주제가 다른 여러 나라에서는 초등학교 1~3학년에 집중적으로 제공된다. 예측할 수 있겠지만, 더 복잡한 문제를 풀 때 아동은 처음에는 간단한 덧셈 문제를 해결하기 위해 습득된 지식과 기술에 의존하게 된다. 더 복잡한 문제를 풀기 위한 전략에는 세기와 해체, 혹은 재집단화는 물론, 형식적으로 교수된 열 방식(columnwise)에 관한 것도 포함되어 있다(Fuson et al., 1988; Ginsburg, 1989). 세기 전략에는 보통 큰 수부터 세기가 포함된다(Siegler & Jenkins, 1989). 예를 들어, '23+4'는 "23, 24, 25, 26, 27."이라고 셈으로써 해결될 수 있다. 앞서 기술했듯이, 재집단화 전략은 십진법에 대한 아동의 지식에 달려 있는데, 10의 자리값과 1의 자리값을 따로따로 더하는 것과 관련되어 있다. 따라서 문제 '23+45'에는 '20+40' '3+5', 그러고 나서 '60+8' 등이 포함되어 있다(Fuson & Kwon, 1992b).

복잡한 덧셈에서 가장 어려운 과정은 문제 '46+58'에서와 같이 받아올림을 하는 것이다. 아동 및 몇몇 성인에게 받아올림 및 받아내림을 어렵게 만드는 데에는 두 가지 요인이 있는 것으로 보인다. 첫째, 받아올림 및 받아내림은 종종 숫자들을 정신적으로 조작하는 것을 포함하고 있다. 문제 '46+58'에 있어 아동은 반드시 '6+8'을 먼저 해야 한다. 그러고 난 후, 아동은 받아올림이 발생했다는 것을 머릿속에 기록해 두고, 이 사실을 1의 자리에 대한 답을 쓰는 동안 작업기억 속에 유지하고 있어야만 한다(Hamann & Ashcraft, 1985; Hitch, 1978; Widaman, Geary, Cormier, & Little, 1989; Widaman, Little, Geary, & Cormier, 1992). 1의 자리에 대한 답을 쓰는 동안, 받아올림을 잊어버리기 쉽다. 둘째, 숙련된 받아올림에는 자릿값에 대한 이해가 포함된다. 특히, 아동은 1의 자리에서부터 10의 자리로 받아올림한 1은 사실 1이 아니라 10을 의미한다는 것을 이해할 필요가 있다. 이를 이해하지 못하는 것은 아동이 범하는 받아올림 오류의 원인이 된다. 복잡한 덧셈에서 발생하는 일반적인 받아올림 오류가 [그림 2-3]에 제시되어 있다(Fuson & Briars, 1990). 문제 (A)는 받아올림을 완성하는 데 실패한 경우를 보여 주고 있다. 1의 자리의 합은 맞았지

(A)	(B)	(C)
46	46	22
+ 58	+ 58	+ 64
94	914	96

[그림 2-3] **복잡한 덧셈에서 보편적인 받아올림과 받아내림 오류**

문제 (A)는 받아올림을 하지 않았음을 보여 준다. 문제 (B)는 자릿값에 대한 개념적 이해의 부족으로 인하여 발생한 받아올림의 오류를 보여 준다. 문제 (C)는 불필요한 받아올림을 보여 준다.

만, 받아올림된 10의 자리값이 10의 자리 정보에 더해지지 않았는데, 이는 아동이 단지 받아올림을 완성하는 것을 잊었기 때문일 가능성이 가장 높다. 문제 (B)는 아동이 받아올림을 정말로 이해하지 못했음을 보여 주고 있다. 14가 10의 자리값 1과 1의 자리값 4의 결합이라기보다는 마치 단일 수인 것처럼 처리되고 있다. 때때로 아동은 받아올림이나 받아내림이 필요하지 않은 상황에서 이를 실행하는데, 문제 (C)는 이러한 경우를 보여 주고 있다. 비록 이러한 오류가 미국 아동에게는 일반적인 것이라 하더라도, 한국과 일본 아동에게서는 드물게 나타난다(Fuson & Kwon, 1992b; Miura et al., 1993; Song & Ginsburg, 1987). 21을 **이십일**(two ten one)로 표현하는 것처럼, 복잡한 수에 대한 아시아 언어들의 이름은 적힌 숫자들의 자릿값을 분명하게 해 주는 것 같다. 이는 다시 자릿값 및 받아올림과 받아내림 같은, 관련된 절차에 대한 이해를 촉진하는 것으로 보인다.

요약

덧셈이 일반적인 모든 문화권에서는, 명백하게도 처음으로 나타나는 문제해결 전략이 세기에 그 기반을 두고 있다(Geary, Fan, & Bow-Thomas, 1992; Ginsburg, 1982; Saxe, 1982a; Zaslavsky, 1973). 물론, 세기의 소위 표면 구조는 때때로 문화 간 차이가 있지만, 전 세계에 걸쳐 동일한 심층구조(이러한 전략이 발달된다는 것에 대한 지식)가 나타난다. 아동의 수 및 양에 대한 근본적인 이해인 이 심층구조는 아동이 자신이 속한 문화의 세기 체계를 배우는 것에 대한 기반을 제공하고 있다. 이 세기 체계는 간단한 산술에 대한 기본적인 이해와 결합하여(Starkey, 1992) 덧셈 문제를 풀기 위해 전 세계의 어린 아동이 사용하는 구체물 세기, 손가락 세기, 소리 내어 세기 등 서로 다른 유형의 문제해결 전략 중 많은 부분의 발달에 밑받침이 된다. 문화는 이 떠오르는 덧셈 기술에 그 문화의 특성을 반영한다. 아시아 아동은 그들이 사용하는 수 이름의 도움을 받아 아라비아 수 체계의 십진법 구조를 중심으로 초기 덧셈 전략을 개발하는 반면(Fuson & Kwon, 1992a, 1992b), Oksapmin 부족은 몸의 일부분을 이용하는 수 체계에 초기 덧셈 전략의 기반을 두고 있다(Saxe, 1982a, 1985).

표면 구조에 있어서의 차이에도 불구하고, 어린 아동이 덧셈 문제를 해결하기 위해 사용하는 여러 가지 유형의 초기 전략에는 많은 문화 간 유사성이 존재한다. 문화 전반에 걸쳐 구체물 및 손가락과 같은 신체의 일부를 세는 것은 학령 전 아동에게 어느 정도 빈번하게 나타나는 첫 번째 전략 유형이다(즉, 이 연령대에서 대다수의 아동이 선호하는 전략이다). 구체물과 손가락(혹은 Oksapmin 부족의 경우 신체 일부)을 활용하는 것은 더해지는 숫자들을 구체적으로 표상하게 하고 세기 과정을 잊어버리지 않게 기록하도록 도와준다. 아동이 정신적으로 기록하는 것을 잘하게 되면 될수록, 문제해결 전략으로서의 소리 내어 세기는 손가락 세기에 비하여 더 보편적인 방법이 된다(Fuson, 1982). 손가락 세기든, 소리 내어 세기든, 이와 관련된 세기 오류들은 체계적이고, 이러한 오류들에는 종종 하나를 덜 세는 것이 포함된다. 즉, 세어가기 절차가 정확하게 수행되었지만 잘못된 숫자에서 시작했기 때문에 발생하게 된다(Fuson, 1982). 재구조화 전략의 반복적인 사용을 통해(L. B. Resnick, 1989), 아동은 덧셈이 작용하는 방식을 이해하게 되고, 세어가기와 같은 기본적인 과정들을 더 신속하고, 작업기억 자원을 덜 요구하면서 실행할 수 있게 되며, 기초 연산을 학습하거나 암기하기 시작한다(Siegler, 1986).

기초 연산을 암기하는 것은 유도된 기초 연산 전략과 직접 인출 과정(direct-retrieval process)을 가능하게 해 준다. 유도된 기초 연산 전략의 사용은 아동이 숫자가 더 작은 수들의 집단으로 해체될 수 있다는 것을 이해하는 것에 달려 있으며, 수 체계의 십진법 구조를 이해하고 있는 아동이 더 쉽게 활용하는 것으로 보인다(Fuson & Kwon, 1992a). 마지막으로, 비록 직접 인출이 본래 전략이 아니지만(Bisanz & LeFevre, 1990), 인출이 어떤 특별한 개념적 지식을 요구하지 않는다 하더라도 기초 연산을 암기하는 것은 중요한 일이다. 이는 기초 연산이 일단 암기되면 간단한 문제의 해결은 어느 정도 자동적으로 이루어지기 때문이다. 기초적인 문제에 대한 자동적 처리는 문장제 문제와 같은 더 복잡한 산술문제를 더 빠르게 그리고 오류가 덜 발생하도록 해결할 수 있게 해 준다(Geary & Burlingham-Dubree, 1989; Geary & Widaman, 1992; Kaye, 1986; L. B. Resnick & Ford, 1981).

비록 형식적 교육을 받기 전에 간단한 덧셈 문제를 해결하는 것이 가능하고 일반적이라 할지라도(Groen & Resnick, 1977), 아동은 보통 초등학교에 입학할 때까지 복잡한 문제와 여러 자리 문제를 풀도록 요청받지 않는다. 그와 같은 문제의 해결은 애초에 이미 가지고 있는 세기 및 덧셈 기술에 기초한다. 그래서 '45+3'과 같은 문제를 풀기 위해 초등학교 1학년 아동은 보통 '5+3'이라는 문제를 해결할 때처럼 큰 수부터 셀 것이다. 어떤 수는 더 작은 수들의 집합으로 해체될 수 있다는 것을 이해하는 아동, 특히 십진법 수 체계에 관해서 수를 해체할 수 있는 아동은 이러한 문제를 해결하기 위하여 종종 재집단화 전략을 사용한다(Fuson & Kwon, 1992a). 받아올림은 아마도 아동이 배워야 할 필요가 있는 복잡한 덧셈의 가장 어려운 과제다. 받아올림은 아동의 작업기억 속에 있는 십진법 구조와 자리값에 대한 이해가 있어야만 한다. 그러므로 복잡한 덧셈에서 가장 일반적인 오류들에 받아올림이 포함되어 있고, 받아올림의 오류들에 십진법 구조에 대한 이해의 부족이나 받아올림의 마무리를 잊었음이 포함되어 있다는 것은 그리 놀랄 일이 아니다(Fuson & Briars, 1990; Hamann & Ashcraft, 1985). 이 모든 것을 더 쉽게 이해하기 위해 덧셈에서 사용되는 가장 일반적인 문제해결 전략을 〈표 2-1〉에 제시하였다.

〈표 2-1〉 일반적으로 사용되는 덧셈 전략

전략	설명	예
간단한 덧셈		
구체물 세기	세기 문제의 피가수와 가수가 물체들로 제시된다. 그러고 나서 물체들은 1부터 시작해서 세어진다.	'2+3'을 풀기 위하여 두 개의 블록을 세고 난 후, 세 개의 블록을 센다. 그리고 마지막으로 다섯 개의 블록 모두를 센다.
손가락 세기	문제의 피가수와 가수는 손가락으로 표현된다. 손가락은 보통 1부터 시작해서 세어진다.	'2+3'을 풀기 위해 왼손의 손가락 두 개를 펴고, 그러고 나서 오른손 손가락 세 개를 편다. 아동은 편 손가락들을 세기 위해 차례로 각각의 손가락을 움직인다.

<table>
<tr><td rowspan="3">소리 내어 세기</td><td>모두 세기 (합)</td><td>아동은 1부터 시작해서 피가수와 가수를 연속적으로 센다.</td><td>'2+3'을 풀기 위해 아동은 "1, 2, 3, 4, 5, 답은 5야."라고 센다.</td></tr>
<tr><td>첫 번째 수부터 세기</td><td>아동은 피가수의 값을 말하고 난 후, 가수의 값에 해당하는 수만큼 센다.</td><td>'2+3'을 풀기 위해 아동은 "2, 3, 4, 5, 답은 5야."라고 센다.</td></tr>
<tr><td>더 큰 수부터 세기 (최소)</td><td>아동은 더 큰 가수의 값을 말하고 난 후, 더 작은 가수의 값에 해당하는 수만큼 센다.</td><td>'2+3'을 풀기 위하여, 아동은 "3, 4, 5, 답은 5야."라고 센다.</td></tr>
<tr><td colspan="2">유도된 기초 연산 (해체)</td><td>가수 중 하나가 두 개의 더 작은 수로 해체되어, 이 수들 중 하나가 다른 가수에 더해져 10을 만든다. 그러고 나서 이 10에 남은 수를 더한다.</td><td>'8+7'을 풀기 위해
1단계: 7=5+2
2단계: 8+2=10
3단계: 10+5=15</td></tr>
<tr><td colspan="2">기초 연산 인출</td><td>장기기억으로부터 기초 연산의 직접 인출한다.</td><td>'2+3'을 풀기 위하여, 5를 인출한다.</td></tr>
<tr><td colspan="4">복잡한 덧셈</td></tr>
<tr><td rowspan="3">소리 내어 세기</td><td>큰 수부터 세기</td><td>간단한 덧셈의 '큰 수부터 세기'와 동일하다.</td><td>'23+2'를 풀기 위하여, 아동은 "23, 24, 25, 답은 25야."라고 센다.</td></tr>
<tr><td>재집단화</td><td>가수들은 10의 자리값과 1의 자리값으로 해체된다. 10의 자리값들과 1의 자리값들은 따로 합해진다. 그러고 나서 두 개의 임시 합들이 함께 더해진다.</td><td>'25+42'를 풀기 위해
1단계: 25=20+5
2단계: 42=40+2
3단계: 20+40=60
4단계: 5+2=7
5단계: 60+7=67</td></tr>
<tr><td>자리별 인출</td><td>문제는 열 방식으로 구해진 합들을 인출함으로써 해결된다.</td><td>'27+38'을 풀기 위해
1단계: 7+8=15
2단계: 받아올림에 주목함
3단계: 2+3=5
4단계: 5+1(받아올림)=6
5단계: 10의 자리 6과 1의 자리 5를 합하여 65라는 답을 산출한다.</td></tr>
</table>

뺄 셈

덧셈에 대한 논의에서 그랬던 것처럼, 뺄셈 기술에 대한 논의도 세 부분으로 나뉜다. 첫 번째 부분에서는 '9-3'과 같은 간단한 뺄셈 문제를 해결하기 위한 아동의 문제해결 전략, 일반적인 오류들 그리고 관련된 개념적 지식이 제시된다. 두 번째 부분은 '14-6'이나 '56-29'와 같은 더 복잡한 뺄셈 문제를 해결하기 위한 아동의 기술이 논의된다. 세 번째 부분은 앞선 두 부분에 대한 요약이 포함되어 있다.

간단한 뺄셈

간단한 덧셈에서 설명되었던 것과 동일한 일반적 결과가 간단한 뺄셈 문제를 해결하기 위한 아동의 전략에도 적용된다. 뺄셈은 초기에 구체물 사용하기, 뒤이어 소리 내어 세기 전략의 발달, 그러고 나서 해체(뺄셈에 있어서는 이 용어가 유도된 기초 연산이라는 용어보다 더 낫다) 및 인출 전략에 의해 도움을 받는다. 때때로 뺄셈 문제는 상호보완 관계에 있는 덧셈 문제를 참고함으로써 해결되기도 한다(즉, **덧셈 참조**: Baroody, 1984b; Carpenter & Moser, 1984; Siegler, 1989a; Steinberg, 1985; Svenson & Hedenborg, 1979; Woods, Resnick, & Groen, 1975). 비록 덧셈에 대한 부분에서 제시된 것만큼 깊이 있는 것은 아니지만, 덧셈과 마찬가지로 다양한 뺄셈 전략들에 대한 일반적 특징이 제시될 것이다. 뺄셈의 중요성을 저해하지 않고 간결하게 설명하기 위해 보완 개념이나 발달 경향은 덧셈에서만큼 자세하게 다뤄지지 않을 것이다. 전체적으로 뺄셈의 일반적 발달 경향을 살펴보면, 아동은 초기에 구체물 세기나 손가락 세기에 과도하게 의존하다가 소리 내어 세기에 의존한다. 그다음 아동은 해체 전략을(어떤 아동의 경우) 사용하고, 마침내 직접 인출에 의존하는 경향이 있다(Carpenter & Moser, 1984).

많은 4, 5세 아동은 '만약 네가 과자 세 개를 가지고 있다가 동생에게 한 개를 준다면, 몇 개가 남을까?'와 같이 형식적으로 제시된 뺄셈 문제를 풀 수 있다(Siegler & Shrager, 1984). 이러한 유형의 문제를 풀기 위해 Carpenter와 Moser(1984)는 구체물 활용을 포함하는 일반적인 세 가지 절차를 설명하였다. 그중 첫 번째 절차는 **분리하기**(separating from)다. 이 문제를 해결하기 위해 아동은 우선 세 개의 과자를 나타내는 블록 세 개를 가져오고 그중에서 한 개를 없앤 후 남아 있는 블록을 세거나 단순히 진술한다. 두 번째 절차는, **더해가기**(adding on)인데, 이 방법은 감수(subtrahend, 減數, 더 작은 수)에 해당하는 블록의 수에서 시작하여 피감수(minuend, 더 큰 수)의 값이 될 때까지 블록의 개수를 더해 가는 것이다. 답은 감수에 더해지는 블록의 수로 표현된다. 예를 들면, 아동은 자신의 앞에 블록 한 개를 놓고 '2, 3'이라고 세면서 두 개의 블록을 더한다. 첫 번째 블록에 두 개의 블록을 더했기 때문에 답은 2가 될 것이다. 마지막 절차는 감수와 피감수를 대표하는 블록의 수를 일대일 방식으로 대응시키는 것이다. 답은 짝지어지지 않은 블록의 개수로 표현된다. 이 경우에 있어 아동은 하나의 블록으로 구성된 줄과 세 개의 블록으로 구성된 두 번째 줄을 나란히 정렬한다. 짝지어지지 않은 두 개의 블록은 답을 의미하는 것이다. 이렇게 다른 절차를 사용하는 것은 문제가 아동에게 어떻게 제시되는가에 따라 달라진다(3장의 '의미 구조' 참조).

대부분의 5, 6세 아동은 보통 간단한 뺄셈 문제를 풀기 위해 세기를 사용한다(예를 들어, Siegler & Shrager, 1984). 덧셈에서처럼, 어느 때에는 손가락을 사용하고 또 어느 때에는 손가락을 사용하지 않고 센다. 다시 말해, 손가락 세기는 아동으로 하여금 조작되는 수를 표현할 수 있도록 해 주고 뺄셈 과정을 기록할 수 있게 해 주며(Baroody, 1984b), '3-1'과 같이 작은 수들로 이루어진 문제보다는 '7-3'과 같이 큰 수가 포함된 문제를 푸는 데 사용될 가능성이 높다. 뺄셈 문제를 풀기 위한 세기(손가락을 세든, 소리 내어 세든)에는 순방향으로 세기(counting up)와 역방향으로 세기(counting down) 등 두 가지 절차 중 하나가 사용될 수 있다. 역방향으로 세기는 감수의 값에 해당되는 횟수만큼 피감수에서 수를 거꾸로 세는 것이다. 문제 '7-3'을 풀 때, 아동은 "6, 5, 4, 답은 4야."라고 말한다. 만약 아동이 거꾸로 수를 세면서 얼마나 세었는지 기억할 수 없다면, 해당 아동은 우선 일곱 개의 손가락을 편 후에 세 개의 손가락을 연속적으로 접을 것이다. 아동은 손가락들을 접으면서 "6, 5, 4."라고 거꾸로 세거나, 먼저 손가락을 접고 그러고 나서 나머지 손가락들을 "1, 2, 3, 4."라고 셀 수도 있다(Baroody, 1984b).

순방향으로 세기 절차는 감수의 값을 말하고 그러고 나서 피감수의 값이 될 때까지 세는 방법이다. 센 횟수가 답이 된다. 따라서 '9-7'은 "8, 9."라고 셈으로써 해결된다. 왜냐하면, 두 개의 숫자를 셈으로써 답은 2인 것이다. 만일 아동이 자신의 손가락으로 그 차이를 표현할 수 있다면, 이 절차는 손가락을 이용하여 수행될 수도 있다. 다시 말해서, 손가락을 이용한 순방향으로 세기는 차이가 11 미만일 때는 효과가 있지만 '25-12'와 같은 큰 수가 포함된 문제에는 적합하지 않다는 것이다. 몇몇 연구는 아동이 세기를 통해 뺄셈 문제를 풀 때 가장 효율적인 절차, 즉 가장 적게 셀 수 있는 절차를 선택한다고 주장하였다(Svenson & Hedenborg, 1979; Woods et al., 1975). 역방향으로 세기는 '9-2'를 푸는 데 사용될 것이고, 반면 순방향으로 세기는 '9-7'을 풀 때 이용될 것이다. 이와 같은 선택이 아동이 셀 필요가 있는 증가분의 수를 감소시키고 그로 인해 오류를 범할 수 있는 경우를 줄여 주기 때문에 이러한 선택은 사리에 맞는다. 그럼에도, 모든 연구가 이러한 선택의 패턴을 발견한 것은 아니다(Siegler, 1989a). 사실, 구체물이 사용되지 않는다면 아동은 간단한 뺄셈 문제를 풀기 위해 역방향으로 세기 절차를 거의 사용하지 않는다(Carpenter & Moser, 1982). 이는 거꾸로 세면서 동시에 센 것을 기억하는 것이 아동에게 어렵기 때문이다. 그럼에도, 역방향으로 세기는 '23-4'와 같이 복잡한 뺄셈 문제를 풀 때 종종 사용되는데, 이는 그러한 문제에 있어 순방향으로 세기가 역방향으로 세기보다 훨씬 더 많은 증가분을 필요로 하기 때문이다(Siegler, 1989a). 여하튼 아동이 간단한 뺄셈 문제를 풀기 위해 소리 내어 셀 때, 이들은 거의 항상 순방향으로 세기를 사용한다.

마지막으로, 간단한 뺄셈에서의 세기 오류들은 아동의 덧셈에서 일반적으로 보이는 유형의 오류들과 유사한 것으로 보인다(Ilg & Ames, 1951; Siegler & Shrager, 1984). 덧셈에서처럼 이러한 오류들은 숫자를 잊어버리거나 잘못된 절차를 실행하기 때문에 발생하는 것으로 보인다. 예를 들어, '9-5'를 풀기 위하여 순방향으로 세기를 사용할 때 "6, 7, 8, 9, 답은 4야."라고 해야 하나, 오히려 "5, 6, 7, 8, 9, 답은 5야."라고 하는 경우다. Siegler와 Shrager는 간단한 뺄셈의 경우 5, 6세 아동이 손가락 세기에 비하여 소리 내어 세기를 이용할 때 오류의 발생 가능성이 훨씬 높았다는 것을 발견하였다. 이러한 패턴은 소리 내어 세기의 오류가 아동이 세기 과정을 놓치기 때문에 발생한다는 것을 시사한다.

간단한 뺄셈 문제를 푸는 데 종종 사용되는 또 다른 전략은 덧셈 참조(Ilg & Ames, 1951; Siegler, 1989a)가 있다. 이 전략에서 뺄셈 문제는 보완적인 덧셈 문제를 참고함으로써 해결된다. 예를 들어, '8-2'는 '6+2=8'을 인출함으로써 해결될 수 있다. Siegler는 초등학교 2학년 학생들이 덧셈 참조를 이용하여 그가 제시한 뺄셈 문제의 약 2%를 해결했으나, 초등학교 4학년 학생들의 경우 그 비율이 21%까지 상승하였다는 것을 발견하였다. 덧셈 참조 전략은 세기보다 더 빠르고 오류 발생 빈도도 더 적은 경향이 있다. 물론 이 전략을 사용하기 위해서 아동은 기초 덧셈을 많이 기억하고 있을 필요가 있다. 이 전략의 사용에 대한 2학년과 4학년 학생들의 차이는 덧셈과 뺄셈이 반대되는 연산이라는 것을 이해하는 데 있어서의 차이라고 하기보다는 기억하고 있는 기초 덧셈의 개수에 있어서의 차이를 반영하고 있다. 실제로, Ilg와 Ames(1951)는 덧셈 참조가 당시 미국의 초등학교 1학년 아동이 일반적으로 사용하는 전략이었다고 진술하였다.

간단한 뺄셈 문제를 풀기 위해 사용되는 마지막 과정은 직접 인출이다. 덧셈의 직접 인출에 대한 연구(Ashcraft, 1992; Ashcraft, Fierman, & Bartolotta,

1984; Ashcraft & Stazyk, 1981)와 비교해 볼 때, 뺄셈에서의 인출과정에 대해 알려진 것은 거의 없다. 그럼에도 불구하고, 동일한 형태의 처리과정이 덧셈과 뺄셈은 물론 다른 두 가지 산술 연산에 대한 인출을 지배하고 있는 것 같다. 예를 들어, Ilg와 Ames(1951)는 뺄셈에서의 일반적인 인출 오류가 일례로 '8-4'에 대해 12를 인출하는 것처럼, 보완적인 덧셈 문제의 답을 인출하는 것임을 발견하였다. Geary, Frensch 그리고 Wiley(1993)는 뺄셈의 인출에서 덧셈과 곱셈의 인출에서 발견된 것처럼 문제 크기 효과를 발견하였다(Ashcraft & Battaglia, 1978; Campbell, 1987). 덧셈에서도 논의되었던 것처럼, 기초 뺄셈들을 장기기억 속에 저장해 놓는 것은 좋은 생각인 것 같다. 다시 말해, 기초 연산들이 적은 노력으로 빠르게 수행될 수만 있다면, 복잡한 뺄셈 문제를 푸는 것은 더 쉬워질 것이 거의 확실하다(Kaye, 1986). Ilg와 Ames(1951)의 연구에서 미국 아동은 3학년이 될 때까지 전부는 아니라 하더라도 대부분의 기초 뺄셈들을 '암기하고' 있었다. 이에 비해, Geary, Frensch 그리고 Wiely는 현대 대학생들의 1/3만이 기초적인 간단한 뺄셈들(피감수와 감수가 10 이하를) 모두 장기기억으로부터 인출할 수 있었고, 평균 연령이 72세인 노인들로 구성된 비교집단의 83%가 이 기초 연산들을 모두 인출할 수 있었음을 발견하였다. 어느 쪽이든, 확실히 기초 뺄셈들의 표상 및 인출에 영향을 미치는 요인들에 관한 더 많은 연구가 필요하다.

복잡한 뺄셈

'17-3'이나 '48-27'과 같은 여러 자리 뺄셈 문제해결을 처음 배울 때 아동은 간단한 뺄셈 문제를 풀기 위해 개발했던 지식과 전략에 의존한다(Ilg & Ames, 1951; Siegler, 1989b). 특히, 아동은 세기나 덧셈 문제와 관련된 사항을 참고한다. 예를 들어, '17-3'을 풀기 위해 아동은 역방향으로 세기를 이용하여 "16, 15, 14, 답은 14야."라고 할 수 있다. 또한 이에 보완적인 기초 덧셈을 암기하고 있다면, 아동은 덧셈 참조 전략을 사용할 것이다. 더욱이 이러한 복잡한 문제의 도입과 함께 아동은 **10의 자리 삭제 규칙**(the delete-10s rule)이라는 문제해결 규칙을 사용하기 시작한다.

> 10의 자리 삭제 규칙은 아동이 10의 자리값과 1의 자리값을 따로 처리하는 일종의 해체와 관련되어 있다. 예를 들어, "'15-3'에서 이들은 '5-3=2'이고, 2를 1의 뒤에 놓아야 해. 그래서 12야."라고 말하면서 자신이 쓴 답을 설명할 것이다(Siegler, 1989a, p. 500).

또한 아동은 1의 자리 정보를 먼저 처리하고 이어 10의 자리 정보를 처리하는 **자리별 처리 전략**(columnar-processing strategy)을 사용할 수도 있다(Fuson & Kwon, 1992b). '48-27'을 풀기 위하여 아동은 우선 '8-7'의 답을 얻기 위하여 인출하거나 세고, 그러고 나서 10의 자리인 '4-2'를 유사한 방식으로 처리한다.

아동의 덧셈에 관한 연구를 기억한다면, 뺄셈 문제를 풀기 위해 해체 전략이 사용될 수 있다. 이 전략은 미국 아동보다 아시아 아동에게서 훨씬 더 자주 사용된다(Fuson & Kwon, 1992a; Hatano, 1982). Fuson과 Kwon(1992a)은 한국의 초등학교 1학년 아동이 사용하는 두 가지의 일반적인 해체 전략을 기술하였다. 두 전략 모두 수 체계의 십진법 구조에 기초하고 있다. 첫 번째 전략은 **10 줄이기 방법**(down-over-the-ten method)이라고 하며 '14-6'처럼 피감수가 10 이상인 경우에 사용된다. 여기서 먼저 피가수에서 10을 빼고('14-10'), 그 차인 4를 감수에서 뺀('6-4') 후, 그 차를 10에서 빼 답을 산출한다('10-2=8'). 아시아 언어는 14를 십사라고 명명한다는 것을 기억하라. 따라서 아시아 아동은 첫 단계에서 사실상 뺄셈 연산('14-10')을 할 필요가 없다. 이는 아동이 단지 10 이후에 있는 단어를 피감수로부터 빼기만 하면 되기 때문인데, 이 절차는 영어에서 사용할 수 없는 것이다.

Fuson과 Kwon(1992a)이 설명한 두 번째 해체 절차는 **10에서 빼기 방법**(takefrom-the-ten method)이라고 불린다. 여기서 첫 번째 연산에는 10에서 감수를 빼는 것이 포함된다. 따라서 문제 '14-6'의 첫 번째 연산은 '10-6'이 될 것이다. 그러고 나서 아동은 그 차(이 경우에는 4)를 기록해 두고, 피감수에서 10을 뺀다('14-10'). 마지막으로, 두 개의 일시적인 차가 함께 더해져 답을 산출한다('4+4=8'). 아시아의 학교들에서는 이 두 방법 모두를 초등학교 1학년 때 가르치는데, 이는 아시아 아동들이 일군의 수들을 해체하고 재조합하는 능력이 반영되는, 뺄셈에 대해 우수한 개념적 이해를 가지고 있음을 보여 주는 것이다(Piaget, 1965). 비록 아시아 언어와 영어의 수 이름에 있어서의 차이가 이러한 전략을 사용하는 데 있어서의 이 문화적 차이의 원인이 될 수 있다 하더라도, 이것이 전부는 아니다. Ilg와 Ames(1951)의 연구를 보면, 40~50년 전 미국의 6세 아동은 해체 전략을 일반적으로 사용했던 것으로 보인다. 예를 들어, Ilg와 Ames(1951)는 '10-4'를 풀기 위해 다음과 같은 과정을 설명하였다. 즉, "'10-4=6'이다. 왜냐하면, '5+5=10'이고, '5-1=4'이므로 '5+1=6'이기 때문이다."(p. 6) 더욱이 Steinberg(1985)는 현대의 미국 초등학교 2학년 아동이 이러한 형태의 전략을 사용하도록 배울 수 있음을 보여 주었다.

복잡한 덧셈에 대한 결과를 기록하면서 Fuson과 Kwon(1992b)은 아시아 아동이 또래의 미국 아동에 비하여 더 세련된 문제해결 전략을 사용하고 있으며, 복잡한 뺄셈에 대해 개념적 이해를 더 잘 하고 있음을 발견하였다. 이러한 차이가 특히 두드러지는 하나의 영역으로는 '63-48'에서 볼 수 있는 것과 같은 받아내림 연산을 들 수 있다. 인지과학자들(VanLehn, 1990; Young & O'Shea, 1981)에 의해 광범위하게 연구되어 왔던 받아내림 오류들은 미국 아동에게 매우 일반적이지만 한국 아동에게는 전혀 그렇지 않다(Fuson & Kwon, 1992b). 이러한 문화의 차이는 부분적으로 아시아 언어와 영어의 수 이름에 있어서의 차이와 관련되어 있는 것 같다. 아시아 언어의 수 이름들이 여러 자리 숫자의 십진법 구조를 분명하게 해 준다는 것을 기억하라. 10의 자리에서 1의 자리로 받아내림을 할 때, 미국 아동은 종종 받아내린 값을 10보다는 1로 취급하는 반면, 한국 아동은 이러한 유형의 실수를 거의 하지 않는다. 한국 아동은 받아내림 연산을 **빌려 주기**(lend) 또는 **주기**(give)라고 설명하는데, 이는 동등한 거래, 즉 10 한 개가 1 열 개에 해당된다는 것에 대한 이해를 함축하고 있는 것이다. 영어의 **빌리다**(borrow)라는 용어는 그와 같은 거래를 의미하지 않으며, 이는 현재 수학 교육자들이 **보내다**(carry) 또는 **빌리다**(borrow)라는 용어 대신에 **거래하다**(trade)라는 용어를 사용하는 이유인 것이다.

덧셈에 대한 연구에서처럼, 복잡한 뺄셈의 오류들은 종종 부주의보다는 절차의 잘못된 적용을 반영한다(Fuson & Kwon, 1992b; Ginsburg, 1989; VanLehn, 1990). 절차의 잘못된 적용은 그 절차가 어떤 문제에서는 맞지만 다른 문제에서는 부적절하게 적용되어 결국 오류를 발생시킨다는 것을 의미한다. 이러한 형태의 오류들은 때때로 **버그**(bug)라고 불린다(Young & O'Shea, 1981). VanLehn이 설명한, 미국 아동에게서 더 일반적인 버그들 중 몇 가지가 [그림 2-4]에 제시되어 있다. 가장 일반적인 버그는 문제 (A)에 묘사되어 있다. 여기서 아동은 위치에 상관없이 큰 수에서 작은 수를 빼고 있다. 다음 보기인 문제 (B)에서는 아동이 1의 자리에 있는 5에서 5를 빼기 위해 10의 자리에서 2를 받아내림하고 있다. 또 다른 일반적인 받아내림 오류가 문제 (C)에서도 보인다. 여기서 아동은 10의 자리에 있는 0을 무시하고 100의 자리에서 1의 자리로 직접 받아내림을 하고 있다. 설상가상으로 대부분의 아동은 빌려 온 100의 자릿값을 100이 아닌 10으로 취급한다.

문제 (D)에서 우리는 1의 자리에서는 정확한 받아내림을 했으나, 10의 자리값을 감소시키지 않은 것을 볼 수 있다. 이러한 유형의 오류는 아동이 받아내림을 해야 하는 것을 단지 잊어버렸음을 시사한다. 때때로 아동은 문제 (E)에서 볼 수 있는 것처럼 0을 무시하기도 한다. 마지막으로 문제 (F)에서는 받아내림이 여러 번 수행되었는데, 이와 관련된 값의 감소가 어느 것도 이루어지지 않았다. 이러한 받아내림 오류의 대부분은 자릿값과 10의 자리와 1의 자리 사이의 대응관계, 즉 10 한 개는 1 열 개와 같다는 것에 대한 개념적 이

(A)
$$\begin{array}{r} 7\ 3 \\ -\ 3\ 5 \\ \hline 4\ 2 \end{array}$$

(B)
$$\begin{array}{r} \mathit{5}\ \mathit{2} \\ 7\ 3 \\ -\ 3\ 5 \\ \hline 2\ 0 \end{array}$$

(C)
$$\begin{array}{r} \mathit{8}\quad \mathit{10} \\ 9\ 0\ 3 \\ -\ 4\ 0\ 5 \\ \hline 4\ 0\ 8 \end{array}$$

(D)
$$\begin{array}{r} \mathit{10} \\ 7\ 3 \\ -\ 5\ 4 \\ \hline 2\ 9 \end{array}$$

(E)
$$\begin{array}{r} 6\ 0 \\ -\ 2\ 7 \\ \hline 4\ 7 \end{array}$$

(F)
$$\begin{array}{r} \mathit{10}\ \mathit{10} \\ 5\ 0\ 5 \\ -\ 2\ 8\ 7 \\ \hline 3\ 2\ 8 \end{array}$$

[그림 2-4] 복잡한 뺄셈에서 일반적인 받아내림 오류들

문제 (A)는 위치와 관계없이 항상 더 큰 수에서 더 작은 수를 뺀 것의 결과를 보여 준다. 문제 (B)는 10의 자리에서 2를 받아내렸음을 보여 주고 있다. 문제 (C)는 0을 무시한 결과를 보여 준다. 문제 (D)는 받아내림은 정확하게 한 후 피감수의 10의 자리를 감소시키지 않았음을 보여 준다. 문제 (E)는 또다시 0을 무시한 결과를 보여 준다. 문제 (F)는 정확한 받아내림 후에 몇 번에 걸쳐 값을 감소시키지 못했음을 보여 준다.

해가 부족하다는 것을 반영하고 있다. 한국 아동과 다른 아시아 국가의 아동이 자릿값 및 십진법에 대하여 이해를 잘하고 있다는 점을 가정해 볼 때, 그들이 이러한 유형의 오류를 별로 범하지 않는다는 것은 그리 놀랄 일이 아니다.

요약

아동의 덧셈에 대해 기술되었던 동일한 전략적 그리고 발달적 경향의 많은 부분은 아동의 뺄셈에도 적용된다(Carpenter & Moser, 1982). 발달 초기에 아동은 간단한 뺄셈 문제를 풀기 위해서 세기를 하며, 문제를 표상하고 세기를 기록하는 데 도움이 되도록 구체물이나 손가락 사용에 의존한다(Saxe, 1982a, 1985 참조). 경험과 성숙을 통해 아동은 세기 과정을 머릿속으로 더 잘 기록할 수 있게 되고, 이로 인해 구체물이나 손가락의 사용을 버리고 소리 내어 세기를 사용하게 된다. 또한 아동은 뺄셈 문제를 풀기 위해 기초 덧셈에 대한 그들 자신의 지식에 의존하기도 한다(덧셈 참조). 여기서 어떤 아동은 '8-3'을, '5+3=8'이라는 것을 인출함으로써 풀게 된다(Ilg & Ames, 1951; Siegler, 1989a). 뺄셈 문제를 풀기 위해 사용될 수 있는 가장 세련된 문제해결 전략에는 문제를 일련의 단순한 문제로 해체하는 것이 포함된다(Fuson & Kwon, 1992b). 적어도 최근의 연구에서는 미국 아동보다는 아시아 아동이 이러한 형태의 해체 전략을 훨씬 더 자주 사용하는 것으로 나타났다. 뺄셈 문제를 해결하는 데 사용될 수 있는 마지막 과정에는 장기기억 속으로부터 뺄셈에 대한 수식이나 자리별 차(예를 들어, '56-23'을 위한)를 단순히 인출하는 것이 포함된다. 이 시점에서 간단한 뺄셈 문제 그리고 받아내림이 없는 자리별 뺄셈 문제의 해결은 어느 정도 자동적으로 일어난다. 이 모든 것을 더 쉽게 이해하도록 가장 일반적으로 사용되는 뺄셈 전략을 〈표 2-2〉에 기술하였다.

아동의 덧셈에서 설명했던 것과 동일한 유형의 오류들이 아동의 뺄셈에서도 분명하게 나타나고 있었다. 세기 오류는 종종 세기 과정을 놓치기 때문에 발생하고, 이는 흔히 덜 세거나 더 세는 것으로 귀결된다. 또 다른 일반적인 세기 오류에는 잘못된 값에서 세기 절차를 시작하는 것이 포함된다. 예를 들어, '9-7'을 풀기 위해 아동은 "8, 9, 답은 2야."라고 하기보다는 "7, 8, 9, 답은 3이야."라고 하는 것이다. 아동은 순방향으로 세기의 일부로 감수의 값을 나타내는 수를 포함시킨 것이다. 덧셈에서처럼 뺄셈에서의 인출 오류들은 '8-8'을 16이라고 인출하는 것과 같이 연산 혼동의 결과로 자주 발생한다(Ilg & Ames, 1951). 복잡한 뺄셈에서의 오류는 보통 뺄셈 절차의 부적절한 사용으로부터 발생한다(VanLehn, 1990). 하나의 절차가 어떤 뺄셈 문제를 해결하는 데는 적절하지만, 그렇지 않은 문제에 무분별하게 적용되는 것이다. 이러한 오류 유형들은 아시아 아동보다는 미국 아동에게서 훨씬 더 일반적으로 나타나고, 이는 자릿값과 수 체계의 십진법 구조에 대한 이해가 일반적으로 부족하다는 것을 반영한다(Fuson & Kwon, 1992b).

〈표 2-2〉 일반적으로 사용되는 뺄셈 전략

<table>
<tr><th colspan="2">전 략</th><th>설 명</th><th>예</th></tr>
<tr><td colspan="4">간단한 뺄셈</td></tr>
<tr><td rowspan="3">구체물 세기</td><td>분리하기</td><td>피감수의 값은 물체로 나타낸다. 그러고 나서 감수에 해당하는 물체의 수만큼 제거한다. 남아 있는 물체의 개수가 답이 된다.</td><td>'3-1'을 풀기 위해 세 개의 블록을 세고 난 후, 한 개의 블록을 없앤다. 답을 얻기 위해 남아 있는 블록을 "1, 2."라고 센다.</td></tr>
<tr><td>더하기</td><td>감수의 값은 물체로 나타낸다. 피감수의 값이 될 때까지 블록들이 추가된다. 답은 감수에 더해진 블록의 개수가 된다.</td><td>'3-1'을 풀기 위해 블록 한 개를 센다. 두 개의 블록을 추가한다. 아동이 "1, 2."라고 센다.</td></tr>
<tr><td>짝짓기</td><td>물체 두 줄이 일대일 방식으로 대응되고, 각각의 줄은 피감수와 감수를 나타낸다. 답은 짝지어지지 않은 물체의 개수다.</td><td>'3-1'을 풀기 위해 한 개의 블록으로 구성된 줄을 세 개의 블록으로 구성된 두 번째 줄과 나란히 정렬한다. 답을 얻기 위해 짝 지어지지 않은 두 개의 블록을 "1, 2."라고 센다.</td></tr>
<tr><td colspan="2">손가락 세기</td><td>피감수의 값은 그에 대응되는 손가락을 폄으로써 표현된다. 감수의 값만큼 손가락을 접는다. 답은 나머지, 편 손가락의 수로 나타낸다.</td><td>'3-1'을 풀기 위해 먼저 세 개의 손가락을 편다. 그러고 나서 한 개의 손가락을 접고, 답을 얻기 위해 나머지 편 손가락을 "1, 2."라고 센다.</td></tr>
</table>

소리 내어 세기	순방향으로 세기	피감수의 값에 도달할 때까지 감수로부터 세어 간다. 답은 센 횟수로 나타낸다.	'3－1'을 풀기 위해 아동은 "2, 3."이라고 센다.
	역방향으로 세기	피감수로부터 감수 값과 같아질 때까지 거꾸로 센다. 세기를 하는 방법이다. 답은 센 횟수로 나타낸다.	'3－1'을 풀기 위해 "2."라고 센다.
인출		장기기억으로부터 기초 연산들을 직접 인출한다.	'3－1'을 풀기 위해 2를 인출한다.
복잡한 뺄셈			
소리 내어 세기 중 역방향으로 세기		간단한 뺄셈의 역방향으로 세기와 동일하다.	'14－3'을 풀기 위해 "13, 12, 11."이라고 센다.
해체	10 줄이기	10을 피감수에서 뺀다. 그 차를 감수에서 빼고, 그 차를 다시 10에서 뺀다.	'14－6'을 풀기 위해 1단계: '14－10=4' 2단계: '6－4=2' 3단계: '10－2=8'
	10에서 빼기	10에서 감수를 뺀다. 그러고 난 후 피감수에서 10을 뺀다. 두 개의 일시적인 차를 함께 더해 답을 산출한다.	'14－6'을 풀기 위해 1단계: '10－6=4' 2단계: '14－10=4' 3단계: '4＋4=8'
10의 자리 삭제 규칙		감수의 값을 10이 될 때까지 증가시킨 다음, 피감수에서 10을 뺀다. 그러고 나서 10과 감수 사이의 차를 더해 답을 산출한다.	'32－9'를 풀기 위해 1단계: '9＋1=10' 2단계: '32－10=22' 3단계: '22＋1=23'
자리별 인출		기초 연산들을 장기기억에서 열 방식으로 인출한다.	'32－9'를 풀기 위해 1단계: '30－10=20' (받아내림) 2단계: 작업기억에 20을 표상한다. 3단계: '10＋2=12' 4단계: '12－9=3' 5단계: '20－0=20' 6단계: '20＋3=23'

곱 셈

적어도 미국에서는 곱셈을 위한 형식적 기술 습득이 비록 학령 전 시기 동안에 이루어지기보다는 초등학교 2학년이나 3학년에 시작된다 하더라도, 아동의 간단한 곱셈에 있어서의 발달 경향은 아동의 덧셈 및 뺄셈에서 기술된 경향과 아주 흡사하다. 덧셈과 뺄셈에 대한 글과는 달리 곱셈 기술에 대한 논의는, '4×7'과 같은 간단한 곱셈에 주로 초점을 맞추고 있는데, 이는 아동이 어떻게 더 복잡한 문제(예를 들어, '34×47')를 해결하는지에 대한 심리학적 연구가 거의 수행되지 않았기 때문이다. 그럼에도, 이 책에서는 완성도를 높이기 위해 성인이 복잡한 곱셈 문제를 푸는 데 사용하는 전략에 대해 간단히 설명한다.

간단한 곱셈

곱셈 기술의 초기 습득은 아동의 덧셈과 세기에 대한 지식에 상당히 의존한다(Cooney & Ladd, 1992; Cooney, Swanson, & Ladd, 1988; Ilg & Ames, 1951; K. F. Miller & Paredes, 1990; Siegler, 1988b). 곱셈을 처음 배울 때 많은 아동이 사용하는 두 가지 전략에는 **반복 덧셈**(repeated addition)과 **n씩 세기**(counting by n)가 있다. 반복 덧셈 전략은 피승수(被乘數, 첫 번째 수)를 승수(乘數, 두 번째 수)에 해당되는 수의 횟수만큼 반복하여 나타내고, 이 수들을 연속적으로 더하는 것이다. '3×4'를 풀기 위해 아동은 문제를 '3+3+3+3'으로 표현하고 난 후, '3+3=6' '6+3=9' '9+3=12'로 해당 문제를 푼다. n씩 세기 전략은 2씩, 3씩, 5씩 등등으로 세는 아동의 능력에 의존한다. n씩 세기 전략은 5를 포함한 문제에서 흔히 사용되는 것으로 보인다. 예를 들어, '3×5'라는 문제는 5, 10, 15라는 세기 순서에 기초하고 있다. 만일 종이와 연필이 있다면, 아동은 때때로 빗금 묶음들로 피승수를 표현하고, 승수에 해당되는 값 각각에 한 묶음씩 배정한다. 그러고 나서 아동은 빗금의 수를 센다. 예를 들어, '3×4'를 풀기 위해 아동은, 종이에 세 개의 빗금 네 묶음를 긋고 빗금들을 모두 센다. 반복 덧셈 전략을 수행하는 데 있어 일반적인 오류는 피승수를 너무 적게 혹은 너무 많이 더하는 것과 관련이 있는 반면, n씩 세기 전략의 일반적인 오류의 원인은 덜 세거나 더 세는 것이다(Siegler, 1988b).

조금 더 세련된 전략에는 규칙 및 유도된 기초 연산(혹은 해체)를 사용하는 것이 포함된다. 규칙은 주로 0이나 1을 포함한 문제('n×0=0' 그리고 'n×1=n' 형태의 문제)을 풀 때 활용된다(K. Miller et al., 1984). 비록 그와 같은 문제를 풀기 위하여 규칙을 사용하는 것이 일반적이라 하더라도, Cooney와 그의 동료들(1988)은 모든 아동이 이러한 규칙을 사용하는 것은 아니라는 점을 발견하였다. 이러한 규칙이 사용될 때, 'n×0' 그리고 'n×1' 규칙의 활용과 연계된 가장 흔한 오류에는 덧셈과 곱셈을 혼동하는 것이 있다(K. F. Miller & Paredes, 1990). 그래서 'n×0=n'이라고 하는 것, 예를 들어 '2×1'이 2가 아닌 3이 되는 경우다. 유도된 기초 연산 전략은 몇몇 기초 곱셈, 특히 배수 혹은 동수 문제(예를 들어, '2×2' '3×3')에 대한 답을 장기기억에서 인출할 수 있는 능력에 기초하고 있다. 덧셈에서처럼 배수는 다른 조합들보다 먼저 암기된다(Siegler, 1988b). 배수에 대해 인출된 답은 보통 유도된 기초 연산 전략의 첫 번째 단계가 된다. 예를 들어, '5×6'을 풀기 위해 이 전략을 사용하는 아동은 우선 '5×5'의 답을 인출하고, 그 이후에 이 잠정적인 곱에 5을 더해 30이라는 답을 얻게 되는 것이다. 유도된 기초 연산 전략의 오류는 아동이 잘못된 잠정적 곱을 인출해 내거나 이 잠정적 곱에 나머지 값을 잘못 더했을 때 발생한다.

궁극적으로 아동은 대부분의 기초 곱셈들을 장기기억으로부터 인출해 낼 수 있게 된다. 사실, 아동은 덧셈표를 학습할 때보다 구구단을 배울 때 시간이 덜 걸리는 것 같다(Cooney et al., 1988; K. F. Miller & Paredes, 1990; Siegler, 1988b). 반복 덧셈과 같은 곱셈에 사용되는 재구조화 전략은 덧셈에서 사용되는 경우보다 훨씬 더 어렵기 때문에, 아동은 구구단을 배우기 위한 동기가 더 높은 것으로 보인다. 기초 연산이 암기된 후에도, 문제는 관련된 답이 인출되는 속도와 인출 오류를 범할 가능성이 다르는 것이다. 실제로, 기초 덧셈 인출과 관련되어 있는 것으로 밝혀진 동일한 기본적인 현상이 기초 곱셈 인출에서도 분명하게 드러난다(Stazyk et al, 1982). 비록 두 가지 예외가 있기는 하지만, 덧셈에서처럼 곱셈에서도 피승수와 승수의 크기가 증가할수록 인출에 걸리는 시간과 오류가 발생하는 비율이 늘어난다(문제 크기 효과). 구체적으로 말하자면, 배수 그리고 5가 포함된 문제의 답은 피승수의 값과 관계없이 어느 정도 신속하게 인출된다(Siegler, 1988a; Stazyk et al., 1982). 곱셈에서 문제 크기 효과는 문제가 교과서와 교사에 의해 제시되는 빈도와 재구조화 전략이 수행될 수 있는 용이성 사이의 차이에 기인하는 것 같다(Siegler, 1988b).

아동의 덧셈과 뺄셈에서의 연구 결과와 비슷하게, 아동이 곱셈에서의 범하는 오류 또한 매우 체계적인 경향이 있으며(Campbell & Graham, 1985; Cooney et al., 1988), 이는 **근사치 실수**(near misses), **연산 혼동**(operation confusions), **표 오류**(table errors)라는 세 가지로 범주화할 수 있다. 모든 인출 오류의 절반가량은 표와 관련된 것이다(Campbell & Graham, 1985; Cooney et al., 1988; Siegler, 1988b). 표 오류에는 제시된 문제와는 맞지 않지만 동일한 피승수나 승수로 구성된 문제와는 맞는 기초 곱셈을 인출하는 것이 포함된다. 예를 들어, '4×8'이라는 문제에 종종 24가 인출되는데, 이는 4와 8 모두 '4×6' 그리고 '3×8'에서처럼 24라는 답과 연관되어 있기 때문이다(Campbell & Graham, 1985). 연산 혼동에는 보통 '3×4'의 답으로 7을 인출하는 것처럼, 덧셈일 경우에는 맞지만 곱셈에서는 틀린 답을 인출하는 것이 포함된다(K. F. Miller & Paredes, 1990). 근사치 실수는 표 오류 및 연산 혼동보다는 덜 발생하고 정확한 곱보다는 10% 정도 더 크거나 작은 답을 인출하는 경우다(Siegler, 1986b).

이러한 인출 오류가 발생하는 데에는 두 가지 원인이 있는 것으로 보인다. 첫 번째는 현재 하고 있는 과제의 요구와 기존 지식을 혼동하는 것과 관련이 있다(K. F. Miller & Paredes, 1990). 이러한 점은 연산 혼동 오류로 잘 묘사되고 있다. 인출 오류의 두 번째 원인은 아동이 재구조화 전략을 실행하는 초기에 범하는 오류인 것으로 보인다(Siegler, 1988b). 초기 전략 실행 오류는 아동이 기초 곱셈 인출에서 보이는 표 오류 및 근사치 실수 중 많은 부분을 설명해 준다. 앞서 언급했듯이, 반복 덧셈과 관련된 일반적인 오류에는 피승수를 필요 이상으로 많이 혹은 적게 더하는 것이 포함된다. 예를 들어, '4×5'를 풀 때, 아동은 '4+4+4+4'를 하고 답으로 16을 얻을 수 있다. 만일 아동이 다른 상황에서 이와 동일한 실수를 했다면, 해당 아동은 결국 '4×5'가 주어졌을 때 16을 인출할 것이다. 물론, 문제 '4×5'에 16이라는 답을 인출하는 것은 표 오류다.

복잡한 곱셈

앞서 언급했듯이, 여러 자리 곱셈 문제를 풀기 위하여 사용되는 전략에 관한 심리학적 연구는 거의 수행되지 않았을 뿐만 아니라, 수행된 연구 중 대부분이 성인을 대상으로 한 것이다(Geary & Widaman, 1987, 1992; Geary et al., 1986). 그럼에도, 아동의 덧셈에서처럼, 아동은 '46×9'와 같이 복잡한 곱셈 문제해결을 간단한 곱셈에서 획득한 전략과 지식에 기초하고 있음이 거의 확실하다. 성인의 곱셈 수행과 관련된 연구를 근거로 보면, 아동은 결국 그와 같은 문제를 풀기 위해 형식적인 알고리즘을 택하는 것으로 보인다. 미국에서 일반적으로 가르치는 알고리즘에는 복잡한 덧셈 문제를 해결하는 것과 매우 동일한 방법인 열 방식으로 문제를 해결하는 것이 포함된다. 사실, Geary와 동료들(1986)은 미국의 성인이 복잡한 덧셈과 복잡한 곱셈 문제를 풀기 위해 거의 동일한 자리별 알고리즘을 사용한다는 것을 발견하였다.

그럼에도, 열 방식 알고리즘이 그와 같은 문제를 푸는 유일한 방법은 아니다. 산술문제 해결을 이해하는 데 있어 지나치게 문화에 얽매이지 않기 위해, 중세에 사용되었던 방법을 대안으로 고려해 보라. 서기 952~953년에 작성된 흥미로운 연구(Saidan 역, 1978)에서 Al-Uqlidisi는 아라비아의 산술 체계에 대한 포괄적인 개관을 제공하였다. 이러한 개관은 다른 무엇보다도 시각장애인을 위한 계산기의 사용뿐만 아니라 아라비아의 곱셈 방식인 **칸 방법**(method of houses)을 설명하고 있다. 이 맥락에서 house라는 단어는 칸(cell)을 의미한다. 칸 방법은 현재 일반적으로 사용되는 자리별 곱셈이 광범위하게 채택되기 이전에 사용되었음이 분명하다. 이 방법의 사용은 자릿값의 공간적 표상에 근거한다. [그림 2-5]는 그와 같은 체제 중 한 가지를 보여 주는데, 이는 물론 승수와 피승수의 크기에 따라 확대되거나 축소될 수 있다. 이 표는 왼쪽 아래 칸([그림 2-5]의 위 표에 1의 자리라고 명명된)부터 시작하여 각각의 줄을 위쪽으로 이동하고 마지막으로 왼쪽에서 오른쪽으로 이동하며 읽는다. 곱셈을 하는 동안, 각각의 잠정적인 곱은 1의 자리 칸부터 시작하여 연속적으로 칸에 적어 넣는다. 이 표가 사용되던 시대에는 잠정적인 곱의 값들을 모래에 적어 놓곤 하였다. 1의 자리 칸이 10보다 더 크면 10의 자리값은 1의 자리 칸 위에 있는 10의 자리 칸으로 옮겨 적는다. 일단 모든 잠정적인 곱이 완성되면, 대각선에 위치한 칸의 값들을 함께 더한다. 따라서 10의 자리 칸 두 개가 합쳐지고, 그러고 난 후 100의 자리 칸 등등이 더해진다. 합은 각각의 자릿값, 즉 1의 자리, 10의 자리, 100의 자리 등을 표현한다.

100의 자리	1,000의 자리	10×1,000의 자리
10의 자리	100의 자리	1,000의 자리
1의 자리	10의 자리	100의 자리

7(6)	21	
2(12)	42	
2	49	21

[그림 2-5] 칸 방법을 이용하여 복잡한 곱셈 문제를 풀기 위한 도식

이 방법을 더 잘 설명하기 위해 '36×72'라는 문제를 생각해 보자. 첫 번째 연산, 즉 '2×6'의 곱은 1의 자리 칸에 적고, 다음 연산, 즉 '2×3'의 1의 자리 칸 바로 위에 있는 10의 자리 칸에 적는다. 1의 자릿값이 10보다 크기 때문에 10을 위로 올리게 되어 1의 자리 칸에는 2가 10의 자리 칸에는 7이 남게 된다. 이제 우리는 10의 자리 정보로 곱셈을 마무리하기 위해 다음 칸의 줄로 옮긴다. 첫 번째 곱, 즉 '7×6'의 곱은 이 줄의 첫 칸에, 두 번째 곱, 즉 '7×3'의 곱은 둘째 칸에 적는다. 그다음 1의 자릿값, 즉 2는 그대로 내리고, 10의 자릿값들, 즉 7과 42는 합하며, 100의 자릿값, 즉 21은 그대로 내린다. 그러므로 100이 21개, 10이 49개 그리고 1이 2개가 된다. 49의 4를 21에 더해 100이 총 25개가 되도록 한다. 마지막으로, 순서를 뒤집어 25, 9, 2가 되게 하면 답은 2,592가 된다. 이 방법을 설명하는 것은 이 방법을 실제로 사용하는 것보다 훨씬 더 힘들다. 사실, 나는 매우 적은 연습으로도 이 방법이 전통적인 자리별 곱셈보다 더 빠르다는 것을 발견하였다. 시도해 보라. 그러면 이 방법이 받아올림을 불필요하게 만듦으로써 곱하기에 대한 작업기억의 요구를 감소시켜 준다는 것을 알아차리게 될 것이다. 더욱이 문제와 답의 기본 1의 자리, 10의 자리 그리고 100의 자릿값 구성은 전통적인 자리별 곱셈에 비하여 이 방법이 훨씬 더 명확하다.

요약

아동의 덧셈과 뺄셈에 대한 연구에서와 같이, 아동은 처음에 기존의 개념 및 절차에 대한 지식에 의존하여 곱셈을 배운다(Siegler, 1983). 특히, 초기 곱셈 전략은 아동의 덧셈과 세기 지식에 기초한다. 이러한 전략에는 반복 덧셈과 n씩 세기가 포함된다. 반복 덧셈은 피승수를 승수에 해당되는 횟수만큼 표현하고, 그러고 나서 이 값들을 더하는 것이다. 예를 들면, '2×3'을 풀기 위해 '2+2+2'를 하는 것이다. n씩 세기 전략은 2씩, 3씩, 5씩 등으로 세는 아동의 능력에 근거한다. 여기서 아동은 '5×4'를 풀기 위하여 '5, 10, 15, 20'이라고 셀 수 있다. 조금 더 세련된 전략에는 'n×0=0'과 같이 규칙 및 유도된 기초 연산을 활용하는 것이 포함된다. 마지막으로 대부분의 아동은 초등학교를 졸업할 때까지 대다수의 기초 곱셈들을 장기기억으로부터 인출할 수 있는 것으로 보인다(K. F. Miller & Paredes, 1990). 복잡한 곱셈 문제를 해결하기 위하여 아동이 사용하는 전략에 대해서는 거의 연구가 수행되지 않았다. 그러나 성인을 대상으로 수행된 연구는 대부분의 아동이 결국 형식적으로 교수된 열 방식 절차를 택한다고 주장하고 있다(Geary et al., 1986). 〈표 2-3〉에는 일반적으로 사용되는 곱셈 전략이 기술되어 있다.

마지막으로, 덧셈 및 뺄셈에서처럼 곱셈 오류도 체계적이다. 이러한 오류는 반복 덧셈 전략을 사용할 때 피승수를 한 번 더 많이 혹은 한 번 더 적게 더하는 것처럼, 어떤 절차를 잘못 수행하는 데서 기인할 수 있거나 인출과 관련된 것일 수 있다. 기초 곱셈 인출은 기초 덧셈 인출에서 밝혀진 것과 동일한 기본 속도 및 정확도 패턴을 보여 주고 있다(Stazyk et al., 1982). 피승수와 승수가 크면 클수록 기초 연산을 장기기억에서 인출하는 데 시간이 더 걸리고 인출 오류가 발생할 가능성은 높아진다. 가장 전형적인 인출 오류는 관련된 곱셈 문제의 답을 인출하는 것과 곱셈을 덧셈과 혼동하는 것, 혹은 근사치 실수 등이 포함된다(Campbell & Graham, 1985). 이러한 인출 오류는 역으로 아동의 초기 전략 수행 오류로부터 그리고 덧셈에 대한 관련된 지식의 방해로부터 발생한다(K. F. Miller & Paredes, 1990; Siegler, 1988b).

〈표 2-3〉 일반적인 곱셈 전략

전략	설명	예
간단한 곱셈		
반복 덧셈	피승수의 값을 승수에 해당하는 횟수만큼 적는다. 그러고 나서 답을 얻기 위해 이 값 모두를 함께 더한다.	'5×3'을 풀기 위해 문제를 '5+5+5'로 표현한다. 그다음 아동은 '5+5=10'을 하고, '10+5=15'를 한다.
n씩 세기	문제는 피승수나 승수의 값을 다른 값에 해당하는 횟수만큼 셈으로써 해결된다.	'5×3'을 풀기 위해 아동은 "5, 10, 15."라고 센다.
규칙	답은 'n×0=0' 그리고 'n×1=n' 등, 곱셈의 규칙에 근거한다.	'5×0'을 풀기 위해, 아동은 'n×0=0'이라는 지식에 기초하여 0이라고 말한다.
유도된 기초 연산(해체)	우선 관련된 기초 곱셈을 기억으로부터 인출한다. 그러고 나서 피승수나 승수의 값이 잠정적 곱에 더해져 답이 산출된다.	'5×6'을 풀기 위해 '5×5'의 답이 인출된다. 그러고 나서 이 잠정적인 곱에 남은 5를 더하여 '25+5=30'이 된다.
수식 인출	기초 연산을 장기기억에서 직접 인출한다.	'5×6'을 풀어 30을 인출한다.
복잡한 곱셈		
자리별 인출	열 방식의 곱을 인출하여 문제를 푼다.	'36×7'을 풀기 위해 1단계: '6×7=42' 2단계: 40이라는 값을 받아올림하고 기록한다. 3단계: '30×7=210' 4단계: '210+40(받아올림한 값)=250' 5단계: '250+2=252'

나눗셈

다른 세 개의 산술 연산과 비교해 볼 때, 아동의 나눗셈 문제의 해결을 지배하는 심리적 과정에 관한 연구는 훨씬 더 적게 수행되었다. 그럼에도, 덧셈과 뺄셈 그리고 곱셈 전반에 걸쳐 발견되었던 것과 동일한 규칙들을 아동의 나눗셈에서도 찾아볼 수 있을 것이라는 점은 거의 확실하다. 이러한 규칙 중에는 새로운 개념을 처음 학습할 때 관련된 개념의 기존 지식을 사용하려는 경향(Siegler, 1983)과 문제해결 오류가 체계적인 경향(Ginsburg, 1977)이 포함되어 있다. 사실, 아동의 나눗셈에 대해 수행된 연구는 이 논거에 부합한다(Hughes, 1986; Ilg & Ames, 1951; Vergnaud, 1983).

분명히, 처음 나눗셈 문제를 푸는 것을 배울 때 아동은 자신이 갖고 있는 덧셈과 곱셈에 관한 지식에 의존한다. 나눗셈 문제를 풀기 위해 사용되는 두 가지 부류의 전략 중 첫 번째 전략은 곱셈에 대한 아동의 지식에 근거하고 있다(Ilg & Ames, 1951; Vergnaud, 1983). 예를 들어, '20/4'라는 문제(20은 피제수[被除數], 4는 제수[除數])의 해결은 '5×4=20'이라는 아동의 지식에 근거한다. 다른 산술 연산에서 사용되는 용어와 일관성을 갖게 하기 위해 이 전략을 **곱셈 참조**(multiplication reference) 전략이라고 부를 수 있다. 아직 구구단을 숙지하지 못한 아동을 위해 때때로 이 전략에서 파생된 것이 사용된다. 여기서 아동은 피제수와 동일한 조합을 찾아낼 때까지 제수를 연속적인 수에 곱한다. '20/4'를 풀기 위한 이 전략의 순서는 '4×2=8' '4×3=12' '4×4=16' '4×5=20'이 될 것이다. Ilg과 Ames 그리고 Vergnaud에 의해 설명된 두 번째 부류의 전략은 덧셈에 대한 아동의 지식에 근거한다. 이 전략 중 첫 번째는 일종의 반복 덧셈이다. 예를 들어, '20/4'를 풀기 위해 아동은 '4+4+4+4+4=20'을 만들고 4를 모두 센다. 4를 센 횟수는 몫을 나타낸다. 때때로 아동은 그들이 지닌 기초 덧셈에 대한 지식을 수단으로 나눗셈 문제를 직접 풀고자 한다. 예를 들어, '12/2'를 풀기 위하여 아동은 '6+6=12'라는 지식에 근거해 자신의 답을 낸다.

나눗셈 문제를 풀기 위해 곱셈에 기초한 그리고 덧셈에 기초한 전략을 사용하는 것은 나눗셈이 더 큰 수, 즉 피제수 내에 들어 있는 더 작은 수, 즉 제수의 부분집합의 수를 결정하는 것과 관련되어 있다는 것을 기본적으로 이해하고 있음을 암시하고 있는 것이다. 이러한 기본적인 이해를 하고 있어도, 'Sue가 10달러를 갖고 있고, 각각 2달러인 책을 사고 싶다면 몇 권을 살 수 있을까?'와 같이 매우 간단한 문장제 문제 내에 제시될 때 아동의 나눗셈 수행이 하락된다. 심지어 '10/2'를 쉽게 풀 수 있는 아동조차 때때로 이러한 문제에서 제수와 피제수를 혼동하여 문제를 '10/2'가 아닌 '2/10'으로 설정한다(Hughes, 1986). 간단한 나눗셈에서 발생하는 다른 유형의 오류들에는 곱셈 참조 전략을 사용할 때 잘못된 기초 곱셈을 인출하는 것이나 혹은 반복 덧셈 전략에서 제수를 하나 더 많이 혹은 하나 더 적게 표현하는 것 등이 포함된다.

이를 종합해 보면, 간단한 나눗셈에서 아동의 전략 및 오류는 다른 산술 연산에서 발견된 것과 동일한 일반적인 경향을 따르는 것으로 보인다. 이러한 경향에는 다른 형태의 산술 지식 및 이 지식의 잘못된 적용에서 기인하는 오류들에 근거하는 초기 해결전략이 포함된다. 그럼에도, 나눗셈 영역에서의 아동의 전략적 그리고 개념적 발달에 대해 우리가 이해하고 있는 것은 극히 기초적인 것으로서 사실상 거의 없다고 할 수 있다. 나눗셈에서 아동이 보이는 전략 및 개념적 발달뿐 아니라 오류 패턴에 대한 규범적 연구가 필요한 것은 분명한 일이다.

산술능력 발달 모형

이 부분에서는 아동의 산술 발달에 관한 두 가지 일반적인 이론적 모형이 제시될 것이다. 두 접근방식 모두 아동의 산술 발달과 연계된 인지적 변화와 이 변화가 아동의 문제해결 전략과 이 행동에 대한 개념적 정당화 등과 같은 관찰 가능한 행동과 어떻게 연계되는지를 구체화하려 한다. 그렇지만 두 접근방식은 산술 발달에 있어 가장 중요한 것으로 여겨지는 지식의 유형에 있어서(따라서 경험의 유형에 있어서) 서로 다르다. 첫 번째 접근방식은 Siegler와 동료들에 의해 개발된(Siegler, 1986; Siegler & Shrager, 1984) **전략선택 모형**(strategy-choice model)으로 대표된다. 그 개요를 미리 살펴보자면, 전략선택 모형은 아동의 명시적인 전략 사용과 대안이 되는 여러 전략 중에서 아동의 선택을 지배하는 요인들을 강조한다. 두 번째 모형은 일반적으로 그 대부분을 Piaget(1950)의 연구에 기초하고 있으며, 아동이 지닌 산술 지식의 상호관련 틀의 발달에 초점을 두고 있다. 이러한 접근방식은 **도식기반 모형**(schema-based model)이라고 하며(Anderson, 1984; Baroody, 1992; Steffe, 1992), 전략선택 모형 다음에 설명될 것이다.

전략선택 모형

Siegler(1986)는 사람들이 문제를 해결하기 위해 서로 다른 방법을 많이 이용할 수 있으며, 각각의 특정 문제를 풀기 위하여 이용 가능한 최선의 전략을 선택하려는 경향을 가지고 있다는 사실을 설명하기 위해 전략선택 모형을 개발하였다. '최선'이라는 용어는 사람들이 해결해야 할 특정 문제를 제시받게 될 때 그들이 이용 가능한 전략 중 가장 빠르고 가장 정확한 것을 사용하는 경향이 있음을 의미하는 것이다. 예를 들어, 어린 아동은 '9+2'와 같이 작은 가수 하나와 큰 가수 하나로 구성된 문제를 풀기 위해 더 큰 수부터 세기 절차를 활용하는 경향이 있다. 하나의 작은 수와 큰 수를 더하는 문제가 주어졌을 때 큰 수부터 세기 전략을 사용하지만, '4+5'와 같이 비슷한 크기의 가수들로 이루어진 문제에서는 모두 세기 전략을 사용하려는 경향이 있다(Geary, 1990; Siegler & Jenkins, 1989). 그와 같은 문제에서 어떤 수가 더 큰지 결정하고 적절한 값(즉, 5)에서부터 세기를 기록해야 한다는 어려움은 어떤 아동에게 큰 수부터 세기 절차보다 모두 세기 절차가 비록 느리긴 해도 더 정확하다고 생각하게 만든다.

전략선택을 적응적으로 만드는 경향은 중하층 및 중산층 아동(Siegler, 1993), 청년과 장년(Geary, Frensch, & Wiley, 1993; Geary & Wiley, 1991) 그리고 미국 아동은 물론 중국 아동 집단에서도(Geary, Fan, & Bow-Thomas, 1992) 발견되고 있다. 사실, 비록 이 연구에서 평가된 중국의 초등학교 1학년 아동이 또래의 미국 아동보다 덧셈 기술을 평가하는 모든 검사에서 더 나은 수행을 보여주었지만, 그들이 이용할 수 있는 전략 중에서 적응적으로 전략을 선택하는 경향에 있어서는 두 집단 간 차이가 없었다. 적응적 전략선택은 아동의 철자, 읽기, 시간 말하기 그리고 추론 등에서도 분명하게 나타나고 있으며(Siegler, 1986, 1988b; Siegler & Taraban, 1986), 전통적인 성취 및 능력 평가도구에서의 수행과 밀접한 상관관계가 있다(4장의 '인지적 관점' 참조; Geary & Burlingham-Dubree, 1989).

전략선택 모형에는 아동의 전략선택 및 기존 전략의 혼합 과정에서의 변화 모두에 영향을 주는 세 개의 일반적인 기제인 **기억 표상**(memory representations), 이 표상에 작용하는 **처리과정**(processes that act on these representations) 그리고 **학습기제**(learning mechanism)가 포함된다(Siegler & Jenkins, 1989). 기억 표상에는 '1+2' 같은 문제와 3과 같은 잠정적 답 사이의 연계는 물론, 특정 문제와 그 문제를 풀기 위한 서로 다른 방법들(예를 들어, 세기나 인출) 사이의 표상도 포함되어 있다. 이러한 연계는 그 강도 면에 있어 다양하다. 예를 들어, [그림 2-6]의 첫 번째 그래프를 보자. [그림 2-6]에 제시된 정보는 간단한 덧셈 문제를 풀기 위한 학령 전 및 유치원 아동의 인출 노력으로부터 구성된 것이다(Geary & Burlingham-Dubree, 1989). 연합 강도는 이 아동이 관련된 답을 인출한 횟수의 비율을 나타낸 것이다(신뢰 준거는 다음에서 논의된다). 첫 번째 그래프로 돌아와서, '1+2'라는 문제에 대하여 약 80% 정도는 답

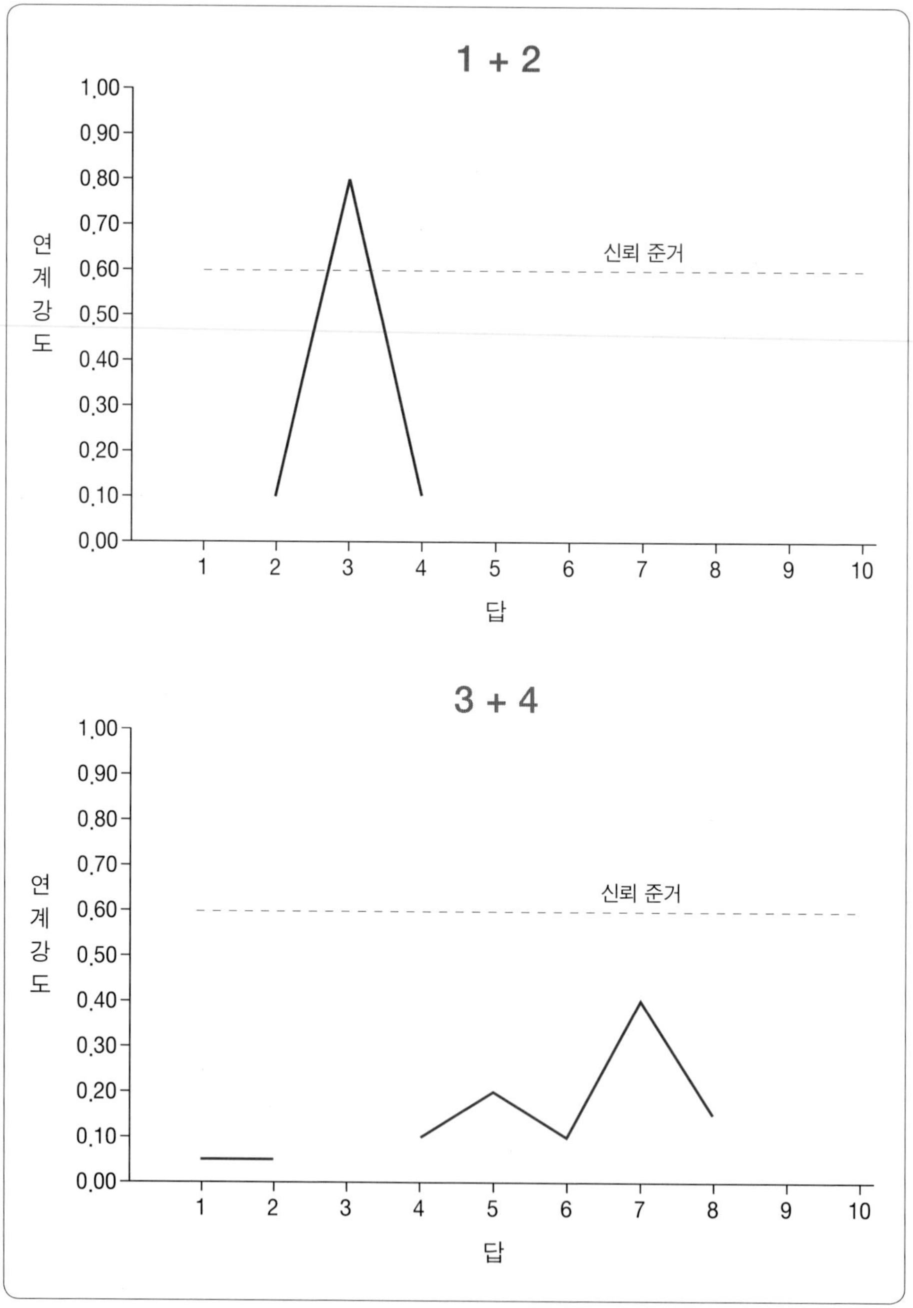

[그림 2-6] 두 개의 간단한 덧셈 문제에 대한 연계강도와 신뢰 준거 값

으로 3이 인출된 반면, 2나 4는 각각 약 10% 정도 인출되었다. 그러므로 학령 전 및 유치원 아동에게 '1+2'라는 문제가 제시될 때 거의 대부분 3이 인출되었다. 3이 인출된 것은 부분적으로 3은 1과 2 다음 순서이기 때문이다(Siegler & Shrager, 1984).

다른 한편으로, '3+4'라는 문제에 대해 정답 7이 인출되는 경우는 고작 40% 정도이고, 세기 순서에 있어 그다음에 해당되는 5가 인출된 경우는 20% 정도였다. '1+2'와 그 정답 사이의 연계 강도가 '3+4'와 그 정답 간의 연계 강도보다 훨씬 더 강력하기 때문에 '3+4'를 풀 때보다는 '1+2'를 풀 때 인출은 훨씬 더 적응적인 선택이 된다. 분명히 아동은 때때로 '3+4'와 같은 문제의 답을 인출하지만 이 답은 종종 틀린다. 이것이 신뢰 준거가 문제해결에 영향을 미치는 지점이다. 신뢰 준거(confidence criterion)는 인출된 답의 정확성에 대한 자신감을 측정하기 위한 내적 기준을 의미하는 것이다. 높은 신뢰 준거를 지닌 아동은 그들이 정답이라고 확신하는 답만을 진술하는 반면, 신뢰 준거가 낮은 아동은 정확성 여부에 상관없이 마음속에 떠오른 어떤 것에 대하여 진술한다(Siegler, 1988a). 인출된 답은 답과 문제 사이의 연계 강도가 신뢰 준거의 값을 초과했을 경우에만 진술된다. 만일 인출된 답이 진술되지 않는다면, 그 문제는 세기와 같은 다른 어떤 전략을 사용하여 문제를 풀어야만 한다. [그림 2-6]에 제시된 신뢰 준거는 문제 '1+2'에 대하여 대다수의 아동으로 하여금 인출을 사용하여 그 답으로 3을 진술하게 하지만 문제 '3+4'에 대하여서는 인출된 어떠한 답(심지어 7조차)도 진술하지 못하게 한다. 이는 아동이 자신의 신뢰 준거에 비하여 '3+4'에 인출된 어떤 답의 정확성에 대해 거의 확신을 하지 못하기 때문이다.

문제해결을 하는 동안, 아동은 잠재적인 답은 물론, 해당 문제나 혹은 유사한 문제를 풀기 위해 과거에 사용했던 절차를 인출한다(Ashcraft, 1987; Siegler & Jenkins, 1989). 그러므로 만약 아동이 '3+4'를 풀기 위하여 전형적으로 세기를 사용했다면, 세어가기 절차와 잠정적 답이 동시에 기억에서 인출될 것이고, 이 절차와 잠정적 답은 말 경주 방식으로 다투어 표현될 것이다. 어떤 아동은 7을 인출하고 진술하는 반면, 다른 아동은 어떠한 잠정적인 답이 생각나기 전에 자동적으로 세기를 시작할 것이다. 그렇다면 산술문제의 해결에 있어 아동이 어떤 전략을 사용할지를 결정하게 하는 한 가지 중요한 요인은 해당 아동의 신뢰 준거와 결합된 문제와 잠정적 답 사이의 연계 강도뿐 아니라, 해당 문제 및 그 문제나 유사한 문제를 풀기 위해 과거에 사용되었던 절차 사이의 연계 강도에도 의존한다.

이러한 모든 기억 표상은 문제해결 **과정**을 통해서 발달한다(Siegler & Jenkins, 1989). 예를 들어, 어떤 아동이 문제 '3+4'를 풀기 위해 처음에 "4, 5, 6, 7."이라고 세면, 문제와 생성된 답 사이의 연계 표상이 만들어지고 이 세어가기 절차의 활용을 지배하는 도식 또한 문제와 연계된다. 이 아동이 '3+4'를 해결할 때마다 정확하게 세면 문제와 답 사이의 연계 강도는 증가한다. 결과적으로 '3+4'라는 문제가 주어질 때 아동은 세어가기 도식이 활성화되어 사용되기 전에 재빨리 7을 인출하게 될 것이다. 이 시점에서 정답이 신속하고도 정확하게 인출되기 때문에 그 아동은 더 이상 문제를 풀기 위해 세지 않게 된다. 만약, 그 아동이 많은 세기 오류를 범한다면, 오답을 인출하기 시작한다는 점을 주목하라. 여하튼 그러한 절차를 사용하는 것이 기초 연산들을 배우고 인출할 수 있게 해 주기 때문에, 세기 및 다른 유형의 재구조화 절차를 활용하는 것은 결과적으로 소멸된다(Siegler, 1989b).

이러한 시나리오를 통해 우리는 **학습기제**에는 절차적 사용과 기억 표상 발달의 조합이 포함되어 있다는 것을 알 수 있다. 아동은 세기 및 다른 절차를 수행함으로써 기초 연산들을 배우고 이러한 절차의 효율성 및 정확성 또한 학습하게 된다. 적응적 전략선택은 의식적인 선택으로부터가 아니라, 아동이 특정 문제와 답들 그리고 신뢰 준거와 함께 문제와 관련된 절차 사이에 발달시킨 기억 표상의 패턴으로부터 발생한다. 적응적 전략선택은 이러한 기억 표상의 자연스러운 그리고 비의식적인 결과인 것이다. 비록 대부분의 산술문제를 풀기 위해 아동이 결국 기억 인출에 의존하게 되는 것이 이러한 학습기제로부터 쉽게 발생할 수 있을지라도, 이 기제는 아동이 어떻게 새로운 전략을 발견하게 되는지에 대해서는 설명할 수 없다. 이는 이 모형이 지니고 있는 문제점이다. 왜냐하면 대부분의 아동은 형식적 교육을 받지 않고도 더 효율적인 세어가기 절차를 위해 모두 세기 절차를 버리는 것이 확실하기 때문이다(Groen & Resnick, 1977).

사실 Siegler와 동료들(Siegler & Crowley, 1991; Siegler & Jenkins, 1989)은 전략 발견을 가능하게 해 주는 기제가 포함될 수 있도록 전략선택 모형이 확장될 필요가 있다고 주장하였다. 이 시점에서 비록 새로운 전략의 구성이 아동의 목적 지향적인 행동과 이와 관련된 지식으로부터 나온다는 것이 거의 확실하다고 할지라도, 아동이 어떻게 정확히 새로운 전략을 발견하는지에 대해서는 분명치 않다(Siegler & Crowley, 출판 중). 예를 들어, 덧셈 문제를 풀기 위한 세어가기(countion-on) 전략의 구성은 덧셈이 두 수를 합치는 것이고, 덧셈의 목적을 달성하기 위해서는 뒤로가 아니라 앞으로 세어야만 한다는 덧셈에 관한 아동의 일반적 지식에 제한을 받는다. 더욱이 새롭게 발견된 전략은 아무것도 없는 데에서 나타나는 것이 아니라, 기존 절차의 조각들로부터 구성되는 것이다(Siegler & Jenkins, 1989). 세어가기 절차는 모두 세기 절차와 1이 아닌 수부터 세기 시작할 줄 아는 아동의 능력으로부터 구성된 것이다. 문제 '3+4'에 있어 4라고 말하는 것이 "1, 2, 3, 4."라고 세는 것의 지름길임을 아동이 이해하는 것 또한 세어가기 절차의 발견에 대한 중요한 예고인 것 같다(Fuson, 1982).

요약

산술 영역에 대해서 전략선택 모형의 목적은 문제를 해결하는 동안 아동이 왜 그리고 어떻게 적응적 전략선택을 하는지, 발달이 왜 직접 인출에 더욱더 많이 의존하는 것으로 귀결되는지 그리고 아동이 어떻게 새로운 문제해결 전략을 발견하는지 설명하는 데 있다. 아동의 관찰 가능한 전략 및 문제해결을 위해 어떤 전략이 사용될 때 이를 지배하는 인지적 처리과정을 강조한다. Siegler(1986)에 따르면, 아동의 전략선택에 있어서의 적응적 속성은 의식적인 결정의 결과가 아니라, 오히려 답과 문제의 연계 패턴 및 이러한 문제에 관련된 절차로부터 자연스럽게 나오는 것이라고 한다. 세기와 같은 재구조화 전략의 수행은 아동이 이러한 전략 및 기초 연산을 학습하는 것으로 귀결된다. 궁극적으로 기초 연산들은 신속하고 정확하게 인출되고 이는 재구조화 전략의 사용을 불필요하게 만든다. 마지막으로, 새로운 문제해결 전략의 발견 및 구성은 아동의 문제해결 목적과 기존 절차의 조각에 근거한다. 이러한 조각이 새로운 전략으로 재구성되고, 이는 부분적으로 관련된 개념에 대한 아동의 지식에 기초한다.

도식기반 모형

도식은 지식과 정신작용이 조정된 덩어리를 나타내며(때때로 가리키기와 세기에서와 같은 행동; Piaget, 1950), 아동의 관찰 가능한 행동(예를 들어, 전략선택)에 구조와 그러한 행동에 대한 정당화를 제공한다. 산술과 수학 능력에 대한 도식기반 접근방식은 산술 발달에 관한 Siegler 및 다른 정보처리 연구자들의 접근방식이 그랬던 것과는 매우 다른 지식 습득에 대한 전제에 근거한다(예를 들어, Ashcraft, 1992). 간단히 말해, 이 모형의 기본 전제는 아동 개개인은 산술 및 관련된 주제에 대한 사회적인 논의를 통해 산술 지식을 구성한다는 것이다(예를 들어, Belmont, 1989; Steffe & Wood, 1990). 더욱이 이러한 산술 도식은 개인에 따라 어느 정도 고유한 것으로 보인다. 예를 들어, 동일한 덧셈 수업을 받고 있는 두 아동은 자신이 현재 지니고 있는 산술 지식의 차이로 인해 교사가 덧셈에 대해 다른 것을 말하고 있는 것으로 들을 것이고 제시되고 있는 자료에 대해 다소 다르게 이해하게 될 것이다(Steffe, 1992). 전략선택과 같은 관찰 가능한 행동들은 본래 그리고 그 자체로 특별히 중요하지는 않지만, 교사나 연구자들이 아동의 발달하는 산술 도식을 힐끗 볼 수 있게 하는 창을 제공하는 정도로만 유용하다.

발달의 원천은 세기와 같은 특정 인지 기술이나 문제와 답 사이의 연계와 같은 특정 인지 표상이 아니라, 아동의 산술에 대한 추상적 개념 이해다. 이는 인지 기술이 중요하지 않다는 것이 아니라, 이러한 기술이 아동이 적절한 추상적 도식을 발달시키는 동안 나타난다는 것을 의미한다(Baroody, 1992; Case & Sowder, 1990). 다른 한편, 전략선택 모형에서 아동의 산술 지식은 다른 방법이 아닌 절차 수행을 통해서 발달한다. 이 쟁점을 더 잘 설명하기 위해 나의 일곱 살짜리 딸 Corie의 기초 덧셈과 절차에 대한 도식을 고찰해 보자. Corie의 덧셈 지식을 이해하기 위하여, 나는 Chi와 Koeske(1983)가 사용했던 일반적인 전략을 따랐다. 약 2주에 걸쳐 한 번에 20분씩 다섯 번의 회기 동안, 나는 Corie에게 생각할 수 있는 모든 기초 덧셈식과 간단한 덧셈 문제를 해결하기 위한 모든 다른 절차를 내게 말하게 함으로써, 그 아이가 알고 있는 간단한 기초 덧셈에 대한 정보와 덧셈 절차에 대해 알게 되었다. Corie가 회상한 기초 덧셈은 회기 전반에 걸쳐 매우 일관성이 있었고, 이는 배수 문제(예를 들어, '3+3=6' 또는 '30+30=60')와 비배수 문제(예를 들어, '1+2=3')로 분류되었다. 이 영역에서의 연구와 맞게 다섯 번의 회기 모두에서 배수 집단이 먼저 회상되었고 문제 사이에 비교적 짧게 쉬면서 회상되었다. 비배수 문제 집단은 회상되는 빈도가 더 적었으며 회기별로 다른 경향을 보여 주었다.

현재 주제에 더 적절한 것은 '간단한 덧셈 문제를 해결하기 위한 서로 다른 방법'에 대한 Corie의 설명이다. 나는 Corie에게 '5+4'와 같이 간단한 문제를 풀기 위한 방법을 설명해 볼 것을 요청하였으나, 그 아이는 때때로 '50+87'과 같이 복잡한 문제를 해결하는 방법에 대한 정보를 제공하곤 했다. 이러한 절차에 대한 Corie의 설명과 Corie가 설명했던 회기 수가 〈표 2-4〉에 제시되어 있다. 회기 전반에 걸쳐 Corie는 간단한 덧셈 문제를 해결하기 위하여 사

〈표 2-4〉 덧셈 절차에 대한 Corie의 지식

절 차	회기 수	의 견
		간단한 덧셈
기억	5	"쉬워." "자꾸 자꾸 세어서 알게 됐어." "자꾸 해 보면 더 잘 알게 될 거야."
세기	5	"[5+5]를 풀려면 [6, 7, 8, 9, 10] 또는 [1, 2, 3, …… 10]이라고 세면 돼." "첫 번째 방법은 쉽고, 두 번째 방법에서는 틀릴 수 있어." "항상 혼란스러워."
유도된 기초 연산	3	Corie는 이 전략에 이름을 붙일 수 없었지만, 그것을 다음과 같이 보여 주었다. "[7+5=5+5=10] 그리고 [10+2=12]." "세기보다 쉬워." "배수를 기억하는 건 쉬워."
뺄셈	2	"[5+5=10]이야. 왜냐하면 [10-5=5]이니까."
물체 세기	2	Corie는 문제를 빗금으로 표현한 후, 빗금들을 세었다.
추측하기	1	"모르겠으면, 그냥 추측할 수도 있어."
문장제 문제	1	"돼지 다섯 마리가 있는데 두 마리가 더 왔다면, 모두 몇 마리일까?"
적기	1	Corie는 종이에 "6+5."라고 적고, 답을 인출한 후 답을 적었다.
		복잡한 덧셈
자리	4	"[50+87=137]이야." "1은 100의 자리이고, 3은 10의 자리 그리고 7은 1의 자리야."
받아올림	2	"1의 자리가 10이 되면 받아올림을 해야 해."

용할 수 있는 여덟 개의 서로 다른 방법을 설명하였다. **기억**과 **세기**는 다섯 회기 모두에서 설명되었고, **추측하기**와 **문장제 문제** 그리고 **적기**(write it out) 등은 단 한 번만 설명되었다. 이 회기 동안 Corie가 제공했던 의견 중 몇 가지를 조사해 본 결과, Corie가 덧셈 절차와 절차 간의 상호관련성에 대해 다소 직관적인 이해를 하고 있음이 드러났다. Corie는 어떤 절차가 쉬운지(기억) 혹은 어려운지(모두 세기), 어떤 요인이 자신이 지니고 있는 지식에 영향을 주는지('[기억] 자꾸 해 보면 더 잘 알게 될 거야.') 그리고 절차와 지식이 어떻게 상호작용하는지('자꾸 자꾸 세어서 [기억] 알게 됐어.') 등을 알고 있었다.

도식기반 모형의 입장은 Corie의 설명에 반영되어 있는 것처럼, 산술 절차의 추상적 지식이 자신의 문제해결 기술을 위한 기초가 된다는 것이다. 즉, 예를 들어 Corie는 유도된 기초 연산 전략을 구성하기 위해 추상적 지식을 활용한다. 그러므로 대부분 산술 발달에는 도식에 대한 더욱더 큰 정교화가 포함된다. 도식은 주로 사회 집단과 상호작용(예를 들어, 산술 개념에 대한 집단적 논의)을 하는 동안 관련 지식에 대한 동화와 조절을 통해 정교화된다. 대안적인 관점은 Corie의 산술 지식의 많은 부분이 Corie가 세기와 같은 다른 절차가 수량에 어떻게 영향을 미치는지 알게 됨으로써 유도된다는 것이다. 이러한 대안적 관점과 함께, 전략선택은 기초 연산 및 절차에 대한 기억 표상의 패턴을 기반으로 하여 어느 정도 자동적으로 발생하고(Siegler, 1986), 개념적 지식은 아동이 절차가 어떻게 작용하는지 그리고 그 성과는 무엇인지 알아차리게 되면서 구성된다. 사실 도식에 기반한 요인과 기억에서 유인된 요인, 이 두 가지 형태의 요인 모두 산술 발달에 영향을 줄 가능성이 높다. 예를 들어, Geary, Bow-Thomas 그리고 Yao(1992)는 간단한 덧셈을 위해 모두 세기 절차보다 유리한 세어가기 절차를 채택하는 것이 아동의 세기 지식에 달려 있다는 것을 발견하였다. 세기 절차는 자동적으로 수행될 수 있으나, 그것을 수정하는 것은 적어도 어느 정도는 세기 도식에 의존하는 것처럼 보인다(Ohlsson & Rees, 1991).

다른 한편으로, 아동의 수학 도식이 아동 개개인마다 고유하고 다른 사람들에 의해 결코 완전히 이해될 수 없다는 입장은 과장된 것이다(Steffe, 1992). 사람들에게는 타고난 수 및 기초 산술 감각이 있다는 연구 결과는 수와 산술 도식을 이해할 수 있는 일반적인 근거가 있음을 논증하는 것이다. 더욱이 형식적 교육을 통해 아동의 산술능력(예를 들어, 전략 유형들)은 문화 간에 점점 더 비슷해지고(예를 들어, Ginsburg, 1982; Saxe, 1985), 이는 곧 형식적 교육이 전 세계 아동에게 매우 유사한 개념적 도식을 구성하게 해 준다는 것을 시사하는 것이다. 이는 우리가 각 아동이 어떻게 산술을 이해하는지 알려고 하는 노력은 하지 말아야 함을 의미하는 것은 아니다. 우리는 아동이 어떻게 산술을 이해하는지 밝혀내야만 한다. 우리가 주장하는 것은 아동의 산술 지식 발달에는 차이점보다는 유사성이 더 많다는 것이다. 그럼에도, 이러한 접근방식의 한 가지 추가적인 특징, 즉 산술 학습에 대한 사회적 그리고 상황적 영향(Greeno, 1993)은 더 고찰해 볼 가치가 있다. 학습을 위한 더 자연스러운 방법 중 한 가지는 사회적 담화(social discourse)를 통한 것일 가능성이 높다(Eibl-Eibesfeldt, 1989; Geary, 출판 중). 사실, 아동의 초기 산술 발달의 많은 부분은 자연스러운 상황에서의 사회적 상호작용(물론, 대화의 주제가 수와 관련된 것이라는 전제로)이라는 과정을 통해 발생한다(예를 들어, Saxe et al., 1987).

그렇지만 모든 산술 학습이 사회적 맥락에서 발생할 수 있고 또 발생한다는 입장을 반드시 따라야 하는 것도 아니고, 이러한 접근방식이 절차적 기술을 가르치는 것과 연습의 중요성을 덜 강조하게 만드는 것도 아니다(8장의 '교육철학' 참조). 이 분야의 연구자들은 종종 절차적 기술이 개념적 지식 없이 학습되고, 암기된 기초 연산은 '비활성', 즉 본질적으로 쓸모없는 지식이라는 가정을 한다. 그러나 아동은 적어도 부분적으로는 절차가 어떻게 작용하고 어떤 절차가 작용하는지 등을 추론함으로써 산술 도식을 발달시킨다. 이러한 추론은 연습하는 과정에서 발생한다. 인정하지만, 암기된 기초 연산들은 개념적 지식이 아니다. 그럼에도, 기억에서 기초 연산을 자동으로 인출하는 능력은 더 복잡한 문장제 문제와 추론 과제를 적은 노력으로 신속하게 풀 수 있게 한다(Geary & Burlingham-Dubree, 1989; Geary & Widaman, 1992). 예를 들어, 다음과 같이 아주 간단한 문장제 문제를 살펴보자. 'Bill은 사과를 세 개 가지고 있고, John은 두 개 그리고 Karen은 네 개를 가지고 있다. 모두 합하여 몇 개인가?' '3+2'의 답을 인출하는 능력은 아동이 세기를 통해 '3+2'를 푸는 것보다 다음 단계(더하기 4)의 해결을 훨씬 쉽게 해 주고 오류의 발생 빈도를 줄여 준다. 이를 종합해 보면, 산술 발달은 적어도 두 개의 일반적인 그리고 상호 관련된 차원에서 진행할 필요가 있다. 첫 번째 차원에는 아동이 자동으로 수행하고 인출할 수 있도록 절차와 기억 표상들의 개발이 포함된다. 두 번째 차원에는 이러한 절차(즉, 관련된 도식)와 더 일반적인 문제해결 도식에 대한 개념적 이해뿐만 아니라, 도식이 가장 적절하게 사용되는 맥락에 대한 아동의 이해가 포함된다.

요약

아동의 산술 발달에 대한 도식기반 접근방식은 직접 관찰할 수 있는 전략 및 절차보다는 산술에 대한 아동의 개념적 이해에 초점을 두고 있다. 개념적 지식의 망이 곧 도식이다. 이러한 관점에서 도식의 발달은 역동적인 사회적 담화의 결과다. 아동은 수학 관련 자료를 적극적으로 탐색하고 논의함으로써 그들 자신의 산술 지식에 대한 망을 만들게 된다. 특정 문제해결 전략과 같은 아동의 관찰 가능한 기술은 이러한 도식으로부터 나온다. 사회적 맥락 속에서 산술 발달에 초점을 맞추는 것은 아동의 인지적 성장에 대한 이해에 또 다른 차원을 부가해 준다. 그럼에도, 더 기계적인 기술(예를 들어, 절차를 사용하는 방법 배우기 혹은 기초 연산들 암기하기 등)

을 희생하고 산술 지식의 사회적 구성에 초점을 맞추는 것은 아마도 장기적으로 아동에게 불이익을 가져다줄 것이다. 이는 도식기반 접근방식이 유용하지 않다는 것이 아니다. 도식기반 접근방식은 유용하다. 그러나 아동의 산술 및 수학 발달에 더 균형 잡힌 접근방식, 즉 절차적 지식뿐 아니라 개념적 지식의 중요성을 수용하는 접근방식이 필요하다고 주장하는 것이다(Geary, 출판 중 참조).

결 론

산술은 전 세계 문화권에서 보이는 활동이다(Crump, 1990; Ginsburg, 1982; Saxe, 1982b; Zaslavsky, 1973). 더욱더 중요한 것은, 초기 산술 계산과 발달의 일반적인 특징은 최소한 그 특징들의 중대한 구조에 관해서만큼은 보편적인 것 같다(Starkey et al., 1991). 전 세계 아동은 처음에는 자신이 속한 문화의 세기 체계를 사용함으로써 산술 계산을 하고, 세기를 하는 데 도움이 되도록 손가락과 같은 신체 일부분에 의존하는 것처럼 유사한 발달 특징을 보인다. 유아 및 학령 전 아동이 덧셈은 양을 증가시키고 뺄셈은 양을 감소시킨다는 것에 대해 내재적 감각을 지니고 있다는 연구 결과는 산술이 자연스러운 영역이라는 주장을 강력하게 뒷받침한다(Starkey, 1992; Wynn, 1992a). 그렇지만 산술에 대한 초기의 직관적 이해는 유아의 경우 2까지의 양('1+1' 에서처럼)에, 학령 전 아동의 경우에는 4 이하의 양(예를 들어,'3-1' 에서처럼)에 국한되는 것으로 보인다. 이러한 기초적인 산술에 대한 직관적 이해가 나이가 듦에 따라 점진적으로 증가하는 것인지 혹은 더 큰 수로 하는 산술에 대한 아동의 이해가 관습적인 수 이름의 의미를 이해하는 데 달려 있는지(Fuson, 1988)의 여부는 더 살펴봐야 한다. 어느 쪽이든 산술에 대한 초기의 내재적 지식이 미래의 산술 발달을 위한, 특히 아동이 초기에 산술을 위한 도구로 세기를 사용하는 것이 전개되는 구조의 초석이 된다는 것은 거의 확실하다.

문화 또한 아동의 발달하는 산술 지식과 기술에 큰 영향을 미친다. 몇 가지 문화의 영향은 미묘하지만 광범위하다. 이러한 영향들에는 문화의 언어가 수와 산술 발달에 얼마나 지원적인지는 물론(Fuson & Kwon, 1991; Saxe, 1982b), 수와 관련된 과제를 중심으로 하는 초기 부모-자녀 간 활동의 속성과 정도(Saxe et al., 1987; Stevenson, Lee, Chen, Stigler et al., 1990)가 포함되어 있다. 손가락 세기나 Oksapmin 부족 사람들이 했던 신체 일부 세기 등과 같이, 산술 지식을 표현하는 데 있어서의 초기 문화적 차이 중 많은 부분은 수와 산술 지식의 표면 구조에 있어 비교적 중요하지 않은 차이를 나타낸다. 그럼에도, 이러한 주장들은 모든 기본적 산술 지식이 자연스러운 것이라고 받아들여서는 절대로 안 된다(Geary, 출판 중). 아동의 분수 이해에 대한 연구는 산술의 중요한 영역이 거의 선천적으로 이해되는 것이 아니라는 점을 분명하게 보여 주고 있다(Clements & Del Campo, 1990). 사실, 덧셈과 뺄셈에 대한 내재적 이해가 작은 양으로 제한되어 있고, 아동이 자신이 속한 문화의 수 이름을 배우고 이를 일련의 물체와 짝지으며(예를 들어, 5를 한 손 안의 모든 손가락과 짝지음), 그러고 나서 산술을 통해 이 양들을 조작하는 법을 배우게 되는 등 더 큰 양에 대한 산술 지식이 더 천천히 발달한다는 것은 매우 그럴싸한 것이다.

산술 지식에 대해 내재적 영향이 있다손 치더라도, 산술 발달에 가장 강력한 영향을 미치는 것은 형식적 교육이다(Ginsburg et al., 1981b). Ginsburg 등과 Saxe(1982a)의 연구는 형식적 교육이 더 자연스러운 환경에서 나타나지 않는 것이 거의 확실한 기술의 발달을 이끌어 올 뿐 아니라 문화권 전반에 걸쳐 산술능력의 표면 구조에 수렴한다는 것을 보여 주었다. 수 이름에 대한 언어적 차이도 비록 그 정도는 적지만 산술 발달에 있어서의 문화적 변이성에 영향을 준다(Fuson & Kwon, 1992a, 1992b) 하더라도, 교육 실제에 있어서의 차이와 학업성취에 대한 일반적 기대에 있어서의 차이는, 산술 학습 속도에 있어서의 문화적 변이성과 발달된 기술의 궁극적 수준에 있어서의 문화적 변이성에 기초를 이루는 것으로 보인다(7장 참조). 산술 발달의 속도와 수준에 있어서의 문화적 차이에도 불구하고, 학령기 아동의 산술능력에는 많은 유사점이 있다.

전 세계적으로 산술 발달은 선형적으로 단계를 밟아 가는 방식이 아니라, 물결처럼 일어나는 것으로 보인다(Siegler & Jenkins, 1989). 예를 들어, 아동은 처음에 손가락 세기만을 사용하고, 그러고 나서 소리 내어 세기만을, 마지막으로 기초 연산 인출만을 사용하여 덧셈 문제를 풀지는 않는다. 오히려 아동은 문제해결 전략의 혼합체를 이용할 수 있다(Siegler, 1986). 산술 연산 전반에 걸쳐 "발달에는 기존 전략의 혼합체의 변화는 물론 낡은 전략을 버리고 새로운 전략을 구성하는 것 또한 포함된다."(Siegler & Jenkins, 1989, p. 27) 이러한 전략의 혼합체를 대표하는 물결의 정점은 일반적으로 구체물 및 손가락의 사용에 의존하는 것으로부터 소리 내어 세기로 그리고 인출을 기반으로 하는 전략으로 점진적으로 변화한다. 산술 발달에는 또한 수와 산술에 대한 아동의 도식에 있어서의 변화가 포함되고, 이는 역으로 아동의 관찰 가능한 기술(예를 들어, 문제해결 전략; Steffe, 1992)에 영향을 준다.

아동의 산술 발달에 관하여 배워야 할 것이 많이 남아 있다. 다루어야 할 쟁점 중 몇 가지에는 수와 산술에 대한 유아 및 아동의 직관적 지식의 한계에 대한 더 나은 이해, 이 지식이 어떻게 그리고 어느 정도로 미래의 발달에 영향을 주는가 등이 포함된다. 우리는 아동의 세기 지식과 초기 산술 지식 및 기술 사이의 관계를 더 완전하게 이해할 수 있어야 한다(Geary, Bow-Thomas, & Yao, 1992). 초기 부모와 아동 간의 상호작용(예를 들어, 산술 게임 등)과 기타 생태학적 요소가 어떻게 그리고 어느 정도까지 산술 지식에 영향을 주는지 이해하는 것은 매우 중요한 일이다(Greeno, 1993; Saxe et al., 1987). 초기 수학 학습에 대한 사회적 담화의 영향이 가지고 있는 한계를 아는 것도 마찬가지로 중요하다. 마지막으로 산술 발달이 관찰 가능한 문제해결 전략, 그 기초가 되는 기억 표상 그리고 추상적인 도식기반 지식 등을 포함한 많은 차원에서 진행된다는 것을 깨달아야 한다. 이 모든 차원이 중요할 뿐 아니라 본질적인 것으로 인식되어야 하는 것은 필수적이다. 이 서로 다른 유형의 기술이 상호작용하는 방법과 산술능력의 이러한 차원 각각이 최적으로 발달하기 위해 어떤 교수방법과 생태학적 경험의 혼합체가 필요한지 더 잘 이해할 필요가 있다(Geary, 출판 중 참조).

Chapter 3

수학적 문제해결 학습

문제해결 학습은 아동의 수학 발달과정에서 본질적인 특성이지만, 불행하게도 대부분의 미국 아동은 이 기술을 명확하게 숙지하지 못하고 있다(Mullis, Dossey, Owen, & Phillips, 1991). 이 장의 초점은 아동의 수학적 문제해결의 기초를 이루는 과정과 문제해결 기술 발달에 영향을 미치는 것으로 보이는 주요 요인에 두고 있다. 대부분 2장에서 설명된 전략은 문제해결의 마지막 국면만을 그리고 비교적 간단한 문제를 해결하는 과정과 관련된 전략만을 보여주고 있다. 이 장에서 우리는 문제해결 전략을 실제적으로 실행하는 과정, 특히 이 과정이 보다 복잡한 문장제 문제를 푸는 과정에서 어떻게 발현되는지를 심도 깊게 고찰해 볼 것이다. 이러한 쟁점은 두 가지 기본적인 부분에서 고찰될 것인데, 첫 부분에서는 산술 문장제 문제를 해결하는 아동의 능력에 대한 발달적 연구가 제시되는 반면, 두 번째 부분에서는 대수 문장제 문제를 해결하는 데 필요한 기술에 대한 연구가 제시된다. 이 장은 두 영역에 있어서의 기본적인 연구 결과를 요약하고 2장에서 설명된 기초 기술과 여기서 소개되는 기술 간의 관계에 대한 논의로 마무리된다.

산술 문장제 문제

비록 많은 미국 아동이 초등학교 1학년이 되기 전에 간단한 문장제 문제를 풀 수 있지만, 미국의 경우 산술 문장제 문제는 초등학교 1학년에 도입된다(Stigler, Fuson, Ham, & Kim, 1986). 기초 산술에서 발견되었던 것처럼(Fuson et al., 1988), 다양한 유형의 문장제 문제가 아동에게 도입되는 학년과 빈도는 국가마다 차이가 있다. 예를 들어, Stigler와 그의 동료들은 미국 교과서가 구 소련의 유사한 교과서보다 훨씬 더 쉬운 문제를 제시하는 경향이 있음을 발견하였다. 더욱이 더 어려운 유형의 문장제 문제(다음에 기술된) 중 많은 부분이 구 소련에서는 초등학교 1학년 때 도입되지만, 미국 교과서에는 초등학교 3학년이 되어서야 도입이 된다. 심지어 복잡한 문제가 미국 교과서에 제시될 때에도 아동이 그러한 문제를 푸는 것에 능숙해질 수 있을 만큼의 충분한 내용이 제시되지 않는다. 이러한 현상과 유사한 분석(예를 들어, Fuson et al., 1988)이 지니고 있는 의미는 미국 아동의 문제해결 기술 발달이 다른 여러 나라의 아동에 비해 뒤처져 있을 가능성이 매우 높다는 것이다. 다시 말해, 여기서 설명되는 연구 중 많은 부분이 미국 아동을 근거로 하고 있기 때문에, 동일한 발달 패턴이나 문제해결에 있어서의 어려움의 원인이 다른 문화권의 아동에게서 어느 정도 분명하게 나타나는지 확실히 진술할 수 없다는 것이다.

산술 문장제 문제는 2장에 설명된 아동의 발달하는 계산 기술과 이러한 기술을 실생활 상황에 적용하는 것 사이에 중요한 가교라고 생각된다(Briars & Larkin, 1984). 그러므로 아동이 문제해결 기술을 어떻게 발달시켜 나가는지를 이해하고 문제해결 과정에서 그들이 보이는 어려움의 원인을 규명하는 것은 중요한 일이다. 아동은 문장제 문제를 풀 때 그와 유사한 숫자 문제를 풀 때보다 더 많은 오류를 범하기 때문에 문장제 문제의 해결에 대한 연구는 그 자체로 중요하다(Carpenter, Kepner, Corbitt, Lindquist, & Reys, 1980). 예를 들어, 아동은 종종 '3+2는 얼마인가?'라는 문제를 이와 유사한 문장제 문제인 'Mary가 사탕 세 개를 가지고 있고, Amy는 두 개를 가지고 있다면, 그들은 모두 몇 개의 사탕을 가지고 있는가?'보다 더 정확하게 풀 수 있다.

아동의 산술 문장제 문제해결에 관한 초기 연구는 문장제 문제에는 숫자 문제보다 문장제 문제를 더 어렵게 만드는 요인이 있다고 보아, 이 요인의 특성을 규명하는 데 초점을 맞추고 있었다(Jerman & Rees, 1972). 한편, 최근의 연구는 아동이 문장제 문제를 이해하고 개념적으로 표상하는 방법과 이것이 아동의 문제해결 과정에 어떠한 영향을 미치는지에 초점을 맞추고 있다. 전반적인 목적은 문제의 특징이 문제해결의 정확성을 결정짓는 아동의 지식 및 기술 발달의 근원과 어떻게 상호작용하는지를 보다 잘 이해하는 것이다. 아동의 산술 문장제 문제해결 기술에 대한 논의는 네 부분에 걸쳐 제시되었다. 첫 번째 부분에서는 길이와 같은 문제의 일반적인 구조적 특성이 문제해결의 정확성에 미치는 영향이 제시되었다. 두 번째 부분에서는 아동이 문제해결을 위해 사용하는 여러 유형의 전략에 대한 문제의 의미 구조의 영향이 논의되었다. 문제해결에 대한 개념적 지식의 효과가 세 번째 부분에 그리고 발달적 고려사항 및 아동이 보이는 문제해결 오류의 원인 등에 대한 논의는 마지막 부분에서 제시되었다.

문제의 특징

Jerman과 동료들은 산술 문장제 문제의 구조적 특성과 문제해결의 정확성 간의 관계에 대한 일련의 철저한 연구를 수행하였다(Jerman & Mirman, 1974; Jerman & Rees, 1972). 그들이 조사한 특성들은 광범위하였고, 평균 단어의 길이, 문제에서 사용된 연산의 수, 문제에서 사용된 문장의 수, 각 문장의 평균 단어 수, 명사와 동사 그리고 접속사의 빈도 등과 같은 요인들이 포함되었다. 이러한 연구들 중 가장 대규모 연구로서 Jerman과 Mirman은 문장제 문제의 73개 언어학적 특징을 조사하였다. 그 이유는 언어학적 특징이 4~9학년 아동 집단에서 문제해결의 정확성과 관련되어 있는 것으로 보았기 때문이다. 간단히 말해서, 이러한 연구는 문제의 어떤 특징이 문제 풀기에 비교적 어렵다고 아니면 비교적 쉽다고 생각하게 하는지 그 영향을 파악하기 위해 설계된 것이다.

전체적으로, Jerman은 문제 난이도의 변이성(즉, 정확률)에 대한 상당 부분을 설명할 수 있는 문제의 특징 몇 가지를 발견하였다. 예를 들어, Jerman과 Rees(1972)는 언어학적 특성(예를 들어, 문제에서 사용된 단어 수)과 계산 요구(예를 들어, 필요한 산술 연산의 수)의 조합이 초등학교 5학년 아동 집단의 문제 난이도에 대한 변이성 중 약 87% 정도를 설명해 주고 있음을 발견하였다. 어려운 문제는 상대적으로 길고 여러 개의 산술 연산을 필요로 한다. 따라서 이에 따른 작업기억의 요구가 아마도 연구에서 밝혀진 길이 효과(length effect)를 설명하는 중요한 원인일 것이라는 점에 주목하라. Jerman과 Mirman(1974)은 서로 다른 특징이 초등학교(4~6학년)와 중학교(7~9학년) 아동에게 있어서의 문제 난이도를 예고한다는 것을 발견하였다. 초등학생들의 경우, 문제 난이도의 원인이 되는 가장 중요한 요인은 계산 요구 및 **지름**이나 **나머지** 등과 같은 문제에서 사용된 수학 용어의 수였다. 계산과 관련된 문제의 가장 어려운 특징은 받아올림(받아내림)이 있는지와 하나 이상의 산술 연산이 있는지였다.

계산 변인과 수학 용어 변인은 중학생의 문제 난이도를 예고하는 데 있어 중요한 요인이 되지 못함이 입증되었다. 그러나 문제의 몇몇 언어학적 특징은 중학생의 문제 난이도에 영향을 주고 있었다. 특히, 문제에서 제시된 첫 번째 수와 마지막 수 사이의 단어의 수는 문제 난이도의 변이성 중 거의 30% 정도를 설명하였다. 이 변인의 의미는 문제의 작업기억 요구가 중학생들에 대한 문제 난이도에 영향을 미치는 주요 결정인자일 수 있다는 것을 암시하는 것이다. 문제의 수적 특징 사이의 단어 수가 증가할수록 두 번째 수를 읽기 전에 첫 번째 수를 잊어버리게 할 가능성도 증가한다(Kintsch & Greeno, 1985). 이를 종합해 보면, 이러한 연구는 산술 문장제 문제의 어떤 특징이 문제의 상대적 난이도를 결정함에 있어 중요한 역할을 한다는 것을 보여 주고 있다. 초등학교 시절에 아동의 기초 계산 기술과 수학 용어는 문제의 기억 요구와 함께 아동이 산술 문장제 문제를 푸는 데 성공할 것인지에 영향을 주는 중요한 결정인자인 것으로 보인다. 계산 기술과 용어가 증가함에 따라 기억 요구와 같은 문제의 다른 특징이 산술 문장제 문제를 푸는 아동의 능력에 더 많은 영향을 미치게 된다.

의미 구조

길이와 같은 문제의 특징에 더하여 산술 문장제 문제의 의미 구조도 산술 문장제 문제를 해결하는 아동의 능력에 영향을 미친다(Carpenter, Hiebert, & Moser, 1981; Carpenter & Moser, 1983; De Corte & Verschaffel, 1987; Grouws, 1972; Riley, Greeno, & Heller, 1983). **의미 구조**(semantic structure)는 문제에 진술된 것의 의미와 의미 간의 상호관계를 말한다. Riley 등과 Carpenter와 Moser는 의미 구조에 기초하여 덧셈과 뺄셈 문장제 문제를 분류하였다. 대부분의 문장제 문제는 **변형**(change), **결합**(combine), **비교**(compare), **등화**(equalize) 등 네 가지 일반적 범주로 분류될 수 있다. 덧셈과 뺄셈에 있어 이 서로 다른 유형의 산술 문장제 문제의 보기가 〈예제 3-1〉에 제시되어 있다. 곱셈과 나눗셈 문제에 대한 동종의 분석은 유사한 범주들을 제안하고 있다(예를 들어, Hardiman & Mestre, 1989; A. B. Lewis, 1989; A. B. Lewis & Mayer, 1987). 그렇지만 아동의 기술에 관한 연구의 대부분이 곱셈과 나눗셈 문제보다는 덧셈과 뺄셈 문제를 이용하여 수행되어 왔기 때문에, 덧셈과 뺄셈에 초점이 맞춰져 있다.

〈예제 3-1〉 산술 문장제 문제의 분류

변 형

1. Amy는 사탕 두 개를 갖고 있다. Mary가 Amy에게 사탕 세 개를 더 주었다. Amy는 지금 사탕 몇 개를 갖고 있는가?
2. Amy는 사탕 다섯 개를 갖고 있다. Amy는 Mary에게 사탕 세 개를 주었다. Amy는 지금 몇 개의 사탕을 갖고 있는가?
3. Amy는 사탕 두 개를 갖고 있다. Mary가 Amy에게 사탕 몇 개를 더 주었다. 지금 Amy는 사탕 다섯 개를 갖고 있다. Mary는 Amy에게 몇 개의 사탕을 주었는가?
4. Mary는 사탕 몇 개를 갖고 있다. Mary는 Amy에게 사탕 두 개를 주었다. 이제 Mary는 사탕 세 개를 갖고 있다. Mary는 처음에 몇 개의 사탕을 갖고 있었는가?

결 합

1. Amy는 사탕 두 개를 갖고 있다. Mary는 사탕 세 개를 갖고 있다. 그들은 모두 몇 개의 사탕을 갖고 있는가?
2. Amy는 다섯 개의 사탕을 갖고 있다. 세 개는 초콜릿 맛 별 사탕이고, 나머지는 초콜릿 맛 하트 사탕이다. Amy가 갖고 있는 초콜릿 맛 하트 사탕은 몇 개인가?

비 교

1. Mary는 세 개의 사탕을 갖고 있고 Amy는 두 개를 갖고 있다. Amy는 Mary보다 몇 개의 사탕을 덜 갖고 있는가?

2. Mary는 다섯 개의 사탕을 갖고 있고 Amy는 두 개를 갖고 있다. Mary는 Amy보다 몇 개의 사탕을 더 갖고 있는가?
3. Amy는 두 개의 사탕을 갖고 있다. Mary는 Amy보다 사탕 한 개를 더 갖고 있다. Mary가 갖고 있는 사탕은 몇 개인가?
4. Amy는 두 개의 사탕을 갖고 있다. 그녀는 Mary보다 사탕 한 개를 덜 갖고 있다. Mary가 갖고 있는 사탕은 몇 개인가?

등 화

1. Mary는 다섯 개의 사탕을 갖고 있고 Amy는 두 개를 갖고 있다. Amy는 Mary만큼의 사탕을 갖기 위해 몇 개를 사야 하는가?
2. Mary는 다섯 개의 사탕을 갖고 있고 Amy는 두 개를 갖고 있다. Mary가 Amy만큼의 사탕을 갖기 위해서는 몇 개를 먹어야 하는가?
3. Mary는 사탕을 다섯 개 갖고 있다. 만일 그녀가 세 개의 사탕을 먹는다면, 그녀는 Amy와 같은 수의 사탕을 갖게 된다. Amy는 몇 개의 사탕을 갖고 있는가?
4. Amy는 두 개의 사탕을 갖고 있다. 만일 그녀가 하나의 사탕을 더 산다면, 그녀는 Mary와 같은 수의 사탕을 갖게 될 것이다. Mary는 사탕을 몇 개 갖고 있는가?
5. Amy는 두 개의 사탕을 갖고 있다. 만일 Mary가 자신의 사탕 중 한 개를 먹는다면, 그녀는 Amy와 동일한 개수의 사탕을 갖게 될 것이다. Mary는 몇 개의 사탕을 갖고 있는가?

변형 문제는 아동에 의해 수행되는 활동의 유형을 나타낸다. 예를 들어, 대부분의 유치원생과 초등학교 1학년 아동은 〈예제 3-1〉에 제시된 변형 문제

중 첫 번째 유형의 문제는 쉽게 풀 수 있다. 아동은 보통 첫 번째 항의 'Amy는 사탕 두 개를 갖고 있다.'를 두 개의 블록을 사용해서 나타낸다. 그다음 항, 'Mary가 Amy에게 사탕 세 개를 더 주었다.'의 의미는 세 개의 블록으로 나타낸다. 그러고 나서 어떤 아동은 '몇 개(how many)' 문제에 글자 그대로 두 집단의 블록들을 한데 모으고, 이 셈의 결과를 답한다(예를 들어, Carpenter & Moser, 1984; Riley & Greeno, 1988). 이러한 예는 Carpenter와 Moser(1984)가 **변형-연결 문제**(change-join problem)라고 명명한 것을 보여 주는데, 이러한 문제에서 변형에는 처음에 정의된 집단(Amy의 사탕 두 개)에 더하는 것이 포함된다. **변형-분리 문제**(change-separate problem)라는 것도 있는데, 여기서의 행동은 애초에 정의된 집단에서 하위집단을 제거하는 것을 의미한다. 〈예제 3-1〉의 변형 범주에 제시된 두 번째 문제가 이러한 유형의 문제를 보여 주고 있다.

변형 문제와 결합 문제는 비록 이러한 문제를 풀기 위해 포함되는 기본 산술이 동일할지라도, 개념적으로는 다르다(Briars & Larkin, 1984; Carpenter & Moser, 1983; Riley et al., 1983). 결합 문제에는 변형 문제에서 볼 수 있는 함축된 행동보다는 오히려 정적인 관계가 포함된다. 예를 들어, 〈예제 3-1〉의 변형 및 결합 범주에 제시된 첫 번째 예를 살펴보자. 두 문제는 모두 아동에게 '2+3'을 하도록 요구한다. 변형 문제에서 Amy가 갖고 있는 수량과 Mary가 갖고 있는 수량은 행동(즉, 덧셈)이 수행된 후 달라진다. 그러나 결합 문제에서는 Amy의 사탕과 Mary의 사탕의 상태가 더하기를 했음에도 바뀌지 않는다. 두 아동이 갖고 있는 수량의 조합에는 변화가 없다. 반대로 연산은 두 개의 하위집단들의 총량을 대표하는 **상위의** 혹은 더 전체적인 집단을 만드는 것과 관련되어 있다. 아동의 관점에서 이는 매우 어려운 시나리오다. 변형 문제에서 Amy의 재산은 증가하는 반면, Mary의 재산은 감소한다. 결합 문제에서는 재산의 변화가 발생하지 않는다. 그러므로 비록 계산 요구에 있어 변형 문제와 결합 문제가 정확히 동일하지만, 제시된 문제 내의 언어 차이는 아동에게 매우 다른 의미를 주게 된다. 이러한 의미 차이는 아동이 문제를 표상하고 해석하는 방법에 영향을 줄 수 있고, 문제에 대한 개념적 이해와 문제를 해결하기 위해 사용되는 전략의 유형에도 영향을 줄 수 있다(De Corte & Verschaffel, 1987). 〈예제 3-1〉에 제시된 결합 문제의 두 번째 유형은 상위집단과 하위집단 중 하나의 값이 먼저 제시된다. 그러면 아동은 다른 하위집단의 양을 결정해야 한다.

비교 문제에는 결합 문제에서 분명히 드러나는 것과 동일한 형태의 정적 관계가 포함된다. 집단들의 양은 변하지 않는다. 오히려 〈예제 3-1〉의 비교 범주에 제시된 세 번째와 네 번째의 예에서 볼 수 있는 것처럼, 산술 연산은 집단 중 하나의 정확한 양은 다른 집단의 양을 참고함으로써 결정하게 된다. 한편, 첫 번째와 두 번째 예는 더 간단한 **더 많은/더 적은** 비교와 관련되어 있다. '발달패턴'에 기술된 것처럼 〈예제 3-1〉에 제시된 비교 문제는 대다수의 아동이 풀기에 비교적 어려운 경향이 있다. 그렇지만 아동을 도와 비교의 정신적 모형을 만들게 하는 비교 문제는 다른 형태의 비교 문제보다 더 해결하기 쉬운 것으로 보인다. 예를 들어, Hudson(1980; Riley et al., 1983에서 인용)은 유치원생조차 다음과 같은 형태의 비교 문제를 쉽게 풀 수 있다는 것을 보여 주었다. "새 다섯 마리와 벌레 세 마리가 있습니다. 만일 새들이 벌레를 잡기 위해 달려간다면, 벌레를 잡지 못하는 새는 몇 마리일까요?" 이러한 유형의 문제는 종종 갖지 못하는(won't get) 비교 문제라고 일컬어진다.

등화 문제는 다른 범주의 문제만큼 넓게 연구되지 않았다. 그럼에도, 〈예제 3-1〉에 제시된 등화 문제를 조사해 보면 이 문제가 변형 문제와 개념적으로 유사하다는 것이 드러난다. 수행된 행동, 혹은 산술 연산은 집단들 중 하나에서 양의 변화로 귀결된다. 등화 문제에서는 변화가 강요되므로 일단 행동이 수행되면 두 집단의 양이 같아지는 결과가 나타나지만, 변형 문제에는 그와 같은 강요가 없다.

문장제 문제의 의미 구조와 아동의 문장제 문제해결 사이의 관계에 대한 연구는 두 가지 수준에서 수행되어 왔다. Carpenter와 Moser의 연구(예를 들어,

Carpenter & Moser, 1983, 1984)와 다른 사람들(예를 들어, De Corte & Verschaffel, 1987)의 연구는 문제의 의미 구조가 관찰 가능한 문제해결 전략에 미치는 영향에 초점을 두고 있다. Riley와 Greeno의 연구(Kintch & Greeno, 1985; Riley & Greeno, 1988; Riley et al., 1983), Briars와 Larkin의 연구(1984) 그리고 A. B. Lewis와 Mayer의 연구(1987)는 문제의 의미 구조가 어떻게 문제에 대한 아동이나 성인의 개념적 표상에 영향을 미치는지에 초점을 맞추고 있다. 우리는 우선 Carpenter와 Moser의 연구를 살펴볼 것이다. 문장제 문제의 개념적 표상에 관한 연구는 '문제해결 과정'에서 제시될 것이다.

Carpenter와 Moser 연구의 기초를 이루는 기본가정은 산술 문장제 문제를 풀 때 아동이 "문제의 함축된 행동이나 관계를 시범 보임으로써 주어진 문제의 구조에 자신의 전략을 맞춘다."는 것이다(Carpenter et al., 1981, p. 29). 이 가설을 검증하기 위해 Carpenter 등은 다양한 형태의 덧셈과 뺄셈 문장제 문제를 초등학교 1학년 아동에게 제시하였다. 만약 아동이 문제를 풀기 전에 문제의 어떤 부분을 잊어버렸을 경우, 문제를 다시 읽을 수 있도록 함으로써 과제에 대한 아동의 작업기억 요구를 줄이게 하였다. 그리고 만약 아동이 문제를 푸는 과정에서 그들에게 도움이 된다고 생각할 경우, 정육면체 형태의 구체물을 이용할 수 있도록 하였다. 연구에서는 더해지거나 뺄 값을 물리적으로 표상하는 것과 관련된 전략(즉, 구체물 활용 및 손가락 세기 전략)에 초점을 맞추었다. 아동이 문제를 풀기 위하여 사용한 전략은 사용할 때마다 기록되었다. 덧셈 문제의 경우 아동의 해결 전략에는 많은 변화가 없었으며, 대부분의 문제는 모두 세기 전략을 통하여 해결되었다. 결과적으로 덧셈의 경우 문제의 의미 구조와 해결 전략 사이에는 관계가 거의 없었다.

그럼에도, 뺄셈 문장제 문제의 의미 구조와 해결 전략 간에는 강한 연관성이 있었다. 예를 들어, 〈예제 3-1〉에 제시된 두 번째 변형 문제에 함축된 행동은 뺄셈 문제를 해결하기 위하여 구체물과 함께 사용된 분리하기 전략과 유사하다. 분리하기 전략은 피감수의 값을 그 값에 해당되는 만큼 물체로 표현하고 난 후 감수의 값에 해당되는 물체의 수를 제거하는 것이라는 것을 기억해 보라(〈표 2-2〉 참조). 연구에서 보면 분리하기 전략은 다음과 같은 유형의 변형 문제를 풀 때 약 76% 정도 사용되었다. 'Amy는 사탕 다섯 개를 갖고 있다. Amy는 Mary에게 사탕 세 개를 주었다. Amy는 지금 몇 개의 사탕을 갖고 있는가?' 다른 말로 하자면, 이 문제를 풀기 위해 대다수의 아동은 먼저 Amy가 갖고 있는 사탕의 개수를 표현하기 위해 정육면체 다섯 개를 모으고, 그러고 나서 세 개의 정육면체를 한 번에 하나씩 제거하여 Mary에게 준 세 개의 사탕을 표현하였다. 마지막으로 답은 남아 있는 정육면체의 개수를 셈으로써 얻게 된다. 두 번째로 가장 자주 사용되는 전략은 짝짓기로, 변형 문제를 풀 때 약 11% 정도만 사용되었다.

한편, 비교 문제는 짝짓기 전략과 개념적으로 유사하다. 짝짓기 전략에는 피감수와 감수의 값을 두 줄로 따로따로 표현하는 것이 포함된다(〈표 2-2〉 참조). 짝지어지지 않은 물체의 수는 차를 나타낸다. Carpenter 등(1981)은 〈예제 3-1〉에 제시된 첫 번째 비교 문제와 유사하게 다음과 같은 문제를 사용하였다. 'Mary는 세 개의 사탕을 갖고 있고 Amy는 두 개를 갖고 있다. Amy는 Mary보다 몇 개의 사탕을 덜 갖고 있는가?' 이들의 가설대로, Carpenter 등은 짝짓기 전략이 비교 문제를 풀 때 약 49% 정도 그리고 분리하기 전략은 약 23% 정도 사용되었음을 발견하였다. 짝짓기 전략을 사용하여 아동은 Mary가 갖고 있는 세 개의 사탕을 표현하기 위해 세 개의 정육면체로 한 줄을 만들었고, 그 옆에 Amy가 갖고 있는 두 개의 사탕을 표현하기 위해 두 개의 정육면체로 또 다른 줄을 만들었다. 짝지어지지 않은 하나의 정육면체가 차를 나타낸다.

De Corte와 Verschaffel(1987)은 Carpenter와 Moser(Carpenter et al., 1981; Carpenter & Moser, 1984)가 덧셈 문장제 문제에 대한 의미 구조와 문제해결 전략 사이의 관계를 발견할 만큼 자세하게 덧셈 전략을 기록하지 않았기 때문에, 이 둘 사이의 분명한 관계를 발견하지 못하였다고 주장하였다. 예를 들어, 모두 세기 전략에는 여러 변형이 있다. 구체물을 사용하는 한 가지 방법에는 피가수의 값을 표현하기 위해 한 묶음의 물체들을 구성하고, 그러고 나서 아동이 이 묶음에 가수의 값에 해당되는 개수의 물체를 추가하는 것이 포함된다. 이 방법은 **추가하기 방법**(adding method)이라고 한다. 두 번째 방법, 즉 **합치기 방법**(joining method)은 피가수와 가수의 값을 서로 다른 묶음의 물체들로 나타내고, 이 묶음들을 물리적으로 한데 합치고 난 후 모든 블록을 세는 것이다. 세 번째 방법은 블록 묶음들이 물리적으로 한데 합쳐지지 않는다는 점에서 두 번째 방법과 차이가 있고, 따라서 **움직이지 않기 방법**(no-move method)이라고 한다.

추가하기 방법은 〈예제 3-1〉에 제시된 첫 번째 변형 문제에 잘 부합되는 반면, 움직이지 않기 방법은 첫 번째 결합 문제에 매우 잘 맞는다. 구체물이 사용될 때, De Corte와 Verschaffel(1987)은 추가하기 방법이 변형 문제를 풀 때 약 75% 정도 사용된 반면, 움직이지 않기 방법은 결합 문제를 풀 때 약 68% 정도 사용되었다는 것을 발견하였다. 또한 아동이 사용한 소리 내어 세기 전략 또한 문제의 의미 구조에 영향을 받는 것으로 보인다는 연구 결과는 매우 중요한 발견이다. 예를 들어, 더 큰 수부터 세기 전략은 변형이나 비교 문제를 풀 때보다는 결합 문제를 풀 때 훨씬 더 자주 사용되었다. De Corte와 Verschaffel은 Carpenter와 Moser의 연구 결과(Carpenter et al., 1981; Carpenter & Moser, 1984)를 되풀이하여, 의미 구조가 소리 내어 세기 전략과 손가락 세기 및 구체물 사용과 관련된 전략에도 영향을 미친다는 것을 보여 주었다.

이를 종합해 보면, 이러한 연구들은 문장제 문제에 대한 의미 구조, 특히 문제에 함축된 행동과 더해지거나 빼지는 것을 표현하는 방식이 초등학교 저학년 학생들이 문제를 해결할 때 사용하는 전략의 유형에 상당한 영향을 미치고 있다는 것을 보여 주는 것이다. 이러한 결과는 기억 요구와 같이 앞에서 기술된 문제의 특징이 주는 영향이 중요하지 않다는 것을 의미하는 것은 아니다(예를 들어, Jerman & Mirman, 1974). Carpenter와 Moser(1984), De Corte

와 Verschaffel(1987)의 연구에서 Jerman과 동료들이 규명한 중요한 문제의 특징 중 많은 것이 의미가 서로 다른 여러 문장제 문제 전반에 걸쳐 일관성 있게 나타났다. 예를 들어, 아동이 문제의 특징을 잊어버렸을 경우 문제를 다시 읽게 했다. 그 결과, 기억 요구는 아동의 문제해결 수행에 영향을 미칠 수 없었다. 이러한 예방책을 채택함으로써 연구자들은 문제의 길이와 같이 아동의 수행에 영향을 줄 수 있는 어떤 다른 문제의 특징들 이상으로 문장제 문제에 대한 의미론적 특성이 문제해결 전략에 미치는 영향을 결정할 수 있었다.

문제해결 과정

이전의 두 부분에서 설명된 연구는 문제와 관련된 특징이 어떻게 아동의 오류율과 해결 전략에 영향을 미치는가에 초점을 맞추었다. 여기서는 아동 내면에서 발생하는 문제해결 과정에 초점을 맞춘 연구가 제시될 것이다(Briars & Larkin, 1984; Kintsch & Greeno, 1985; Riley & Greeno, 1988; Riley et al., 1983). Mayer(1985)는 이 영역에서의 문제해결이 **문제 해석**(problem translation), **문제 통합**(problem integration), **문제해결 계획**(solution plan), **문제해결 실행**(solution execution) 등 네 단계로 이루어진다고 주장하였다. 문제 해석과 문제 통합은 아동의 문제 표상을 결정하는 특징이다. 여기에서는 비교 문제와 관련된 아동의 문제 표상과 문제해결 계획에 초점을 맞출 것이다. 그 이유는 이러한 문제가 아동과 많은 성인이 해결하기 어렵기 때문이다. **문제해결 실행**은 문제해결에 사용되는 특정 전략을 일컫는다. 이러한 전략은 2장에서 자세하게 설명되었기 때문에 여기서 다시 반복하지는 않을 것이다.

산술 문장제 문제의 의미를 정신적으로 표상할 수 있는 아동의 능력은 아동이 어떤 유형의 문제를 성공적으로 풀 수 있는지를 결정짓는 데 강력한 영향을 준다. 문제 표상의 확립은 우선 문제가 들어가 있는 본문에 대한 이해에서부터 시작해야 한다(Kintsch & Greeno, 1985). 본문의 이해에는 특정 단어의 의미와 수학적 함의(예를 들어, 더는 덧셈을 의미함)뿐 아니라, 문제 전체의 구조를 이해하는 것 모두가 포함된다. 정보가 제시되는 순서와 방식은 해당 문제를 이해하고 표상하는 것을 어느 정도 어렵게 만들 수 있다. 예를 들어, 〈예제 3-1〉에 제시된 다음과 같은 비교 문제를 살펴보자.

- Amy는 두 개의 사탕을 갖고 있다. Mary는 Amy보다 사탕 한 개를 더 갖고 있다. Mary가 갖고 있는 사탕은 몇 개인가?
- Amy는 두 개의 사탕을 갖고 있다. Amy는 Mary보다 사탕 한 개를 덜 갖고 있다. Mary가 갖고 있는 사탕은 몇 개인가?

첫 번째 문제는 두 번째 문제보다 훨씬 이해하기 쉽기에 풀기도 쉽다. 이는 최소한 부분적으로 두 번째 문제의 핵심어인 '덜'이라는 단어가 이 문제가 덧셈보다 뺄셈을 통해 해결되어야 함을 암시하고 있기 때문이다(Huttenlocher & Strauss, 1968; A. B. Lewis & Mayer, 1987; Mayer, Lewis, & Hegarty, 1992).

그러나 더욱 중요한 것은 두 번째 문장의 구조에서 나타나는 차이다. 첫 번째 문제에서 Mary는 관계 문장의 주어이지만, 두 번째 문제에서 Mary는 관계 문장의 목적어다. 이것이 왜 중요한지 더 잘 이해하기 위해서, 아동이나 성인이 첫 번째 문제를 어떻게 처리하는지 고찰해 보자. 첫 문장을 읽을 때 그 의미는 도식이나 또는 문장의 기본적 의미를 추출하고 표상하거나 해석하기 위한 일반적 형식에 의해 조직된다(Kintsch & Greeno, 1985; Mayer, 1985; Riley et al., 1983). 첫 번째 문장의 기본 의미를 표상하기 위한 도식의 조직 특성은 수량이다. 그러고 나서 수량은 '누가' '무엇을' 그리고 '얼마나' 등을 참조함으로써 더 정교해진다. 이 도식은 [그림 3-1]에 구체적으로 표현되어 있다. [그림 3-1]의 윗부분에서 우리는 쉽게 이해될 수 있는 방식으로 표상된 첫 번째 문장의 중요한 특성을 볼 수 있다. 경험을 통해 대다수의 아동은 이러

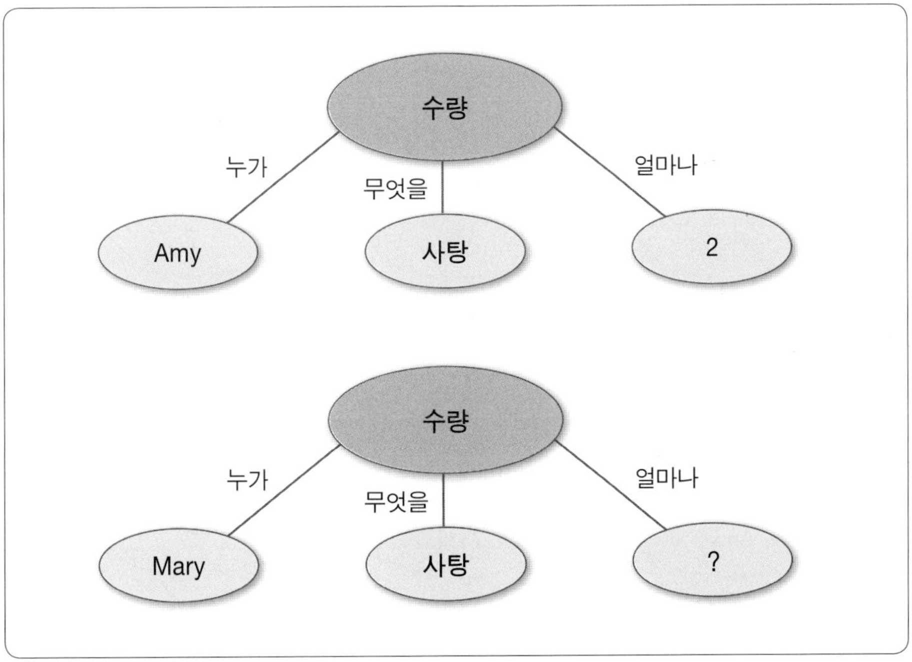

[그림 3-1] 비교 문장제 문제를 해결하기 위한 '누가, 무엇을, 얼마나' 도식의 표상

한 종류의 도식을 발달시키고, 서로 다른 문제에 '누가' '무엇을' 그리고 '얼마나' 등을 적절하게 밀어 넣을 수 있는 것으로 가정된다(Stigler et al., 1986). 이와 동일한 도식이 두 번째 문장, 즉 'Mary는 Amy보다 사탕 한 개를 더 갖고 있다.'의 의미를 표상하는 데에도 사용된다. 첫 번째 문장의 의미와 두 번째 문장의 의미 사이에 유일한 차이는 두 번째 문장에서는 아직 알려지지 않은 사탕의 양이다.

이제 앞서 제시된 두 번째 비교 문제의 의미를 표상하는 아동의 능력을 고찰해 보자. [그림 3-2]에 제시되었듯, 첫 번째 문장은 첫 번째 문제의 첫 번째 문장과 똑같은 방법으로 표상된다. 'Amy는 Mary보다 사탕 한 개를 덜 갖고 있다.'라는 두 번째 문장의 표상은 훨씬 더 어렵다. 만약 문제에 진술된 것의 의미가 '누가' '무엇을' 그리고 '얼마나' 도식을 기초로 표상된다면, Amy

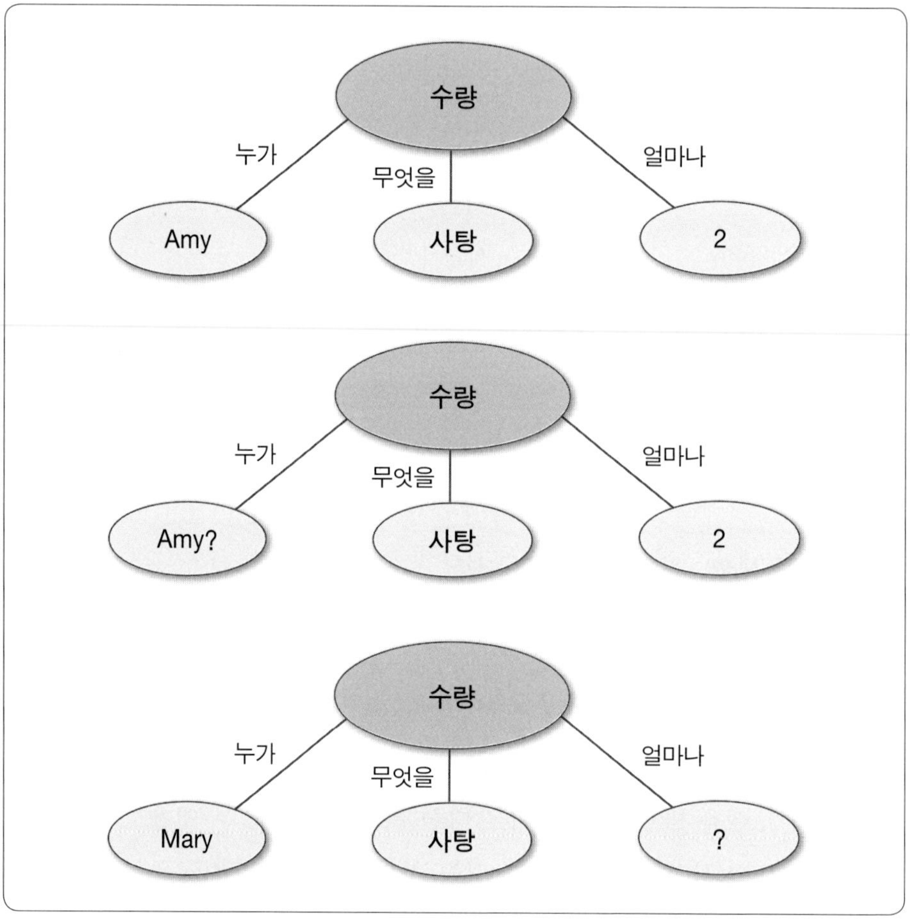

[그림 3-2] 어려운 비교 문장제 문제를 해결하기 위한 '누가, 무엇을, 얼마나' 도식의 표상

가 두 번째 문장의 주어가 될 때 이 문장은 처음에 [그림 3-2]의 중간에서 보이는 도식 표상을 이끌어 온다. 이 표상의 처음 주어는 Amy이지 Mary가 아니다. 이 시점에서 Mary에 대한 아무런 도식 표상도 없기 때문에 아동은 문제에 제시된 정보를 표상하는 것으로는 문제를 풀 수 없다.

A. B. Lewis와 Mayer(1987)에 따르면, 이러한 유형의 문제를 풀 수 있는 한 가지 방법은 이 진술문을 머릿속에서 반대로 만들어 Mary가 두 번째 문장

의 목적어가 아닌 주어가 되게 하는 것이라고 한다. 이러한 반전에는 [그림 3-2]의 아래에 제시된 세 번째 표상 도식을 설정하는 것은 물론, 관계사의 함축된 행동을 **덜**(less)에서 **더**(more)로 바꿔 놓은 것이 포함된다(Stern, 1993; Verschaffel, De Corte & Pauwels, 1992). 세 번째 표상 도식을 설정하는 것과 관계사의 의미를 바꿔 놓는 것은 이러한 유형의 문제를 풀 때 오류를 발생시킬 가능성을 증가시킨다. 이러한 유형의 문제에 있어 증가된 오류 발생률은 이러한 표상/반전의 시행뿐 아니라 적절한 표상을 설정하지 못하게 하는 작업기억 요구의 증가와 관련되어 있는 것처럼 보인다. 가장 중요한 점은 문제의 언어 구조가 문장제 문제의 의미를 정신적으로 혹은 구체적으로(구체물을 사용할 때) 표상하는 아동의(그리고 성인의) 능력에 영향을 주고, 이는 다시 문제해결 기술에 영향을 준다는 것이다.

문제 진술문의 기본 의미가 일단 정신적으로 혹은 구체적으로 표상되면, 두 번째 유형의 도식을 구성하여야 한다. 그러나 이때에 도식은 각 문장의 의미를 표상하기보다는 문제의 두 진술문의 중요한 특징 간의 **관계**(relationship)를 표상해야 한다. Mayer(1985)의 처리과정 모형에서는 이를 문제 통합이라 일컫는다. 관계 도식을 이해하기 위한 한 가지 방법이 [그림 3-3]에 제시되어 있다(A. B. Lewis, 1989). [그림 3-3]의 윗부분은 [그림 3-2]에 묘사된 표상들 간의 관계를 보여 주고 있다. 물론 개별적인 도식들은 수량에 의해 정의된다. 이러한 차원에서, 즉 수량은 개별 문장 각각의 가장 중요한 특징을 보여 주고 있고 [그림 3-3]에서는 수평선으로 표현되고 있다. Amy가 가지고 있는 사탕의 수량과 Mary가 가지고 있는 사탕의 수량 사이의 관계가 수평선을 따라 상대적 위치로 표현되고 있다. Amy가 가지고 있는 사탕의 수가 첫 번째 진술문에서 직접 주어졌기 때문에, 수평선에서 Amy의 위치가 관계에 대한 참조점이 된다. 다음 문장, 즉 'Mary는 Amy보다 한 개를 더 가지고 있다.'가 처리될 때, 다음 사탕들의 소유자, 즉 Mary는 Amy의 오른쪽에 표시된다. Mary를 위한 표식의 위치는 **더**라는 핵심어에 기초한다.

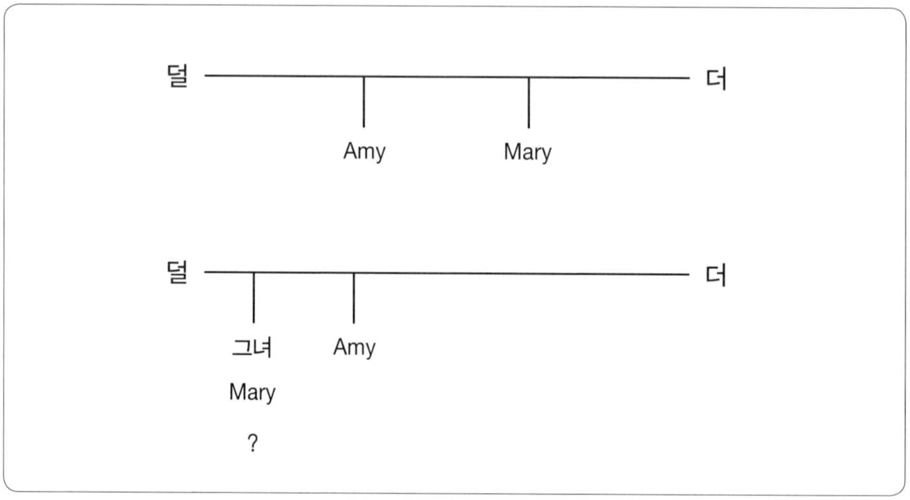

[그림 3-3] 비교 문제를 풀기 위한 관계 도식의 표상

이제 [그림 3-3]의 아랫부분에 제시된, 두 번째 비교 문제를 위한 최초의 관계 도식을 고찰해 보자. 관계가 '그녀는 Mary보다 사탕 한 개를 덜 갖고 있다.'와 같은 진술문에 끼어 넣어질 때, Amy와 Mary가 각자 가지고 있는 사탕의 양 사이의 관계를 이해하고 표상하는 것은 다소 어려워진다. 여기서 **덜**이라는 용어는 매우 두드러지고 많은 사람에게 Mary의 상대적 위치를 Amy의 오른쪽 대신 왼쪽에 놓게 만든다(A. B. Lewis, 1989; A. B. Lewis & Mayer, 1987; Stern, 1993). A. B. Lewis는 비교 문제에 있어서의 관계를 [그림 3-3]의 윗부분에 묘사된 것과 유사한 방식으로 표현하였는데, 대학생들이 그림으로 표상하는 것을 통해 그와 같은 문제를 해결하려 할 때 범하는 오류의 수를 대폭 감소시키는 것을 보여 주었다. 이러한 결과는 능숙한 문제해결자들이 아마도 [그림 3-3]의 윗부분에 제시된 것과 유사한 관계 도식을 만들고, 이 도식을 그들 자신의 문제해결 계획의 근거로 삼는다는 것을 시사한다.

일단 문제의 의미가 표상되었다면, 다음 단계는 문제해결 계획이다(Mayer, 1985; Riley et al., 1983). 문제해결 계획에는 문제를 풀기 위하여 모두 세기와 같은 가장 적절한 전략을 선택하는 것이 포함된다. Riley 등은 행동(action) 도식이라 불리는 세 번째 유형의 도식이 관계 도식과 아동이 문제를 푸는 데 사용하는 실제 전략 사이에 연계를 제공한다고 주장하였다. 행동 도식은 덧셈 전략에 대한 혼합 묶음와 같은 다양한 전략이 산출해 내는 결과와 그러한 전략이 가장 전형적으로 사용되는 맥락에 대한 함축적 지식을 제공한다. 예를 들어, 때때로 모두 세기 전략에서 보이는 더하기 방법은 〈예제 3-1〉에 제시된 첫 번째 변형 문제에서처럼, 물체들은 처음에 주어진 집단에 더하는 상황에서 일반적으로 사용된다(De Corte & Verschaffel, 1987). 제시된 문장제 문제를 풀기 위하여 선택된 실제 전략은 문제 표상에 함축된 행동들과 아동이 이용할 수 있는 각 전략의 결과를 나타내는 도식들과 관련된 행동 간의 최선의 적합성에 기초한다(Riley et al., 1983). 다른 말로 하자면, 문제해결 계획에는 문제에 있어 중요한 관계에 대한 아동의 표상과 이러한 관계에 작용하는 가장 적절한 전략 사이에 가교를 구축하는 것이 포함된다.

요약해 보면, 아동의 산술 문장제 문제해결의 본질적인 특징에는 문제에 대한 적절한 표상을 개발하고(즉, 문제 해석 및 통합), 그러고 나서 이 표상을 실제로 문제를 풀기 위한 최선의 전략에 연결하는 것(즉, 문제해결 계획)이 포함된다. 문제 표상은 몇 단계에 걸쳐 진행된다. 첫째, 아동은 문제가 끼워 넣어지는 맥락의 의미와 함의를 반드시 이해해야 한다(Kintsch & Greeno, 1985). 내용의 이해는 수학적 함의를 지닌 특정 단어(**더** 또는 **덜**과 같은 핵심어)뿐 아니라 문제의 전반적인 구조에 의해 영향을 받는다(A. B. Lewis & Mayer, 1987). 다음으로, 문제는 양적 특성을 강조하는 표상으로 해석될 필요가 있다(Mayer, 1985). 일단 문제의 모든 진술문이 표상되었다면, 그다음 단계는 문제 통합이다. 문제 통합에는 문제 내에 있는 개별적인 진술문 간의 중요한 양적 관계를 이해하는 방법을 개발하는 것이 포함된다(A. B. Lewis, 1989). 문제해결에 있어 아동이 실제로 전략을 실행하기 전 마지막 단계에는 문제해결 계획이 포함된다. 여기서 문제 표상 국면이 함축된 행동과 아동이 이용할 수 있는 다양한 문제해결 전략과 연계된 성과로 옮겨지는 동안 관계가 만들어진다. 문제해결을 위해 선택된 실제 전략은 문제 표상에 내재된 행동들과 아동이 이용할 수 있는 전략과 관련된 행동들 간의 최상의 조합에 기초한다.

발달 패턴

이 부분에서는 〈예제 3-1〉에서 요약된 서로 다른 유형의 산술 문장제 문제의 상대적 난이도가 논의될 것이고, 뒤이어 문제해결 기술의 발달적 향상을 지배하는 것으로 보이는 요인에 대한 논의가 있을 것이다. 변형 혹은 결합 등과 같은 〈예제 3-1〉에 제시된 각각의 범주 내 문제는 전 학년에 걸쳐 문제를 정확하게 해결하는 아동의 비율을 근거로 하여 대략 가장 쉬운 것부터 가장 어려운 것으로 배열되어 있다(예를 들어, Riley et al., 1983). 변형과 결합 그리고 비교 문제를 고려했을 때, 〈예제 3-1〉에 제시된 변형 문제 1, 2번과 결합 문제 1번은 해결하기에 가장 쉬운 경향이 있다. 갖지 못하는(won't get) 문제를 제외하고 비교 문제는 가장 어려운 경향이 있고, 나머지 문제는 난이도가 중간 정도다. 한편, 등화 문제를 해결하는 아동의 기술에 대해서는 연구가 많이 이루어지지 않았다. 그럼에도, 수행된 연구를 살펴보면 〈예제 3-1〉에 제시된 첫 번째 유형의 등화 문제는 상대적으로 쉬운 반면, 나머지 문제의 난이도는 중간 정도인 것으로 보인다(Morales, Shute, & Pellegrino, 1985).

대부분의 미국 유치원생들은 〈예제 3-1〉에 제시된 변형 문제 1, 2번과 결합 문제 1번을 어렵지 않게 풀 수 있다(Riley & Greeno, 1988). Riley와 Greeno는 유치원생들이 구체물을 사용할 때 이러한 유형의 문제에서 오류를 거의 범하지 않았으나, 구체물을 이용할 수 없었을 때에는 문제의 약 70% 정도만 정확하게 풀었다는 것을 발견했다. 이러한 문제에 내재된 행동들은 이해하기 쉽고 보통의 유치원생들이 이미 이용할 수 있는 유형의 문제해결 전략에 잘 들어맞는다. 예를 들어, 〈예제 3-1〉에 제시된 두 번째 변형 문제, 'Amy는 사탕 다섯 개를 갖고 있다. Amy는 Mary에게 사탕 세 개를 주었다. Amy는 지금 몇 개의 사탕을 갖고 있는가?'를 고찰해 보자. 이 문제는 자주 사용되는 분리하기 전략에 부합한다(〈표 2-2〉 참조). 이에 비해, 다른 유형의 변형 및 결합 문제뿐 아니라 비교 문제에 관한 유치원생들의 수행은 매우 보잘것없었다. 그러나 Riley와 Greeno는 등화 문제는 실시하지 않았다.

대부분의 초등학교 1학년 아동은 쉬운 형태의 변형 문제와 결합 문제(예를 들어, 〈예제 3-1〉에 제시된 변형 문제 1, 2번과 결합 문제 1번)를 구체물을 사용하지 않고서도 오류 없이 풀 수 있다(Riley & Greeno, 1988; Riley et al., 1983). 더 어려운 변형 문제와 결합 문제에 대한 초등학교 1학년 아동의 수행은 유치원생들의 수행보다 더 나았지만, 아직까지 이러한 범주의 더 쉬운 문제에서 보여 준 수준은 아니다. 비교 문제는 여전히 대다수의 초등학교 1학년 아동에게는 다소 어렵다(Stern, 1993). 대부분의 아동은 2학년이나 3학년이 되어서야 비교 문제에서의 수행이 눈에 띌 정도로 향상된다(Morales et al., 1985; Riley & Greeno, 1988). 더욱이 Morales 등은 초등학교 3학년 아동이 〈예제 3-1〉에 제시된 첫 번째 유형의 등화 문제를 열 번 중 아홉 번 이상 풀 수 있었지만, 두 번째 유형의 등화 문제를 푸는 데에는 상당한 어려움을 보였음을 알 수 있었다. 대부분의 아동은 5~6학년이 되어서야 별다른 어려움 없이 등화 문제를 풀게 되었다. 사실, 대부분의 아동은 초등학교를 졸업할 때쯤에는 〈예제 3-1〉에 제시된 대부분의 문제를 쉽게 풀었다(Riley & Greeno, 1988).

앞에서 설명한 연구 결과가 산술 문장제 문제해결 기술이 초등학교를 졸업할 무렵 완전하게 발달됨을 의미하는 것은 아니다. 〈예제 3-1〉에 제시된 문제 전부와 아동의 문장제 문제해결 기술에 관한 연구 대부분은 1단계 문제에 기반을 두고 있다(Briars & Larkin, 1984; Carpenter & Moser, 1984; Riley et al., 1983). 2단계 문장제 문제는 심지어 대학생들에게조차 1단계 문장제 문제보다 훨씬 더 어렵다(Hegarty, Mayer, & Green, 1992; A. B. Lewis & Mayer, 1987;

Verschaffel et al., 1992). A. B. Lewis와 Mayer(1987)의 연구에서 사용한 어려운 2단계 문장제 문제는 다음과 같다. "ARCO 가스는 휘발유를 갤런당 1.13달러에 판다. 이는 셰브런(Chevron Corporation)에서 파는 것보다 갤런당 5센트 낮은 가격이다. 셰브런에서 파는 휘발유 5갤런은 얼마인가?"(p. 366) 대부분 미국 교과서에서 2단계 문제를 그리 많이 제시하지 않는다는 Stigler 등(1986)의 연구 결과와 A. B. Lewis와 Mayer 그리고 다른 연구자들(예를 들어, Verschaffel et al., 1992)의 연구 결과는 대다수 미국 초등학교 6학년 아동의 수행이 중간 정도로 복잡한 2단계 문제에서조차 매우 낮았다고 주장하였다. 미국 교과서에는 어려운 문제를 많이 다루지 않는다. 어려운 문제가 제시되는 경우도 다른 여러 나라에서 사용되는 비슷한 수준의 교과서보다 더 고학년에서나 제시된다(Fuson et al., 1988; Stigler et al., 1986). 이러한 패턴은 문제해결 기술의 발달이 미국 아동에 비해 다른 여러 나라 아동에게서 더 잘 이루어지고 있음을 암시하는 것이다(7장 참조).

다양한 요소가 산술 문장제 문제를 푸는 아동의 기술에 있어 학년별 발달 변화에 영향을 미치는 것으로 보인다. 이러한 요인에는 읽기능력(Moyer, Sowder, Threadgill-Sowder, & Moyer, 1984; Muth, 1984), 기초 개념적 지식과 문제해결 전략(Carpenter & Moser, 1984; Wolters, 1983), 작업기억(Case, 1985) 그리고 문제 표상을 구성하는 능력(Dean & Malik, 1986; De Corte, Verschaffel, & De Win, 1985; Morales et al., 1985) 등이 포함된다. 읽기능력이 떨어지는 아동이 읽기능력이 우수한 아동에 비해 산술 문장제 문제를 푸는 데 능숙하지 못하다는 것은 그리 놀랄 일이 아니다. 예를 들어, Moyer 등(1984)은 산술 문장제 문제에 대한 개념적 이해를 평가하는 도구에서 읽기능력이 우수한 아동이 읽기능력이 떨어지는 아동에 비해 훨씬 잘 수행하였음을 발견하였다. 이러한 결과는 동일한 패턴이 3~7학년 아동에게서도 발견되었다. 동일한 유형의 문제가 구어적인 형태가 아닌 시각적인 형태로 제시되었을 때 전 학년에 걸쳐 읽기능력이 떨어지는 아동의 수행은 평균 14% 향상되었고, 이에 비해 읽기능력이 우수한 아동의 수행은 평균 3% 향상되었다. 이러한 향상이 있었음에도 불구하고, 읽기능력이 떨어지는 아동은 여전히 읽기능력이 우수한 아동과 동일한 수준의 수행을 보이지 못했다. 이러한 연구 결과는 문제를 시각적으로 제시함으로써 문제를 읽을 필요성을 제거하는 것이 읽기능력이 떨어지는 아동의 수행을 향상시켰지만, 읽기능력이 우수한 아동의 경우에는 그렇지 않았기 때문에, 읽기 기술이 산술 문장제 문제의 의미를 이해하는 기술의 직접적인 원인이 된다고 주장하는 것이다. 중요한 읽기능력에는 수학 용어뿐만 아니라 일반적인 이해 기술도 포함될 가능성이 높다(Jerman & Mirman, 1974; Kintsch & Greeno, 1985).

Wolters(1983)는 아동이 어떤 유형의 문장제 문제를 성공적으로 해결하는 데 따른 적절한 읽기 기술을 갖추고 있음에도 불구하고, 이들에게는 기초적인 세기 및 산술 개념을 이해하는 선행지식이 필요하다고 주장하였다. 예를 들어, 〈예제 3-1〉에 제시된 첫 번째 유형의 결합 문제, 'Amy는 사탕 두 개를 갖고 있다. Mary는 사탕 세 개를 갖고 있다. 그들은 모두 몇 개의 사탕을 갖고 있는가?'를 고찰해 보자. 비록 대다수 유치원생이 이러한 유형의 결합 문제를 쉽게 풀 수 있다 하더라도, 이 문제를 해결하기 위한 능력은 어떤 기초적인 개념적 지식에 근거하고 있다. 특히, 아동은 부분-전체 관계(part-whole relationship)에 대한 기본적인 이해를 가지고 있을 필요가 있다. 즉, Amy와 Mary가 갖고 있는 사탕들은 '모두 몇 개'로 암시된 더 포괄적인 집단(전체)의 하위집단(부분)인 것이다. 그러므로 아동의 초기 수, 세기 그리고 산술 개념은 그들의 초기 문제해결 기술을 위한 기반을 제공한다.

작업기억은 중요한 정보를 머릿속에 유지하면서 이 정보에 대한 어떤 유형의 작용을 정신적으로 수행하는 능력으로 정의될 수 있다. 작업기억 용량은 초등학교 시절부터 성인기에 이르기까지 점진적으로 개선되고(Case, 1985; Kail, 1992), 산술 문장제 문제를 해결하는 아동의 능력에 있어 발달적 변화의 원천인 것이 거의 확실하다. 문제에서 제시되는 정보의 양과 요구되는 산술 연산의 수가 증가함에 따라, 아동이 문제해결 오류를 범할 가능성 또한 증가한다(예를 들어, Jerman & Mirman, 1974). 이러한 형태의 결과는 문제해결 기술에 영향을 주는 한 가지 요인으로서 작업기억을 암시하는 것이다. 사실, Geary와 Widaman(1992)은 계산 기술과 작업기억 용량 모두 복잡한 산술 문장제 문제를 푸는 성인의 기술에 영향을 준다는 것을 발견하였다. 작업기억 용량이 크면 클수록 문장제 문제에 대한 수행은 더 나아진다.

Baddeley(1986)는 적어도 부분적으로는 작업기억 용량이 정보가 얼마나 빨리 시연될 수 있는가와 관련되어 있다는 것을 보여 주었다. 예를 들어, 단어들이 빨리 언어적으로 진술될 수 있으면 있을수록, 더 많은 단어가 기억될 수 있다. 이러한 연구 결과의 의미는 빠르게 읽는 독자는 느리게 읽는 독자보다 더 많은 정보를 기억하게 될 것이라는 것이다. 그러므로 아동이 연습과 성숙을 통해 단어를 빨리 읽을 수 있게 됨에 따라 점점 더 복잡해져 가는(즉, 길어지는) 문장제 문제를 해결하는 능력 또한 향상된다. 이는 부분적으로 속독이 더 많은 정보를 기억하는 능력으로 틀림없이 귀결됨을 통하여 입증될 수 있기 때문이다. 그러므로 읽기 속도는 읽기 기술과 문제해결의 정확성 간의 관계에 영향을 미치는 하나의 요소가 될 수 있다(Moyer et al., 1984). 용량 자체가 증가하는 이유와는 상관없이 작업기억 용량의 증가는 아동의 산술 문장제 문제해결 능력의 발달의 원인이 되는 것이 거의 확실하다. 아동의 산술 문장제 문제해결 기술의 발달적 변화에 대한 앞으로의 연구는 작업기억 측정도구 혹은 작업기억 용량과 문제해결 기술 모두에 영향을 주는 읽기 속도 같은 요인의 직접 평가를 포함시킴으로써 많은 이득을 볼 것이다.

문제해결을 위해 아동이 이용할 수 있는 전략의 혼합체에 있어서의 향상은 문장제 문제를 표상하는 아동의 능력에 있어서의 향상이나 문제해결 기술의 발달적 변화의 원인이 되는 것으로 보인다(Carpenter & Moser, 1984; Dean & Malik, 1986; Morales et al., 1985). '의미 구조' 부분에서 설명하였듯이, 산술 문장제 문제를 푸는 아동의 능력과 아동이 이용할 수 있는 서로 다른 유형의 전략 사이에는 밀접한 관계가 존재한다(예를 들어, Carpenter et al., 1981; De Corte & Vershaffel, 1987). 예를 들어, 〈예제 3-1〉에서 제시된 첫 번째 변형 문제, 'Amy는 사탕 두 개를 갖고 있다. Mary가 Amy에게 사탕 세 개를 더 주었다. Amy는 지금 사탕 몇 개를 갖고 있는가?'를 고려해 보자. 이 문제는 더 큰 수부터 세어가기 전략(counting-on-from-the-larger strategy)으로 직접 해석될 수 있다(〈표 2-1〉 참조). 이 세기 전략은 이러한 유형의 문제를 푸는 데 모두 세기 전략(counting-all-strategy)보다 훨씬 더 효율적일 것이다. 이 문제의 의미 구조와 세어가기 전략 간의 관계를 이용하기 위해 아동은 세는 방법을 알아야 한다(De Corte & Verschaffel, 1987). Dean과 Malik(1986)은 전략과 개념적 지식 사이의 관계가 작용한다고 주장하였다. 아동의 개념적 지식은 해당 아동이 문제해결에 사용할 수 있는 전략의 유형에 영향을 주고, 동시에 이러한 전략의 사용은 개념적 지식을 더 정교하게 만든다. 개념적 지식은 아동이 서로 다른 전략에 의해 산출된 성과를 주목하게 됨에 따라 정교해진다(Geary, Bow-Thomas, & Yao, 1992). 개념적 지식의 발달과 전략적 기술의 발달은 혼합되어 있으며, 앞서거니 뒤서거니 하는 방식으로 서로 영향을 준다.

마지막으로, 산술 문장제 문제의 의미를 표상하고 개념적으로 이해하는 능력의 향상은 문제해결 기술의 발달적 변화의 원인이 된다. Morales 등(1985)은 그들의 잘 수행된 연구에서 초등학교 3학년 및 5, 6학년 아동을 대상으로 산술 문장제 문제의 표상과 문제해결 정확성 간의 관계를 조사하였다. 아동에게 다양한 변형, 결합, 비교 그리고 등화 문제를 어느 정도 유사한 집단으로 분류하게 함으로써 이러한 문제에 대한 문제 표상을 결정되었다. 이는 숙련가들과 초보자들이 어떻게 어떤 영역을 이해하는지 구분하기 위해 종종 사용되는 방법이다. 초보자들은 문제의 표면 구조를 근거로 문제를 분류하는 경향이 있는 반면, 숙련가들은 그 기초를 이루는 개념적 유사성을 기반으로 문제를 분류하는 경향이 있다. 초보자들에게 동일한 유형의 문장들을 사용하는 문제는 비록 그 문제가 개념적으로 다르다 하더라도, 함께 분류되는 경향이 있다. 문제의 표면 구조는 보통 숙련가들의 분류에는 영향을 주지 않는다(Larkin, McDermott, Simon, & Simon, 1980).

예들 들어, 〈예제 3-1〉에 제시된 첫 번째 결합 문제와 첫 번째 비교 문제는 'Amy는 사탕 두 개를 갖고 있다. Mary는 사탕 세 개를 갖고 있다.' 등 순서는 다르지만 동일한 두 개의 진술문으로 시작된다. 표면 구조에 기초해서 문제를 분류하는 아동은 이 두 문제를 한 범주로 분류할 것이다. 다른 한편으로, 이 동일한 문제의 개념적 의미를 이해하는 아동은 다른 범주로 분류할 것이다. Morales 등(1985)은 초등학교 5, 6학년 아동이 네 가지 범주의 모든 문제에서 3학년 아동보다 더 정확하게 풀었다는 것을 발견하였다. 두 학년 수준에서 오류의 2/3 이상이 산술 계산의 오류라기보다는 개념적인 근거를 갖고 있는 것들이었다. 더욱 중요한 것은 이들이 3학년 아동의 범주화가 기초가 되는 개념적 유사성보다는 문제의 표면 구조에 더 강력한 영향을 받았다는 것을 발견했다는 점이다.

이와 반대로 5, 6학년 아동의 범주화는 표면 구조의 유사성보다는 개념적 유사성에 더 많은 영향을 받았다. 사실, 이 아동의 범주화는 이 분야의 숙련가들, 즉 Riley 등(1983)과 Carpenter와 Moser(1984)의 범주화와 여러 면에서 비슷했다. 5, 6학년 아동에게 있어, 문제는 일반적으로 〈예제 3-1〉에 제시된 변형, 결합, 비교 그리고 등화 등의 범주로 분류되었다. 마지막으로 3학년 아동 집단의 경우, 문제를 표면 구조보다 개념적 범주에 기초하여 조직하려는 경향이 있는 아동은 문제의 표면 구조에 더 초점을 맞추고 있는 또래들보다 실제로 문제를 푸는 데 있어 훨씬 더 정확했다. 5, 6학년 아동은 이러한 유형의 분석을 수행하기 위해 문제해결 오류를 많이 범하지 않았다. 이를 종합해 보면, 연구는 산술 문장제 문제의 의미를 개념적으로 표상하는 아동의 능력이 그와 같은 문제를 푸는 기술에 영향을 주고, 개념적 기술의 발달적 변화는 한 학년에서 다음 학년으로 진학하면서 보이는 수행에 있어서 향상의 원인이 될 가능성이 높다. 개념적 이해에서의 향상은 성숙, 작업기억(Case, 1985), 문장제 문제해결에 관한 전반적 연습(Bransford & the Cognition and Technology Group of Vanderbilt University, 1993; Mayer, 1981; Stigler et al., 1986) 등과 같은 다양한 분야에서의 변화에 영향을 받는 것으로 보인다.

요약

산술 문장제 문제를 해결하는 아동의 능력과 관련된 기술을 규명하는 것은 수학교육자와 인지 및 발달심리학자뿐만 아니라 인지과학자가 지속적으로 수행하는 연구의 초점이다. 아동의 문제해결 기술에 대한 열성적인 관심은 문제해결 기술이 2장에서 설명된 관찰 가능한 전략과 이 전략을 실생활 환경에서 활용하는 것 사이를 연결시켜 준다는 가정의 결과다. 문제해결에의 초점은 이런 면에 있어 아동의 수학적 성장에 대한 많은 정보를 제공해 주었다. 우리는 이제 길이나 복잡성 등과 같은 문제 자체의 구조적 특징이 해당 문제를 아동이 풀기에 어느 정도 어렵게 만든다는 것(Jerman & Mirman, 1974)을 알고 있다.

이러한 연구의 또 다른 흥미로운 성과는 문제에 내재된 행동들이 해당 문제를 푸는 데 사용되는 전략에 반영된다(Carpenter et al., 1981)는 것을 알게 되었다는 점이다. 예를 들어, 어린 아동은 세 개의 블록을 세고 난 후 이미 정의되어 있는 블록 묶음에 이를 더함으로써, 'Mary는 그녀에게 세 개의 사탕을 더 주었다.'라는 문장을 포함하고 있는 문제를 푸는 경향이 있다. 문장제 문제를 이해하는 능력 또한 더나 덜과 같은 핵심어는 물론 '누가, 무엇을, 얼마나' 도식의 영향을 받는다. 이러한 것들과 기타 도식의 개발은 개별적인 진술문의 양적 의미를 표상하고, 이 진술문을 통합하거나 함께 모아 놓으며, 적절한 문제해결 전략을 선택하기 위해 중요하다(Briars &

Larkin, 1984). 마지막으로, 문제해결 기술에 있어서의 발달적 변화는 읽기 기술의 향상과 증가된 작업기억 용량뿐만 아니라 표면적 특성에 초점을 두는 대신, 문장제 문제의 더 깊은 의미를 이해하고 표상하는(즉, 도식의 발달) 능력의 향상 등을 포함한 다양한 요소에 의해 영향을 받는 것으로 보인다.

대 수

이 부분에서는 산술문제해결에 대한 논의와 개념적 연속성을 지속하기 위하여 'y:3y=150를 푸시오.'와 같은 간단한 대수 방정식보다는 대수 문장제 문제해결에 초점을 맞추었다. 물론 여기에 제시되는 연구 중 대부분은 중학생, 고등학생 그리고 대학생을 연구대상으로 하였다. 왜냐하면 미국에서는 대수의 대부분을 중학교 및 고등학교에서 접하기 때문이다. 그럼에도, 산술 문장제 문제를 푸는 초등학생들의 능력에 영향을 미치는 것과 동일한 특징 중 많은 부분이 더 나이 든 아동의 대수 문장제 문제해결 과정에도 영향을 미치는 것으로 보인다. 이러한 특징에는 문제해결을 안내하기 위한 도식의 습득과 문장제 문제의 중요한 특징을 이에 대응되는 방정식으로 적절하게 해석하는 능력 등이 포함된다(Clement, 1982; Mayer, 1982). 그러나 대수 문제해결은 몇 가지 중요한 차원에서 산술 문장제 문제해결과 차이가 있는데, 이것이 여기에서 다루는 초점이 된다.

이러한 차원들 중 첫 번째는 대수 문장제 문제를 방정식으로 변환시키는 것이 산술 문장제 문제를 변환시키는 것보다 더 어려운 경향이 있다는 것이다. 두 번째는 대수 문제의 더 큰 복잡성이 더 큰 문제 공간으로 귀결된다는 것이다(C. Lewis, 1981; Wenger, 1987). **문제 공간**(problem space)이란 어떤 사람이 특정 유형의 문제에 관하여 알고 있는 모든 절차와 규칙뿐 아니라 문제가 해결될 수 있는 서로 다른 방법 모두를 일컫는다. 많은 대수 문제의 복잡성은 그 문제를 해결하는 데 사용될 수 있는 방법이 거의 항상 한 가지 이상 존재한다는 것을 의미한다. 이러한 상황에서 문제해결은 적절한 절차들을 사용하는 것뿐 아니라 최종 목적에 도달하는 최상의 길(즉, 절차의 순서)을 선택하도록 요구한다(Schoenfeld, 1987). 최상의 전반적 문제해결 전략을 선택하는 데 포함된 과정을 **초인지**(metacognition)라 한다. 그러므로 대수 부분은 세 부분으로 나뉘어 있는데, 첫 부분에서는 어떻게 사람들이 대수 문장제 문제를 방정식으로 변환하는지에 초점을 맞추고 있다. 대수 문제해결에 대한 문제 공간 및 초인지의 영향은 두 번째 부분에서 고찰될 것이다. 마지막 부분에서는 대수 기술의 발달에 영향을 주는 것으로 보이는 요인이 논의된다. 이는 문제의 길이와 같은 산술문제해결에 대해 설명된 특징이 대수 문제해결에 영향을 주지 않을 것이라고 말하는 것은 아니다. 확실히 영향을 줄 것이다. 오히려 여기에서는 산술 문장제 문제에 대해 설명된 것 이상으로 대수 문제해결에 영향을 주는 요인이 제시될 것이다.

문제 해석과 대수 오류

Mayer(1982)는 대수 문장제 문제의 해결을 위해서는 **문제 해석**(problem translation)과 **문제해결**(problem solution)이라는 두 가지 묶음의 일반적 과정이 필요하다고 주장하였다. 문제 해석에는 문제 진술문의 의미를 일련의 대수 방정식으로 변형하는 것과 산술 문장제 문제에서 설명되었던 문제 통합과 문제해결 계획 과정도 포함된다. 문제해결은 단순히 해석의 결과로 나타난 방정식을 풀기 위해 대수나 산술 절차들을 실제로 사용하는 것을 말한다. 산술 및 대수 절차의 부적절한 사용은 문제해결 오류의 일반적인 원인이 되며, 이를 **대수 기능 오류**(algebraic bug)라고 부른다(Schoenfeld, 1985). 두 개의 처리과정 상황(즉, 해석과 오류) 중 문제 해석은 대수에서 발생하는 문제해결 오류의 일차적인 원인으로 보인다(Clement, 1982; Hinsley, Hayes, & Simon, 1977; Mayer, 1982; Mayer et al., 1992). 그러므로 문제 해석이 먼저 고찰되고, 뒤이어 대수 오류에 대한 간략한 기술이 제시될 것이다.

Hinsley와 그의 동료들(1977)은 대수 문장제 문제의 해석이 도식들에 의해 좌우된다는 것을 보여 주었다. 이 도식, 즉 문제 범주 간의 유사성에 대한 정신적 표상은 산술 문장제 문제의 해결에 대해 설명되었던 도식들과 상당히 동일한 방식으로 작용한다. 예를 들어, 다음에 제시된 것처럼 두 사람의 상대적 연령을 결정할 것을 요구하는 문제는 종종 문제를 표상하는 유사한 방식을 사용함으로써 그리고 해석된 방정식을 해결하기 위한 유사한 대수 절차를 사용함으로써 해결될 수 있다. 그러나 이 표상과 절차는 다른 유형의 문제를 해결하는 데 사용되는 것들과는 차이가 있다. 이러한 문제를 표상하고 해결하는 방법을 기억하는 것은 연령 문제에 대한 도식 혹은 대본(script)을 형성하는데, 이는 다른 범주의 문제에 대한 도식과는 몇 가지 측면에서 다르다(Mayer, 1981). 비록 서로 다른 유형의 문장제 문제에 대한 도식들이 서로 다르다 하더라도, 대부분의 대수 문제는 비슷한 구조를 가지고 있고, 도식들은 이 기본 구조를 중심으로 구성되는 것으로 보인다.

Mayer(1981)는 고등학교 교과서에서 제시되어 있는 대수 문제 대부분이 **지정 진술**(assignment statements), **관계 진술**(relational statements), **질문**(questions) 그리고 **관련된 사실**(relevant facts) 등의 네 가지 유형의 진술에 집중하고 있음을 보여 주었다. 지정 진술이 'M & Ms 초콜릿은 파운드당 1달러다.'와 같이 어떤 변수에 특정 수치를 지정하는 것이라는 점은 그리 놀라운 일이 아니다.

관계 진술은 '초코볼 값은 M & Ms 초콜릿 값의 두 배다.'와 같이 두 변수 사이에 단일한 관계를 구체화하는 것이다. 질문은 '초코볼 약 2파운드는 얼마인가?'와 같이 그냥 묻는 것이다. 관련된 사실은 해당 문제를 푸는 데 필요할 수 있는 문제에 제시된 정보를 말한다. 예를 들어, 'Amy는 3달러를 가지고 있다. Amy는 초코볼 몇 파운드를 살 수 있는가?'

문제 해석에는 이 서로 다른 유형의 각 정보를 취하고 이 정보들을 사용하여 이에 해당하는 대수 방정식을 만드는 것이 포함된다. 지정 진술, 질문 그리고 관련된 사실 등의 해석은 대부분의 고등학생에게 많은 문제를 야기하지는 않는다(Mayer, 1982; Wenger, 1987). 그러나 관계 진술을 처리하는 동안 해석 오류가 종종 발생한다. 이러한 이유로 인해 문제 해석에 대한 논의는 이러한 진술의 처리과정에 초점을 맞추었다. 예를 들어, '이 대학은 교수보다 학생들이 여섯 배 더 많다.'라는 간단한 문제를 살펴보자. Clement(1982)는 이 문제를 공대 신입생들에게 제시하였고, 이들에게 학생의 수는 *S*로, 교수의 수는 *P*로 하여 학생 수와 교수 수의 관계를 나타내는 방정식을 써 보라고 하였다. 공대생들 중 약 37%가 이 문제에서 오류를 범하였는데(그 후에 인문학 전공자들은?), 보통 '$S=6P$'라고 썼다. 이러한 유형의 오류는 부주의로 인한 것이 아니고, 사실 꽤 일반적이다(Hinsley et al., 1977).

이러한 유형의 해석 오류가 발생하는 데에는 두 가지의 이유가 있는 것으로 보인다. 첫 번째는 관계 진술의 **구문**(syntax) 혹은 구조가 글자 그대로 대수 표현으로 해석되는 것이다. 그래서 '여섯 배 …… 학생들'이 글자 그대로 $6S$로 해석된다.

둘째, 많은 학생은 관계 진술문을 정적 비교를 요구하는 것으로 해석하는 것 같다. 이 예에서 $6S$는 학생 집단을 그리고 *P*는 교수 집단을 표현하기 위하여 사용된다. 다른 말로 하면, 등호(=)는 이 학생을 위한 수학적 관계를 표현한 것이 아니다. 등호는 단지 두 집단을 분리하는 것이다. 이 관계 진술을 올바르게 해석한 학생은 *S*와 *P*가 정적인 집단이 아니라 양을 나타내는 것이며,

S와 P가 대표하는 양은 같지 않다는 것을 이해하고 있다. 교수의 수를 학생의 수와 같게 만들기 위하여, 어떤 유형의 연산이 수행되어야 한다. 구체적으로 말해서, 더 작은 양인 P는 더 큰 양인 S와 같아지도록 증가되어야 한다. 이 학생은 관계 진술을 '$S=6P$'로 올바르게 해석한다(Clement, 1982). 비록 대부분의 사람은 문제를 그렇게 해석하지 않는다 하더라도, 물론 학생의 수를 줄임으로써(즉, '$S/6=P$') 이와 동일한 결과가 만들어질 수 있다.

Mayer(1982)가 사용한 또 다른 문제, "Laura가 Maria의 현재 나이가 되었을 때, Laura의 나이는 Maria의 현재 나이의 세 배다. 2년 뒤, Laura의 나이는 Maria의 2년 전 나이의 두 배가 될 것이다. 그들의 현재 나이는 얼마인가?" (p. 202; 단서: Maria의 과거 나이는 6세다)를 고려해 보자. 이러한 유형의 문제는 고등학교 대수 교과서에서 매우 흔히 볼 수 있고, 대수 문제해결의 몇몇 중요한 특징을 설명하기 위하여 사용될 수 있다. 첫째, 이 문제는 학생-교수 문제보다 더 복잡한 관계 진술을 포함하고 있고, 따라서 해석 오류가 발생할 가능성이 더 높다. 둘째, 일단 문제가 정확하게 해석되면, 그 결과로 나온 대수 표현이 해결될 수 있는 몇 가지 서로 다른 방식이 존재한다. 그러므로 다음에서 고찰하게 될 요점인 문제 공간은 학생-교수의 문제 공간보다 더 복잡해진다.

학생이 일단 Laura와 Maria의 현재 나이를 알아내야 한다는 문제의 목적을 이해하고 나면, 그다음 과정으로 이 연령들에 변수를 할당하는 것이다. 만일 학생이 진술문을 그냥 읽고 이러한 진술문들의 구문에 기초하여 관계 정보를 설정한다면, 해당 학생은 주어진 문제에서 Laura의 현재 나이 Z와 Maria의 현재 나이 Y 등 두 개의 변수만이 있다고 가정할 수 있다. 관련된 변수들이 할당되고 나면, 그 관계는 대수 표현으로 해석된다. 그러므로 'Laura의 나이는 Maria의 나이의 세 배다.'라는 진술문은 '$3Z=Y$' 또는 '$3Y=Z$'로 해석될 수 있다. 어느 쪽이든, 이 해석은 틀렸다. 그다음 문장, '2년 뒤, Laura의 나이는 Maria의 2년 전 나이의 두 배가 될 것이다.'는 '$Z+2=2(Y-2)$' 혹은 '$2(Z+2)=Y-2$'로 해석될 수 있다. 물론, 이 해석 중 첫 번째 것은 맞지만, 두 번째 것은 틀렸다. 두 번째 해석은 학생-교수 문제에서 설명되었던 것과 동일한 유형의 오류를 나타낸다. 요점은, 이 문제의 해석이 그렇게 단순한 것이 아니며, 따라서 해당 학생이 오류를 범할 경우를 많이 제공한다는 것이다. 이 시점에서 학생이 어떠한 조합의 해석을 했든 간에, 산출된 방정식을 조작하는 데 소요된 어떠한 대수적 노력도 Laura와 Maria의 현재 나이를 알아내야 한다는 목적을 만족시키지 못한다는 점이다. 그 이유는 관계 진술을 더 신중하게 읽게 되면 문제에 제시된 서로 다른 연령이 사실상 두 개가 아니라 세 개이기 때문이다.

이러한 관계를 더 잘 이해하고 문제의 작업기억 요구를 줄이는 한 가지 방법은 연령 관계를 도표로 나타내는 것이다(A. B. Lewis, 1989). [그림 3-4]의 윗부분은 Laura와 Maria의 과거 및 현재 나이 사이의 관계를 보여 주고 있다. 일단 그 관계를 도해로 그리면, 이 문제의 변수가 두 개가 아닌 세 개라는 것이 분명해진다. 여기서 *X*는 Maria의 과거 나이를, *Y*는 Maria의 현재 나이 및 Laura의 과거 나이를 나타낸다. 이제 관계 정보가 적절하게 표현되고, 문제의 해석은 좀 더 쉽게 마무리될 수 있다. 첫 번째 진술문 'Laura가 Maria의 현재 나이가 되었을 때, Laura의 나이는 Maria의 현재 나이의 세 배다.'는 [그림 3-4]에 제시된 첫 번째 대수 표현인 '$3X=Z$'로 해석된다. 두 번째 진술문은 두 번째 표현, '$Z+2=2(Y-2)$'로 해석된다. 이 시점에서 두 관계 진술 모두 적절한 대수 표현으로 해석되었다. 그러나 미지수는 세 개인데 방정식은 두 개뿐이기 때문에, 두 표현을 조작하는 것으로 이 문제의 최종 목적을 달성하게 되는 것은 아니다. 그럼에도, 일단 이러한 유형의 문제가 해석되면, 많은 학생은 문제해결을 완수하는 데 이용할 수 있는 정보가 충분한지 혹은 어떤 것이 가장 효율적인 해결 전략이 될지 등에 대해 심사숙고하지 않고 즉시 문제를 풀려 한다(Schoenfeld, 1985). 이렇게 문제해결을 위한 '생각 없이 뛰어드는(jump in without thinking)' 접근방식의 전형적인 결과는 좌절과 많은 노력의 낭비가 발생하게 된다(Schoenfeld, 1987).

이에 비해 숙련된 문제해결자들은 보통 전형적인 고등학생이나 대학생보다

관계적 표상

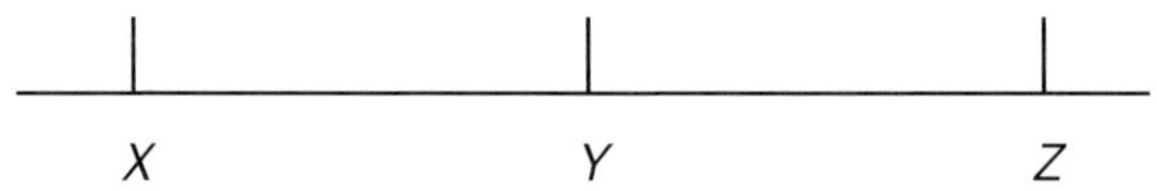

Z = Laura의 현재 나이
Y = Maria의 현재 나이와 Laura의 과거 나이
X = Maria의 과거 나이

대수 표현

1. $3X=Z$
2. $Z+2=2(Y-2)$
3. $Y-X=Z-Y$

해 결

(A)	(B)
1. X에 대하여 $Y-X=Z-Y$	1. Y에 대하여 $Y-X=Z-Y$
2. $Y=Z-Y+X$	2. $2Y-X=Z$
3. $2Y-Z=X$	3. $2Y=Z+X$
4. $Z+2=2(Y-2)$	4. $Z+2=2(Y-2)$
5. $Z+2=2Y-4$	5. $Z+2=2Y-4$
6. $Z+6=2Y$	6. $Z+2=Z+X-4$
7. $6=2Y-Z$	7. $2=X-4$
8. $6=X$	8. $6=X$

[그림 3-4] Laura와 Maria의 나이를 환산하기 위한 관계적 표상, 대수 표현 그리고 해결 선택권

문제를 분석하는 데 훨씬 더 많은 시간을 갖는다(Schoenfeld, 1987). 이 예에서 문제를 더 깊이 분석해 보면, 해결 과정이 완수되기 전에 세 번째 표현이 필요하다는 것이 드러난다. 특히, 세 개의 변수들 X, Y, Z 간의 관계가 표현될 필요가 있다. 관계가 '$Z>Y$' 및 '$Y>X$' 등으로 선형적이고, Laura와 Maria 사이의 상대적 나이 차이가 나이를 먹어도 변하지 않기 때문에 이러한 관계들은 [그림 3-4]에 제시된 세 번째 대수 표현인 '$Y-X=Z-Y$'로 나타낼 수 있다.

변수들이 실제 상황에서 어떤 의미인지를 고려하지 않고 너무 빨리 변수를 해석하는 것은 개념적 오류를 유발할 수 있음에 주의하라. 특히, 비록 '$X-Y=Y-Z$'가 대수적으로 맞다 하더라도 이 문제에는 이치에 맞지 않는데, 이는 그것이 음수 나이 차이로 귀결될 수 있기 때문이다. 이것이 학생에게 해석 오류를 범할 수 있게 하는 또 다른 이유가 된다. 이 시점에서 문장제 문제를 대수 표현으로 해석하는 것이 대부분의 사람에게 복잡하고 어려운 과제라는 점을 분명히 해야 한다. 설상가상으로 대수 문제가 일단 성공적으로 해석되었어도, 산술 문장제 문제와 달리 다음 단계가 항상 명확한 것은 아니다. 여기가 바로 문제 공간 및 초인지 등의 쟁점이 중요해지는 곳이다. Laura와 Maria의 나이 문제에 대한 해결을 문제 공간 및 초인지에 대한 논의로 마무리할 것이다.

그러나 문제 공간과 초인지의 중요성을 고찰하기 전에 문제해결 과정에서 발생하는 단순한 대수 오류 문제가 논의되어야 한다. 대수 문장제 문제를 해결하는 동안 발생하는 모든 오류가 문제 진술문을 표상하고 해석하는 것의 어려움에서 나타나는 것은 아니다. 때때로 학생들은 올바르게 해석된 표현에 대해 부정확한 대수 절차를 수행하기도 한다(Schoenfeld, 1985). 뺄셈 오류(VanLehn, 1990)에 대해 2장에서 기술하였듯, 이러한 유형의 대수 오류 중 많은 부분이 버그를 반영하는 것으로 보인다(Schoenfeld, 1985; Wenger, 1987). Schoenfeld는 많은 일반적인 대수에서의 버그를 기술하였고, 그중 몇 가지가 〈표 3-1〉에서 제시되어 있다. 버그는 어떤 문제 혹은 간단한 표현에는 맞지만 현재의 표현에 부정확하게 적용되는 절차임을 상기하라. 대수에 있어 버그는 근(radicals)과 지수(exponents)가 어떻게 조작될 수 있는지에 대한 부정확한 가정을 반영하는 것으로 보인다. 예를 들어, 〈표 3-1〉에 제시된 첫 번째 버그를 살펴보자. 비록 '$(X+Y)^1=X^1+Y^1$'이 맞다 하더라도, 이 규칙은 1 이외의 다른 지수에는 적용되지 않는다. 〈표 3-1〉의 마지막 버그는 덧셈에서 사용된 규칙과 곱셈에서 사용된 규칙 사이의 혼란을 보여 준다. 그러므로 비록 '$X(Y+Z)=XY+XZ$'가 맞다 하더라도, 괄호 안의 값이 곱해질 때 항이 동일하

〈표 3-1〉 대수 버그

표 현	부정확한 변환
$(X+Y)^2$	X^2+Y^2
$\sqrt{X+Y}$	$\sqrt{X}+\sqrt{Y}$
$\frac{X}{Y+Z}$	$\frac{X}{Y}+\frac{X}{Z}$
3^{XY}	3^X+3^Y
$X(YZ)$	$XY \cdot XZ$

게 분리되는 것은 틀리다.

더욱이 오류는 어떤 항을 왼쪽에서 오른쪽으로 옮기는 것과 같이 기초적인 연산을 수행하는 과정에서 발생할 수 있다(G. Cooper & Sweller, 1987; C. Lewis, 1981). 예를 들어, A 값을 구하기 위한 '$[C(A+D)]/F=G$'라는 문제를 살펴보자. 한 가지 유형의 오류는 '$/F$'를 방정식의 양쪽에 F를 곱하는 대신 왼쪽에서 오른쪽으로 이항하는 것과 관련되어 있다. 이러한 경우, 방정식의 오른편은 GF보다는 G/F로 읽게 된다. 다른 오류는 0으로 나누는 것과 같이 훨씬 더 기초적인 것이다(C. Lewis, 1981). C. Lewis는 비록 숙련가들이 보통 자신이 푼 문제를 점검하여 기초적인 절차 오류를 거의 항상 찾아내어 수정하지만, 초보자들은 그렇게 할 가능성이 낮고, 숙련가도 가끔 이러한 유형의 오류를 범한다는 것을 발견하였다.

문제 공간과 초인지

산술과 비교할 때, 대수 문제를 풀기 위한 방법은 훨씬 더 많기 때문에 문제를 해결하는 동안 수행되어야 할 연산의 가장 효율적인 순서에 대해 훨씬 더 많은 결정을 내려야 한다. 앞서 언급하였듯이, 문제 공간은 학생이 특정 문제를 해결하기 위해 수행할 수 있는 모든 잠재적인 연산을 의미한다. 그러면 대수 문제해결에서 중요한 쟁점은 문제 공간을 통하여 가장 효율적인 탐색을 결정하는 것이 된다(Lester, 1983; Schoenfeld, 1987). 숙련된 문제해결에는 가장 적은 수의 연산으로 목적을 달성하게 하는 이동의 순서를 계획하는 것이 포함된다. **초인지**(metacogniton)는 이러한 문제 공간을 통한 탐색을 안내하는 계획 및 의사결정 과정을 일컫는다. Schoenfeld(1985)는 초인지가 수학적 문제해결의 핵심적인 특징이라고 주장하였다. 초인지 기술의 중요성은 수학적 문제해결 초보자와 수학적 문제해결 숙련가의 활동을 비교함으로써 설명될 수 있다.

초보자의 문제해결과 숙련가의 문제해결 간의 한 가지 차이는 문제를 분석하고, 문제를 해결하기 위한 전략을 개발하는 데 소요되는 시간의 양이다(Schoenfeld, 1987). 초보자들은 거의 변함없이 문제를 읽고 난 후, 그들이 가장 적절한 계산방법이라고 믿는 것을 적용하는 데 문제해결 시간의 대부분을 쓴다. 한편, 숙련가들은 문제를 분석하고 잠재적인 해결 전략을 개발하는 데 문제해결 시간의 대부분을 사용한다. 그러므로 비록 초보자와 숙련가가 수학 문제를 성공적으로 해결하는 데 필요한 동일한 기초적 계산 기술을 갖고 있다 할지라도, 문제해결을 하는 동안 그들의 행동에는 많은 차이가 있다(Schoenfeld, 1987). 문제해결 활동에 있어서의 이러한 차이는 초보자와 숙련가 사이에 초인지적 차이가 있음을 반영하는 것이다. 이를 설명하기 위해 [그림 3-4]에서 제시된 '대수 표현'으로 되돌아가 보자. 세 개의 표현 모두 대수 절차를 통해서 조작될 수 있다. 이러한 절차에 대한 지식과 수행은 대수 계산을 지배하는 기초적인 인지 처리과정을 대표하는 것이다.

초인지적 과정은 이러한 표현 중 어떤 것을 먼저 해야 하는지 그리고 이 표현을 다루는 데 가장 효율적인 방식이 무엇인지 결정하는 데 작용한다. 예를 들어, Laura와 Maria의 나이 문제를 위한 해결 과정을 시작하기 위한 한 가지 방법은 [그림 3-4]에 제시된 세 번째 표현을 가지고 하는 것이다. 일단 이러한 결정을 내렸다면, 문제 공간은 세 개의 표현 모두에 수행될 수 있는 모든 잠재적 연산으로부터 세 번째 표현에 수행될 수 있는 것들만으로 감소되었다. 여기서 *X*, *Y* 또는 *Z*를 풀 수 있다. [그림 3-4]의 '해결' 아래에 있는 처음 세 단계는 *X*와 *Y*를 푸는 데 필요한 연산과 *X*와 *Y*를 풀기 위한 순서를 보여 주고 있다. 그다음, '해결 (A)'의 4단계 '$Z+2=2(Y-2)$'는 7단계까지 거치면서 두 개의 미지수들이 방정식 오른편에 있도록 변환된다. *X*가 '$2Y-Z$'(3단계 참조)로 대체될 때 8단계가 생긴다. '해결 (B)'에서는, '$Z+X$'가 5단계에서 $2Y$로 대체되기 때문에 6단계에서 확인되는 결과를 낳는다. 그로 인해 *X*의 값을 구하는 것은 비교적 간단해지고, 원래 표현에 *X*의 값(즉, 6)을 대체함으로써 남은 미지수를 풀게 된다. '해결 (A)'와 '해결 (B)'는 Laura와 Maria의 나이 문제를 해결하기 위한 서로 다른 많은 방법 중 두 가지를 표현하는 것이고, 문제 공간을 통한 서로 다른 해결 과정을 보여 주는 것이다.

발달 패턴

산술 문장제 문제의 해결을 위한 기술의 발달과 관련하여 수행된 연구와 비교할 때, 대수 문제해결에 관한 연구는 적어도 발달적 관점에서 특별히 체계적이지 않았다. 예를 들어, 기술 습득에 관한 연구 중 많은 부분이 아동의 기술 발달에 관한 종단 연구보다는 대수에 있어 성인 초보자와 성인 숙련가를 비교하는 데 초점을 맞추고 있다. 그 결과, 수행된 연구를 가정해 볼 때, 여기에 제시된 발달 과정은 잘 확립된 발달적 경향에 대한 기술이라고 하기보다는 개인적인 최상의 추측으로 간주되어야 한다. 그럼에도, 산술문제해결의 발달적 향상의 원인이 되었던 것과 동일한 요인 중 많은 부분이 대수 문제해결에서 중학교부터 대학교까지의 발달적 변화의 원인이 된다고 가정하는 것이 합리적이다. 이러한 요인에는 읽기 기술과 작업기억, 기초 계산 기술 등의 향상이 포함된다. 게다가 숙련가와 초보자의 비교뿐 아니라 연습 관련 효과는 대수 분야에서의 문제해결 기술의 발달에 적어도 세 가지 추가적인 차원들이 포함된다는 것을 암시하고 있다. 이 세 가지 차원에는 도식 획득, 규칙의 자동화(즉, 기초 대수 절차에 대한 학습) 그리고 초인지 기술이 포함된다.

G. Cooper와 Sweller(1987)는 대수 문제해결 기술의 발달에 도식의 획득과 규칙의 자동화 등이 포함된다고 주장하였다. 이 두 기술의 획득에 기반이 되는 과정은 이 기술의 발달을 위하여 필요한 경험의 양과 서로 독립적인 것으로 보인다(Adams et al., 1988; Novick, 1992; Sweller, Mawer, & Ward, 1983). 규칙의 자동화는 방정식의 양쪽에 변수를 빼거나 더하는 것과 같은 기초 대수 절차들에 대한 사용의 용이성과 관련되어 있다. 더 구체적으로 말해서, 자동화는 해당 절차의 사용을 지배하는 규칙들을 반드시 생각하지 않고서도 절차를 자동적으로 수행하는 것을 의미한다. 규칙의 자동화의 이점 중 하나는 해당 절차를 사용하는 것과 관련된 작업기억 요구를 감소시켜 준다는 것이다. 작업기억 자원의 여유로움은 문제의 다른 특징을 더 쉽게 그리고 오류가 덜 발생하도록 처리하게 해 준다. 중·고등학생을 대상으로 수행된 일련의 연구에서 G. Cooper와 Sweller는 규칙의 자동화가 점진적으로 발달하고 규칙 혹은 절차의 집중적인 사용을 통해서만 발생한다는 것을 보여 주었다. 규칙들이 일단 기억되고 한 집단의 문제에서 자동적으로 수행되었다면, 이 규칙은 다른 유형의 대수 문제를 푸는 데에도 쉽게 사용된다. 그러나 이 시점이 되기 전에, 한 가지 유형의 대수 문제라는 맥락에서 학습된 규칙들은 쉽게 전이되지 않는다. 즉, 이 규칙이 다른 유형의 대수 문제를 푸는 데 자동적으로 사용되는 것은 아니다. 이를 종합해 보면, 규칙의 자동화는 문제의 작업기억 요구를 감소시켜 줄 뿐 아니라 다른 유형의 대수 문제를 해결하기 위해 이 규칙을 사용하도록 이끌어 주는 것이다. 그러나 규칙의 자동화는 집중적인 연습을 통해서만 발생하는 것으로 보인다.

다른 한편으로, 도식 획득은 조금 더 빨리, 즉 연습을 거의 하지 않고 발생하는 것으로 보인다(G. Cooper & Sweller, 1987; Hinsley et al., 1977; Novick & Holyoak, 1991). 이는 몇 개의 문제를 푸는 것이 본래 그리고 그 자체로 문제해결 도식의 발달을 이끌어 낸다고 말하는 것은 아니다. 오히려 도식 획득은 관련된 문제가 해결된 방법에 의존하는 것으로 보인다(Adams et al., 1988; Novick, 1992; Wenger, 1987). 예를 들어, Novick은 유사한 범주(예를 들어, 나이 또는 속도)의 두 문제가 연속적으로 제시되었을 때, 적어도 학생이 유사한 절차들을 사용함으로써 문제를 풀 수 있다는 것을 인식할 경우에, 문제해결이 유추에 의해 일어난다고 주장하였다. 문제 해석과 첫 번째 문제에 대한 관련된 문제해결 절차 등을 위해 사용된 관계는 두 번째 문제에 사용하기 위해 면밀히 계획되고 재구조화된다(Novick & Holyoak, 1991). 명확하고 면밀히 계획되고 재구조화되는 과정 동안, 이 특정 부류의 문제에 대한 더 일반적인 도식이 만들어진다.

이 시점에서 도식에는 두 문제의 공통적인 특징이 포함된다. 예를 들어, 앞서 논의되었던 Laura와 Maria의 문제에서와 같이 몇 가지 나이 문제를 해결한 후, 유사한 문제를 해결하기 위한 일반적 도식이 획득된다. 이 도식에는 [그림 3-4]에서 했던 것처럼 우선 나이 관계를 도해로 묘사하고 난 후, 앞서 제시된 구문 오류를 범하지 않도록 주의하면서 표상을 대수 표현으로 변환하는 것이 포함된다. 마지막으로, 그 문제를 해결하기 위한 대안적 방법을 고려하고, 가장 효율적인 방법으로 보이는 것이 실행된다. 그러면 이러한 행동의 순서는 동일 범주에 있는 문제를 해결하기 위한 틀을 제공한다. 다른 나이 범주 문제가 새로운 도식의 형성을 이끌어 오지는 않지만, 이 부류의 문제를 위한 일반적 문제해결 대본을 정교하게 그리고 세련되게 만들어 줄 수 있다.

앞서 언급했듯이, 규칙의 자동화와 도식 획득에 덧붙여 대수에서의 성공적인 문제해결은 초인지 기술을 요구하는 것으로 보인다(Schoenfeld, 1987). 초인지 기술은 특정 영역에 대한 문제 공간이 증가함에 따라 점점 더 중요해진다. 문제해결을 위해 이용할 수 있는 선택권이 많아질수록 이 선택권 중에서 효과적으로 선택하는 것이 더 중요해진다. 대수 문제해결에서 초인지 역할의 중요성은 주로 숙련가와 초보자의 수행을 비교하는 방법으로 평가되어 왔다(Schoenfeld, 1985). 결과적으로 발달 요인이 어떻게 대수 영역에서 이러한 유형의 기술에 영향을 미치는지는 명확하지 않다. 그럼에도, 수학적 문제해결에 있어 초인지는 비슷한 유형의 문제를 해결하는 데 있어 광범위한 경험을 필요로 한다는 것이 분명하다(Bransford & the Cognition and Technology Group of Vanderbilt University, 1993). 경험을 통해서 아마 사람들은 같은 범주(예를 들어, 나이 문제)에 있는 문제를 푸는 데 있어 어떤 접근방식이 효과가 있고 어떤 접근방식이 그렇지 않은지를 발견해 내는 것 같다.

일반적 문제해결 기술에 영향을 주는 것으로 보이는 또 다른 요인은 문제해결의 **목적**이다. Sweller 등(1983)은 대부분의 학급에서 하듯이 학생들에게 단지 *X*의 값을 구해 보라고 하는 것은 그들의 문제해결 접근방식에 큰 영향을 주지 않는다는 것을 발견하였다. 많은 연습을 했을지라도 학생들은 여전히 초보자들이 보편적으로 사용하는 문제해결 접근방식을 사용하고 있었다. 그러나 학생들에게 동일한 문제를 풀 수 있는 다른 방법을 찾아보라고 하는 것과 같은 더 일반적인 목적은 보통 숙련가들이 사용하는 문제해결 접근방식들을 이끌어 냈다. 그러므로 수학적 문제해결과 관련된 초인지 기술의 발달은 아마도 인지적 발달에 있어 더 일반적인 변화(Case, 1992)뿐 아니라 서로 다른 많은 방식으로 서로 다른 많은 상황에서 동일한 유형의 문제를 풀어 보는 것에 의해 영향을 받는 것 같다.

요약

대부분의 사람은 대수 문장제 문제를 푸는 것이 부담스러운 과제라는 것을 알게 된다. 대수 문장제 문제를 해결하는 데 있어 어려움의 주요 원인은 문장을 적절한 대수 표현으로 해석하는 데 있다. 해석에는 변수 지정하기, 상수 알아차리기, 변수 간의 관계 표상하기 등이 포함된다. 이 중 문제의 관계적 측면들을 정확하게 해석하는 것은 매우 어렵다(Mayer, 1982). 대수 해석 오류의 세부적 내용은 산술 문장제 문제와 관련된 해석 오류만큼 자세하게 조사되지 않았다. 그럼에도, 대수 해석 오류는 문제의 의미 구조와 기억 요구처럼 문제의 산술 해석 오류의 원인이 되는 것과 동일한 요인 중 몇 가지로부터 발생한다고 가정하는 것이 합리적으로 보인다. 일단 문제가 해석되어도 문제해결의 오류는 여전히 발생할 수 있고 또 실제로 발생하며, 종종 버그로 인해 생긴다(C. Lewis, 1981; Schoenfeld, 1985). 다른 말로 하자면, 대수 표현들을 조작하는 동안(즉, 문제를 해결하는 동안) 발생하는 오류에는 보통 대수 혹은 산술 절차를 부적절하게 사용하거나 잘못 적용하는 것 등이 포함된다.

일단 기본적인 규칙과 절차를 정확하게 수행하는 방법을 아는 것과 문제를 표상하는 방법을 아는 것 등과 같은 기본적인 대수 기술이 습득되면, 숙련된 문제해결은 초인지적 처리과정을 요구하는 것으로 보인다(Schoenfeld, 1985). 이 과정에는 어떤 문제해결 선택권들이 이용 가능한지 아는 것과 이 선택권들에 대한 잠재적 유용성을 평가하는 것 그리고 목적을 위해 가장 효율적인 과정을 선택하는 것(즉, 문제 공간을 통한 탐색) 등이 포함된다. 또한 초인지 기술에는 해당 분야에서 자기 자신의 기술과 한계를 아는 것뿐 아니라 문제 공간을 통하여 선택된 길을 언제 포기하고 다른 무엇인가를 시도해야 하는지를 아는 것도 포함된다.

마지막으로, 대수 문제해결에 관한 발달적 연구가 분명히 더 많이 필요하다. 지금까지 수행된 연구 중 많은 부분이 발달적 관점에서 이루어진 것이 아니다. 예를 들어, 비록 문제해결 초보자들과 문제해결 숙련가들의 비교가 아동이 어떻게 문제를 해결하는지에 대해 어떤 통찰을 제공했다 하더라도, 이러한 비교가 반드시 우리에게 발달적 변화가 어떻게 기술 습득에 영향을 주는지에 관해 알려 주는 것은 아니다. 비록 기술 습득의 많은 특징이 성인과 청소년들에게 동일할 것이라 할지라도, 어떤 차이가 있다는 것은 거의 확실할 것이다. 발달의 어떤 한 측면에는 주의를 할당하고 작업기억 자원을 통제하는 능력의 향상은 물론 다른 초인지 기술의 향상 또한 포함된다(예를 들어, Welsh, Pennington, & Groisser, 1991). 그러므로 우리는 예를 들어, 기본적인 초인지(혹은 수행) 기술에서의 발달적 변화가 어떻게 도식 획득과 규칙의 자동화에 영향을 미치는지를 더 잘 이해할 필요가 있다.

결론

아동의 수학 발달의 본질적인 측면에는 문제해결 방법을 학습하는 것이 포함된다. 아동의 문제해결은 주로 산술 및 대수 문장제 문제의 사용을 통하여 연구되어 왔다. 이러한 문제의 해결은 2장에서 설명된 간단한 산술 방정식의 해결만큼 단순한 것이 아니다. 아동은 기초 수와 세기 개념 및 기초 산술 능력을 확고하게 파악할 필요가 있을 뿐 아니라, 수학적 문제해결에 있어 능숙해질 수 있도록 일련의 다른 기술도 획득하여야 한다. 이러한 기술에는 읽기 이해(Kintsch & Greeno, 1985), 문제의 내용을 산술 및 대수 방정식으로 해석하는 능력(A. B. Lewis & Mayer, 1987) 그리고 초인지 기술(Schoenfeld, 1987) 등이 포함된다. 그중에서 근본적으로 중요한 것은 좋은 읽기 기술이다(Moyer et al., 1984; Muth, 1984). 본질적인 읽기 기술에는 기초적인 수학 용어(Jerman & Rees, 1972)와 문제의 의미를 이해하는 능력(Kintsh & Greeno, 1985)이 포함되는 것으로 보인다. 문제의 기본적 의미를 이해하기 위해서, 학생은 단어들이 가지고 있는 수학적 함의(예를 들어, **더**는 덧셈을 의미함)를 알아야만 하고, 더욱 중요한 것은 문제 내에 기술된 관계의 의미를 이해할 수 있어야 한다(A. B. Lewis & Mayer, 1987).

'Laura가 Maria의 현재 나이가 되었을 때, Laura의 나이는 Maria의 현재 나이의 세 배다.'라는 관계 정보를 이해하고, 그 정보를 적절한 방정식으로 해석하는 것은 산술 문장제 문제와 대수 문장제 문제 모두에서 문제해결 오류의 1차적 원인이 된다(A. B. Lewis & Mayer, 1987; Mayer, 1982). 관계 진술은 해석하기가 상대적으로 어려운 것처럼 보이는데, 이는 해석에 종종 대부분의 아동과 성인에게는 자연스럽게 생기는 것으로 보이지 않는 정신적 작용이 많이 포함되기 때문이다. 예를 들어, 〈예제 3-1〉에 제시된 네 번째 비교 문제('Amy는 두 개의 사탕을 갖고 있다. Amy는 Mary보다 사탕 한 개를 덜 갖고 있다. Mary가 갖고 있는 사탕은 몇 개인가?')를 다시 살펴보자. 이 문제를 풀기 위해서 아동은 반드시 덧셈을 사용해야 한다. 그러나 핵심어인 **덜**은 뺄셈을 의미한다. A. B. Lewis와 Mayer는 문제에 **덜**과 같은 용어가 진술되어 있을 때 빼기를 하려는 경향을 무시하기 어렵다는 것을 발견하였다(Huttenlocher & Strauss, 1968 참조). 그러므로 이러한 경향을 무시하지 못하는 것은 보편적인 일이고, 종종 잘못된 연산의 사용으로 귀결된다. 더욱이 관계 진술에는 종종 정보를 정신적으로 조작하는 것이 포함된다. 대부분의 사람이 앞의 두 번째 문장 'Amy는 Mary보다 사탕 한 개를 덜 갖고 있다.'의 관계적 의미를 이해하기 위하여,

'Mary는 Amy보다 사탕 한 개를 더 갖고 있다.'로 읽을 수 있도록 문장을 다시 써야 한다. 관계 진술을 다시 쓰는 것은 문제해결 오류의 일반적인 원인으로 보인다. 이를 종합해 보면, 이러한 요인 모두는 관계적 정보의 표상과 해석을 숙련된 문제해결에 대한 잠재적 장애물로 만들어 버리는 것처럼 보인다.

대수 문제해결과 관련된 어려움은 문제의 복잡성이 증가할수록 문제가 해결될 수 있는 방법의 수도 증가한다는 사실에 의해 가중된다. 문제해결 선택의 수가 증가함에 따라, 초인지 기술은 숙련된 문제해결을 위해 특히 중요해진다(Schoenfeld, 1985, 1987). 초인지 기술에는 문제를 해결하기 위한 최상의 방법들에 대해 결정을 내리는 것과 다른 방법을 위하여 어떤 방법을 버려야 할 때를 결정하는 것이 포함된다. 수학적 문제해결의 이러한 측면은 종종 각각의 문제를 푸는 데 있어 정확한 방법이 단 한 가지만 존재한다고 가정하는 대부분의 고등학생과 대학생에게 명확하지 않은 그 무엇이다. 그러므로 수학에서 초인지 기술을 개발하는 데 있어 첫 번째 기본 과제는 동일한 답에 이르는 많은 길이 있음을 이해하는 데 있다. 다행히도, Sweller 등(1983)은 학생들에게 서로 다른 방식으로 문제를 풀게 하는 것이 학생들의 수학적 문제해결을 위한 접근방식을 개선시킨다는 것을 보여 주었다(즉, 학생들의 접근방식은 숙련가들이 사용하는 그것들과 더 유사해진다). 이러한 연구 결과에 뒤이어, 초인지 기술의 향상이 대수에 대한 학급의 교육과정을 약간 수정함으로써 성취될 수 있다는 결과가 나왔다.

이 상황을 더 복잡하게 만드는 것은 성인으로서 문제해결 기술을 습득하는 것이 발달하는 아동의 기술 습득과 많은 측면에서 다른 것 같다. 이는 유사성이 없다는 것이 아니라, 해석과 초인지 기술의 발달적 변화를 이해하는 것이 성인의 기술 습득을 이해하는 데 요구되는 것보다 훨씬 더 많은 요인을 고려해야 한다는 것을 의미하는 것이다. 다양한 차원에서의 발달적 변화는 한 학년에서 다음 학년으로 올라갈 때 보이는 문제해결 기술에 있어서의 변화에 영향을 주는 것 같다. 이러한 요인에는 읽기 이해, 읽기 속도, 작업기억 자원 그리고 기초 계산 기술 등의 향상이 포함된다. 이러한 각각의 기술은 서로 다른 아동에 대해 서로 다른 발달 궤적을 갖고 있으며, 예를 들어 다른 연령대의 아동에 대한 해석 기술의 상대적 중요성에 있어 다를 수 있다. 비록 초보자와 숙련가 혹은 다른 연령대의 아동의 비교가 수학적 문제해결에 중요한 통찰을 제공한다 할지라도, 추가적인 연구 전략이 필요하다. 특히, 문제해결 기술의 발달을 완전히 이해하기 위해서는(Carpenter & Moser, 1984) 아동의 문제해결과 관련된 모든 요인을 함께 고려하는 종단연구가 수행될 필요가 있다.

마지막으로, 2장에 설명된 기술과 이 장에 설명된 기술의 관계가 고려될 필요가 있다. 기본적으로 2장에서 설명된 기술은 수와 세기 개념이 아동의 산술능력 발달에 핵심적이며, 문제해결 기술의 발달에 대한 핵심적인 요소이자 기초 단위임을 의미한다(Fuson, 1982; Geary & Burlingham-Dubree, 1989; Kaye, 1986). 기초 기술과 더 복잡한 문제해결 기술 사이의 본질적인 관계를 잊지 않는 것이 중요하다. 따라서 숙련된 문제해결은 기초 기술의 견고한 토대에 의존해야 한다. 즉, 아동의 수학적 문제해결을 향상시키려는 노력은 기초 기술을 가르치는 것 대신이 아니라, 이 기초 기술을 가르치는 것에 추가하여 이루어져야 하는 것이다. 앞으로의 연구에서는 문제해결 기술의 발달에 영향을 주는 요인(예를 들어, 작업기억)을 조사하는 것에 더하여, 아동의 발달하는 계산 능력과 문제해결 능력 사이의 관계를 더 신중하게 고려하기도 해야 한다(Dean & Malik, 1986).

Chapter 4

수학 학습 능력의 개인차

이 장에서는 **왜** 사람이 서로 다른 수학 학습 능력을 보이는지를 설명하는 데 목적이 있다. 1~3장에서 서술하였던 연구조사에서는 아동이나 10대 청소년이 수학문제를 풀기 위해 무엇을 해야 하는지를 기술하였다. 그러나 이러한 유형의 연구들은 사람들 간에 존재하는 수학 학습 능력의 차이에 대한 통찰력 있는 이유를 제공하지는 못한다. 이 장은 산술과 수학적 문제해결 기술에서의 개인차에 대해 심리측정적 관점, 인지적 관점 그리고 행동유전학적 관점에서 접근하고자 한다. 심리측정적 연구는 보통 전통적인 지필 능력 검사에서 나타나는 개인차와 관련이 있고, 다른 무엇보다도 수학 능력에서 다양한 유형이 존재하는지 여부를 결정하는 데 유용하다(Thurstone, 1938). 다른 한편으로, 개인차에 대한 인지적 접근은 전통적인 심리측정 검사에서 발생하는 개인차의 기초를 이루는 인지과정을 규명하는 데 중점을 두고 있다(Hunt, 1978). 두 이론을 종합하게 되면, 수학 능력의 서로 다른 영역뿐만 아니라 각각의 영역 내에 존재하는 능력 차의 원인인 인지적 처리과정에 대한 독특한 통찰력을 제공하게 된다.

행동유전학적 관점은 다른 여러 가지 특질 중에서, 유전형에 있어서의 개인차가 어느 정도까지 능력의 개인차 원인이 되는지를 이해하는 것과 관련되어 있다(Plomin, DeFries, & McClearn, 1990). 이와 관련하여 수 및 수학 능력에 관한 행동유전학적 연구가 재검토되고 있다. 이와 같은 연구 검토의 목적은 연구자들이 심리측정적 그리고 인지적 연구문헌에서 규명한 능력 차가 유전적인 요인에 의해 영향을 받는 정도를 결정하고자 함이다. 이 장에서는 각 영역의 연구를 순차적으로 제시하고, 종합적인 결론을 맺고자 한다.

심리측정적 관점

인지연구에 대한 심리측정적 접근은 인간 능력의 개인차와 지능을 이해하는 데 관련되어 있다. 역사적으로 이 접근은 한 집단의 개인들에게 수많은 지필검사를 시행하고, 요인분석 및 이와 관련된 기법으로 몇몇 공통 특질을 공유하는 검사군으로 규명하는 것을 의미한다(Spearman, 1927; Thurstone, 1938). 함께 집단을 이루는 인지검사는 **능력 요인**(ability factor)으로 정의된다. 이 요인은 이를 정의하고 있는 모든 검사가 공통적으로 지니고 있는 개념지식의 체계 혹은 인지 처리과정을 대표하는 것으로 생각해 왔다. 그러나 능력 검사가 일련의 인지 처리과정을 공유하고 있다는 것을 어느 정도 확신을 가지고 주장하기 전에, 많은 연구 전반에 걸쳐 동일한 검사가 군집을 이루고 있음이 증명되어야 한다. 이러한 준거를 **요인 안정성**(factor stability) 혹은 **요인 불변성**(factor invariance)이라 명명하고 있다(Thurstone, 1938). 요인 안정성을 증명하는 것은 다시 그 요인이 인간 능력의 기본 영역으로 대표될 수 있음을 암시하는 데, 이는 해당 요인을 대표하는 기술이 교육적 · 문화적 · 생물학적 이유로 다른 인지 능력과는 구별된다는 것을 함축하고 있다.

이 부분에서는 수학 능력의 기본 영역 및 이 영역 내에서의 발달적 변화를 규명하고자 하는 목적으로, 수 및 수학검사에 초점을 맞추거나 이를 포함시켰던 심리측정적 연구를 요약할 것이다. 전체적인 개요 설명에서, 연구는 수리능력(numerical facility)과 수학적 추론(mathematical reasoning)의 두 가지 일반적인 수학 영역을 제안하고 있다. 추정 기술과 같은, 비교적 독특한 몇 가지 다른 유형의 수학 능력의 존재가 전부는 아니지만 몇몇 심리측정적 연구에서 확인되었다. 각각의 명백한 수학 영역에 있어서의 기본적인 연구 결과가 다음에서 제시되고 있다. 각 영역에는 관련된 요인의 안정성, 그 요인을 정의하는 해당 유형의 검사에서 볼 수 있는 발달 변화 그리고 그 요인에 의해 대표되는 것으로 보이는 인지 능력 등이 논의되고 있다.

수리능력

심리측정과 관련된 문헌에서 수리능력이라는 구인은 산술 검사로 측정된다(Thurstone, 1938). 이 구인에 대한 요인분석 연구는 두 가지 이유에서 중요하다. 첫째, 연구 전반에 걸쳐 수리능력 요인(numerical facility factor)이 안정적이라는 것이 증명될 수 있다면, 이러한 결과는 산술이 인간 능력의 기본 영역을 대표한다는 주장에 부합할 것이다(Gelman & Gallistel, 1978; Wynn, 1992a). 둘째, 일단 요인의 안정성이 확보된다면, 요인분석 연구는 관련된 기술의 발달을 연구하는 데 이용될 수 있다. 특히 이러한 기법들은 산술능력이 확실한 능력으로 나타나는 연령을 결정하고, 산술능력과 예를 들어, 수학적 추론 기술 사이의 관계가 아동의 나이에 따라 어떻게 변화하는지 등을 결정하는 데 이용될 수 있다.

요인 안정성, 수 혹은 수리능력에 관해서는 수십 편의 심리측정 연구를 통해 요인이 확인되어 왔다(예를 들어, Canisia, 1962; Chein 1939; Coombs, 1941;

French, 1951; Goodman, 1943; Thurstone, 1938; Thurstone & Thurstone, 1941). 독특한 수리능력 요인은 다양한 연령대의 남성과 여성 집단을 대상으로 한 개별적인 분석에서뿐 아니라(Dye & Very, 1968), 미국, 중국 그리고 필리핀 학생들을 대상으로 한 연구(Guthrie, 1963; Vandenberg, 1959)에서도 발견되었다. 사실, Pawlik(1966)은 "언어 이해력(verbal comprehension: V)과 수리능력(numerical facility: N)으로 알려진 모든 적성요인 중 가장 확실히 인정된 것"(pp. 546-547)이라고 주장하였다. French(1951)는 능력요인에 대한 집중적인 검토를 통해 "수 요인이 그 모든 요인 중 가장 명확하다."(p. 225)고 진술하였다. 심지어 인간능력의 개인차는 일반지능(general intelligence: G)이라고 불리는 단일 요인으로 가장 잘 설명이 된다는 입장에 대한 충실한 지지자인 Spearman(1927)조차 기본 산술능력은 "일반지능 이상의 …… 많은 공통점을 지니고 있다."(p. 251)고 진술하였다.

연구 전반에 걸쳐, 수리능력 요인은 단순히 자극으로써의 수를 포함하는 검사가 아닌 산술 계산 검사(예를 들어, 복잡한 곱셈 문제 풀기를 요구하는 검사)와 수 관계 및 산술 개념에 대한 개념적 이해가 포함된 검사에 의해 가장 강력하게 정의되고 있다(Thurstone, 1938; Thurstone & Thurstone, 1941). 기본적으로 수리능력 요인은 2장에서 설명이 되었던 기초 산술능력의 전부 혹은 거의 전부를 포함하고 있는 것으로 보인다(Geary & Widaman, 1987). 따라서 심리측정적 관점에서 보았을 때, 산술 혹은 수리능력은 "독특한 능력을 의미한다."(Thurstone, 1938, p. 83)고 주장할 수 있다. 다시 말하면, 심리측정적 연구는 산술능력이 군집을 이루어 단일 영역을 정의한다고 주장하고 있는데, 이는 공간능력과 같이 다른 영역과는 구별이 되는 것이다. 그렇다고 일반지능에서의 개인차가 산술 및 다른 능력 측정에서의 수행에 영향을 미치지 않는다고 말하는 것은 아니며, 오히려 일반지능의 영향 이상으로 산술 검사에서 개인차에 영향을 미치는 일련의 처리과정 개념이 있는 것으로 보인다는 것이다.

다음으로 다루어야 할 문제는 발달상 수리능력이 등장하기 시작하는 시기,

즉 산술능력이 확실한 능력으로 몇 세 정도에 확인될 수 있는가 하는 것이다. Wechsler 아동용 지능검사(WISC; Wechsler, 1949)의 요인구조에 관한 종단연구에서 Osborne과 Lindsey(1967)는 유치원생 표본에게 확실한 수리능력 요인이 존재한다는 증거를 발견하였다. 그 요인은 WISC의 하위검사 '정보(information)'의 양적 항목(예를 들어, 5센트가 되려면 1센트 몇 개가 필요한가?)과 WISC의 수 및 자릿수 범위(arithmetic and digit span) 하위검사에 의해서도 정의되었다. 이 연구 결과는 유치원생들에게 있어 수리능력이란 세기, 단순 산술, 수에 대한 작업기억 그리고 양적 관계에 대한 일반적인 지식 등을 포함한다는 점을 시사하고 있다. Meyers와 Dingman(1960) 또한 학령 전 아동의 기본적인 능력에 관한 조사연구에서, 수 관련 기술은 5~7세 사이에 비교적 확실한 능력이 있음을 확인할 수 있다고 주장하였다. 이는 별개의 수 및 산술능력이 그 연령대 이전에는 분명하지 않다는 말은 아니나, 오히려 자료 수집에 있어서의 한계(예를 들어, 지필검사를 치르는 아동의 능력)를 고려해 볼 때, 확실한 수 관련 기술은 아동이 유치원에 다닐 즈음이 되어서야 표준 심리측정 검사를 이용해 측정 가능하다는 것을 의미하는 것이다. 수리능력 요인은 또한 초등학교, 중학교, 고등학교 그리고 대학에 다니는 아동 및 청소년들 표본을 통해서도 규명되어 왔다(예를 들어, Dye & Very, 1968; Osborne & Lindsey 1967; Thurstone & Thurstone, 1941). 확실한 수리능력 요인은 또한 노인 표본에서도 분명히 드러난다(Schaie, 1983).

비록 수리능력 요인이 전 생애에 걸쳐 확인되어 왔지만, 이 요인을 정의하는 검사 유형은 두 가지 발달적 변화를 보여 왔다. 첫째, 이 요인은 발달과 함께 그 속성에 있어 점점 더 산술 측면으로만 되어가고 있다. 예를 들어, 초등학교 3학년 아동에게 수리능력 요인은 산술 및 수에 대한 작업기억 검사를 포함하고 있지만(Osborne & Lindsey, 1967), 10대 후반에서 20대 초반 사람들에게 이 요인을 정의하고 있는 검사는 그 속성상 거의 전적으로 산술인 것이다(예를 들어, Thurstone & Thurstone, 1941). 학령 전 아동과 초등학생에게 수에 대한 작업기억 검사와 산술 검사가 군집화되고 있다는 연구 결과는 아마도 2장에 기술된 세어가기(counting-on) 절차와 같은, 산술 절차의 실행이라는 작업기억 요구 조건 때문일 것이다(Widaman & Little, 1992). 초등학생들에 대해 Little과 Widaman(출판 중)은 수에 대한 작업기억이 수리능력 검사 수행에 직접적으로 기여하고 있다는 점을 발견한 반면, Geary와 Widaman(1992)은 성인에게는 이와 같은 직접적인 관계가 발견되지 않았다고 했다. 다른 말로 하자면, 수 기억 범위가 산술 영역 자체의 기본적인 특징이라서가 아니라 수 기억 범위가 초기 산술능력에 중요하기 때문에, 초등학생 및 어린 아동 집단에게 수 기억 범위 검사가 산술 검사와 함께 행해지고 있다는 것이다. 산술 과정이 더 자동화됨에 따라, 즉 노력하지 않아도 실행됨에 따라 수리능력 구인은 그 속성에 있어 거의 전적으로 산술로만 이루어지게 된다는 것이다.

두 번째 발달적 추세는 수리능력 검사에 대한 수행과 아래에 기술되는 수학적 추론 검사 사이의 관계를 포함하고 있다. 기본적으로 중학생들과 같은 비교적 덜 숙련된 표본들에 대해 수리능력과 수학적 추론 검사 사이에는 중간 수준의 상관관계가 있다. 즉, 기본적인 산술능력이 나아지면 나아질수록 보통 산술 문장제 문제가 포함되는 수학적 추론 검사 수행은 더 높아진다(예를 들어, Chein, 1939; Dye & Very, 1968; Murray, 1949; Thurstone & Thurstone, 1941). 거의 모든 연구대상이 기본 산술을 숙지하고 있는 10대 후반이나 20대 초반 사람들을 포함한 표본에 있어(적어도 25세 이상을 대상으로 한 연구에 있어), 수리능력 요인과 수학적 추론 요인 사이에는 관계가 없다고 밝히고 있다(예를 들어, Dye & Very, 1968).

수학적 추론

수리능력 요인에 덧붙여, 수학적 추론 요인 또한 요인분석 연구에서 지속적으로 규명되어 왔다(Canisia, 1962; Dye & Very, 1968; Ekstrom, French, & Harman, 1976; French, 1951; Goodman, 1943; Thurstone, 1938; Vandenberg, 1959; Very, 1967). 여러 연구 전반에 걸쳐, 이 요인은 산술 추론(arithmetical reasoning), 일반 추론(general reasoning), 수학적 추론 등과 같이 다양하게 명명해 왔다. 이 책에서는 일관성 유지를 위해 수학적 추론 요인(mathematical reasoning factor)으로 명명하고자 한다. 수학적 추론 요인을 정의하는 검사는 보통 양적 관계를 찾아내고 평가하는 능력 그리고 양적 정보를 바탕으로 결론을 이끌어 내는 능력을 요구하고 있다. 사실, 관련된 요인분석 연구에서 사용된 수학적 추론 검사는 대부분 3장에서 설명되었던 것과 같은 문제를 다루고 있다. 따라서 3장에서 기술한 수학적 문제해결 기술에 대한 설명은 심리측정적 연구에서 정의된 수학적 추론 능력을 서술하고 있다고 볼 수 있다. 그렇지만 심리측정적 연구에서는 몇 가지 방식에서 수학적 문제해결 기술에 대한 이해를 더할 수 있다. 첫째, 심리측정적 연구는 수학적 추론이 확실한 요인으로서 나올 것인지 아닌지 그리고 나온다면 그 시기가 언제인지를 결정하는 데 이용될 수 있다는 것이다. 둘째, 심리측정적 접근방식이 수학적 추론 능력과 다른 수 및 추론 기술 사이의 관계를 평가(또는 사정)하는 데 사용될 수 있을 것이다.

Thurstone과 Thurstone(1941)은 8학년 학생들을 대상으로 한 대규모 연구(N=1,154)에서 산술 추론 검사가 전통적인 수리능력 검사와 함께 이루어지고 있음을 발견하였다. 관련된 연구(예를 들어, Guthrie, 1968)에서 나온 결과뿐만 아니라, 이 결과는 대다수의 중학생에게 수리능력 요인과 수학적 추론 요인이 반드시 뚜렷한 차이를 보이는 일련의 기술을 대표하는 것은 아니라는 점을 암시하고 있다. 두 번째로 이루어진 대규모 연구에서 Dye와 Very(1968)는 9학년과 11학년 고등학생 358명과 대학생 198명에게 심리측정적 검사를 실시하였다. 이 검사에는 무엇보다도 수리능력, 지각 속도, 언어 추론, 연역적 추론, 수학적 추론(이들의 연구에서는 산술 추론으로 언급됨) 그리고 추정능력 등을 측정하는 도구가 포함되어 있다. 확실한 수학적 추론 요인은 9학년과 11학년의 고등학생 그리고 대학생 모두에서 남성과 여성을 가릴 것 없이 발견되었다.

비록 별개의 수리능력 요인과 수학적 추론 요인이 Dye와 Very(1968)에서 규명되었다 하더라도, 9학년 학생들의 경우 수리능력 검사 수행이 수학적 추론 검사 수행과 중간 수준의 상관관계가 있었다. 그렇지만 대학생들에게는 수리능력 요인과 수학적 추론 요인은 서로 관련이 없었다. 9학년 학생들에게 나타난 수리능력 요인과 수학적 추론 요인 사이의 관계는 아마도 많은 수학적 추론 검사가 산술 문장제 문제해결을 포함하고 있기 때문일 것이다. 우수한 산술능력이 그러한 문제를 푸는 것을 용이하게 할 것이기 때문에, 수리능력 검사와 수학적 추론 검사는 아직 기본 산술을 습득하지 못한 연구대상 집단에서 중간 수준의 상관관계를 보이고 있었다(Geary & Widaman, 1992). Dye와 Very의 연구는 수학적 추론 기술의 발달이 애초에 적어도 어느 정도는 수리능력에 달려 있지만, 대학생들에게 수학적 추론과 수리능력은 별개의 기술이라는 점을 시사하고 있다. 이를 종합해 보면, 이러한 연구는 수리능력 혹은 산술 그리고 수학적 추론의 기초를 이루는 인지체계는 고등학교 때부터 갈라지기 시작한다고 암시하고 있다.

산술 지식과 구별되는 수학적 추론 기술의 발달은 과연 수학적 추론이 다른 형태의 추론(예를 들어, 연역적 추론과 귀납적 추론)과 별개인가에 대한 질문에 응답을 못하고 있는 상태다. Dye와 Very(1968)는 언어적 및 연역적 추론 검사에서의 수행과 수학적 추론 검사에서의 수행 사이에 강한 관계를 발견하지 못했다. 이러한 결과는 일부 청소년과 청년에게 양적인 영역에서 추론하는 능력이 양적이지 않은 영역에서 추론하는 능력과는 별개라는 점을 들고 있다. 이와 같은 연구 결과에도 불구하고, 다른 연구에서는 산술 및 대수 문제해결 검사가 때때로 언어 및 다른 양적이지 않은 추론 검사와 함께 있다는 것을 발견하였다(예를 들어, Ekstrom, French, & Harman, 1979; French, 1951; Vandenberg, 1959). 이를 종합하면, 연구 결과의 이러한 패턴은 수학적 추론

이 애초에 수리능력 요인에 의해 그리고 더 일반적인 추론 능력에 의해 대표되는 기술로부터 발달된 것이라는 점을 시사하고 있다. 수학적 추론 기술의 독특한 체계는 수학을 많이 경험했넌 10대 후반(즉, 고등학교 말이나 대학교 초) 청소년들에게만 나타나는 것 같다(예를 들어, Very, 1967).

다른 수학 능력

수리능력 요인과 수학적 추론 요인은 많은 요인분석 연구 전반에 걸쳐 일관성 있게 발견된 수학 능력의 체계만을 대표한다. 그러나 몇 가지 연구에서 다른 수학 관련 요인들이 규명되고 있다. 이러한 다른 잠재적인 수학 능력이 왜 수리능력 및 수학적 추론만큼 일관성 있게 발견되지 않았는지는 분명치 않으나, 한 가지 이유는 여러 연구 전반에 걸쳐 활용되었던 검사의 형태인 것으로 보인다. 예를 들어, Thurstone과 Thurstone(1941)은 배열된 점을 빠르고 정확하게 세는 능력을 평가한 항목으로 정의되는 점 세기 요인(dot counting factor)에 대한 증거를 발견했다. 점 세기 검사는 보통 다른 심리측정적 연구에는 포함되지 않았다. 그 결과, 이 요인의 안정성은 실제로 평가되지 않았다. 점 세기에 덧붙여, 몇몇 연구 또한 숫자 유연성 요인(digit flexibility factor) 및 추정 요인(estimation factor)을 따로따로 규명해 냈다(예를 들어, Canisia, 1962; Very, 1967).

8학년 학생 집단을 대상으로 Thurstone과 Thurstone(1941)이 규명하였던 점 세기 요인은 이 요인을 정의하는 검사가 순간파악하기(subitizing) 실험에서 사용된 과제와 매우 유사하다는 점에서 흥미를 끌었다(1장 '유아의 수 관련 능력' 부분 참조). 그 연구에서 수리능력 검사에서의 수행은 점 세기 검사에서의 수행과 관련이 없었다. 이러한 결과는 중학생들에게 있어 산술능력은 점 세기와 관련된 기술, 즉 순간파악하기(subitizing), 세기(counting) 그리고 추정하기(estimating) 등과 관계가 없음을 시사하고 있는 것이다(Mandler & Shebo, 1982). 물론 아동은 산술문제를 풀기 위해 때때로 수를 세고, 이는 학령 전 아동에게 세기와 산술 검사가 함께 이루어지는 경향이지만(Osborne & Lindsey, 1967), 중학생들은 산술문제를 풀기 위해 세기를 그리 자주 사용하지는 않는다(Ilg & Ames, 1951). 그러므로 세기 기술은 Thurstone과 Thurstone(1941)의 연구에서 평가하고자 하는 학생의 산술능력에는 기여하지 못했다. 점 세기 요인과 수리능력 요인 사이에 상관관계가 없다는 연구 결과는 기초적인 순간파악하기 기술이 산술능력과는 구분될 수 있다고 시사하며, 이는 순간파악하기와 산술은 동일한 선천적 언어 전 세기 체계에서 나타난다는 최근의 주장과는 반대되는 것이다(Gallistel & Gelman, 1992). 이것은 순간파악하기가 초기 산술능력 발달에 활용되지 않는다고 말하는 것이 아니다. 오히려 순간파악하기가 세기 및 산술 발달에 활용되고 있다면, 이와 같은 결과는 순간파악하기와 산술의 기초가 되는 인지체계가 적어도 초기 청소년기까지는 서로 다르다는 것을 암시하는 것이다.

Very(1967)와 Canisia(1962)가 규명해 낸 숫자 유연성 요인에는 "산술 연산을 수행하지 않고도 조작하고, 배열하고, (숫자들을) 비교하는 능력"이 포함되어 있다(Very, 1967, p. 187). 이 요인과 연계된 검사는, 예를 들어 일련의 수들을 비교하는 **보다 많은** 혹은 **보다 적은** 등으로 신속하게, 비교하기 특정 조건(예를 들어, 홀수 혹은 짝수)을 만족시키기 위해 가능한 한 많은 수 적기, 혹은 수열 완성하기(예를 들어, 2, 4, 6, ……) 등과 같은 것을 포함하고 있다. Canisia는 고등학생 집단에 있어 숫자 유연성 요인은 수리능력 요인 및 수학적 추론 요인과 상관관계가 없다는 것을 발견하였다. 추정 요인은 Very(1967)가 규명했으며 양적 추정 능력을 포함하고 있다. Thurstone(1938)은 양적 추정 검사가 비록 수학적 추론 검사와 함께 이루어지기는 하지만, 전통적인 수리능력 검사와 함께 이루어지지 않는다는 것을 발견하였다. 정말로 Very(1967)는 추정 요인이 "적절한 결론을 이끌어 내기 위해 새로운 가설들을 신속하게 만들어 내고 평가하는 능력"(p. 187)을 포함한다고 주장하였는데, 이는 추정이 추론 기술을 필요로 한다는 것을 의미한다. 따라서 양을 비교하는 **속도**는 산술 및 수학적 추론 기술과는 별개의 것으로 보인다. 하지만 우수한 양적 추정 능력은 수학적 추론 능력과 다르지 않을 수 있다.

결론적으로, 그 증거가 수리능력과 수학적 추론 구인에 대한 연구만큼 일관성이 있지는 않더라도, 일부 심리측정적 연구는 더 낮은 수준의 수학 영역이 존재할 수 있다고 주장하고 있다. 이 영역은 순간파악하기(즉, 점 세기; Thurstone & Thurstone, 1941), 숫자 유연성(즉, 신속하게 수를 비교하는 능력) 그리고 양적 추정 기술 등과 관련된 기술을 포함하고 있는 것으로 보인다. 이 세 가지 잠재적 수학 영역 중에서, 점 세기 요인 및 숫자 유연성 요인과 관련된 기술의 독특함에 대한 증거는 추정 요인과 관련된 증거보다 더 강력하다 (Thurstone & Thurstone, 1941; Very, 1967). 적어도 능숙한 사람들에게는 점 세기 요인과 숫자 유연성 요인이 수리능력과 수학적 추론 기술과는 구분되는 것으로 보인다. 다른 한편으로, 추정 요인과 관련된 처리과정은 단지 수학적 추론 능력을 반영하고 있을 뿐이다(Petitto, 1990).

요약

요인분석 연구는 종종 현대의 발달, 인지 그리고 수학교육 연구자들에게 높이 평가받지 못하고 있다. 그러나 이런 연구가 신중하게 수행될 때, 인간 능력에 대해 독특하고 유용한 정보를 제공할 수 있다. 특히 요인분석 연구는 잠재적으로 독특한 능력 영역을 규명하는 데 유용하다. 일단 언어 이해와 같은 특정 영역이 여러 연구 및 서로 다른 인구 집단(예를 들어, 중국과 미국)에서 추출된 표본들 전반에 걸쳐 지속적으로 발견되는 것이 보인다면, 요인분석 기법은 해당 영역의 발달에 있어서의 추세를 따르는 데 익숙해질 수도 있다. 이 기법들은 관련된 기술이 언제 별개의 영역으로 나타나고 다양한 영역 사이의 관계가 발달과 함께 어떻게 변화하는지를 결정하는 데 특히 쓸모가 있다.

요인분석 연구는 수학에 대해 두 가지 기본 영역을 일관성 있게 발견해 왔다. 첫 번째 영역은 수리능력으로, 본질적으로 2장에 기술된 수리능력을 포함하고 있다. 두 번째 영역은 수학적 추론이고 근본적으로 3장에서 설명되었던 수학적 문제해결을 포함하고 있다. 이 두 개의 영역 중 수리능력이 가장 안정적이다. 사실, 수리능력 요인은 수십 년간의 심리측정적 연구 전반에 걸쳐 규명된 가장 명확하고 가장 안정적인 요인으로 꼽히고 있다(French, 1951; Thurstone, 1938). 수리능력 요인은 애초에 5~7세의 아동에게서 발견되었고(예를 들어, Meyers & Dingman, 1960), 초등학생 및 중 · 고등학생에게서는 물론 청년과 더 나이가 든 성인에게서 항상 혹은 거의 항상 발견되었다. 이 요인의 가장 중요한 발달적 경향은 아동이 수학적으로 더 능숙해짐에 따라, 이 요인은 그 속성상 거의 전적으로 산술이 되어 간다는 것이다. 이를 종합해 보면, 이 요인의 안정성은 상당히 인상적이고 산술은 인간 능력의 근본적인 영역을 포함하고 있다는, 2장에서 제시된 주장을 강력하게 지지하고 있다.

비록 수학적 추론 요인이 산술 및 대수 문제해결 검사를 포함시켰던 대부분의 연구에서 발견되었다 하더라도, 수학적 추론이 산술 및 일반 추론 기술과 어느 정도까지 구분이 되는지는 명확하지 않다(Dye & Very, 1968; Thurstone & Thurstone, 1941). 전반적으로, 수학적 추론 요인과 관련된 기술은 수학문제 풀 때의 경험과 함께 발달하는 것으로 보인다. 즉, 대다수의 아동에게 일련의 독특한 수학적 문제해결 기술은 고등학교 시절 기본 산술 및 일반 추론 능력으로부터 나오게 될 가능성이 매우 높다. 그럼에도, 이러한 기술이 일단 발달하게 되면, 수학적 추론은 다른 수 및 추론 능력과는 별개인 것 같다(예를 들어, Dye & Very, 1968). 마지막으로, 이는 일부 아동과 청소년이 양적 관계에 대한 추론에서 특히 능숙할 수 있다는 가능성을 배제하는 것이 아니다(예를 들어, Benbow, 1988). 이 수학 영재 아동에게 있어 수학적 추론 능력의 발달은 일반 아동의 그것과는 다를 수 있다(O'Boyle, Alexander, & Benbow, 1991; 6장의 '수학영재' 부분 참조).

인지적 관점

1970년대 초 인지심리학자들은 전통적인 심리측정적 검사에서 수행의 기초를 이루는 인지적 처리과정을 규명하는 데 관심을 갖기 시작했다(예를 들어, Hunt, Lunneberg, & Lewis, 1975). 일례로 Hunt 등은 언어능력 검사에서의 우수한 수행은 다른 무엇보다도, 언어 정보가 장기기억으로부터 인출될 수 있는 속도와 관련되어 있다는 것을 발견하였다. 장기기억으로부터 언어 정보를 이용할 수 있는 속도가 빠르면 빠를수록, 언어능력 검사에서 더 나은 수행을 보이게 된다. 심리측정적 그리고 인지적 접근방식을 인간 능력의 개인차를 이해하는 데 연결하려는 전반적 노력이 혼합되는 결과를 가져왔다(예를 들어, Keating, List, & Merriman, 1985). 그럼에도, 산술에 관한 인지적 연구(Ashcraft, 1992)와 심리측정적으로 정의된 수리능력 및 수학적 추론 구인을 연계시키려 시도해 왔던 연구는 비교적 성공적이었다(Geary & Widaman, 1987; Siegler,

1988a). 이러한 연구는 수학적 추론 능력에 있어서의 개인차의 원인이 되는 처리과정에 대한 어떤 정보는 물론, 수리능력 검사에서의 개인차의 기초를 이루는 인지적 그리고 전략적 처리과정에 대한 통찰력을 제공하였다. 이러한 연구의 결과와 의미를 여기에 요약하고자 한다.

수리능력

장기기억에서 산술식(arithmetic facts) 인출하기와 같은, 산술문제해결과 관련된 인지적 처리과정과 수리능력 검사에서의 수행 사이의 관계를 직접적으로 조사했던 몇몇 연구가 있었다(Geary & Widaman, 1987, 1992; Widaman et al., 1992). 이러한 연구 중 첫 번째 것에서 Geary와 Widaman은 100명의 대학생에게 지필검사를 실행하여 학생들에게 컴퓨터로 치르는 일련의 산술문제를 풀도록 하였다. 지필검사에는 수리능력, 지각속도(즉, 숫자와 같은 상징을 부호화하는 혹은 읽는 속도) 그리고 공간능력 검사가 포함되었다. 컴퓨터로 하는 과제에서 나온 자료는 일부 통계와 함께 우리에게 산술문제해결을 성분과정(component process)으로 분류할 수 있게 해 주었다. 성분 과정에는 수 부호화하기(즉, 컴퓨터 화면에서 수 읽기), 장기기억으로부터 산술식 인출하기 그리고 받아올림(내림)하기 등이 포함되었다. 더욱이 이러한 기법들은 연구대상 개개인이 이 과정 각각을 실행할 수 있는 속도에 대한 정보를 제공하였다. 예를 들어, '47+79'와 같은 복잡한 덧셈 문제를 풀 때 한 연구대상은 다음 단위로 받아올림하는 데 0.9초가 필요했던 반면, 두 번째 연구대상은 동일한 과정을 수행하는 데 단 0.5초 걸렸다.

이 결과는 기초 산술 과정이 수행될 수 있는 속도와 전통적인 수리능력 검사 수행 사이에는 매우 강한 관계가 있음을 보여 주었다. 구체적으로 말하면, 산술식이 장기기억으로부터 인출되는 속도가 빠르면 빠를수록 그리고 받아올림(내림) 연산의 수행이 빠르면 빠를수록, 지필 수리능력 검사에서의 수행은 더 나아진다. 더욱이 이러한 산술 과정의 수행속도는 지각속도 및 공간 검사에 관한 수행과는 직접적인 관련이 없었다. 이와 같은 결과는 다음에 제시되는 몇 가지 이유로 인해 중요하다고 할 수 있다. 첫째, 적어도 수학 영역에서, 현대의 인지연구자들(예를 들어, Ashcraft, 1992)은 초기 심리측정 연구자들(예를 들어, Thurstone, 1938)이 했던 것처럼 기초 산술능력에 있어서 개인차의 근거가 되는 동일한 과정을 규명해 냈다. 둘째, 연구의 결과는 수리능력 구인이 분명히 그 속성상 산술이라는 것과 이러한 연구에서 산술능력의 원인이 되는 과정은 다른 정신능력, 특히 공간능력과 관련된 과정과는 구분된다는 것을 보여 주었다(Geary & Widaman, 1987).

산술 과정과 아동 집단을 대상으로 한 전통적인 산술 검사 수행 사이의 관계를 조사한 몇 가지 연구도 존재한다(Geary & Brown, 1991; Geary & Burlingham-Dubree, 1989; Siegler, 1988a; Widaman et al., 1992). 이러한 연구 중 한 가지(Geary & Burlingham-Dubree, 1989)는 학령 전 아동과 유치원생을 대상으로 Wechsler 유아용 지능검사(WPPSI; Wechsler, 1967)와 Wide Range Achievement Test(WRAT; Jastak & Jastak, 1978)의 산술 하위검사를 실시하여 이들이 일련의 덧셈 문제를 푸는 과정을 비디오로 촬영한 것이다. 손가락 세기처럼 아동이 덧셈 문제를 풀 때 사용하는 전략의 유형을 결정하고 그들이 서로 다른 전략을 실행하는 속도를 알아보기 위해 녹화된 내용을 바탕으로 점수를 매겼다. 그런 다음, 두 가지 인지적 변수를 구성하였다. 첫 번째 변수는 아동이 답을 정확하게 기억하고 있는 문제의 경우 장기기억으로부터 덧셈식(addition facts)을 인출하는 속도의 추정치를 제공하였다.

두 번째 변수는 대안적 전략을 활용하는 아동의 기술에 대한 정보를 제공하였다. 예를 들어, 한 아동이 어떤 덧셈 문제의 답을 정확히 인출할 수 있다면, 능숙한 전략선택은 단지 인출된 답을 진술하는 것을 의미할 것이다. 다른 한편으로, 답이 기억으로부터 정확하게 인출될 수 없다면 더 나은 전략선택은 그 문제를, 예를 들어 손가락 세기와 같은 전략으로 해결하는 것을 의미할 것이다(2장 '전략선택 모형' 참조). 이 연령대의 아동은 기억 인출보다 손가락 세기를 더 선호하는데, 이는 보통 손가락 세기가 기억 인출보다는 더 정확하기 때문이다. 머릿속에 떠오르는 어떠한 답을, 그 답이 정답일 가능성이 있든 없든, 그냥 말하는 것은 잘못된 선택에 해당된다. Siegler(1988a, 1993)가 실시한 몇 가지 연구는 물론, 이번 연구에서도 아동들은 자신의 전략선택에 대한 적응이 다양하다는 것이 발견되었다(Geary & Burlingham-Dubree, 1989). 일부 아동은 거의 항상 최선의 문제해결 전략을 선택하는 반면, 일부 아동은 지속적으로 올바르지 않은 전략을 선택한다. 능숙한 전략선택은 각각의 문제를 해결하는 데 있어 활용 가능한 전략들 중 가장 빠르고 가장 정확한 것을 사용하는 것을 의미한다. 즉, 전략 수행에 요구되는 시간의 양과 그 전략이 정답을 산출할 가능성 사이의 적절한 균형을 제공하는 전략을 선택하는 것이다. 잘못된 전략선택은 종종 머릿속에 떠오르는 어떠한 답을, 그 인출된 답이 정답일 가능성이 있든 없든 그냥 말하는 것 혹은 비효율적인 세기 전략을 사용하는 것 등이 포함된다.

Geary와 Burlingham-Dubree(1989) 연구의 주요 목적은 능력 및 성취 검사 수행 과정에서 이 단서 인출(fact retrieval)의 속도와 전략선택 변인 사이의 관계를 결정하는 데 있다. 그 결과는 전략선택 변인과 WPPSI와 WRAT의 산술 하위검사 수행 사이에는 중간 수준에서 높은 수준까지의 관계가 있음을 보여 주고 있다. 우수한 전략선택 능력은 두 개의 산술 검사 모두에서의 더 나은 수행과 관련이 있었다. 전략선택은 또한 WPPSI의 몇 가지 공간 하위검사에서의 수행과 중간 수준의 관계가 있었지만 언어 하위검사와는 관련이 없었다. 덧셈 문제해결을 위한 전략선택과 공간능력 간 관계는 산술문제를 풀기 위해 덧셈 문제를 손가락으로 표현하는 것처럼, 어린 아동의 공간 정보 활용에서 기인하는 것 같다(Carpenter & Moser, 1984). 덧셈식 인출 속도는 또한 산술 검사에서의 수행과 관련이 있지만 WPPSI의 언어 혹은 공간 하위검사 수행과는 관련이 없었다. Geary와 Widaman(1987)이 대학생을 대상으로 한 연구에서 발견한 것처럼, 초등학생들을 대상으로 한 Widaman 등(1992)의 연구는 기초 산술식이 기억에서 빨리 인출되면 될수록 학령 전 아동의 산술 검사 수행은 더 나았다.

이는 인지적 관점에서 산술능력에 있어서의 개인차가 개념지식에 있어서의 차이와 관련이 없다고 말하는 것이 아니다. 사실, Geary, Bow-Thomas 그리고 Yao(1992)는 초등학교 1학년 아동을 대상으로 한 연구에서, 세기 지식은 덧셈 문제를 풀기 위해 능숙하게 전략을 선택하는 데 있어서의 개인차에 강력한 영향을 미치고 있음을 발견하였다. 특히 아동의 효율적인 세기 절차 활용은 세기 개념에 대한 성숙한 이해도에 달려 있는 것으로 보였다. 개념지식과 적절한 전략선택 기술 모두 전통적인 수학성취 검사에 있어서의 수행과 관련되어 있다. 세기 개념 이해에서의 개인차는 덧셈 문제를 풀기 위한, 발달적으로 정교해지는 세기 전략(예를 들어, 세기 절차)의 활용에 있어 개인차의 원인이 되며 수학성취 점수에 개인차가 직접적으로 기여한다. 최근 연구에서 Geary, Bow-Thomas 등(1993)은 작업기억 또한 유치원생들의 세기 전략에 영향을 미치고 있음을 발견하였다. 특히 손가락 세기에 반해 음성언어를 이용한 세기 전략의 사용은 우수한 작업기억 기술과 관련되어 있었다.

이와 같은 연구는 앞에서 기술되었던 심리측정적 연구와 기초 산술능력에 있어서의 개인차에 대한 현대 연구 사이의 분명한 연속성을 보여 주었다. 심리측정 그리고 인지연구자들은 기초 산술능력에서의 개인차에 대해 동일한 원인을 규명해 냈다. 또한 이들 두 가지 접근방식은 모두 기초 기술에서의 개인차 원인이 어느 정도 발달과 함께 변화한다고 주장하고 있다. 학령 전 아동과 초등학생들의 우수한 전략선택의 개인차 및 개념지식과 작업기억과 같이 선택에 영향을 미치는 요인은 산술능력 개인차의 주요 원인으로 보인다. 기초 연산 인출과 같은, 기초 연산이 수행될 수 있는 속도는 아동의 능력 차이에 영향을 주지만 전략 기술 그리고 어쩌면 개념지식의 개인차와 비교해 봤을 때 덜 중요한 요인으로 보인다. 기본 계산식(basic facts)을 기억하게 됨에 따라 그리고 절차의 활용이 점점 자동화됨에 따라 개인들 간의 전략 차이는 대부분 사라진다. 이러한 시점에서 산술능력 개인차의 주요 원인은 받아올림(내림)과 같은 기초 산술 처리과정의 수행속도가 되기도 한다.

결론적으로 산술에 뛰어난 수행을 보이는 아동은 기초적인 수 및 산술 개념에 대한 우수한 이해력을 가지고 있으며, 수와 관련된 우수한 작업기억을 지닌 것으로 보인다(Geary, Bow-Thomas et al,. 1993; Geary, Bow-Thomas, & Yao, 1992). 이와 같은 아동의 잘 발달된 수 개념 및 작업기억 기술은 문제를 푸는 동안 효과적인 전략을 선택하는 능력으로 귀결된다. 비록 기초 산술 과정의 수행속도 또한 중요하다 하더라도, 대안적인 문제해결 전략의 효과적인 활용은 다시 초기 산술능력의 주요한 개인차의 원인이 될 수 있다(Geary & Burlingham-Dubree, 1989; Siegler, 1988a).

수학적 추론

일반적인 추론 기술에서의 개인차에 대한 인지적 관점 연구가 몇 편 있기는 하지만(예를 들어, Sternberg, 1977; Sternberg & Gardner, 1983), 인지적 관점에서 본 수학적 추론 능력의 개인차에 대한 연구는 비교적 드물다. 이 분야에서 실시된 한 연구에서 Geary와 Widaman(1992)은 112명의 공군 지원자들을 대상으로 받아올림(내림)과 같은 산술 연산 수행속도에 대한 인지적 측정치와 작업기억에서 산술 연산을 수행하는 능력 그리고 심리측정 종합검사에서의 수행 사이의 관계를 조사했다. 심리측정적 검사는 수리능력 요인, 지각속도 요인, 수학적 추론 요인(연구에서는 일반 추론이라고 불리운) 그리고 기억 범위 요인(memory span factor) 등으로 한정되었다. 수학적 추론 요인은 산술 문장제 문제 두 묶음로 한정되었다. 그중 한 묶음의 검사는 연구대상들에게 실제로 문장제 문제를 풀도록 요구한 반면, 다른 한 묶음의 검사는 연구대상들에게 실제로 문제를 풀지 않지만 문제를 풀 필요가 있는, 덧셈 및 곱셈과 같은 산술 연산의 순서를 결정하도록 하였다. 기억 범위 요인은 연구대상들에게 짧은 시간 동안 시각적으로 그리고 음성언어적으로 제시되는 일련의 숫자들을 기억하도록 하는 검사로 한정하였다.

이러한 연구(Geary & Widaman, 1992)의 한 가지 목적은 수학적 추론 능력의 개인차가 기초 산술 과정의 수행속도 그리고 작업기억에서 산술 연산을 인지적으로 수행하는 기술과 어느 정도 관련되어 있는지를 결정하는 데 있다. 그 결과는 우리가 수행한 첫 번째 연구의 결과를 되풀이하고 있었다. 즉, 기초 산술 과정 수행속도는 수리능력 검사에서의 수행과 강하게 관련이 있다는 것이다. 사실, 두 연구 모두에서 기초 과정 수행속도는 청년들의 기초 산술능력의 개인차를 대략 80% 정도 설명해 주고 있었다. 비록 기초 산술 연산 수행속도 또한 수학적 추론 기술 검사에서의 수행에 기여한다 하더라도, 기초 산술 과정 수행속도 및 기초 산술 연산 수행속도 등은 수학적 추론 능력 개인차의 주요 원인은 아니며 이는 앞서 기술된 심리측정적 연구의 결과와 일치하고 있다. 그렇지만 작업기억에서 산술 연산을 정신적으로 수행하는 능력은 수학적 추론 능력 개인차의 중요한 원인으로 이 능력에서 성인이 보이는 차이의 약 25%를 설명하고 있다.

이러한 연구 그리고 일반 추론 능력에 관한 개인차 연구(Sternberg & Gardner, 1983) 및 3장에서 언급한 연구 등을 바탕으로, 수학적 추론 능력의 개인차는 어쩌면 네 가지 인지 기술과 관련이 있을 수 있다는 잠정적인 주장을 할 수 있다. 첫 번째 두 가지 기술에는 3장에서 설명이 된 수학적 문제해결과 관련된 기술이 포함되어 있다(A. B. Lewis & Mayer, 1987). 비록 이러한 기술이 개인차라는 틀 안에서 명시적으로 평가되지 않았다 하더라도, 3장에 기술된 연구는 수학적 문제해결 기술에 있어서 개인차의 잠재적인 원인에 대해 추론할 수 있게 해 준다. 첫째, 산술 문장제 문제의 표현을 인지적으로 설정하는 능력은 대학생들이 보이는 문제해결 오류의 중요한 원인이다. 이러한 결과는 표현 기술의 개인차가 수학적 추론 능력 개인차의 중요한 원인일 가능성이 높다는 점을 시사하고 있다. 둘째, 문제해결 도식이 쉽게 발달될 수 있다는 것 또한 수학적 추론 기술에 대한 개인차의 가능성 있는 원인으로 보인다(Mayer, 1981).

수학적 추론에 있어서의 세 번째 개인차 원인은 작업기억, 혹은 수학 연산을 실행하는 동안 중요한 정보를 인지적으로 유지하는 능력으로 보인다. 마지막으로, 받아올림(내림)과 같은 기초 수학적 처리과정이 수행되는 속도 또한 수학적 추론 능력의 개인차의 원인이 된다. 이를 종합해 보면, 수학적 추론에 능숙한 사람들은 기초 계산을 빠르고 자동적으로 수행하는 것으로 보인다. 또 다른 연산을 수행하는 동안 중요한 정보를 인지적으로 유지할 수 있으며, 수학문제의 표현과 해석 그리고 해결에 도움이 되는 도식을 발달시키고 있다.

요약

기초 수학 능력에 있어서의 개인차에 대한 인지적 관점 연구는 앞서 기술된 심리측정적 연구에 중요한 보완재를 제공하고 있다. 특히, 인지적 연구는 수리능력 요인과 수학적 추론 요인을 정의하고 있는 검사 수행의 기초를 이루는 특정 정신 과정에 대한 통찰력을 제공해 왔다. 학령 전 아동과 초등학생들에게 수리능력 혹은 산술 검사에서의 개인차는 주로 아동의 지적 소양 및 대안적인 문제해결 전략들을 활용하는 기술과 관련되어 있는 것으로 보인다. 숙련된 전략선택은 하나의 문제해결 전략을 다른 전략 대신 사용하기 위해 선택했을 때의 속도와 정확성 요구에 대한 균형을 맞추는 능력에 반영되어 있고(Geary & Burlingham-Dubree, 1989; Siegler, 1988a), 그 기초를 이루는 개념에 대한 우수한 이해(Geary, Bow-Thomas,

& Yao, 1992) 그리고 작업기억(Geary, Bow-Thomas et al., 1993) 등에 달려 있는 것으로 보인다.

좀 더 정확하게 말하면, 능숙한 전략선택에는 각 문제를 보고 가장 쉽게 풀어 정답을 산출할 가능성이 높은 전략을 활용하는 것이 포함된다. 이 영역에서 능숙함을 보이는 아동의 경우에는 어떤 문제의 답은 기억에서 인출하고, 다른 문제의 답은 소리 내어 세게 될 것이고, 또 다른 문제의 답은 손가락을 세어 구하게 될 것이다. 아동의 미숙한 전략선택은 산술문제를 해결하기 위해 비효율적인 세기 전략을 활용하고 기억 인출을 지나치게 많이 사용하는 것과 관련 있다. 즉, 이러한 아동의 대다수는 정답이든 아니든 답을 기억에서 인출한다고 진술하고 있다. 마지막으로, 비록 정도 면에서 더 적기는 해도 기본적인 과정이 수행될 수 있는 속도 또한 기본적인 산술 능력에서 아동이 보이는 개인차의 원인이 된다(Geary & Brown, 1991; Widaman et al., 1992). 전략선택에서의 개인차가 덜 분명한, 좀 더 능숙한 표본들의 경우, 수리능력 검사에서의 수행 차이는 받아올림(내림)과 같은 기초 산술 과정이 수행되는 속도에 의해 결정된다. 이 과정이 빠르고 정확하게 수행되면 될수록, 수리능력에 대한 지필검사 수행은 좀 더 나아진다(Geary & Widaman, 1987, 1992).

수학적 추론 능력에 있어서의 개인차의 원인이 되는 인지적 요인은 수리능력 구인과 관련된 요인만큼 이해되지는 못하고 있다. 그럼에도, 기초 과정이 수행될 수 있는 속도와 수학 연산을 정신적으로 수행하고 있는 동안 마음속에 정보를 유지하는 능력은 수학적 추론 능력에서 중요한 개인차의 원인으로 보인다(Geary & Widaman, 1992). 더욱이 '관련된 도식이 쉽게 발달하는가?'라는 문제와 함께, 산술 및 대수 문장제 문제의 의미를 정신적으로 해석하고 표현하는 능력에서의 개인차는 수학적 추론에서 수행 차이의 중요한 원인이 될 가능성이 매우 높다(예를 들어, A. B. Lewis & Mayer, 1987). 이러한 기술을 명시적으로 조사하는 개인차 연구는 산술 처리과정 및 작업기억 기술과 함께, 이러한 연구의 수학적 추론 검사 수행과의 관계에 대해 우리가 이 영역에 대한 이해의 간격을 메울 필요가 있다.

행동유전학적 관점

행동유전학 연구는 유전 요인이 다양한 영역(예를 들어, 지능, 신체 발달 그리고 성격 등; Plomin et al., 1990)의 관찰 가능한 특성이 개인차로서의 기여도를 결정하는 것과 관련되어 있다. 이 관계를 표현하는 데 사용되는 주요 척도는 유전 가능성 혹은 h^2이다. 유전 가능성 값은 해당 특성을 뒷받침하는 유전형의 개인차로 인한, 주어진 집단의 특정 특성의 변이성 양에 대한 추정치를 제공한다. h^2은 특정 개인에 대한 판단을 내리는 데 사용될 수 없으며 집단만을 대상으로 한다. 예를 들어, 지능에 대한 h^2 추정치가 0.50이라고 결정되면, 사람들 전반에 걸친 IQ 점수의 변이성의 50%는 지능을 뒷받침하는 유전자의 변이성 때문일 것이라고 주장할 수 있는 것이다(Bouchard, Lykken, McGue, Segal, & Tellegen, 1990 비교). 하지만 어떤 한 사람 IQ 점수의 50%가 유전자 때문이고, 나머지 50%가 환경 요인이나 유전 요인과 환경 요인 사이의 어떤 상호작용 때문이라고 진술할 수는 없다.

수학 능력의 유전 가능성에 대한 행동유전학적 연구에서는 h^2를 추정하기 위해 일반적으로 활용되는 두 가지 방법이 있다(Plomin et al., 1990). 첫 번째 방법에는 이란성 쌍둥이 여러 쌍의 특성 유사도와 일란성 쌍둥이 여러 쌍의 특성 유사도를 비교하는 것이다. 일란성 쌍둥이들이 유전적으로 동일한 반면, 이란성 쌍둥이들은 평균적으로 유전자의 50% 정도를 공유한다. 유전 가능성 추정치의 한 가지 유형은 일란성 및 이란성 쌍둥이 여러 쌍의 특성 상관관계 사이의 차이를 두 배로 함으로써 얻을 수 있다(Plomin et al., 1990). 그래서 어떤 검사에서 일란성 및 이란성 쌍둥이 여러 쌍의 상관관계가 각각 0.80과 0.60으로 나타난다면, h^2 추정치는 0.40, 즉 2(0.80−0.60)가 될 것이다. 특성에 대한 환경적 영향은 물론 잠재적인 유전적 영향에 대한 판단을 내리기 위해 일반적으로 사용되는 또 다른 방법은 주어진 특성에 대해 부모와 자녀들이 유사한 정도를 조사하는 것이다. 이를 **가계 유사성 연구**(familial resemblance studies)라 부른다. 여기에서의 초점은 이 장 전반에 걸쳐 기술된 수리능력 구인과 수학적 추론 구인의 쌍둥이 및 가계 유사성 연구에 맞춰져 있다. 그 목적은 산술 및 수학적 문제해결 능력이 어느 정도로 유전 가능한 것인지를 사정하는 데 있다. 산술 및 수학적 추론 능력의 유전 가능성에 대한 정보는 이러한 능력에 대해 생물학적 요인과 환경적 요인의 상대적 기여도에 대한 통찰력을 제공해 주고 있다.

수리능력

수리능력 구인에 관한 쌍둥이 연구는 관련된 산술능력에 있어 중간 수준의 유전 가능성이 있음을 일관성 있게 보여 주고 있다(Husén, 1959; Nichols, 1978; Vandenberg, 1962, 1966). 예를 들어, 심리적 특성에 관한 쌍둥이 연구에서 Vandenberg(1966)는 몇몇 연구 전반에 걸쳐, 수리능력 요인에 있어 h^2 중앙값(즉, 몇 번의 수리능력 검사를 통해 합산된 전체 수행)이 0.45인 것을 발견하였다. 이와 비슷하게 Vandenberg(1962)는 다른 연구에서 덧셈 검사와 같은 개별적인 수리능력 검사에 대한 h^2 추정치가 0.43과 0.58 사이인 것을 발견하였다. Husén은 스웨덴의 쌍둥이 군인들을 대상으로 한 대규모 연구에서 초등학교 수준의 산술에 대한 h^2 추정치가 0.66인 것을 발견했다. DeFries와 동료들은 부모와 자녀의 산술능력이 정적 상관관계가 있음을 보여 주었는데, 이는 유전 및 환경 요인 모두 우수한 산술능력에 기여하고 있다는 것을 암시하고 있다(DeFries et al., 1976, 1979). 이를 종합해 보면, 이러한 연구는 산술능력의 변이성 중 대략 절반가량은 유전적 요인 때문이라는 것을 시사하고 있다.

수학적 추론

다음에 언급된 많은 연구가 수학적 추론에 대한 특정 검사를 포함시키지 않았기 때문에 수학적 추론 능력의 유전 가능성에 대한 연구 결과는 수리능력 구인 연구와 관련된 결과보다는 덜 확실하다. 그럼에도, Vandenberg(1966)는 종종 산술 문장제 문제를 포함하는 일반 추론 검사에서의 수행은 몇 가지 연구에서 0.27의 중앙값 h^2 추정치를 보여 주고 있다는 것을 발견하였다. Loehlin과 Nichols(1976)는 국비장학생선발검사(National Merit Scholarship Qualifying Test: NMSQT)를 치렀던 고등학교 2학년 학생 집단으로부터 선정된 쌍둥이 850쌍을 대상으로 연구를 진행하였다. 이들은 다른 무엇보다도 수학을 포함한 다섯 가지 NMSQT 하위검사에 대한 일란성 쌍둥이(monozygotic: MZ)와 이란성 쌍둥이(dizygotic: DZ) 사이의 상관관계 차이를 조사하였다. 비록 NMSQT 수학 하위검사가 다양한 수학 능력을 사정하고 있다 하더라도, 상대적으로 숙련된 표본들이 연구에서 평가되었다는 점을 고려해 봤을 때, 이 측정도구 수행에 대한 개인차는 많은 부분에서 수학적 추론 기술 때문이지 기초 산술능력 때문은 아니었을 것 같다. 이 하위검사의 h^2 추정치는 두 동일 연령집단 및 성 전반에 걸쳐 0.36에서 0.66에 이르렀다.

이를 종합해 보면, 이러한 연구는 수학적 추론 능력의 개인차 중 적은 정도에서 중간 정도는 유전적 요인 때문이라는 것을 시사한다. 하지만 이러한 결과가 일반적인 추론 기술을 반영하는지 아니면 특정 수학적 추론 능력을 반영하는지는 명확하지 않다. 산술 및 일반적인 추론 능력의 유전 가능성을 넘어선 수학적 추론 능력의 유전 가능성에 대한 더 분명한 결론이 내려지기 전에는 수리능력 및 비양적(nonquantitative) 추론 검사와 함께, 수학적 추론에 대한 전통적인 심리측정적 검사에서의 수행에 대한 행동유전학적 연구(예를 들어, Ekstrom et al., 1976)가 필요하다.

요약

수리능력 구인의 유전 가능성에 대한 행동유전학적 연구는 산술능력의 변이성 중 대략 절반 정도는 사람들 간의 유전적 차이 때문이라고 주장하고 있다(Vandenberg, 1966). 앞부분과 2장에서도 언급하였듯이, 산술능력에는 다양한 성분 기술이 포함되어 있다(예를 들어, Geary & Burlingham-Dubree, 1989). 산술식(arithmetic facts) 인출 속도 및 계산 기술 등과 같은 서로 다른 이러한 성분 기술에 대한 행동유전학적 연구는 연관된 h^2 추정치에 있어서의 잠재적인 발달적 변화에 대한 연구가 그랬던 것처럼 매우 유용할 것이다. 이 시점에서 전반적인 산술능력은 상당한 유전적 요인들을 지니고 있는 것으로 보인다고 진술될 수 있을 뿐이다. 산술에서 전략적, 개념적, 혹은 처리속도 기술에 있어 개인차가 어느 정도로 유전에 영향을 받았는지는 말할 수 없다. 다른 영역에서 수행된 것처럼(Plomin et al., 1990), 이러한 성분 기술 각각의 유전 가능성을 명확하게 사정한 행동유전학적 연구는 수리능력 구인의 유전학적 연구의 다음 단계가 되는 것이 논리적일 것이다.

수학적 추론의 유전 가능성 연구 결과는 수리능력 구인 연구보다 덜 확정적이다. 이는 이러한 연구에서 활용된 수학 및 추론 검사가 보통 수학적 추론 요인의 심리측정적 연구에서 사용된 검사와 동일한 것이 아니기 때문이다. 그럼에도, 복잡한 수학 검사에서의 수행에 대한 연구는 수학적 추론 능력의 개인차 중 적어도 어느 정도는 유전적인 것일 수 있다고 주장하고 있다(예를 들어, Loehlin & Nichols, 1976; Nichols, 1976). 하지만 전통적인 수학적 추론 검사를 직접적으로 사용하는 행동유전학적 연구가 없다면 수학적 추론에 대한 h^2 추정치를 구하는 것은 시기상조다. 더욱이 대다수의 사람에게서 수학적 추론 기술이 광범위한 수학적 경험이 있은 후에야 나타난다고 주장하는 연구 결과(예를 들어, Very, 1967)에 근거해 보면 복잡한 수학 검사의, 보고된 h^2 추정치는 수학적 추론 능력 그 자체보다는 오히려 일반적 추론 능력의 유전 가능성을 반영하고 있는 것으로 보인다. 수학적 추론이 생물학적으로 1차적이고 따라서 유전적인 특질을 지니고 있다면, 수학적 추론 요인은 아마도 고등학교에서의 폭넓은 수학 수업 없이도 수리능력 요인 및 다른 추론 기술 등과 구분될 수 있을 것이다.

결 론

수리능력 및 수학 능력에 있어서의 개인차에 관한 연구는 현대의 발달과 인지 그리고 수학교육 연구자들에게 종종 무시되거나 오해를 받는다(Schoenfeld, 1985). 그렇지만 수학 능력의 기본 영역을 규명하고 이러한 영역과 관련된 기술에 있어 사람들이 보이는 차이에 대한 이유를 이해하는 데 대해서 개인차 관점은 많은 것을 제공할 수 있음에 틀림없다. 일례로 심리측정적 연구는 수리능력과 수학적 추론이라는 두 개의 비교적 독특한 유형의 수학 능력이 존재한다는 입장을 강력하게 지지하고 있다(French, 1951; Thurstone, 1938). 정말로 수학 발달 및 수학교육 분야의 연구자들이 동일한 두 가지 영역을 함축적으로 규명해 낸 것은 우연의 일치가 아닌 것이 확실하다. 물론 이 영역은 2장과 3장에서 기술되었고, 현대 연구자들에 의해 각각 **산술**과 **수학적 문제해결**로 명명되었다. 이러한 시점에서 1장에 서술된 수 관련 기술이 산술 및 수학적 문제해결과 구분되는 수학 영역을 대표할 수 있는지의 여부는 분명치 않다.

심리측정적 전통에서 계산 기술 및 산술의 개념적 지식은 수리능력 요인의 범주 내에서 일관성 있게 규명되어 왔고, 이 요인에 의해 대표되어 왔다(Thurstone, 1938). 수리능력 구인은 수십 년 간의 심리측정적 연구를 통해 확인된 가장 분명하고 안정적인 인간 능력 중 하나로 대두되었다(예를 들어, French, 1951). 몇몇 유아 연구와 함께 이 장에 기술된 심리측정적 · 인지적 · 행동유전학적 연구(예를 들어, Starkey, 1992; Wynn, 1992a)는 산술 혹은 수리능력의 많은 측면이 인간 능력의 근본적인, 어쩌면 생물학적으로 1차적(즉, 선천적)인 영역을 대표한다는 주장을 강력하게 지지하고 있다. 이것이 곧 문화와 경험이 산술 발달에 영향을 미치지 않는다고 말하는 것은 아니다. 문화와 경험은 분명 영향을 미친다. 반대로 심리측정적 연구 및 행동유전학적 연구에서 나온 결과는 산술에 대해 전부는 아니지만 많은 특징에 대한 직관적 이해가 내재적인 인간의 능력일 수 있다는, 2장에서 도출된 결론과 일치하고 있다.

발달적 관점에서 다소 독특한 수리능력 구인은 5세 정도의 아동에게서 확인할 수 있다(Meyers & Dingman, 1960). 이 연령대의 아동 및 초등학생이 지닌 수리능력에는 산술은 물론, 작업기억과 같은 관련 기술 또한 포함되어 있다(Osborne & Lindsey, 1967). 수리능력하에 산술과 기억 범위 검사를 함께 실시하면 작업기억을 산술 영역 그 자체의 일부로 반영하는 대신, 아동이 산술 문제를 풀기 위해 작업기억에 의존할 가능성이 가장 높다(Widaman & Little, 1992). 10대 후반의 청소년들처럼 더 숙련된 표집대상들에게 수리능력 요인이 그 속성상 거의 산술로만 구성되어 있을 것이라는 연구의 관점을 지지하고 있다(Thurstone, 1938). 이는 기본 산술 처리과정이 더 자동화되어 감에 따라 기초 산술에서 작업기억 자원은 불필요해지기 때문일 가능성이 가장 높다. 이 시점에서 산술과 작업기억 검사는 함께 실시해서는 안 되며, 또 그렇게 되지 않는다.

인지연구 또한 수리능력 구인의 속성이 발달과 함께 다소 변화한다는 것을 보여 주고 있다. 학령 전 아동과 초등학생들에게 있어 산술능력의 개인차, 산술 및 관련된 영역(예를 들어, 세기)의 개념적 이해의 차이 그리고 대안적인 문제해결 전략의 효과적 활용 능력의 차이는 주로 아동의 작업기억 차이와 관련되어 있는 것으로 보인다. 산술에 뛰어난 아동은 각각의 개별적인 산술문제를 풀기 위해 그들이 이용할 수 있는 것 중에 최선의 문제해결 전략을 암묵적으로 선택하게 된다. 이러한 아동은 정답을 산출해 낼 가능성이 있는 전략을 실행하는 데 요구되는 시간과 노력을 균형 맞춘다(Geary & Burlingham-Dubree, 1989; Siegler, 1988a). 다른 한편으로, 덜 숙련된 아동은 그것이 특정 문제를 해결하는 데 있어 가장 효율적이고 정확한 전략이든 그렇지 않든, 대부분의 문제를 해결할 때 기억 인출과 같은 동일한 전략을 사용하는 경향이 있다.

나이가 든 청소년들과 성인의 경우, 장기기억으로부터 답을 인출함으로써 그리고 과잉학습된 절차들을 실행해 내게 되므로 대부분의 문제를 풀 수 있기 때문에 전략선택은 덜 필요해진다. 이 시점에서 산술능력의 개인차는 기초 산술 처리과정으로 실행되는 속도와 강하게 관련이 있다(Geary & Widaman, 1987, 1992). 마지막으로, 행동유전학적 연구는 비록 산술능력의 유전 가능성이 개인 연령에 따라 변화하는지는 분명치 않지만, 산술능력의 개인차 중 대략 절반가량은 유전적 차이 때문이라고 주장하고 있다(Vandenberg, 1966). 더욱이 수학 능력에 대한 모든 행동유전학적 연구는 전통적인 능력 및 성취검사와 함께 수행되었다. 그래서 이 시점에서 개념지식이나 전략선택, 혹은 처리속도 등과 같은 산술능력의 개별 요소들이 어느 정도로 유전적 요인의 영향을 받고 있는지는 분명치 않다. 게다가 다양한 연령의 아동 및 청소년들에게 산술능력의 인지적 측정도구를 사용하는 행동유전학적 연구는 이 문제를 명확히 하는 데 도움이 될 것임에 틀림없다.

심리측정학적 연구 또한 수학적 추론 요인을 끊임없이 규명해 왔다(예를 들어, Dye & Very, 1968; Thurstone, 1938). 수학적 추론 구인은 본질적으로 3장에서 기술된 수학적 문제해결 기술을 포함하고 있다. 대부분 사람들의 경우 일련의 독특한 수학적 문제해결 능력을 고등학교에 다니는 동안 보이게 된다(Dye & Very, 1968). 그 이전에 수학적 추론 검사는 전통적인 수리능력 검사 혹은 비양적 추론 검사와 함께 수행되는 경향이 있었다(Thurstone & Thurstone, 1941). 이러한 발달 패턴은, 보통 청소년의 경우 수학적 문제해결 기술이 생물학적으로 1차적인 능력과는 반대로 대부분 학습되는 것이라고 암시하고 있다. 다른 말로 하자면, 대부분의 청소년에게 수학적 문제해결 전략은 아마도 일반적인 문제해결 기술과 결합된 산술 영역 이해로부터 구성되거나 학교에서 학습될 것이다. 어떤 방식으로든 수학적 추론에 능숙한 사람들은 기초 수학 연산을 신속하게 그리고 자동적으로 수행할 수 있고, 작업기억에서 많은 수학 연산을 동시에 조작할 수 있으며 그리고 수학문제를 표현하고, 해석하며, 해결하는 데 활용될 수 있는 잘 발달된 도식을 지니고 있는 것으로 보인다.

비록 행동유전학적 연구가 수학적 추론 능력의 개인차에 유전적 요인이 기여한다고 주장하고 있다 하더라도(예를 들어, Nichols, 1978), 이들 특정 연구의 속성은 관련된 유전 가능성 추정치가 일반적인 추론 기술이나 특히 수학적 추론 능력을 반영할 수 있는지의 여부를 불분명하게 만든다. 대부분의 경우 고등학교에서 많은 수학교과를 수강한 경우를 제외하고, 대다수의 사람에게 독특한 수학적 추론 요인이 나타나지 않는다는 연구 결과는, 이러한 기술이 주로 학습되는 것이지 유전되는 것은 아니라는 점을 시사하고 있다. 그럼에도, Benbow(1988) 및 동료 연구자들의 연구는 소수의 청소년들이 복잡한 수학을 많이 접하지 않고도 양적 관계에 대한 추론에 특히 능숙하다고 주장하고 있다. 이러한 결과를 바탕으로, 수학적 문제해결 능력을 강화하는 방법은 한 가지 이상 존재하는 것으로 보인다(6장의 '수학 영재' 참조). 분명한 것은, 수학적 추론에 대한 발달적 · 개인적 차이를 좀 더 배워야 한다는 점이다.

Chapter 5

수학장애

학령기 아동의 약 6%가 어떠한 형태든 수학에서의 학습장애를 지니고 있는 것으로 추산되고 있다(Badian, 1983; Kosc, 1974). 이 아동 중 약 70%가 남자아이다(Badian, 1983). 전부는 아닐지라도, 많은 수학장애 아동은 글 읽는 방법을 학습하는 데 있어서도 어려움을 겪고 있는 반면, 많은 읽기장애아동도 수학에 어려움을 겪고 있다. 분명하게도, 수학에서의 학습문제는 어떤 형태로든 많은 아동에게 영향을 미친다(Sutaria, 1985). 이 장의 목적은 수학장애 및 관련 장애에 대한 인지적 · 신경심리학적 · 행동유전학적 연구를 통합하여 서로 다른 유형의 수학장애에 대해 더 나은 이해를 제공하는 데 있다(더 전문적인 제안은 Geary, 1993 참조). 이 장에서 논의되고 있는 다양한 형태의 수학장애를 중재하기 위한 제안은 8장의 '교정교육' 부분에서 제공될 것이다. 이 장의 전반적인 초점은 수학적 문제해결보다는 산술에 맞춰져 있는데, 이는 수학장애 아동을 대상으로 수행된 연구의 많은 부분이 산술 영역에 대한 것이기 때문이다. 그럼에도, 산술 관련 장애에 대한 내용이 제시된 후, 수학장애의 산술과 관련된 형태와 수학적 문제해결에 있어서의 특정 어려움 사이의 관계에 대한 간략한 고찰을 하고자 한다.

이 장은 다섯 개의 주요 부분과 결론으로 구성되어 있다. 첫 번째 부분은 기초 산술능력에 대해 비장애 아동과 수학장애 아동을 비교했던 인지연구가 제시될 것이다. 이러한 연구는 예비조사에서 수학장애 아동에게 두 가지 잠재적으로 뚜렷한 형태의 인지적 결함을 주장하고 있다. 첫 번째 인지적 결함에는 기초 산술 연산을 장기기억에 표상하거나 장기기억으로부터 인출하는 데 있어서의 어려움을 포함하고 있다. 다른 말로 하면, 많은 수학장애 아동은 집중적인 훈련을 하고 난 후에도 '5+9=14'와 같은 기초 산술 연산을 기억하는 데 문제가 있다는 것이다(Geary et al., 1991; Howell, Sidorenko, & Jurica, 1987). 두 번째 결함은 복잡한 덧셈에서 받아올림과 같은 산술 절차의 수행에 있어, 혹은 간단한 덧셈 문제를 풀기 위한 세기 절차의 실행에 있어 어려움을 보인다는 것이다. 많은 수학장애 아동은 절차적 결함에서는 벗어나는 것으로 보이지만, 기억-인출 문제는 지속되는 경향이 있다(Geary et al., 1991).

두 번째 부분에서는 후천적 그리고 발달적 계산장애에 대한 임상연구가 제시된다(Temple, 1991). **후천적 계산장애**(acquired dyscalculia)는 어떤 형태의 뇌손상으로 인한 수와 산술에서 아동이 보이는 문제를 일컫는다. **발달적 계산장애**(developmental dyscalculia)는 수 개념의 이해나 산술 학습에 있어 아동이 보이는 문제를 말한다. 비록 신경심리학적 결함이 학습문제의 기초가 된다고 가정되더라도, 이 아동이 반드시 어떤 명백한 뇌손상으로 고통을 받고 있는 것은 아니다. 여기서 제시되는 연구는 세 가지 유형의 산술 관련 학습장애가 존재한다는 것을 암시하고 있다. 인지연구와 같이 신경심리학적 연구도 계산장애에는 독특한 기초 연산 인출 및 절차적 결함이 있다고 주장하고 있다. 세 번째 결함에는 수 정보를 공간적으로 표상하는 능력(예를 들어, '35+74'와 같은 복잡한 문제에서의 자리 정렬) 그리고 표상의 개념적 이해(예를 들어, 자릿값) 등의 혼란을 포함하고 있다. 인지연구자들은 보통 수학장애 아동의 시공간적 기술을 평가하지 않았기 때문에, 그들의 연구에서 공간 관련 결함을 규명하지 않았던 것은 그리 놀라운 일이 아니다.

불행하게도, 특히 수학장애에 대한 행동유전적 연구가 없었다. 그럼에도 세 번째 부분에서는 특정 유형의 수학장애가 유전적일 수 있다고 주장하고 있다. 이 입장에 대한 준거는 읽기장애에 대한 유전학적 기여도에 대한 증거를 두 가지 측면에서 추론해 볼 만한 근거를 들고 있다. 첫째, 행동유전학적 연구에서는 특정 유형의 읽기장애가 유전에 의한다는 주장이다(Olson, Wise, Conners, Rack, & Fulker, 1989; Pennington, Gilger et al., 1991). 어떤 과학자들은 읽기장애가 정상적인 읽기 기술과는 원인론적 측면에서 구분된다고 주장하고 있는 반면, 다른 사람들은 읽기장애가 단순히 정상적인 읽기 능력의 분포에서 하위 극단을 대표할 뿐이라고 주장하고 있다(예를 들어, Gilger, Borecki, Smith, DeFries, & Pennington, 1993; Shaywitz, Fletcher, & Makuch, 1992). 만약 읽기장애가 정상적인 읽기 능력의 분포에서 하위 극단을 대표하는 것이라면 읽기 기술의 정상적인 변이성에 영향을 주는 유전자는 특정 형태의 읽기장애의 기초를 이루는 유전자들과 동일할 수 있다.

유추해 보건데, 산술능력의 유전 가능성에 대한 증거(4장의 '행동유전학적 관점'에 제시된)는 특정 유형의 수학장애가 단순히 산술능력의 정상적인 변이성의 하위 극단을 대표하고, 따라서 유전적 요소를 보여 줄 수 있다는 것을 암시한다고 볼 수 있다. 둘째, 특정 유형의 읽기장애와 수학장애가 함께 발생한다. 읽기장애에는 실질적인 유전적 요소가 있기 때문에, 만약 동일한 인지적 혹은 신경심리학적 체계가 이 아동의 읽기장애와 수학장애의 원인이 된다면 특정 유형의 수학장애 또한 유전적일 수 있다(Gilger, Pennington, & DeFries, 1992). 읽기장애와 수학장애 간의 관계는 네 번째 부분에서 좀 더 살펴보기로 한다. 여기에서는 읽기장애와 수학장애에 있어서의 잠재적인 인지적 · 신경심리학적 · 유전적 공통점이 논의될 것이다. 앞서 언급하였듯이, 산술 및 수학적 문제해결에서의 학습장애 사이의 관계는 다섯 번째 부분에 제시될 것이다.

먼저 어떤 유형의 수학장애를 지니고 있는 것으로 확인된 아동은 거의 분명히 이질적인 집단(Strang & Rourke, 1985)이라는 점에 주목하자. 다시 말하면, 서로 다른 아동이 각기 다른 이유로 기초 수학의 학습에 어려움을 겪고 있다. 틀림없이, 이 장에서 설명되는 많은 연구에서 아동은 서로 다른 이유로 수학장애로 규명되었다. 또한 수학에서 빈약한 수행을 보이는 일부 아동 중에는 기저에 깔려 있는 인지적 혹은 신경심리학적인 결함이 전혀 없을 가능성이 크다(Geary, 1990). 우리 연구에서는 수학에서 학습문제를 가지고 있는 것으로 확인된 아동 중 절반가량이 어떠한 형태의 인지적 결함도 보이지 않았다(예를 들어, Geary, 1990; Geary, Bow-Thomas, & Yao, 1992). 이 아동은 아마도 경험의 부족, 빈약한 동기 수준, 혹은 불안 때문에 수학에서 낮은 수행을 보이고 있을 것이다(M. D. Levine, 1987). 이런 문제에도 불구하고, 인지연구와 신경심리학 연구 둘 다 동일한 결론을 도출해 내고 있다. 즉, 많은 아동은 심지어 기초 수학 기술을 습득하는 것에도 어려움을 갖고 있는데, 이는 한 가지 이상의 근본적인 인지적 혹은 신경심리학적 결함 때문이고, 특정 형태의 결함은 유전적일 수 있다는 것이다.

인지적 요소

4장의 '인지적 관점'에서 언급하였듯이, 인지적 방법의 활용은 지필검사를 사용하는 것보다 구성요소 처리 기술의 개인차에 대하여 훨씬 더 정확한 정보를 제공한다. 그러므로 여기에서의 초점은 전통적인 지필 성취검사 도구에 의하여 수학장애 아동과 비장애 아동을 비교한 연구보다는 인지연구(예를 들어, Cawley & Miller, 1989)에 맞추고 있다. 앞서 언급하였듯이, 초점은 산술문제를 푸는 것과 관련된 기본적인 인지 과정에 맞춰져 있다. 산술의 인지적 측정은 산술능력의 발달에 대해 많은 것이 알려져 있기 때문에, 수학장애 아동의 기초 기술에 대한 연구와 잘 들어맞는다(2장 참조). 이를 종합해 보면, 수학장애의 인지연구에 대한 검토는 '수학장애 아동의 산술 발달' '비장애 아동의 산술 발달 점검' 그리고 '수학장애 아동의 특정 인지 결함' 등 세 부분으로 나누어 제시될 것이다.

수학장애 아동의 산술 발달

여기에서는 수학장애 아동의 산술능력에 대해 간략하게 설명하고자 한다. 산술 발달을 간략하게 점검한 다음에, 이 패턴을 설명할 수 있는 잠재적인 결함에 대해 논의할 것이다. 기본적으로, 간단한 산술문제를 푸는 과정에서 비장애 또래들과 비교하였을 때, 수학장애 아동은 세어가기 절차보다는 모두 세기를 이용하는 미성숙한 문제해결 전략을 사용하는 경향이 있다. 그리고 이들은 문제해결 시간이 다소 오래 걸리고, 절차 오류 및 기억 인출 오류들을 빈번하게 범하며, 전략선택을 잘 못한다(Fleischner, Garnett, & Shepherd, 1982; Garnett & Fleischner, 1983; Geary, 1990; Geary & Brown, 1991; Geary et al., 1991; Geary, Widaman, Little, & Cormier, 1987; Goldman, Pellegrino, & Mertz, 1988; Kirby & Becker, 1988; Svenson & Broquist, 1975).

그들의 발달에 관하여, 수학장애 아동은 학업에서 정상 수준을 보이는 아동이 세어가기 전략을 위하여 모두 세기 전략을 버린 시점보다 몇 년 더 미숙한 모두 세기 절차를 사용한다. 그들이 모두 세기 절차를 사용하든 세어가기 절차를 사용하든, 더 어린 수학장애 아동은 비장애 아동보다 훨씬 더 많은 오류를 범한다. 또한 수학장애 아동은 기초 연산을 비장애 아동만큼 외우지 못하고, 기초 연산을 인출할 때 종종 잘못 인출한다. 이 패턴은 많은 수학장애 아동에게서, 심지어 초등학교를 졸업할 때까지도 명백하게 드러난다(Geary et al., 1987). 마지막으로, 수학장애 아동은 각각의 문제를 푸는 데 비장애 아동보다 평균적으로 훨씬 더 많은 시간을 필요로 한다.

비장애 아동의 산술 발달 점검

산술능력의 발달에 원인이 되는 요소를 이미 1장과 2장에서 기술하였지만, 여기서 간략하게 점검하고자 한다. 이 정보에 대한 점검이 수학장애 아동의 산술능력에 대한 인지적 사정을 더 이해하기 쉽게 만들어 준다. 여기에서는 아동의 세기 지식, 전략선택 그리고 장기기억에 기초 산술 연산을 표상하는 능력의 발달 등에 대한 점검을 다룬다.

세기 지식

세기 지식과 세기 기술은 초기 산술 발달에 틀을 제공한다(Kaye, 1986). 그래서 수학장애 아동이 겪고 있는 기초 산술에서의 어려움은 세기 개념을 잘 이해하지 못하는 것과 관련되어 있을 수 있다(Geary, Bow-Thomas, & Yao, 1992; Ohlsson & Rees, 1991). 아동의 세기 지식을 이해하기 위한 두 가지 기본 접근 방식을 상기해 보라(1장의 '수와 수 세기' 참조). 원리중심 모형에서는 아동이 세기에 대해 암묵적으로 이해하고 있으며, 이 지식이 이들의 세기 행동을 지배한다고 가정한다(Gelman & Gallistel, 1978). 특히 중요한 것은 일대일 대응, 안정된 순서, 기수성 등 세 가지 세는 방법 원리다. **일대일 대응**이란 단 하나의 단어(예를 들어, 하나 혹은 둘)가 세고 있는 물체 각각에 할당될 수 있다는 것을 일컫는다. **안정된 순서** 원리는 세어진 집단 전반에 걸쳐 단어를 동일한 순서로 사용하는 것을 의미한다. 마지막으로, **기수성**은 마지막 단어의 값이 세어진 물체의 수를 나타낸다는 것을 아동이 이해하는 것을 일컫는다.

대안적인 절차중심 모형과 함께, 세기는 처음에는 기계적으로, 즉 세기 개념에 대한 이해 없이 수행된다(Briars & Siegler, 1984). 아동은 연습을 통해 점진적으로, 세기의 핵심적인 그리고 비핵심적인 특징을 추론한다. 특히, 중요한 것은 핵심적이지는 않지만 보편적인 세기의 특징에 대한 아동의 이해다. 이러한 특징 중 하나가 근접성(adjacency)이다. 이 특징은 물건을 셀 때, 물건을 보통 건너뛰면서 세기보다는 하나를 세고 다음 것을 센다는 사실을 반영한다. 세기에 대해 비교적 성숙한 이해를 하고 있는 아동은 물건을 어떤 순서로든 셀 수 있음을 안다. 다른 한편으로, 세기에 대한 개념적 이해가 미숙한 아동은 근접성이라는 특징을 위반하는 세기는 잘못된 것이라 믿고 있다.

전략과 기억의 발달

2장에서 설명하였듯, 아동은 산술문제를 풀 때 서로 다른 형태의 많은 전략을 사용한다. 만약 이들이 장기기억에서 정답을 인출할 수 없다면 문제해결을 마무리하기 위해 추측을 하거나 어떤 형태의 대체 전략에 의존한다. 미국 아동에게 있어 대체 전략은 보통 손가락을 세거나 소리 내어 세는 것이 포함된다는 점을 상기하라(Carpenter & Moser, 1984; Siegler, 1987). 덧셈을 할 때, 손가락으로 세든 소리 내어 세든 문제를 푸는 데 세기가 필요하다면 아동은 보통 세어가기 절차나 모두 세기 절차를 이용한다. 세어가기는 더 큰 가수의 기수값으로 세기를 시작하고, 그러고 나서 합이 얻어질 때까지 더 작은 가수의 값에 해당되는 횟수만큼 세는 것이다(Fuson, 1982). 모두 세기는 발달적으로 덜 성숙한 절차로 가수 모두를 세어 답을 얻는 것이다. 모든 산술 연산 전반에 걸쳐, 전략의 발달에는 세기 절차로부터 기초 연산을 장기기억에서 직접 인출하는 것으로 점진적인 이동이 포함된다.

아동의 전략 혼용의 변화는 세기 지식, 작업기억 그리고 기초 연산의 기억 표상 발달 등을 포함한 몇 가지 요인과 관련 있는 것으로 보인다(Geary, Bow-Thomas et al., 1993; Siegler & Jenkins, 1989). 세기 지식은 아동이 더 세련된 세어가기 절차를 위해 미숙한 모두 세기 절차를 버리는 데 중요한 역할을 하는 것으로 보인다(Geary, Bow-Thomas, & Yao, 1992). **작업기억**은 다른 정신작용들을 수행하는 동안 기억을 저장하는 아동의 능력을 의미한다. 작업기억 기술은 몇 가지 요인과 관련되어 있는데, 그 자세한 내용은 이 장에서 다루지 않고 있다(Woltz, 1988). 기본적으로, 작업기억은 산술 절차를 수행하는 아동의 기술과 기초 연산의 장기기억 표상의 발달에 영향을 주는 것으로 보인다(자세한 내용은 Geary, 1993 참조).

기억 표상의 발달은 세기 절차의 사용과 관련되어 있는 것으로 보인다는 점을 상기하자(2장의 '전략선택 모형' 참조). 산술문제를 풀기 위해 세기가 사용될 때, 세기를 통해 얻은 답과 문제는 기억 속에서 연계되는 것으로 보인다. 그래서 만약 아동이 문제 '3+4'를 풀기 위해 "5, 6, 7."이라고 세면, 마지막에 진술된 수 7은 '3+4'와 연계된다. 그와 같은 세기를 많이 반복한 후에 아동은 결국 '3+4'라는 문제가 주어지면 7을 인출하게 된다. 그렇지만 세기가 기억 표상의 발달을 이끌어 내게 하려면, 아동은 반드시 피가수와 가수 그리고 산출된 답을 동시에 기억 속에 혹은 작업기억에 갖고 있어야 한다(Geary et al., 1991). 만약, 예를 들어 아동이 '3+4'를 풀기 위해 모두 세기 절차를 이용한다면 아동은 "1, 2, 3, 4, 5, 6, 7."이라고 진술할 것이다. 세기가 그렇게 길기 때문에, 많은 아동은 아마도 세기를 마치기 전에 첫 번째 수(즉, 3)가 무엇이었는지 잊어버릴 것이다. 그러므로 아동은 정답을 얻을 수 있으나 이 과정에서 문제의 전부 혹은 일부를 잊게 된다. 이러한 상황에서 문제 및 산출된 답은 장기기억에서 연계될 가능성이 떨어진다.

다른 말로 하면, 천천히 세어서는 아동이 문제와 답들 사이의 연계를 만들 수 없을 것이고, 그 결과 기초 연산을 암기하는 데 어려움을 겪게 된다. 이러한 관점에서 기초 산술 연산을 위해 기억 표상을 만드는 것은 아동이 얼마나 빨리 셀 수 있는가와 관련되어 있다. 천천히 세기는 기초 연산의 기억 표상을 느리게 만들게 하는 반면, 빠른 세기는 세기를 훨씬 더 적게 하면서 기억 표상을 만들게 해 줄 것임에 틀림없다(Geary, Bow-Thomas et al., 1993). 아동의 세기 정확성 역시 매우 중요하다. 왜냐하면, 만일 아동이 세기를 하면서 오류를 많이 범한다면 이 부정확한 답들이 문제와 연계될 것이기 때문이다. 결과적으로, 아동은 그 문제를 풀기 위해 계속해서 시도하는 동안 오답을 인출할 가능성이 높아진다(Geary, 1990; Siegler, 1986).

수학장애 아동의 특정 인지 결함

앞서 기술한 발달 요인을 근거로, 수학장애 아동의 기본적인 인지 결함에는 잠재적으로 세기 혹은 다른 유형의 산술 절차, 기초 연산 인출, 개념적 지식, 작업기억 그리고 처리속도(특히, 세기 속도) 등 다섯 가지 요인이 포함된다.

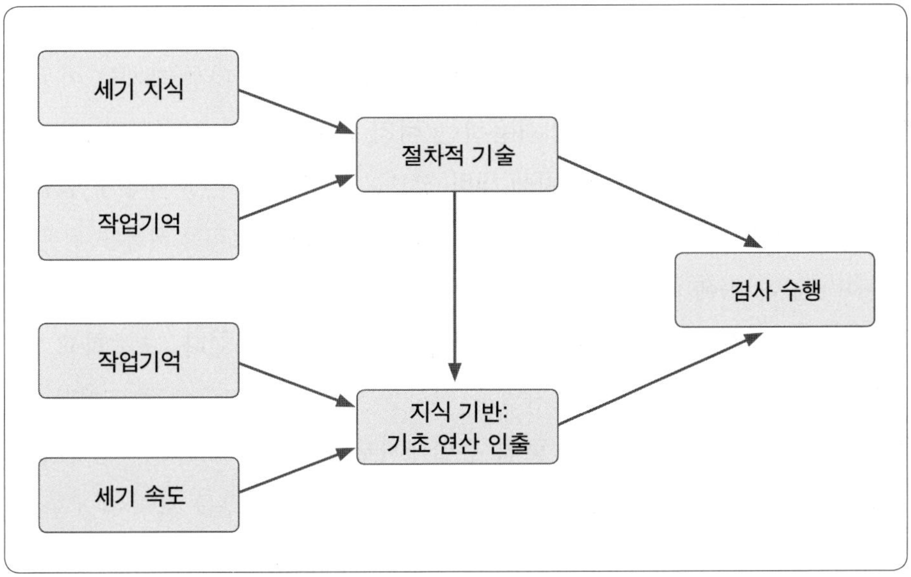

[그림 5-1] 인지 기술(즉, 절차 및 기초 연산 인출)에 기여하는 성취 및 능력 검사에서의 수행과 그 기초가 되는 인지적 요소(즉, 세기 지식, 작업기억 그리고 세기 속도) 사이의 제안된 관계의 도식적 표상

출처: Geary, D. C. (1993). Mathematical Disabilities: Cognitive, Neuropsycholgical, and Genetic Components. *Psychological Bulletin, 114,* p. 34.

이 중에서 절차 그리고 기초 연산 인출 요인은 기능적인 기술이다. 즉, 이 요인들은 산술문제를 푸는 데 직접적으로 사용된다. 다른 한편으로, 나머지 세 개의 요인은 절차 및 기초 연산 인출 요인에 기여하는 기술로 대표된다. 예를 들어, 작업기억은 세기 절차의 정확한 사용을 위해 중요하지만, 문제의 답을 산출하는 것은 세기이지 아동의 작업기억 기술이 아니다. 이를 조금 더 분명하게 하기 위해, 이 요인 기술 사이의 잠재적 관계를 [그림 5-1]에 제시하였다. 이 요인 각각을 산술과 관련된 형태의 수학장애의 잠재적인 원인으로 고려하는 것은 다음에서 제시될 것이다.

절차적 기술 및 기초 연산 인출 기술

수학장애 아동에 대한 더 세부적인 인지연구 중의 하나는 Geary(1990)에 의해 수행되었다. 이 연구에서는 초등학교 1학년 수학장애 아동 집단과 비장애 아동 집단에 인지적 덧셈 과제를 실시하였다. 인지적 덧셈 과제는 아동이 간단한 덧셈 문제를 풀기 위해 사용하는 여러 유형의 전략과 이들이 그 전략을 얼마나 신속하게 수행하는지에 대한 정보를 제공하였다. 수학장애 집단은 1장의 수학의 교정교육 프로그램(수학에서 낮은 성취를 보이는 아동을 위한 연방정부 프로그램)에 배치된 아동 중에서 선발하였다. 수학장애 아동은 유치원 졸업 무렵 실시된 성취평가에서의 수행을 근거로 배치하였다. 초등학교 1학년 말에 이 아동들 중 약 절반가량은 검사를 받고 교정교육을 종료했다. 따라서 수학장애 아동은 유치원 졸업 무렵에서부터 초등학교 1학년 말까지 향상된 수학 기술을 보인 집단과 수학 기술에서 상대적 변화를 보이지 못한 집단 등 두 집단으로 나뉜다. 비장애, 수학장애-향상, 수학장애-변화 없음 등 총 세 집단의 아동에게 초등학교 1학년 말에 인지적 덧셈 과제를 실시하였다.

덧셈 과제에서, 세 집단 아동 모두 동일한 유형의 문제해결 전략(즉, 인출, 소리 내어 세기, 손가락 세기)을 사용하였지만, 기술 및 그 전략을 수행하는 속도에서는 차이가 있었다. 수학장애-향상 집단과 비장애 집단은 기술이나 어떠한 전략을 수행하는 속도에 있어서는 별다른 차이를 보이지 않았다. 이러한 결과는 수학장애-향상 집단 아동이 인지적으로 정상이고, 확실히 유치원 졸업 무렵 학습에 문제를 지니고 있는 것으로 잘못 규명되었음을 암시한다. 다른 두 집단에 비해 수학장애-변화 없음 집단의 수행은 높은 빈도의 절차적(즉, 세기 절차) 오류 그리고 기초 연산 인출 오류, 미숙한 모두 세기 절차의 빈번한 사용 그리고 세기 및 인출 전략을 수행하는 속도에 있어서의 많은 변화 등으로 특징지어졌다. 이들이 덧셈 문제를 풀기 위해 셀 때, 이들은 때때로 비장애 아동 및 수학장애-향상 집단 아동만큼 혹은 그 이상으로 빨리 세지만 어떤 경우에는 다소 느리게 세기도 한다. 기초 연산 인출을 위한 해결시간 패턴은 학업에 있어 정상 수준의 아동에게서 발견된 패턴에 비해 매우 독특했다(즉, 비체계적이다). 이를 종합해 보면, 연구는 초등학교 1학년 수학장애 아동은 절차적 기술(특히, 연구에서 세기 절차)이 빈약하고 기초 산술 연산을 장기기억에 비전형적으로 표상하고 있다고 주장하고 있다.

이 아동에 대한 추수연구는 약 10개월 후, 즉 2학년 말 무렵에 수행되었다(Geary et al., 1991). 특히, 관심을 끄는 것은 절차적 기술 및 기초 연산 인출 기술에서의 발달적 변화다. 발달모형(Ashcraft, 1982; Siegler, 1986)에 맞게, 학업에 있어 정상 수준의 아동(즉, 비장애 아동 및 수학장애-향상 집단 아동)은 1학년에서 2학년으로 올라감에 따라 덧셈 문제를 푸는 데 있어 기초 연산 인출에 대한 의존은 증가하고 세기에 대한 의존은 감소하였음을 보여 주었다. 또한 이 아동은 2학년 말 무렵에 세기 및 기초 연산 인출 오류를 더 적게 범하게 되었고 두 가지 형태의 전략 모두에서 더 빠른 수행을 보였다. 다른 한편으로, 수학장애-변화 없음 집단 아동은 1~2학년까지 전략의 혼합체에 변화가 없었다. 이 아동들이 기억할 수 있는 기초 연산의 수에는 변화가 없었고(약 25%), 답을 기억할 때에도 매우 높은 비율의 오류를 범했다. 예를 들어, 2학년 말 수학장애 아동은 비장애 아동보다 8배나 더 많은 기초 연산 인출 오류를 범했다(각각 16% 대 2%). 기초 연산 인출에 대한 해결시간은 매우 비체계적이었다. 이 결과는 중요하다. 왜냐하면, Ashcraft, Yamashita 그리고 Aram(1992)은 뇌의 좌반구나 시상(thalamus)과 같은, 이와 관련된 피질 밑 부위에 어떤 형태의 초기(즉, 8세 이전) 손상을 입었던 아동에게서 정확하게 동일한 패턴을 발견하였기 때문이다('신경심리학적 요소' 참조).

이러한 기초 연산 인출에서의 명백한 문제에도 불구하고, 수학장애 아동은 1~2학년까지 세기 절차의 사용에 있어 상당한 향상을 보였다. 2학년 말 무렵에 수학장애 아동은 세어가기를 위해 모두 세기 절차를 거의 사용하지 않게 되었고, 세기의 정확성 면에서도 비장애 아동과 다르지 않았다. 이를 종합해 보면, 이러한 결과 패턴과 이와 관련된 연구(예를 들어, Garnett & Fleischner, 1983; Geary & Brown, 1991; Gray, 1991; Jordan, Levine, & Huttenlocher, 출판 중)에서는 많은 어린 수학장애 아동이 산술에서 절차적 그리고 기초 연산 인출의 문제를 모두 보이지만, 이 두 가지 기술의 발달적 경향은 많은 수학장애 아동에게서 차이를 보인다고 지적하고 있다. 수학장애 아동의 초기 절차적 기술은 빈번한 오류 및 발달적으로 미숙한 알고리즘의 사용 등으로 특징지을 수 있지만, 이러한 차이는 초등학교 2학년 말이 되면 많은 수학장애 아동에게서 대부분 사라지는 듯하다. 기초 연산 인출 결함은 기초 연산을 장기기억에서 인출하는 데 있어서의 어려움에 반영된다. 기초 연산이 기억에서 인출될 때, 이와 관련된 인출 속도는 체계적이지 못하고 인출 오류의 빈도도 높다. 인출에 있어서의 이러한 문제는 대다수의 수학장애 아동에게 절차적 결함보다 더 지속적으로 나타난다(Garnett & Fleischner, 1983; Geary et al., 1987).

이를 종합해 보면, 이러한 연구는 많은 수학장애 아동의 절차적 기술이 발달적 측면에서 지체되었다고 주장하고 있다. 즉, 초등학교 초기에 수학장애 아동은 더 어린 아동이나 학업에 있어 정상 수준의 아동이 더 일반적으로 사용하는 산술 절차를 사용하는 경향이 있다. 그렇지만 많은 수학장애 아동의 절차적 기술은 비록 비장애 아동의 그것보다 다소 느린 속도라 하더라도, 점진적으로 향상되는 것으로 보인다. 다른 한편으로, 많은 수학장애 아동의 기초 연산 인출 문제는 발달적 차이(Goldman et al., 1988) 또는 이들 중 많은 아동이 완전히 벗어날 수 없는 더 근본적인 결함을 갖고 있는 것으로 보인다. 다음에서는 이러한 절차적 결함 그리고 기초 연산 인출 결함의 원인이라 할 수 있는 인지적 요인에 대해 탐색하고자 한다. 앞서 언급했던 것처럼 이러한 요인에는 개념적 지식, 작업기억 그리고 처리속도 등이 포함된다.

개념적 지식

최근에 이루어진 연구에서 Geary, Bow-Thomas 그리고 Yao(1992)는 많은 어린 수학장애 아동이 미숙한 모두 세기 절차를 사용하고 많은 세기 오류를 범하는 경향이 세기 개념에 대한 미숙한 이해와 관련되어 있는지 탐색했다. Ohlsson과 Rees(1991)에 따르면, 아동의 세기 절차 수행과의 세기 지식이 서로 부합되지 않는다면 절차에 따른 후속 수행을 개념적 규칙에 맞게 해당 절차를 변경할 것이라고 추론하였다. 이러한 관점에서 세기 능력은 절차 수행을 평가하는 기준으로서의 세기 지식과 함께 절차와 개념적 지식을 수행하는 기술을 반영한다. 예를 들어, 어떤 아동이 세기는 항상 1부터 시작해야 한다고 믿는다면, 이 아동은 세어가기 절차를 사용할 가능성이 낮다. 이는 세어가기에 있어, 세기는 1보다 큰 어떤 값부터 시작하기 때문이다('1+1'은 제외). 이런 관점으로부터, 세기 절차의 발달은 세기 지식과 이 지식의 위반을 발견해 내는 기술 모두에 의존하게 될 것이다. 추측컨대, 적절한 세기 지식을 갖추고 있다 하더라도, 아동이 세기 절차가 세기 원칙과 일치하지 않는다는 것을 알아차리지 못한다면, 그 절차는 아동이 원칙적인 지식에 부합하도록 바뀌지 못한다.

이 연구(Geary, Bow-Thomas, & Yao, 1992)에서, 유치원을 졸업할 무렵 1장 프로그램에 의뢰되었던 것으로 인해 초등학교 1학년 수학장애 아동이 다시 선택되었다. 우리의 다른 연구(Geary, 1990; Geary et al., 1991)에서와 마찬가지로, 1장 프로그램을 마친 아동은 초등학교 1학년 말에 수학장애 집단에 포함되지 않았다. 수학장애 아동과 비장애 아동 집단에 일련의 세기 과제가 실시되었는데, 이 과제들은 세 가지 세는 방법의 원칙(Gelman & Gallistell, 1978)에 대한 이해도를 평가하기 위해 설계된 것이다. 이 과제들은 또한 세기의 핵심적인 특징과 일부 비핵심적인 특징에 대한 아동의 이해를 평가하게 해 주었다(Briars & Siegler, 1984). 이 과제에서는 아동에게 세는 방법을 배우고 있는 인형을 모니터하게 하였다(Gelman & Meck, 1983). 세기 중 일부는 맞고, 반면 어떤 세기는 세는 방법의 원칙들 중 한 가지를 위반한 것이었다. 아동이 자신이 범한 위반사항을 발견했다는 것은 해당 아동이 최소한 관련 개념에 대해 함축적인 이해를 하고 있는 것으로 가정할 수 있다. 앞서 서술된 연구(예를 들어, Geary, 1990)에서와 같이, 모든 아동에게 인지적 덧셈 과제도 실시하였다.

덧셈 과제에 대해, 수학장애 아동은 비장애 아동보다 두 배 이상의 세기 절차 오류를 범하였고 세어가기보다는 모두 세기 절차를 더 많이 사용하는 것 같았다. 또한 수학장애 아동은 기억에서 인출해 내는 것이 더 적었고, 답을 기억했을 때 그것이 오답일 가능성이 꽤 높았다(오류율 66%). 세기 과제에서 수학장애 아동이 보인 수행은 이들이 세기의 핵심적인 특징과 비핵심적인 특징에 대해 미숙한 이해를 하고 있다는 것을 암시한다(Briars & Siegler, 1984). 예를 들어, 이들 중 많은 아동은 근접성이 정확한 세기의 핵심적인 특징이라고 믿고 있는 반면, 비장애 아동들은 거의 아무도 근접성이 핵심적 특징이라고 믿고 있지 않았다. 수학장애 아동은 또한 특정 형태의 세기 오류들을 발견하는 데 취약했다. 이보다 더 중요한 것은 수학장애 아동이 가지고 있던 미숙한 세기 지식과 세기 오류를 발견하는 기술의 취약성이 덧셈 과제에서 모두 세기를 하게 하고 있었으며, 이들의 빈번한 세기 오류를 범하게 하는 원인으로 지적되기도 한다. 하지만 세기 지식은 이들이 보인 높은 수준의 기초 연산 인출 오류와는 관련이 없었다.

이와 같은 연구의 결과는 많은 수학장애 아동의 절차적 기술 지체와 관련된 개념의 미숙한 이해로 인한 것임을 암시하고 있는 것이다. 이러한 방향의 연구는 세기 지식이라는 쟁점과 세기 절차의 사용만을 다루고 있다. 그러나 다른 연구에서 많은 수학장애 아동은 받아올림 및 받아내림과 같은 다른 유형의 산술 절차를 수행하는 데 특히 능숙하지 못하다는 주장을 하고 있다(예를 들어, Ginsburg, 1989; Russell & Ginsburg, 1984). 이러한 관점에서 받아올림 및 받아내림 오류들은 자릿값에 대한 빈약한 이해와 연계되어 있을 수 있다. 앞으로의 연구는 수학장애 아동이 산술 개념의 이해에서 일반적인 지체를 보이는지, 혹은 다른 아동은 선별적인 개념적 그리고 절차적 지체를 보이는지 등을 결정할 필요가 있다.

작업기억

앞서 언급되었던 것처럼, 작업기억은 다소 복잡한 주제인데, 특히 아동의 개인차에 대한 사정에 적용되었을 때는 더욱 그렇다(예를 들어, Kail, 1992). 그러므로 수학장애 아동의 작업기억 및 산술 발달의 문제는 매우 일반적인 조건으로만 고려되고 있다. 더 자세한 논의는 다른 연구(Geary, 1993)에서 제시하고 있다. 기본적으로 수학장애 아동은 작업기억 과제에서 학업적으로 정상 수준인 또래들만큼 잘 수행해 내지 못한다(Geary et al., 1991; Hitch & McAuley, 1991; D. J. Johnson, 1988; M. D. Levine, 1987; Siegel & Ryan, 1989). 이 결과는 수학장애 아동이 다른 작업을 수행하는 동안 정보를 작업기억에 유지하는 데 있어 다른 아동만큼 능숙하지 못함을 시사하는 것이다. 예를 들어, 컴퓨터로 제시된 다단계 산술문제를 암산해 내는 조건들을 고려해 보자(Geary & Widaman, 1992 참조). 연구대상들은 첫 번째 화면에서 '$3+2=B$'라는 문제를 보게 된다. 그다음, 이 정보가 사라지고(영원히) '$B+1=C$'가 제시된다. 마지막으로, '$D=C/2$'가 제시된다. 그리고 나서 연구대상들에게 B, C 혹은 D의 답을 말하라고 한다. 예를 들어, 최종 화면은 '$B=?$'로 제시될 수 있다. 다음 두 단계를 수행하면서 B의 값을 기억하는 능력은 우수한 작업기억 기술임을 암시하고 있다.

개념적 지식에 더하여, 많은 수학장애 아동의 상대적으로 빈약한 작업기억 기술은 이들의 빈약한 절차적 기술의 원인인 것으로 보인다는 것이 결정적인 대목이다(예를 들어, Geary et al., 1991; Hitch & McAuley, 1991). 더욱이 작업기억은 이들이 기초 산술 연산을 기억하면서 보이는 문제의 원인일 수도 있다. 이는 앞서 언급하였던 것처럼, 만약에 아동이 문제를 풀기 위해 세고, 답을 얻기 전에 문제의 전부 혹은 일부를 잊어버린다면, 해당 아동은 답과 문제를 연계시키지 못할 수 있기 때문이다. 그래서 만일 아동이 '2+5'를 풀기 위해 "1, 2, 3, 4, 5, 6, 7."이라고 세지만 피가수가 2이라는 것을 잊어버린다면, '2+5'가 답 7과 연계되지 않을 수 있는 것이다. 이러한 의견은 아마도 작업기억의 복잡성에 비추어 보건대, 극단적으로 단순한 것일 수 있다. 그럼에도, 수학장애 아동의 인지 결함을 더 잘 이해하게 해 주는 유용한 접근방식인 것 같다. 적어도 작업기억은 수학장애 아동의 절차적 결함 그리고 기초 연산 인출 결함 모두의 원인이 되는 잠재적인 요인으로 고려될 필요가 있다.

처리속도

수학장애 아동은 비장애 또래들보다 산술문제를 푸는 데 평균적으로 더 오랜 시간이 걸린다(예를 들어, Garnett & Fleischner, 1983). 이런 결과를 설명하기 위하여 Kirby와 Becker(1988)는 수학장애 아동이 모든 기초 수 처리과정을 수행하는 것이 느리다고 주장하였다. 이에 대한 대안은 수학장애 아동이 다른 문제해결 전략을 혼용해서 사용한다는 것이고, 이는 다시 전반적인 해결 시간의 차이를 가져온다. 사실, 수학장애 아동은 비장애 또래들보다 더 느린 세기 전략(예를 들어, 모두 세기)을 빈번하게 사용하고, 비교적 빠른 기초 연산 인출에는 덜 의존하는 경향이 있다(Geary, 1991; Svenson & Broquist, 1975). 이런 상황에서 수학장애 아동은 비장애 아동보다 산술문제를 푸는 데 평균적으로 더 오랜 시간이 걸릴 것이다.

그렇다면 문제는 수학장애 아동과 비장애 아동이 같은 전략을 사용할 때, 이들의 처리속도에 차이가 있느냐 하는 것이다. 세기 속도는 특히 관심을 끌고 있는데, 왜냐하면 이것이 기초 산술 연산을 장기기억에 표상하는 용이성에 영향을 미칠 수 있기 때문이다. 소리 내어 세기 전략의 경우, Geary(1990)는 비록 수학장애 아동이 수를 읽고 말하기와 같은 과정에서 더 느린 것으로 보인다 하더라도, 초등학교 1학년 비장애 아동과 수학장애 아동의 평균 세기 속도에는 차이가 없다는 것을 발견하였다. 그렇지만 이 아동이 2학년이 되었을 때 수행된 추수연구에서는 수학장애 아동의 평균 세기 속도가 더 느려진 것으로 드러났다(Geary et al., 1987 참조). 또한 Hitch와 McAuley(1991)는 8, 9세의 수학장애 아동의 세기 속도가 비장애 또래들보다 더 느리다는 것도 발견하였다. 다른 한편으로, Geary와 Brown(1991)은 초등학교 4학년 비장애 아동 집단과 수학장애 아동 집단 간에는 평균 세기 속도에 차이가 없다는 것을 발견하였다. 이러한 결과를 바탕으로 보면, 많은 수학장애 아동은 아마도 비장애 아동보다 더 느리게 세지는 않는 것 같다. 그러므로 비록 느린 세기 속도가 어떤 수학장애 아동의 인출 문제의 원인이 될 수 있다 하더라도, 세기 속도가 모든 수학장애 아동의 인출 결함의 원인은 아니라 할 수 있다.

수학장애 아동의 인출 속도를 평가하는 것은 어려운데, 이들의 인출에 대한 해결시간 패턴이 매우 비체계적인 경향이 있기 때문이다. 이 차원에 대한 수학장애 아동과 비장애 아동의 어떠한 비교도 신중하게 고려될 필요가 있다. 그럼에도, 지금까지 수행된 연구는 수학장애 및 비장애 초등학교 1, 2학년 아동 사이에 어떠한 인출 속도 차이도 없음을 주장하고 있다(Geary, 1990; Geary et al., 1991). 그렇지만 좀 더 나이가 든 수학장애 아동은 기초 연산을 기억에서 인출하는 데 비장애 아동보다 더 오래 걸리는 것으로 보인다(Geary & Brown, 1991). 많은 수학장애 아동이 인출 속도에 학년별 변화가 거의 없지만, 비장애 아동은 학년이 올라갈수록 기초 연산을 더 빨리 암기하는 현상으로 이러한 발달 패턴이 기인한다고 볼 수 있다.

이를 종합해 보면, 수학장애 아동과 비장애 아동 사이의 잠재적인 처리속도 차이의 문제에 대하여 이러한 연구 결과는 복합적이다. 결과의 복합적인 패턴은 부분적으로 수학장애 집단들의 이질성을 반영하고 있다고 볼 수 있다. 일부 수학장애 아동은 세기 절차를 사용하고 기초 연산 인출을 하는 데 있어 더 느린 것 같다. 그럼에도, Kirby와 Becker(1988)의 입장과는 반대로 수학장애 아동이 모든 산술 처리과정을 수행하는 데 있어 비장애 아동보다 더 느리지는 않다는 결과를 보이고 있다. 사실, 비록 일부 연산에서 처리속도 차이가 존재한다 하더라도, 많은 수학장애 아동의 '인지적 지체(mental slowness)'는 이들이 비장애 또래들에 비하여 시간이 더 많이 소요되는 문제해결 전략을 사용하는 것과 관계가 있어 보인다.

요약

인지연구는 많은 수학장애 아동이 절차적 결함과 기초 연산 인출 결함 등 산술과 관련된 두 가지 결함을 보이고 있음을 지적하고 있다. 절차적 결함(이러한 연구에서는 주로 세기 절차)은 발달적으로 미숙한 알고리즘을 사용함으로써 많은 절차적 오류를 나타내고 있다. 절차적 결함은 관련된 개념의 미숙한 이해 및 빈약한 작업기억 자원과 관련 있는 것으로 보인다. 그렇지만 많은 수학장애 아동의 절차적 기술은 초등학교 중학년까지는 비장애 또래들의 기술과 근접한 것으로 보인다(Geary & Brown, 1991; Geary et al., 1991). 이 패턴을 근거로, 많은 수학장애 아동의 절차적 결함은 발달적 지체 모형을 따른다고 볼 수 있다. 즉, 수학장애 아동은 애초에 더 어린, 학업에 있어 정상 수준인 아동이 좀 더 일반적으로 사용하는 절차를 활용하지만, 결국 동일 연령의 또래들을 따라잡게 된다(Goldman et al., 1988). 이 초기 절차적 결함이 산술의 모든 절차를 포함하고 있는지, 아니면 더 선택적 인지를 결정할 수 있기 전에 세기와 받아올림 및 받아내림 등과 같은 서로 다른 유형의 절차적 기술을 사정하는, 수학장애 아동에 관한 대규모 종단연구가 필요하다. 대다수의 수학장애 아동이 이러한 유형의 문제에서 벗어나게 되는지, 모든 수학장애 아동이 벗어나게 되는지, 아니면 일부만 벗어나게 되는지를 규명하기 위해 관련 연구가 또 필요하다.

기초 연산 인출 결함은 대부분의 수학장애 아동에게 절차적 결함보다 더 지속적인 것으로 보인다(Garnett & Fleischner, 1983; Geary, Brown, & Samaranayake, 1991; Geary, Widaman, Little, & Cormier, 1987; Howell et al., 1987). 물론 일부 아동은 두 가지 결함 모두를 보이지만, 이러한 결과는 기초 연산 인출 결함과 절차적 결함이 구분되는 것임을 암시한다. 인출 결함은 집중적인 훈련을 받은 후에도 기초 산술 연산을 암기하는 데 있어서 문제를 보일 수 있다(Howell et al., 1987). 심지어 장기기억에서 답들을 인출할 때도 종종 틀린다. 마지막으로, 장기기억에서 나온 기초 산술 연산(맞는 것이든, 틀린 것이든)에 접근하는 속도는 많은 수학장애 아동에게 있어 매우 다양하다. 때때로 기초 연산에 신속하게 접근하기도 하지만, 어떤 경우에는 기초 연산 인출이 매우 느리기도 하다. 앞서 언급되었던 것처럼, 이러한 패턴은 초기 대뇌 좌반구 손상과 관련된 인출 속도 패턴과 매우 유사하다(Ashcraft et al., 1992).

이를 종합해 보면, 일부 수학장애 아동의 기초 연산 인출 결함은 발달적 차이 모형을 따르는 것으로 보인다(Goldman et al., 1988). 즉, 수행 패턴은 동일 연령 또래들의 패턴 그리고 더 나이가 어리면서 학업에 있어 정상 수준인 아동의 패턴과는 질적으로 다르다. 이 아동에게 있어 인출 결함은 근본적이고, 적어도 특화된 교정훈련(8장의 '수학장애' 참조) 없이는 개선되지 않을 수 있다('유전적 요소' 참조). 다른 수학장애 아동에게 인출 결함은 단지 빈약한 작업기억 및 세기 기술과 관련되어 있을 수 있다. 후자의 경우, 세기 기술과 작업기억이 향상됨에 따라 인출 기술도 향상될 것이 틀림없다. 이 아동에게 인출 결함은 단순히 발달적 지체일 수 있다. 앞으로의 연구는 인출 결함의 개별적인 두 가지 별개의 인출 결함 형태들이 정말로 존재하는지 규명해 내는 것이 필요하다(Hitch & McAuley, 1991).

마지막으로, 수학장애 아동이 산술문제를 풀 때, 전략선택을 잘못하는지에 대한 쟁점을 다룰 필요가 있다(Siegler, 1988a). 4장의 '인지적 관점'에서는 아동의 산술능력에 있어서의 개인차는 능숙한 전략선택을 하는 능력과 관련되어 있다고 주장하였다. 능숙한 전략선택은 각 문제를 풀 때, 속도와 정확성에 관하여 가장 효율적인 전략을 선택하는 데 반영된다. 수학장애 아동에게 모두 세기 절차의 사용과 높은 빈도의 인출 오류는 아동이 종종 좋지 않은 전략선택을 하게 한다(Geary, 1990). 예를 들어, 이 아동이 대체 전략에 더 빈번하게 의존한다면, 인출 오류의 빈도는 감소할 수 있다. 어떤 인출된 답이 틀렸을 가능성이 있을 때 대체 전략에 의존하는 것은 능숙한 전략선택을 반영하는 것이다.

그러나 이 시점에서, 수학장애 아동의 명백하게 빈약한 전략선택이 단순히 이들의 절차적 그리고 인출 결함에서 기인하는 것인지, 아니면 이들이 수 및 산술에 대한 우수한 직관적(혹은 초인지적) 이해를 하지 못해서인지는 분명치 않다. 아마도 비언어적 계산 능력이나 (산술에 대한 아동의 직관적 감각을 평가하는 것으로 보이는) 순간파악하기 과제들은 물론, 초인지적 과제를 측정할 수 있는 도구를 활용하는 연구를 통해 이 쟁점이 분명해 질 수 있을 것으로 기대한다(Borkowski, 1992; Gallistel & Gelman, 1992; S. C. Levine et al., 1992).

신경심리학적 요소

많은 학습장애의 기초를 이루는 신경학적 관여에 대한 상당한 증거가 존재한다(Hammill, Leigh, McNutt, & Larsen, 1987; Hynd & Semrud-Clikeman, 1989). 따라서 후천적·발달적 계산장애에 대한 신경심리학 연구는 수학장애에 대한 인지연구와 함께 고려될 필요가 있다. 사실, 기초 산술 관련 결함에 관하여 신경심리학적인 연구의 결과는 인지연구와 동일한 결론을 내놓고 있다.

연구가 제시되기 전에, 많은 신경심리학적인 연구의 결과가 명쾌한 답을 주지 못하고 있다는 점에 주목하자. 즉, 뇌손상이 뚜렷한 수학적 결함을 낳는다는 사례연구를 발견하는 것은 드문 일이다(McCloskey, Aliminosa, & Sokol, 1991; Warrington, 1982). 이는 뇌손상이 특정한 부위에 국한된다 하더라도, 종종 다양한 인지 기술에 영향을 줄 수 있을 만큼 충분히 확산되기 때문이고, 이러한 연구 중 많은 부분에 사용된 측정도구들이 비교적 둔감한 지필검사이기 때문이다(Ashcraft et al., 1992 참조).

예를 들어, 계산장애에 있어 계산 기술을 사정하는 것은 종종 간단한(예를 들어, '9+6') 그리고 복잡한(예를 들어, '244+129') 산술문제를 푸는, 정확성의 요약 점수에 근거한다(예를 들어, Jackson & Warrington, 1986). 신경심리학 문헌에서 산술 계산은 종종 장기기억에서 기초 산술 연산을 인출하는 능력으로 해석된다. 그러나 4장의 '인지적 관점'에 언급되었던 것처럼 간단한 그리고 복잡한 산술문제를 해결할 때는 기초 연산 인출과 받아올림 및 받아내림 등과 같은 기초 계산과 관련된 몇 가지 요소 기술을 포함한다(Geary & Widaman, 1987). 이러한 상황에서 요약 점수들은 실제로 인출 및 절차적 기술 모두를 반영하고 있는 것이고, 이는 이러한 평가 결과들을 다소 부정확하게 만든다.

이러한 어려움에도 불구하고, 산술능력에 대한 뇌손상의 영향에 대한 어떤 일관성이 존재하는데, 신경심리학적인 연구가 수학장애의 인지연구를 보완하는 중요한 결과를 내 준다. 특히, 이중 해리(double dissociation) 연구는 상당히 유익한 것일 수 있다(예를 들어, Temple, 1991). 이러한 연구에서, 보통 어떤 개인의 뇌손상은 절차적 기술과 같은 한 가지 산술능력에 지장을 주지만 기초 연산 인출과 같은 또 다른 기술에는 영향을 주지 않는 것으로 나타난다. 또 다른 사람에게는 뇌손상이 반대되는 패턴, 즉 손상되지 않은 절차적 기술과 손상된 기초 연산 인출로 귀결될 수 있다. Badian(1983)과 다른 연구자들(예를 들어, Hécaen, 1962)은 후천적 그리고 발달적 계산장애를 숫자 실독증 및 실서증(alexia and agraphia for numbers), 공간적 계산언어상실증(spatial acalculia) 그리고 계산장애(anarithmetria) 등 세 가지 일반적 범주로 분류하였다. Temple(1991)은 최근 기초 수학적 결함에 관하여, "발달적 계산장애는 후천적 계산장애와 유사하다."(p. 155)고 주장하였다. 그러므로 발달적 계산장애와 후천적 계산장애에 대한 논의를 하고자 한다.

숫자 실독증 및 실서증

숫자 실독증 및 실서증(alexia and agaphia for numbers)은 산술의 다른 영역에는 아무런 손상이 없으면서, 숫자를 읽고 쓰는 데 어려움을 보이는 것을 의미한다(McCloskey, Caramazza, & Basili, 1985). Hécaen(1962)은 만약 이런 문제가 존재한다면, 이는 거의 항상 대뇌 좌반구 손상과 관련되어 있다고 보고하였다. 숫자 실독증 및 실서증은 항상은 아니지만, 때때로 읽기 및 다른 언어 관련 장애와 연계되어 있다(Badian, 1983; Boller & Grafman, 1983; Temple, 1989). 어린 아동은 아직 읽고 쓰는 기술을 습득하는 과정에 있기 때문에, 이들에게 숫자 읽기와 쓰기에서의 어려움은 꽤 일반적이다. 예를 들어, 어린 아동은 숫자를 쓸 때 흔히 거꾸로 쓴다. 숫자 반전(number reversal) 문제가 초등학교에 들어가서까지 지속되지 않는다면, 아마도 본래 그리고 그 자체로 신경심리학적인 문제나 수학장애의 징후로 고려되지는 않는다.

비록 아동에게 숫자를 읽고 쓰는 것에 대한 더 지속적인 어려움이 발생한다 하더라도(Kosc, 1974), 이는 공간적 계산언어상실증과 계산장애 등에 비하면 비교적 드물다. 예를 들어, Badian(1983)은 다양한 성취 및 능력 측정도구에 대한 수학장애 아동 50명의 수행을 조사하였다. 비록 아동 중 일부가 간헐적으로 숫자나 연산부호 등을 잘못 읽었지만, 이러한 오류들은 기본적으로 숫자를 읽고 쓰지 못하기 때문이기보다는 부주의로 인한 것으로 보였다. 따라서 숫자 실독증 및 실서증은 더 이상 고찰하지 않을 것이다.

공간적 계산언어상실증

공간적 계산언어상실증(spatial acalculia)은 수 정보의 공간적 표상에서 어려움을 보이고 종종 대뇌 우반구의 뒤쪽 영역의 손상과 관련된다(Benson & Weir, 1972; Dahmen, Hartje, Büssing, & Sturm, 1982; Luria, 1980). 공간적 계산언어상실증과 관련된 구체적인 문제에는 숫자 생략, 숫자 회전, 산술 연산부호 잘못 읽기, 자릿값 및 소수점 등에 대한 어려움 그리고 '35+74'와 같은 여러 자리 산술문제에서 숫자 잘못 배치하기 등이 포함된다(Grafman, Passafiume, Faglioni, & Boller, 1982; Hartje, 1987; Strang & Rourke, 1985). 후자의 경우, '35+74'에서 4를 5보다는 3 밑에 놓을 수도 있다는 것을 의미한다. 기초 산술 계산(즉, 기초 연산 인출)과 마찬가지로 수 읽기 및 쓰기 기술에는 손상이 없다.

일련의 발달 연구에서, Rourke와 동료들은 산술장애와 읽기장애를 함께 지닌 아동과 산술장애만을 지닌 아동의 신경심리학적 측정도구에서의 수행 형태를 조사하였다(Rourke & Finlayson, 1978; Rourke & Strang, 1978). 산술장애와 읽기장애를 함께 지닌 아동 집단의 수행은 읽기와 산술 모두에서 문제의 기초가 되는 공통적인 언어적 결함을 보이고 있는 것으로 미루어 보았을 때, 대뇌 좌반구의 기능이상을 암시한다고 할 수 있다. 반면, 산술장애 집단은 대뇌 우반구의 기능이상을 암시하는 시공간감각의 결함 패턴을 보였다. Share, Moffitt 그리고 Silva(1988)는 최근 이 형태의 반복됨을 보여 줬지만, 이는 저성취 소년 집단에서만 나타났다. 비록 학업에 있어 산술장애와 읽기장애를 함께 지닌 여자아이들이 정상 수준인 통제집단에 비해 비언어적 결함을 보이고 있었지만, 언어적 기술보다 상대적으로 더 나은 비언어적 기술의 패턴을 보여 주었다. 이와 같은 연구는 적어도 남자아이들이 보이는 시공간감각의 결함이 산술에서의 수행에 지장을 주고 있지만, 읽기 기술은 영향 받지 않는 경향이 있음을 시사하는 것이다. 여자아이들에게 있어 시공간감각 능력과 산술능력 사이의 관계를 명확히 해 줄 추가적인 연구가 필요하다.

마지막으로, 이러한 연구는 시공간감각 기술이 산술과 관련 있다는 것이 밝혀졌으므로 이 기술의 발달에 관해 고찰할 필요가 있다. 예를 들어, Hartje (1987)는 아동이 기초 연산을 암기함에 따라 그리고 산술 절차가 자동화되어 감에 따라(즉, 사용될 때 자동으로 수행되는) 산술문제의 해결을 위한 시공간감각 기술의 중요성은 줄어들 것이라고 주장하였다. 세기를 처음 배울 때 그리고 초기 산술에서 아동은 종종 구체물들을 혹은 손가락을 사용하여 세는 혹은 더해지거나 빼지는 것들을 표상한다(〈표 2-1〉 참조). 숫자의 이러한 시공간감각적 표상은 아동을 도와 과제를 이해하게 하고, 그들 자신의 수행을 조절하게 한다(예를 들어, 세기의 기록). 그러므로 기초 수 기술이 이미 발달된 이후 뇌손상과 연계된 시공간감각 결함보다 학령 전 아동의 시공간감각 결함이 기초 수 및 산술능력에 더 심각한 영향을 준다고 예측하는 것이 합리적이다.

이를 종합해 보면, 이러한 연구는 적어도 남자아이들에게서 어쩌면 대뇌 우반구의 기능이상이나 손상과 관련되어 있을 시공간감각 기능의 혼란(Rourke & Strang, 1978)은, 읽기 및 기타 언어 관련 기술에는 비교적 손상을 주지 않으면서 수 정보를 공간적으로 표상하는 능력과 이러한 표상들(예를 들어, 여러 자리 산술문제의 자릿값)의 의미를 해석하는 기술에 영향을 줄 것이라고 주장하고 있다. 그러나 Share 등(1988)의 연구 결과는 이러한 패턴이 산술장애만 지니고 있고 읽기 기술은 정상적인 여자아이들의 결함을 보여 주지는 않는다고 주장하고 있다. 앞으로 수학장애 및 산술 발달에 관련된 시공간감각의 결함에 있어 성차 및 발달차에 대한 연구가 분명히 요구된다.

계산장애

성인기의 후천적 계산장애(anarithmatria)과 관련된 주요 결함은 장기기억에서 기초 산술 연산을 인출하는 어려움이다(Benson & Weir, 1972; Jackson & Warrington, 1986; Warrington, 1982). 이 결함은 가장 일반적으로, 대뇌 좌반구 뒷부분의 손상과 관련되어 있다(예를 들어, Dehaene & Cohen, 1991; Warrington, 1982). 수 읽기와 쓰기 그리고 수 정보의 공간적 표상은 보통 손상되지 않는다. 비록 이 사람들이 때때로 산술 절차를 수행하는 데 있어서와 마찬가지로, 수 순서 짓기를 포함한 연산에 어려움을 보이더라도, 산술 개념의 이해도는 손상되지 않는다(Benson & Weir, 1972). 그럼에도, Temple(1991)은 기초 연산식 인출과 받아올림이나 받아내림과 같은 산술 절차의 수행 능력 사이에 이중 분열을 보고하였다. 이를 종합해 보면, 후천적 계산장애는 기초 연산 인출과 절차 등 두 가지 별개의 결함 모두를 포괄하는 것으로 보이며, 이는 어떤 때에는 읽기나 기타 언어 관련 장애와 관련되고 어떤 때에는 관련되지 않는다(Jackson & Warrington, 1986; Sokol, McCloskey, Cohen, & Aliminosa, 1991).

계산장애 아동은 때때로 산술 연산 부호들을 혼동하지만 가장 보편적인 어려움은 기초 연산식 인출이다(Badian, 1983). 예를 들어, Rourke와 Finlayson(1978)이 대상으로 한 산술장애와 읽기장애를 모두 지니고 있는 집단의 아동은 Rourke와 Finlayson이 주장했던 기초 연산 인출 결함이 이들의 언어 손상을 반영한다는 것을 보여 주었다. 앞서 언급하였던 것처럼, Ashcraft 등(1992)은 8세 이전에 대뇌 좌반구 혹은 피질 하부에 어떤 유형의 부상을 경험했던 아동 중 약 절반가량은 장기기억에서 기초 산술 연산을 인출하는 데 어려움을 겪는 것으로 보였다. 사실, '인지적 요소'에서 설명하였듯, 인출에 있어 이들이 보이는 비체계적인 해결시간 패턴은 수학장애 아동의 인지연구에서 발견된 것과 매우 유사하다. 이와 대조적으로, 유사한 대뇌 좌반구 혹은 피질 하부 손상을 입은 더 나이 든 아동 중 어느 누구도 인출에 있어 비체계적인 해결시간 패턴을 보이지 않았고, 대뇌 우반구 손상 집단 아동들 아홉 명 중 단 한 명만이 이러한 패턴을 보이는 것으로 나타났다. 어린 대뇌 좌반구 손상 집단 또한 복잡한 뺄셈에서의 받아내림과 같은 산술 절차와 관련하여 어려움을 보였다.

이를 종합해 보면, 아동을 대상으로 한 연구는 비록 산술 절차의 수행에 있어서의 어려움들이 증가되는 것은 아니지만 때때로 인출 결함과 관련이 있다 하더라도, 계산장애와 연계된 주요 결함은 기초 연산식 인출에서의 어려움이라고 지적하고 있다(Ashcraft et al., 1992; Temple, 1991). 인출 결함과 절차적 결함 사이에 이따금씩 생기는 분열에 대한 결과는 이 두 가지가 별개의 기술이라고 주장하고 있다(Temple, 1991). 마지막으로, 기초 연산 인출 문제는 일반적으로 언어 관련 결함과 관련되어 있다(Richman, 1983; Rourke & Strang, 1978). 이 시점에서 McCloskey, Aliminosa 그리고 Sokol(1991)의 연구가 절차적 결함과 언어 관련 기술이 관련 없을 것이라고 주장하고는 있지만, 이 둘 사이의 관계는 아직 분명치 않다.

요약

숫자를 읽고 쓰는 기본 능력(즉, 숫자 실독증 및 실서증)에 대한 간헐적인 연구를 제외하고, 신경심리학 연구는 뇌손상 혹은 더 미묘한 신경심리학적 문제와 연계된 두 가지 일반적이지만 서로 구별되는 수학적 결함(즉, 공간적 계산언어상실증과 계산장애)에 초점을 맞춰 왔다. 공간적 계산언어상실증은 보통 대뇌 우반구 손상으로 발생하고, 수 정보의 공간적 표상에 있어서의 어려움, 자릿값의 이해와 같은 어떤 개념적 문제에 있어서의 어려움으로 귀결된다(Benson & Weir, 1972). 비록 계산장애가 있는 사람들 중 많은 사람이 산술 절차의 사용에서도 결함을 보인다 하더라도, 계산장애의 가장 눈에 띄는 특징은 장기기억에서 기초 산술 연산을 인출하는 데 있어서의 어려움이다(Badian, 1983). 그러나 기초 연산 인출과 산술 절차 사이에 이따금씩 발생하는 분열은 이들이 별개의 결함임을 암시하고 있다. 이를 종합해 보면, 계산장애에 포괄되는 결함은 인지연구에서 발견되는 절차적 그리고 기억-인출 결함과 같은 것으로 보인다.

따라서 신경심리학 연구는 기초 연산 인출 절차와 공간 표상 등 뇌손상이나 뇌 기능이상과 관련된 세 가지 비교적 독특한 유형의 산술 관련 결함을 제안하고 있다. 기초 연산 인출 결함이 종종 특정 유형의 읽기 혹은 언어 관련 장애와 공존하는 반면, 공간 표상 결함은 보통 그렇지 않다(Rourke & Finlayson, 1978; Rourke & Strang, 1978). 절차적 기술과 언어 관련 능력 사이의 관계는 아직 명확하지 않다. 언어 기술은 세어가기 절차와 같은 어떤 절차의 사용에 중요할 수 있지만, 최소한 해당 절차를 배우고 나면 받아올림이나 받아내림과 같은 다른 절차에는 덜 중요할 수도 있다. 만일 그렇다면, 언어 관련 문제는 성인보다는 아동의 절차적 기술에 영향을 미칠 수 있다.

유전적 요소

불행히도, 수학장애 그 자체의 유전 가능성에 대한 연구는 없었다. 그럼에도, 4장의 '행동유전학적 관점'에서 언급되었던 것처럼, 기초 산술능력 변이성의 약 절반가량이 유전적 요소에 기인하는 것으로 보고 있기 때문에(Vandenberg, 1966) 수학장애의 잠재적 유전 가능성에 대한 고찰은 중요하다. 이런 결과를 바탕으로, 특정 유형의 수학장애 또한 유전될 가능성을 심각하게 고려할 필요가 있다. 특히, 많은 수학장애 아동이 단지 산술능력의 정상적인 변이성 분포 중 하위 극단을 대표할 뿐이라면, 이 아동의 빈약한 수행은 중간 수준에서 높은 수준으로 유전적 영향을 받을 수 있다(Gilger et al., 1993; Shaywitz et al., 1992).

더구나 공통적인 인지 및 유전적 요인이 읽기와 기초 수학 기술 모두에서 개인차의 기초를 이루고 있기 때문이고(Stevenson, Parker, Wilkinson, Hegion, & Fish, 1976; Thompson, Detterman, & Plomin, 1991), 많은 아동에게 수학장애와 읽기장애가 공존하고 있기 때문이다. 그리고 많은 유형의 읽기장애가 유전될 수 있는 것으로 보이기 때문에(Olson et al., 1989; Pennington et al., 1991) 수학장애에 대한 잠재적인 유전적 영향을 검토해 보는 것이다. 이는 수학장애와 읽기장애 사이의 연관성을 밝히는 데 도움이 될 것이다. 예를 들어, 단어 인출 및 다른 의미기억 기술을 뒷받침하는 음성 기억은 읽기 기술의 중요한 유전적 요인이 되는 것으로 보인다(Olson et al., 1989). 음성 기억에서의 어려움은 읽기장애의 원인이 되고 있다. Geary(1993; Geary et al., 1991)는 이와 동일한 기억 체계가 기초 연산식 인출을 뒷받침한다고 주장하였다. 만약 그렇다면, 의미기억 기술의 이 명백한 유전적인 결함이 수학장애 아동의 기초 연산 인출의 원인이 될 수도 있다.

관련된 연구에서, Gillis와 DeFries(1991)는 Colorado 읽기 프로젝트의 일환으로, 264쌍의 읽기장애 쌍둥이와 이에 대응되는 182쌍의 쌍둥이 통제집단 표본의 읽기와 수학성취 사이의 관계를 조사하였다. 수학 측정도구를 가지고 시행한 수행에 대한 유전 가능성 추정치는 읽기장애 집단의 경우 0.51, 통제집단의 경우 0.60이었다. 두 집단 모두에서 읽기와 수학 검사의 평가 결과는 신뢰할 수 있는 수준의 상관관계를 보였다. 즉, 읽기 검사에서의 수행이 좋으면 좋을수록 수학 검사에서의 수행도 좋았다. 더 중요한 것은 읽기 점수와 수학 점수 사이의 관계는 부분적으로 공통적인 유전적 영향에서 기인한 것으로 보였다는 것이다. Thompson 등(1991)은 또한 비장애 일란성 그리고 이란성 쌍둥이들의 읽기와 수학성취에서의 개인차에 대한 공통적인 유전적 영향의 증거를 발견하였다. 이는 읽기와 수학성취의 원인이 되는 모든 유전적 요인이 동일함을 의미하는 것은 아니고, 오히려 읽기 검사와 수학 검사 수행 사이의 유사성 중 일부에서 읽기와 수학 능력에 독특하게 작용하는 유전적 영향 외에, 중복되는 유전적 영향에서 기인될 수 있다는 점이다. 읽기와 수학성취에서의 개인차에 대한 공통적인 유전적 원천을 발견했다는 것은 동일한 유전적 원천이 많은 아동에게서 나타나는 수학장애와 읽기장애 사이에서 공존(혹은 공멸)하는 원인일 수 있다는 가능성을 열어 두고 있기 때문에 중요하다('읽기장애와 수학장애 간의 관계' 참조).

요약하자면, 비록 산술능력에서의 개인차에 유전적 원인이 있는 것으로 보인다 하더라도, 이와 관련된 연구는 수학장애의 유전 가능성이라는 쟁점을 직접적으로 다루지 않았다. 수학장애가 기초 산술능력 분포의 하위 극단을 대표한다고 가정한다면, 개인차 연구는 수학장애에 유전적 요인이 있는 것 같다고 주장할 것이다. 질적으로 구분되는 결함이 수학장애의 기초를 이룬다면, 뚜렷한 기술 결함이 유전적인 영향이 아니라면, 뇌손상과 같은 독특한 환경적 경험에 기인할 수 있기 때문에(Gilger et al., 1993) 개인차 연구는 덜 단정적이다. 그럼에도, 수학장애와 읽기장애의 관계, 어떤 유형의 읽기장애의 유전 가능성 그리고 읽기 및 수학성취에 있어서의 개인차에 대한 공통의 유전적 영향 등을 가정해 보면, 특정 유형의 수학장애, 특히 기초 연산 인출 결함을 포함하는 수학장애 또한 유전일 가능성이 높다('읽기장애와 수학장애 간의 관계' 참조).

이는 읽기 기술에 영향을 미치는 유전적 원천이 수학 기술에 영향을 미치는 것과 동일한 것이라고 말하는 게 아니다. 오히려 읽기와 수학 능력에 중복되는 유전적 영향들이 있을 것으로 보고 있으며, 중복되는 유전적 영향 중 일부가 읽기장애와 특정 유형의 수학장애의 원인이 될 수 있다는 것이다. 마지막으로, 많은 수학장애 아동이 절차적 개념과 기술을 늦게 습득하는 것이 유전적 영향뿐만 아니라 환경적 영향들을 반영하고 있을 가능성이 고려되어야 한다(R. S. Wilson, 1978). 산술 발달의 속도에 대한 그와 같은 어떠한 유전적 원인도 인출 결함에 대한 유전적 원인과는 다를 수 있다. 특히 수학장애에 대한 행동유전학적 연구가 분명히 필요하다. 그 초점이 단순히 지필고사로 행해지는 수행보다는, 인지 그리고 신경심리학 연구로 규명된 특정 유형의 결함에 초점을 맞추고 있다면 그와 같은 모든 연구는 특히 유용할 것이다.

읽기장애와 수학장애 간의 관계

비록 일부 읽기장애 아동이 시공간감각 혹은 철자법에 결함을 보이고 있다 하더라도, 대부분 읽기장애 아동이 보이는 1차적 어려움은 청각적 기억을 포함하는 것으로 보인다. 청각적 기억의 어려움은 음운론적 처리 결함에 대해 2차적인 것으로 보인다(Lindgren, Richman, & Eliason, 1986; Olson, Gillis, Rack, DeFries, & Fulker, 1991; Richman, 1983). 이러한 청각적 기억 문제는 단어 인출, 음운론적 해독 등의 어려움과 의미 연계에 대한 상대적으로 덜 발달된 기억

망 등과 관련된 것으로 보인다(Bruck, 1992; Olson et al., 1989). 음운론적 해독에 있어서의 어려움은 언어 분절 혹은 음운론적 인식(phonological awareness)(즉, 단어를 구성요소의 소리로 나누는 것)에 있어서의 어려움과 관련되어 있고, 이는 앞서 언급했듯이 상당한 유전적 요소를 지니고 있는 것으로 보인다(Olson et al., 1989). Richman(1983)은 청각적 기억 결함을 지닌 읽기장애아동이 종종 '산술 기억 기능'(arithmetic memory functions, p. 103; 즉, 기초 연산 인출)에 문제를 보인다는 점을 언급하였다. 다른 한편으로, Rourke(1989)는 읽기장애의 기초를 이루는 철자법 결함을 지닌 읽기장애 아동의 경우, "문제에 사용된 단어들이 최소화되거나 '한 번 보는 것'으로 학습된다면 산술 및 수학 수행은 평균 혹은 그 이상으로 향상될 것"(p. 218)이라고 주장하였다. 다른 말로 하자면, 문제해결을 위해 읽기가 필요하지 않을 때 철자의 부호화에 어려움을 갖고 있는 아동이 확실히 기초 산술능력에서 손상되지 않는 기능을 보이는 반면(Muth, 1984), 음운론적 처리 및 청각적 기억 결함을 지닌 읽기장애 아동은 종종 산술 연산 인출에 특정 결함을 갖게 된다.

앞서 암시된 것처럼, 장기기억에서 기초 산술 연산을 인출하는 것과 그 기초를 이루는 기억 표상들은 표상 및 의미기억에 있는 언어적 정보의 인출과 많은 동일한 특성을 보여 주고 있다(Ashcraft, 1992; Ashcraft & Battaglia, 1978; Campbell, 1987). 예를 들어, 기초 산술 연산은 부호화된 정수들로부터 관련된 수 및 기초 연산으로 확산되는 활성화와 함께, 연계된 기억망으로 표상되는 것으로 보인다(Ashcraft & Battaglia, 1978; McCloskey, Harley, & Sokol, 1991). Geary 등(1991)은 장기기억에서 기초 덧셈들을 인출하는 역량이 읽기 기술과는 상관관계가 있으나, 덧셈 문제를 풀기 위해 세기 절차를 사용하는 기술은 그렇지 않았다는 것을 발견하였다. 후천적 계산장애에 관한 연구는 비록 항상 그런 것은 아니라 하더라도, 기초 연산 인출 결함이 대뇌의 뒷부분 손상에 기인할 가능성이 가장 높다고 주장하고 있다(예를 들어, McCloskey, Aliminosa, & Sokol, 1991). 이와 유사하게, 난독증에 대한 부검 연구를 통해 같은 맥락에서 신경해부학적 이상을 주장하고 있다.

이를 종합해 보면, 이러한 자료에서 잠정적인 결론을 도출할 수 있다. 즉, 많은 아동에게 공통적인 기초 신경심리학적 결함으로 인해 수학장애와 읽기장애가 동시에 발생하는데, 그 결함은 아마도 대뇌 좌반구의 뒷부분과 관련되어 있는 것으로 보고 있다. 인지적 수준에서 이러한 결함은 의미 정보를 장기기억에 표상하고 이를 인출하는 데 있어서의 어려움으로 나타난다. 이것에는 간단한 산술에서 기초 연산 인출 문제, 예를 들어 읽기에서 단어 인식과 음운론적 인식의 어려움 등이 포함될 수 있다. 더욱이 이러한 단어 인식과 음운론적 인식의 어려움이 최소한 부분적으로는 유전적이고(Olson et al., 1989), 종종 기초 연산식 인출 결함과 연계된다는 점을 가정해 볼 때, 기초 연산 인출 및 언어적 결함의 집합체 전체가 유전적이며 근본적인 의미기억 문제를 반영하고 있다는 것이 사실일 수 있다. 이러한 의미기억 문제는 빈약하게 발달된 음운론적 처리과정 체계에 부차적인 것으로 보인다. 마지막으로, 아동기에 읽기장애를 지녔던 성인의 경우, 읽기 기술은 종종 향상되지만 음운론적 인식은 그렇지 않다(Bruck, 1992)는 점에 주목하자. 따라서 장기적인 기초 연산식 인출의 결함은 비교적 우수한 읽기 기술과 연계되어 있을 수 있다. 우수한 읽기 기술을 갖추어도, 기초 연산식 인출 결함과 빈약한 음운론적 인식 사이에 여전히 어떤 관계가 있을 것으로 예상할 수 있기 때문에 이와 같은 결과의 가설은 기각되지 않을 것이다.

수학장애: 산술과 수학적 문제해결

여기서 다뤄질 필요가 있는 두 가지 일반적인 쟁점이 있다. 첫째, 기초 연산 인출과 같은 산술 관련 장애는 어느 정도까지 수학장애 아동의 수학적 문제해결 기술에 영향을 미치는가?(Zentall & Ferkis, 1993) 예를 들어, 수학적 문제해결 검사에서의 낮은 수행이 주로 산술 관련 결함에서 기인한다면, 수학적 문제해결에서의 어려움은 더 기본적이고 더 낮은 수준의 결함에 부차적인 것이다. 둘째, 문제 표상과 같은 산술 관련 결함 외에, 3장에서 설명된 수학적 문제해결의 더 복잡한 특징 중 일부에 특히 지장을 주는 유형의 수학장애가 존재하는가? 이러한 경우, 문제 표상에 있어서의 어려움은 수학적 문제해결의 1차적 결함임을 의미하게 된다. 이러한 유형의 장애를 지닌 아동은 산술 관련 결함을 보일 수도 있고 보이지 않을 수도 있다.

첫 번째 쟁점에 관하여, 빈약한 기초 산술능력은 많은 수학장애 아동의 빈약한 수학적 문제해결 기술의 원인으로 보인다(Muth, 1984; Zentall & Ferkis, 1993). 특히, 앞에서 설명한 기초 연산 인출 결함은 산술 문장제 문제의 해결을 더 어렵게 하기도 한다. Zentall과 Ferkis는 아동이 문장제 문제의 계산 측면을 완수하기 위해 더 번거롭고 시간이 많이 걸리는 세기 전략에 의존할 것이기 때문에, 기초 연산을 장기기억에서 자동으로 인출해 내지 못하는 것은 문장제 문제해결을 더욱 까다롭게 만든다고 주장하였다. 세기 절차를 사용하는 것은 또한 문제에 대한 작업기억 요구를 증가시킨다. 아동이 문제해결을 하는 동안, 세기를 해야 하거나 어떤 다른 형태의 대체 전략을 사용해야 한다면, 문제의 다른 중요한 측면을 마음속에 유지하는 것은 더 어렵다. 결과적으로, 문제에 제시된 관련 정보들을 동시에 고려하는 것은 더욱 어려워질 것이고, 해당 아동이 문제를 읽고 난 후 해당 문제의 중요한 요소를 잊어버리게 될 가능성이 높아질 것이다(Pellegrino & Goldman, 1987). 그러므로 산술 관련 유형의 수학장애는 또한 산술 및 대수 문장제 문제를 푸는 데 있어 어려움을 이끌어 낼 가능성이 높다.

빈약한 산술능력 외에, 다른 요인도 일부 수학장애 아동의 빈약한 수학적 문제해결 기술의 원인이 되는 것으로 보인다. 예를 들어, Muth(1984)는 기초 읽기 기술이 문장제 문제해결 기술에 영향을 미칠 것이라고 주장하였다. 일반적으로, 더 낮은 수준의 독해 능력과 더불어 많은 수학장애 아동은 **거리**와 **시간** 등과 같은 양적 단어를 이해하는 데 어려움을 겪고 있다(Zentall & Meyer, 1987). 많은 수학장애 아동은 또한 대수 문장제 문제의 문자들이 알려지지 않는 변수를 나타내고 있다는 것을 이해하지 못한다. 수학장애 청소년들 중 많은 학생은 이 정보를 간과하고, 문제에 제시된 양적 정보만 가지고 문제를 풀려고 한다(Montague & Applegate, 1993). 이를 종합해 보면, 읽기와 언어 이해에서의 어려움 또한 일부 수학장애 아동에게 있어 수학적 문제해결 오류의 원인이 될 수도 있다는 것을 보여 주고 있다.

더욱이 많은 수학장애 아동이 산술 및 대수 문장제 문제의 의미를 표상하는 데 특히 어려움을 겪고 있는 것으로 보인다(Hutchinson, 1993; Zawaiza & Gerber, 1993). 진술된 문제에서 관련된 단편적인 정보들을 선택하고, 이들 정보를 적절한 방정식으로 만들어 문제를 해석하며, 이 정보들을 종합할 수 있는 문제의 표상을 포함해야 한다는 것을 상기하자(3장의 '문제해결 과정' 참조). 비장애 또래들에 비하여, 이 청소년들은 문제의 중요한 요소들 사이에 존재하는 관계를 도표로 나타내는 데 능숙하지 못하고, 모순된 언어 문제에 특히 어려움을 지니고 있다(예를 들어, A. B. Lewis, 1989). 예를 들어, Zawaiza와 Gerber는 수학장애 아동이 **더 많은**(more than)이라는 문구가 포함된 뺄셈 문장제 문제를 특히 어려워한다는 것을 발견하였다. 이러한 결과는 수학적 문제해결과 관련된 특정 형태의 학습장애가 있을 수 있음을 암시하는 것이다. 수학장애 아동의 수학적 문제해결에 대한 앞으로의 연구는 빈약한 수행을 보이는 산술 관련 결함과 읽기 기술은 물론, 부족한 공간적 기술을 반영하고 있는 특정 표상 결함의 가능성 또한 고려해야 한다.

결 론

이 장에서 검토된 연구들은 많은 아동이 보이는 특정 유형들이 유전적인 것일 수도 있는 심각한 인지적 혹은 신경심리학적 장애를 보이고 있고, 이것은 기초 산술을 학습하는 데 어려움을 겪게 한다고 주장하고 있다. 인지연구는 수학장애 아동이 산술문제를 풀기 위해 세기 절차를 사용하는 기술 및 기초 산술 연산을 장기기억에 표상하거나 장기기억으로부터 인출하는 데 어려움 등, 적어도 두 가지 차원에서 비장애 또래들과 다르다고 주장하고 있다. 많은 수학장애 아동의 절차적 기술의 발달은 비장애 아동의 그것과 비교해 볼 때 지체되어 있는 것으로 보이며, 미숙한 절차의 사용과 낮은 정확성으로 표현된다 (예를 들어, Garnett & Fleischner, 1983; Geary, 1990). 절차적 기술의 발달지체는 다시, 관련 개념 이해에 있어서의 지체와 절차적 오류를 범했다는 것을 발견하는 기술의 부족과 관련이 있을 수 있다(Geary, Bow-Thomas & Yao, 1992). 작업기억 또한 많은 수학장애 아동의 빈약한 절차적 기술에 잠재적인 원인으로 고려될 필요가 있다(Geary et al., 1991). 수학장애 아동의 부족한 세기 기술이 받아올림이나 받아내림 등과 같은 다른 산술 절차 사용에서 보이는 어려움과 관련이 있는지의 문제가 다뤄질 필요가 있다(Ashcraft et al., 1992). 이러한 절차적 결함이 심지어 언어 전 계산 기술에서 그보다 더 일찍 나타나는(즉, 유치원 이전) 결함보다 더 앞설 가능성 또한 탐색해 볼 필요가 있다(Dehaene, 1992; Gallistel & Gelman, 1992; S. C. Levine et al., 1992).

적어도 간단한 산술문제를 풀 때 수학장애 아동이 보이는 두 번째 결함에는, 기초 산술 연산을 장기기억에서 표상하거나 장기기억으로부터 인출하는 것을 포함하고 있다(예를 들어, Geary & Brown, 1991; Geary et al., 1991). 수학장애 아동의 기초 연산식 인출은 기억에서 인출되는(정확하든, 그렇지 않든) 기초 연산의 전체 개수가 적은 것으로 표현된다. 기초 연산이 인출될 때, 오류 비율이 높고 인출 속도가 체계적이지 못하다(Garnett & Fleischner, 1983; Geary & Fleischner, 1983; Geary & Brown, 1991; Geary et al., 1991). 앞서 언급된 것처럼, 수학장애 아동의 작업기억 결함과 산술 학습 초기에 많은 세기 절차 오류들을 범하는 경향 등은 기초 연산이 인출될 때 각각 낮은 빈도의 기초 연산 인출과 높은 비율의 인출 오류들의 원인이 될 수 있다. 그러나 이러한 요인은 수학장애 아동과 초기에 대뇌 좌반구에 손상을 입은 아동의 인출을 위한 해결시간의 유형이 유사하다는 연구 결과(Ashcraft et al., 1992)를 효율적으로 설명하지 못하고 있다. 이 결과는 집중적인 훈련을 받은 후에도 많은 수학장애 아동의 인출이 실질적으로 향상되지 않았다는 연구 결과(예를 들어, Howell et al., 1987)와 함께, 이 아동들 중 많은 아동에게 있어 관찰된 기억-인출 문제는 단순한 발달지체가 아닌 더 근본적인 결함의 지표가 될 수 있음을 암시하고 있다.

후천적 그리고 발달적 계산장애에 대한 연구는 인지연구와 같은 결론에 집중되어 있어서, 수학장애 아동의 독특한 연산적 인출과 절차적 결함에 대한 주장을 부추기고 있다(McCloskey, Aliminosa, & Sokol, 1991; Temple, 1991). 사실, 발달적 계산장애 연구와 수학장애 연구에서 사정된 아동은 대부분 동일한 집단이라는 결론을 내리는 것이 합리적이다. 신경심리학 연구는 또한 시공간감각 기술과 기초 산술능력 사이의 관계도 보여 주고 있다(예를 들어, Badian, 1983). 특히, 수 정보를 공간적으로 표상하는 능력에 영향을 미치는 시공간감각의 결함은 초등 수학에 있어서의 기능적 기술(예를 들어, 더해지는 수의 자리별 배치)뿐 아니라 연계된 표상들(예를 들어, 자릿값)에 대한 개념적 이해를 방해한다. 이러한 유형의 시공간감각 결함은 인지연구에서는 규명되지 않았는데, 이는 인지연구자들이 보통 수학장애 아동을 대상으로 한 그들의 연구에 시공간감각 측정을 포함시키지 않았기 때문일 가능성이 매우 높다.

앞서 언급하였듯이, 특히 수학장애에 관한 행동유전학적 연구는 거의 없었다. 그럼에도, 읽기장애의 특정 유전적 요소가 수학장애와 관련이 있다는 연구 결과는 기초 산술능력의 개인차에 대한 유전 가능성의 증거는 어떤 유형의 수학장애도 유전적일 수 있다는 점을 암시하고 있다. 특히, 많은 수학장애 아동의 기억-인출 결함은 수학장애에 대한 특정 행동유전학적 연구에 좋은 사례가 될 것이다. 이와 같은 주장은 특정 유형의 읽기장애의 원인이 되는 것으로 보이는 빈약한 음운론적 인식과 같은 청각적 기억 문제는 유전적이며(Bruck, 1992; Olson et al., 1992), 종종 기초 연산식 인출에 있어서의 문제를 동반한다는 연구 결과를 바탕으로 하고 있다(예를 들어, Richman, 1983).

정말 많은 아동에게 나타나는 수학장애와 읽기장애의 공존(Badian, 1983)은 정보를 의미기억에 표상하거나 의미기억으로부터 인출하는 데 있어서 더 일반적인 결함을 반영하고 있는 것일 수 있다. 의미기억 표상이나 인출 문제는 읽기 기술과 기초 연산식 인출 모두에 영향을 미칠 수 있다(예를 들어, Ashcraft & Battaglia, 1978). 이는 일부 아동에게 있어 낮은 수학성취가 빈약한 읽기 기술에 부차적인 것이라고 말하는 게 아니다. 어떤 아동은 근본적인 산술 결함 때문이 아니라 읽기를 잘못하기 때문에, 문장제 문제와 같은 더 복잡한 수학과제에서 낮은 수행을 보인다(Muth, 1984). 그럼에도, 일부 아동에 있어 수학장애와 읽기장애의 동시 발생은 유전적일 수 있다고 보고 있으며, 이는 공통적으로 기초 신경심리학적 결함을 반영하고 있다고 할 수 있다(Gillis & DeFries, 1991).

비록 수학 능력과 수학장애가 어느 정도 유전적일 수 있다는 것이 증명된다 하더라도, 유전적 영향은 아무것도 없는 상태에서 발생하는 것이 아니라 오히려 환경이라는 맥락 안에서 나타난다(Detterman, Thompson, & Plomin, 1990; Plomin et al., 1990). 비록 특정 형태의 수학장애가 상당히 유전적인 것으로 밝혀진다 하더라도, 수학성취와 능력 측정도구에서 보이는 낮은 수행은 유전은 물론, 상당한 환경적 영향을 대표할 수 있다. 수학장애의 인지연구와 신경심리학 연구의 비교에 대해서도 비슷한 주장을 할 수 있다. 비록 신경심리학 연구와 인지연구가 수학장애 아동의 산술 결함에 관한 유사한 결론에 집중된다 하더라도, 이것은 인지연구에서 평가된 수학장애 아동이 어떤 형태의 뇌손상을 입었다는 것을 반드시 의미하는 것은 아니다.

수학장애 아동의 결함은 환경과 초기 신경발달 문제가 복합적으로 결합된 것을 의미할 수 있다. 어떤 복잡한 기술의 습득에는 지지 신경계(supporting neural system)의 성숙과 환경적으로 적절한 경험 사이에서 일종의 동시성(synchrony)과 관련이 있다(Greenough, Black, & Wallace, 1987). 개인의 초기 경험이 성숙해 가는 신경계에 적절한 피드백을 제공하지 못하게 된다면, 그 체계는 정상적으로 발달하지 못할 수 있다. 그러므로 인지연구에서 뇌손상을 입었다고 평가를 받은 사람들과 수학장애 아동의 인출 결함에 동일한 신경계가 관련되어 있다 하더라도, 수학장애 아동이 어떤 형태의 뇌손상을 입었을 것이라는 것을 반드시 수용할 필요는 없다. 오히려 신경의 어떤 기능이상이 나타나기 시작하여 수 체계를 뒷받침하는 신경 구조의 성숙이 비정상적으로(예를 들어, 세포이동) 나타나서 그로 인한 부가적인 영향과 부적절한 초기 경험이 작용한 것으로 볼 수 있다.

이와 같은 결함이 존재하는 이유에 관계없이, 이 장에 기술된 인지적 그리고 신경심리학적 결과의 패턴은 읽기장애 영역에서 했던 것처럼(예를 들어, Richman, 1983), 산술 관련 형태의 수학장애를 특수한 형태로 만드는 것이 가능하다는 것을 시사하고 있다. Strang과 Rourke(1985)의 연구를 확장시킨 잠정적 틀에는 세 가지 일반적인 하위유형이 포함된다. 첫 번째 하위유형에는 기초 연산식 인출에서의 어려움과 집중적인 훈련을 받고도 기초 산술을 암기하는 문제 등이 포함된다(Geary, 1990; Howell et al., 1987). 이 인출 결함의 특징에 대한 요약이 〈예제 5-1〉에 제시되어 있다.

인지연구와 심리신경학 연구는 이 인출 결함이 전부 혹은 전무(all-or-none)한 현상이 아니라고 지적하고 있다. 〈예제 5-1〉에서 언급된 것처럼, 이런 유형의 결함을 지닌 사람들은 보통 장기기억에서 어떤 기초 연산을 인출할 수 있지만, 학업에 있어 정상 수준을 보이는 비장애 또래들과 그들을 구분 짓

〈예제 5-1〉 수학장애, 하위유형 1: 의미기억

인지적/수행 특징

· 기초 연산식 인출이 낮은 빈도를 보인다.
· 기초 연산이 인출될 때, 오류율이 높다.
· 정확한 인출에 대한 해결시간이 체계적이지 못하다.

발달적 특징

· 발달적 차이 모형을 따르는 것으로 보인다. 수행은 비장애 아동의 그것과 질적으로 구분되며, 학년이 올라가면서 보이는 향상은 미미하다.

신경심리학적 특징

· 대뇌 좌반구, 특히 좌반구 뒷부분의 기능이상과 관련되어 있는 것으로 보인다.
· 시상과 같은 피질 하부와 관계가 있을 수 있다.

유전적 특징

· 분명하지 않지만, 특정 유형의 읽기장애와의 관계는 이 결함이 유전적일 수 있다는 점을 암시한다.

읽기장애와의 관계

· 특히 읽기장애가 음성학적 결함과 관련되어 있다면, 종종 읽기장애와 함께 변화한다.

게 하는, 비체계적인 해결시간과 같은 다른 수행 특성을 보인다(Geary et al., 1991; McCloskey, 1992). 이러한 범주에 속하는 아동은 또한 읽기성취에서도 어려움을 보일 수 있고, 어쩌면 읽기장애일 수도 있다(Rourke & Finlayson, 1978; Rourke & Strang, 1978). 이 시점에서 유전 가능성 연구에 가장 적합한 것으로 보이는 것은 바로 이러한 결함 패턴이다. 마지막으로, 신경심리학 연구는 이러한 유형의 결함이 대뇌 좌반구의 뒷부분과 관련된, 어떤 유형의 기능이상이나 손상 혹은 어쩌면 피질 하부와의 관련성을 반영하고 있을 수 있다(Hynd & Semrud-Clikeman, 1989; McCloskey, Aliminosa, & Sokol, 1991; Warrington, 1982).

두 번째 하위유형에는 덧셈 문제를 풀 때 세기 절차를 사용하거나(Geary, 1990) 뺄셈 문제를 풀기 위해 받아내림을 하는 것(Ashcraft et al., 1992)과 같은, 산술 절차의 사용에서 어려움을 보이게 된다. 이 시점에서는 이러한 절차적 결함이 근본적인 개념의 습득에 있어 발달적 지체(Geary, Bow-Thomas, & Yao, 1992)를 반영하는 것인지, 아니면 수 순서 짓기와 관련된 더 일반적인 문제(Spiers, 1987)를 반영하는 것인지는 분명치 않다. 일부 수학장애 아동에게 있어 절차적 결함은 단순히 근본적인 개념의 습득에 있어서의 지체(Geary, Bow-Thomasa, & Yao, 1992)를 반영하는 것 같고, 이 아동은 수학장애 자체를 보이지 않을 수 있지만 기초 수 기술 습득에 대한 분포의 하위 극단에 있다. 다른 아동은 장애로 인한 절차적 학습에서 지속적으로 어려움을 보이기도 한다(Goldman et al., 1988; Temple, 1991). Ashcraft 등(1992)의 연구는 특정 절차적 결함이 대뇌 좌반구의 기능이상이나 손상을 반영할 수 있다고 주장하고 있다. 이러한 쟁점이 명확해지도록, 절차적 기술(예를 들어, VanLehn, 1990)과 근본적 개념에 대한 지식(예를 들어, Briars & Siegler, 1984)을 사정하기 위해 인지적 측정도구를 사용하는 앞으로의 연구가 필요하다. 이러한 형태의 수학장애와 관련된 절차적 결함의 특징에 대한 개요는 〈예제 5-2〉에 제시되어 있다.

대뇌 우반구 뒷부분의 기능이상이나 혹은 손상과 관련되어 있는 것 같은

〈예제 5-2〉 수학장애, 하위유형 2: 절차

인지적/수행 특징

- 발달적으로 미숙한 절차를 비교적 빈번하게 사용한다.
- 절차를 수행하는 데 있어서 잦은 오류를 보인다.
- 절차 사용의 기초를 이루는 개념들을 이해하는 데 있어서의 잠재적인 발달 지체를 보인다.

발달적 특징

- 발달지체 모형을 따르는 것으로 보인다. 수행은 더 어리고 학업에 있어 정상 수준을 보이는 비장애 아동과 비슷하며 학년이 올라가면서 향상된다.

신경심리학적 특징

- 비록 일부 자료가 대뇌 좌반구의 기능이상과의 관련을 주장하고 있지만, 명확하지 않다.

유전적 특징

- 분명하지 않다.

읽기장애와의 관계

- 분명하지 않다.

마지막 하위유형에는 산술 정보의 표상과 해석을 위한 시공간감각 기술 사용에 있어서의 혼란이 포함되어 있다(예를 들어, Benson & Weir, 1972; Dahmen et al., 1982; Rourke & Finlayson, 1978). 받아올림이나 받아내림과 같은, 두 번째 하위유형에서 언급된 어떤 형태의 절차적 결함이 사실 시공간감각의 결함과 관련되어 있을 수 있다. 하지만 예를 들어, 세기 오류와 같은 수학장애 아동의 절차적 문제 모두가 시공간감각의 결함과 관련되어 있는 것 같지는 않다(Badian, 1983). 그럼에도, 절차적 기술 발달에 관한 인지연구는 시공간감각의 기능을 측정하는 도구를 포함시킴으로써 강조될 것이다. 마지막으로, 수학적 문제해결에서 발견된 문제 표상에서 수학장애 아동이 겪는 어려움이 이러한 시공간감각의 결함과 관련되어 있을 가능성에 대해 고려할 필요가 있다. 이러한 형태의 수학장애와 관련된 시공간감각의 결함에 대한 개요는 〈예제 5-3〉에 제시되어 있다.

수학장애의 세 가지 잠재적인 산술 관련 하위유형을 제시한 것은, 최종 결론이라고 하기보다는 이 영역에 대한 지식의 현재 상태를 바탕으로 한 개인적인 '최상의 추측'으로 해석되어야 한다. 수학장애 영역에는 앞으로 다뤄져야 할 많은 쟁점이 남아 있다. 사실, 읽기장애 연구와 비교해 볼 때, 수학장애 영역에서의 연구는 다소 초보적이다. 예를 들어, 읽기장애 연구의 근본적인 쟁점은 어떤 사람을 읽기장애로 혹은 읽기장애가 아닌 것으로 분류하는 방법이다. 한 가지 기법은 IQ 점수와 표준 읽기성취 측정도구의 점수 사이의 차이다. 이 기법으로, IQ 검사에서는 정상 범주의 점수를 기록하였지만 읽기성취 측정도구에서는 정상보다 상당히 낮은 점수를 보인 어떤 사람을 읽기장애로 분류할 것이다. 또 다른 기법에는 IQ를 고려하지 않고, 어떤 사람들이 같은 연령의 또래들에 비해 상당히 낮은 읽기 점수를 성취하였다면 이들을 읽기장애로 분류하는 것이 포함될 수 있다(Gilger, 1992). 읽기장애 영역에서 진단 준거라는 쟁점은 전혀 해결되지 않았고(Fletcher, 1992; Pennington, Gilger, Olson, & DeFries, 1992), 수학장애 영역에서는 체계적으로 다루어지지 않았다. 더욱이 향후 연구는 하위유형들이 더 일반적인 결함과 함께 발생하는지 아니면 읽기장애와 같은, 다른 특정 결함과 함께 발생하는지 그리고 이 하위유형

〈예제 5-3〉 수학장애, 하위유형 3: 시공간감각

인지적/수행 특징

· 여러 자리의 산술문제에서 숫자를 잘못 배치하거나 숫자를 회전시키는 것과 같은, 수 정보를 공간적으로 표상하는 데 있어서의 어려움을 보인다.
· 자릿값 오류와 같이, 공간적으로 표상된 수 정보에 대해 잘못된 해석을 한다.

발달적 특징

· 분명하지 않다.

신경심리학적 특징

· 대뇌 우반구, 특히 뒷부분의 기능이상과 관련된 것으로 보인다.

유전적 특징

· 명확하지 않다.

읽기장애와의 관계

· 읽기장애와 관련이 있는 것으로 보이지 않는다. 적어도 음성학적 결함과 관계된 형태의 읽기장애와는 관련되어 있지 않다.

注) 설명된 특징은 여자아이들보다 남자아이들에게 더 전형적인 것으로 보인다. 이러한 결함 유형의 발현에서의 잠재적 성차에 관한 구체적인 내용은 명확하지 않다.

들은 IQ와 어느 정도로 관련되어 있는지 등, 잠재적으로 구분될 수 있는 증후군으로서의 세 가지 하위유형들의 타당성을 다룰 필요가 있다.

결론적으로, 읽기장애에 비하여 수학장애에 관해서는 상대적으로 덜 알려져 있다(Sutaria, 1985). 분명히, 불안 또는 빈약한 읽기 기술 등과 같은, 많은 요인이 낮은 수학성취의 원인이 될 수 있다(Ashcraft & Faust, 1994; Muth, 1984). 그러나 수학성취와 수학장애의 인지적 · 신경심리학적 · 유전적 상관 관계에 대해 검토해 본 결과, 수학 학습과 수행에 영향을 미치는 진짜 결함의 존재가 암시되고 있다. 이 장에서 이러한 요인들은 산술과 관련된 인지적 혹은 신경심리학적 결함의 세 가지 일반적인 유형들로 잠정적으로 분류되었다. 이 영역에서의 연구는 특히 문제 표상에서의 어려움처럼 수학적 문제해결에서의 어려움과 관련되어 있을 수 있는 결함을 포함하는 방향으로 확장될 필요가 있다(A. B. Lewis & Mayer, 1987).

Chapter 6

성차와 수학영재

이 장의 주요 초점은 수 및 수학 능력에 있어서의 성차(gender difference)다. 이 장은 수학 수행의 성차 패턴에 대한 연구 결과를 통합하고 여러 문화에 걸쳐 그 패턴을 조사하는 데 목적이 있다. 수학 수행에 있어서의 일관된 국가 간 성차가 발견되는 영역에 대해서는 성차에 대한 잠재적인 인지적 · 심리사회적 · 생물학적 영향이 평가되고, 이러한 영향 각각을 수용하는 역동적인 모형로 통합될 것이다. 다음에 언급된 것처럼 수학 수행에 있어서의 성차는 매우 뛰어난 지능을 지닌 사람들에게서 가장 현저하게 나타난다(Benbow, 1988). 따라서 이 장은 수학영재의 인지적 · 신경심리학적 특성과 이러한 특성이 수학 수행의 특정 영역에 있어서의 성차와 어떻게 관련되어 있는지에 대한 논의로 결론지을 것이다.

성 차

수 및 수학 능력에 있어서의 성차에 대한 논의는 크게 두 부분으로 제시될 것이다. 첫 번째 부분은 이 책의 1, 2, 3장에 제시된 기초 영역(초기 수 관련 능력, 산술 그리고 수학적 문제해결 등)에 있어서의 성차, 혹은 성차의 결핍에 대한 개관으로 구성되어 있다. 이에 대해 미리 살펴보자면, 이러한 영역에 대한 연구 결과는 초기 수 관련 능력이나 산술에 있어서 성차가 거의 혹은 전혀 없으나 수학적 문제해결 중 몇몇 영역에서는 남성에게 유리한 차이가 일관되게 있음을 보여 주고 있다. 이에 따라 두 번째 부분은 수학적 문제해결 영역의 성차 패턴에 대한 잠재적인 인지적, 심리사회적 그리고 생물학적 원인의 분석으로 구성될 것이다. 수학 능력에 대한, 더 잘 알려진 많은 연구가 주로 미국의 아동 및 청소년에게 초점이 맞춰져 있기 때문에(예를 들어, Hyde, Fennema, & Lamon, 1990), 각각의 부분에서는 적절한 문화 간 연구를 고려하는 시도가 이루어질 것이다. 문화 간 패턴을 고려하는 것은 성차가 문화적 그리고 경험적 요인에 의해 얼마나 영향을 받는지 그 범위를 결정할 때 유용할 것이다(Harnisch, Steinkamp, Tsai, & Walberg, 1986).

초기 수 관련 능력

비록 수학 능력과 성취에 있어서의 성차에 대한 많은 검토가 있어 왔지만, 이러한 검토물들은 많은 부분 그 대상이 유치원에 다니는 아동 및 그보다 조금 더 나이가 든 아동으로 한정되어 있었다(예를 들어, Hyde, Fennema, & Lamon, 1990; Kimball, 1989). 유아 및 학령 전 아동의 수를 다루는 기술 중 많은 부분이 필수적이거나 생물학적으로 근본적인 것으로 보이기 때문에(즉, 선천적인; Geary, 출판 중; Gelman, 1990), 이 분야에 있어서의 잠재적인 성차를 고려하는 것은 중요하다. 기초적인 수 관련 능력에 있어서의 성차에 대한 증거는 그와 같은 어떠한 차이가 생물학적 요인의 영향을 강하게 받는다는 논의(예를 들어, Benbow, 1988)에 중요한 뒷받침을 제공할 것이다. 다른 한편으로, 이 영역에 성차가 없다는 결과는 초등 수학에 있어 남자아이가 여자아이에 비해 기본적인 이점을 지니고 있다는 입장을 반박하는 것이다. 유아기 및 학령 전 시기에 명백해지는 수 및 세기 기술에 성차가 존재하는지를 결정하기 위해 1장에 기술된 많은 연구물을 다시 검토해 보았다. 그 결과는 다음에 제시되어 있다.

유아기

유아기 연구는 다수성(numerosity)에 대한 민감성 및 덧셈과 뺄셈이 수량에 미치는 영향에 대한 기본적인 이해에 있어 남자아이와 여자아이 사이에 어떤 차이가 있는가에 특별한 관심을 보이고 있다(예를 들어, Starkey et al., 1983; Wynn, 1992a). 다수성에 관한 연구가, 예를 들어 두 개의 물건으로 이루어진 묶음와 세 개의 물건으로 이루어진 묶음 등과 같이 적은 수량을 구분해 내는 유아의 능력을 평가하고 있음을 상기해 보라. 이 분야의 연구물 중 많은 부분이 다수성에 대한 유아의 민감성에 있어 성차를 조사하지 않았다(예를 들어, Starkey & Cooper, 1980). 성차를 조사했던 연구물은 매우 일관된 결과를 보이고 있다. 즉, 남자아이와 여자아이는 적은 양의 다수성을 구분하는 능력에 차이를 보이지 않는다는 것이다(Antell & Keating, 1983; Starkey et al., 1990; Strauss & Curtis, 1981). 일례로 Starkey 등은 생후 6개월에서 9개월 사이에 유아의 적은 양의 다수성을 구분하는 능력을 조사한 다섯 가지 실험 전반에 걸쳐 아무런 성차도 발견하지 못했다.

Strauss와 Curtis(1981)는 세 개와 네 개의 동질적인 물건으로 구성된 묶음의 경우 여자아이가 더 잘 구분했고, 반면 세 개와 네 개의 이질적인 물건으로 구성된 묶음의 경우 남자아이가 더 잘 구분했음을 발견했지만, 두 개의 물건으로 이루어진 묶음과 세 개의 물건으로 이루어진 묶음을 구분하는 유아의 능력에는 성차가 없다는 것을 알아냈다. 그러나 이러한 결과는 다수성에 대한 민감성에 있어서의 성차라고 하기보다는, 오히려 동질적 배열과 이질적 배열 중 어떤 것을 더 보기 좋아하는가에 있어서의 성차에 기인한 것으로 보인다. 비록 Antell과 Keating(1983)이 주시하는 시간의 패턴에 있어 성차를 발견하기는 했지만, 이들은 남자 및 여자 신생아들(생후 1주)이 두 개의 물건으로 구성된 묶음과 세 개의 물건으로 구성된 묶음을 구분하는 데 있어 똑같이 능숙함을 알아냈다. 덧셈과 뺄셈이 수량에 미치는 영향에 대한 생후 5개월 된 유아의 이해를 평가한 연구에서 Wynn(1992a)은 성차를 조사하지 않았다. 그렇지만 개인적인 서신에서 Wynn은 이러한 과제에 있어 성차는 없다고 진술하였다(Wynn, 개인적 서신, 1993. 8. 20.). 생후 18~42개월의 유아를 대상으로 한 관련된 연구에서 Starkey(1992) 또한 덧셈과 뺄셈이 수량에 미치는 영향에 대한 기본적인 이해에 있어 성차가 없다는 것을 발견하였다.

학령 전 아동의 수 관련 기술

1장의 '수와 수 세기'에 서술된 것처럼 일련의 중요한 기초 기술이 학령 전 시기에 나타나기 시작한다. 이러한 기술에는 다양한 개념적 기술은 물론, 세기 및 열거하기(즉, 물건을 세기) 능력이 포함된다(Fuson, 1988). 이 연령대에 있어 중요한 개념적 기술로는 기수성(cardinality)과 같은 세기 개념에 대한 이해 그리고 **더 많은/더 적은**과 같은 수 개념(예를 들어, 4와 6 중 어느 것이 더 많은가?) 등이 있다. 4세 및 5세 아동의 기본적인 수 관련 기술에 있어 사회계층 및 인종(앵글로색슨계 미국인 vs. 아프리카계 미국인) 차이에 대한 집중적인 연구에서 Ginsburg와 Russell(1981)은 단 한 가지 성차만을 발견하였다. 즉, 기본적인 덧셈 및 뺄셈 과제에서 여자아이가 남자아이에 비해 약간 더 나은 수행을 보였다. 세기와 열거하기 능력 혹은 기수성이나 서수성, 혹은 등가 과제 등과 같은 세기 및 수 지식을 평가하는 어떠한 과제에서도 인종이나 사회계층 전반에 걸친 성차는 나타나지 않았다. 유사한 연구에서 Song과 Ginsburg(1987)는 한국과 미국의 4~8세 아동의 기초적인 수 관련 능력을 조사하였다. 또다시 기초적인 수 관련 능력에 있어 한국과 미국의 4~5세 아동 중 어느 쪽에서도 성차는 발견되지 않았다. 마지막으로, Lummis와 Stevenson(1990)은 미국과 타이완 그리고 일본의 유치원생, 초등학교 1학년과 5학년 아동 등 세 개의 문화 집단 간 연구를 통해 읽기 및 수학 기술 등에 있어 성차의 패턴을 조사하였다. 그 결과, 이 세 문화 집단 중 어디에서도 유치원생들의 세기 기술이나 개념지식, 혹은 단순한 산술능력 등에 있어 성차는 나타나지 않았다. 초등학교 1학년 및 5학년 학생들에 대한 결과는 이 장의 뒷부분에서 언급될 것이다.

요약

여기서 논의된 연구는 수 정보나 산술에 대한 기본적인 이해에 대한 유아의 민감성 그리고 학령 전 아동의 세기 기술 및 세기와 수 그리고 산술에 대한 개념적 이해 등에 있어 성차가 없다고 주장하고 있다. 이러한 결론은 학령 전 아동과 유치원생들에게 특히 확실한 것으로 보이는데, 이는 그 결과가 연구 및 문화 집단들 전반에 걸쳐 확고하기 때문이다. 그러나 유아를 대상으로 한 연구에 있어서는, 이러한 연구에서 사용된 수단들이 어쩌면 더 미묘한 차이들을 발견해 낼 만큼 충분히 민감하지 않을 수 있기 때문에 잠정적인 것으로 간주되어야 한다. 그럼에도, 학령 전 아동을 대상으로 한 연구 결과를 볼 때, 이러한 기본적인 기술에는 더 미묘한 성차가 존재할 것이라는 의구심을 갖게 할 작은 이유가 있는 것으로 보인다. 유아 및 학령 전 아동을 대상으로 한 연구 결과의 전반적인 패턴은 기초 수학에서 남자아이가 여자아이보다 더 나은 수행을 보이도록 생물학적으로 준비된 것은 아니라고 주장하고 있다. 다른 말로 하자면, 남자아이에게 더 유리한, 수학적 문제해결에 있어 나중에 나타나는 성차(Hyde, Fennema, & Lamon, 1990)는 기본적인 수 관련 능력에 그 전례가 있는 것으로 보이지는 않는다는 것이다. 그럼에도 '생물학적 요인'에서 언급된 것처럼 이러한 결과가 수학적 문제해결에 있어서의 성차에 대한 이차적인 생물학적 영향, 즉 어떠한 동기에서 도출되었지만 그와는 다른 동기를 위해 활용되고 있는 생물학적 기반을 지닌 기술을 배제하는 것은 아니다(Benbow, 1988).

산 술

산술능력에 있어서의 성차 연구의 개관은 지필 능력 및 성취 검사에서의 수행, 전략선택 그리고 개념적 지식 등 세 부분으로 제시되고 있다. 이 세 부분 모두에서 초점은 '17+29' 등과 같은 산술 방정식 해결하기에 맞춰져 있다. 산술 문장제 문제해결에 있어서의 성차에 대한 연구는 '수학적 문제해결' 부분에 제시되어 있다.

지필검사 수행

특히 초등학교와 중학교 시기에, 산술 성취검사에서 여자아이에게 유리한 성차가 종종 발견된다(Hyde, Fennema, & Lamon, 1990; Marshall & Smith, 1987; Stevenson et al., 1976). Hyde, Fennema 그리고 Lamon은 수학 능력의 성차에 대한 메타분석을 통해 미국에서 수행된 연구에 있어 적어도 이러한 이점이 확고하지만 그리 크지는 않다는 것(약 0.2 표준편차)을 발견하였다. 간단한(예를 들어, 5+3) 산술문제해결과 복잡한(예를 들어, 34+16) 산술문제해결에 대한 성차를 조사했던 문화 간 연구는, 이 분야에 있어 여자아이가 보이는 유리한 입장은 주로 복잡한 문제의 해결과 관련되어 있고 대부분 미국에서 벌어지는 현상이라고 주장하고 있다(Husén, 1967; Marshall & Smith, 1987 참조).

'5+7'과 같은 간단한 산술문제해결에 있어서의 성차를 조사한 연구는 뒤섞인 결과를 보이고 있다. 예를 들어, Stevenson과 동료들은 중국에서는 시간제한이 있는 간단한 덧셈검사(예를 들어, 3+5=?)에서 여자아이가 남자아이보다 나은 수행을 보였으며, 이러한 성차도 초등학교 1학년에서는 나타났지만 초등학교 5학년에서는 보이지 않았다는 점을 발견하였다(Stevenson, Lee, Chen, Lummis et al., 1990). 이에 비해 미국의 초등학교 1학년 남자아이는 같은 검사에서 1학년 여자아이에 비해 더 유리한 입장에 있었지만 5학년에서는 성차를 보이지 않았다. 우리 연구는 중국 혹은 미국 유치원생들 및 초등학교 1학년 학생들을 위한 간단한 지필 덧셈검사에서 성차를 발견하지 못했다(Geary, Bow-Thomas et al., 1993; Geary, Fan, & Bow-Thomas, 1992). 이와 유사하게 Lummis와 Stevenson(1990)은 미국, 타이완, 혹은 일본의 초등학교 1학년 및 5학년 학생들을 위한 간단한 산술문제 풀기에서 아무런 성차도 발견할 수 없었다. 이를 종합해 보면, 간단한 산술 방정식 풀기 기술에는 일관된 성차가 없는 것으로 보인다.

Marshall과 Smith(1987)는 미국 아동의 수학 발달에 대한 대규모(7,000명 이상) 종단연구에서 초등학교 3학년부터 6학년까지의 학생들 중 여자아이가 남자아이에 비해 간단한 산술 검사에 더 유리하다는 것을 발견하였다. 이러한 이점은 주로 '37-26'이나 '67+42' 등과 같은 복잡한 산술문제해결 기술과 관련이 있는 것으로 보인다. 오류 유형 검사는 이러한 성차가 발생하는 이유에 대해 어느 정도 흥미를 끄는 단서를 제공하고 있다. 기본적으로 복잡한 산술에서 초등학교 여학생이 보이는 이점은 남학생이 수행에 있어 비교적 높은 수준의 절차 오류를 범하는 것과 관계가 있다. 학년 전반에 걸쳐 세 가지 가장 큰 성차가 복잡한 덧셈과 복잡한 뺄셈에서 나타났다. 뺄셈의 경우 남자아이는 숫자의 위치와 관계없이 큰 수에서 작은 수를 뺄 가능성이 훨씬 더 높았고(예를 들어, 23-7=24), 남자아이는 복잡한 덧셈과 복잡한 뺄셈을 할 때 여자아이보다 더 많은 받아올림 및 받아내림 오류를 범하고 있었다. 이러한 절차 오류는 2장에 더 자세하게 기술되어 있고(예를 들어, [그림 2-4] 참조), 아동이 자릿값과 같은 기초적인 개념을 이해하지 못하거나 절차적 버그 때문에 발생할 수 있다. 버그에는 어떤 문제에는 적절하지만 다른 문제를 풀기 위해 사용하는 것은 부적절한 절차의 잘못된 적용이 포함된다는 것을 상기하라(VanLehn, 1990). 다음에서 다룰, 산술 개념에 대한 미국 아동의 이해에 성차가 없다는 결과는 기초 산술에 있어 여자아이가 더 유리하다는 일반적인 결과(미국에서)가 남자아이의 수행에 있어 더 많은 절차적 버그와 관련되어 있을 수 있음을 암시하고 있는 것이다.

전략선택

산술문제해결을 위해 아동이 사용하는 전략의 서로 다른 유형들(예를 들어, 손가락 세기나 소리 내어 세기)은 2장에 서술되어 있다. 여기서 다룰 문제는 남자아이와 여자아이가 어떤 유형의 전략에 있어 상대 성보다 더 유리한지, 아니면 그렇지 않은지를 보는 것이다. Siegler(1988a)는 간단한 덧셈 문제나 간단한 뺄셈 문제를 해결하기 위한 전략선택의 전반적인 분포에는 성차가 없음을 발견하였다. 이와 유사하게, 우리는 중국 혹은 미국의 유치원생들이 간단한 덧셈 문제를 풀기 위해 사용하는 여러 가지 전략에 성차가 없다는 것을 발견하였다(Geary, Bow-Thomas et al., 1993). 비록 중국의 초등학교 1학년 학생들이 사용하는 여러 가지 전략에는 차이가 없다고 하더라도, 우리는 초등학교 1학년 말에 미국의 여자아이가 남자아이에 비해 간단한 덧셈 문제를 풀 때 손가락 세기를 더 많이 사용하고 있음을 발견하였다(Geary, Fan, & Bow-Thomas, 1992). 관련 연구에서 우리는 초등학교 1학년 말에 중국 학생이

든 미국 학생이든 사용하는 여러 가지 전략에는 성차가 없음을 발견하였다(Geary, Bow-Thomas, Fan et al., 1992). 따라서 적어도 간단한 산술문제해결에 있어 남자 초등학생과 여자 초등학생은 전략선택에서 실질적으로 다른 점을 보이고 있지 않다.

개 념

Hyde, Fennema 그리고 Lamon(1990)은 초등학교부터 고등학교까지 산술 개념의 이해에 있어 성차가 없다는 것을 발견하였다. 비록 Hyde, Fennema 그리고 Lamon의 메타분석에 활용된 연구 대부분이 미국에서 수행된 것이긴 하지만 비교문화 연구 또한 같은 결론을 뒷받침하고 있다. Ginsburg 등(1981a, 1981b)은 미국 초등학생들의 수 및 산술 지식을 두 아프리카 문화권의 아동과 비교하였다. 그 어떤 문화권에서도 산술능력이나 개념지식에 있어 실질적인 성차는 존재하지 않았다. Song과 Ginsburg(1987) 그리고 Fuson과 Kwon(1992b)은 한국 아동의 수 및 산술 개념에 대한 이해에서 아무런 성차도 발견하지 못했다. 이와 유사하게 Stevenson과 동료들은 미국, 타이완, 일본, 혹은 중국 초등학생들의 산술 개념에 대한 이해에 있어 성차를 발견하지 못했다(Lummis & Stevenson, 1990; Stevenson, Lee, Chen, Lummis et al., 1990).

요약

여자아이는 종종 최소한 중학교까지 기본 산술시험에서 남자아이에 비해 더 나은 수행을 보여 준다(Hyde, Fennema, & Lamon, 1990). 비록 명확하게 진술될 수는 없다 하더라도, 이러한 더 나은 수행은 남자아이가 복잡한 산술문제를 해결하면서 절차적 오류를 저지르는 경향과 관련되어 있는 것으로 보인다. 이러한 오류는 다시 버그나 어떤 문제에는 적절하지만 다른 문제를 해결할 때 적용하는 것은 부적절한 절차의 활용을 반영하고 있는 것으로 보인다. 이 시점에서 복잡한 산술 방정식 해결의 정확성에 있어서 성차는 주로 아동의 성취 수준이 낮은 미국에서 그리고 스웨덴과 같은 몇몇 나라에서 발견되고 있는 것으로 보인다(Husén, 1967). 여러 국가에서 성취 수준이 높은 아동을 대상으로 신중히 수행된 비교문화 연구는 보통 이 분야에서의 성차를 발견하지 못하거나 때때로 남자아이의 수행이 높은 것을 발견할 수 있었다(Husén, 1967; Lummis & Stevenson, 1990). 그러므로 전반적으로 복잡한 산술 방정식의 해결에서 미국의 여자아이가 남자아이에 비해 더 높은 수행을 보이고 있다는 점을 제외하고는, 개념지식 및 여러 가지 문제해결 전략을 포함하여, 산술능력에 있어 성차는 거의 없거나 전혀 없는 것으로 보인다.

수학적 문제해결

어떤 기술에서는 남성에게 유리한 성차가 나타나고, 어떤 기술에서는 나타나지 않는 등(Maccoby & Jacklin, 1974) 수학과 관련된 많은 서로 다른 유형의 문제해결 기술이 존재하기 때문에(3장 참조), 수학적 문제해결에서의 성차라는 쟁점은 복잡하다. 더욱이 어떠한 성차의 크기 및 실질적 중요성은 표본집단의 능력 수준에 따라 다양한 것으로 보인다(Hyde, Fennema, & Lamon, 1990). 이러한 이유로 인해 수학적 문제해결의 성차라는 쟁점은 두 부분에 걸쳐 다루어질 것이다. 첫 번째 부분에서는 일반적인 표본집단, 즉 영재에게 초점을 맞추지 않은 것이 분명한 표본집단의 성차에 초점을 맞추고, 문장제 문제와 기하처럼 공간을 기반으로 하는 영역에서의 수행에 있어 성차를 따로 조사할 것이다. 두 번째 부분은 Benbow와 동료들의 연구에 초점을 맞춰 영재로 구성된 표본집단에서의 성차라는 문제를 다룰 것이다(Benbow, 1988; Benbow & Stanley, 1983; Stanley, Huang, & Zu, 1986).

두 부분 모두에서, 성차의 평가는 능력 및 성취 측정도구에서의 수행을 그 기반으로 하는데, 이는 수학적 문제해결에 있어서의 성차가 종종 이러한 측정도구들에서 나타나고 이러한 측정도구들에서의 수행이 미래의 교과 및 직업 관련 수행을 예측해 주기 때문이다(Benbow, 1992; Boissiere, Knight, & Sabot, 1985; McGee, 1979; Rivera-Batiz, 1992). 그러나 적어도 미국에서는 미적분학을 배우기 위한 준비과정 내내, 보통 여자아이의 수학 평균성적이 남자아이에 비해 더 높다(Kimball, 1989)는 점에 주목하라.

일반 표본집단

여기에 기술되는 결과는 여러 나라의 남자아이와 여자아이를 대표하는 것으로 보이는 표본집단을 대상으로 한 대규모 연구에서 도출된 것이다. 이러한 연구는 영재성을 포함한 넓은 범위의 능력 전반에 걸친 차이를 보여 준다. Hyde, Fennema 그리고 Lamon(1990) 및 이들 이전의 다른 연구자들(예를 들어, Dye & Very, 1968)은 수학적 문제해결에서의 성차는 청소년기가 될 때까지 분명하게 드러나지 않는다고 주장하였다. 4장의 '심리측정적 관점'에 기술된 것처럼 요인분석 연구는 수학적 추론 요인은 고등학교 때까지 나타나지 않으며, 수학 능력에서의 성차의 발생과 연계된 것은 바로 이 수학적 추론 요인의 출현이라고 주장하고 있다(Canisia, 1962; Very, 1967).

그럼에도, 초등학생들을 대상으로 한 많은 비교문화 연구는 산술 문장제 문제 풀기 등과 같은 수학적 문제해결의 몇몇 영역에서 남자아이가 여자아이에 비해 더 나은 수행을 보이고 있다는 점을 발견하였다. Lummis와 Stevenson (1990)은 미국과 타이완 그리고 일본의 초등학교 1학년 및 5학년 학생들의 문장제 문제해결에서 남자아이에게 유리한 성차를 확실하게 발견하였다. Stevenson과 동료들 또한 중국과 미국의 초등학교 5학년 학생들의 산술 문장제 문제 수행에서 이번에도 남자아이에게 유리한 성차를 확실하게 발견하였다(Stevenson, Lee, Chen, Lummis et al., 1990). 모든 비교에서 아시아 아동이 또래의 미국 아동보다 더 높은 수준의 수행을 보였지만 성차의 크기는 나라마다 동일하였다. 산술 문장제 문제해결에서 초등학교에 다니는 남자아이가 여자아이에 비해 보인 더 나은 수행의 크기는 확실했지만 적었다(약 0.2 표준편차).

청소년의 수학성취에 대한 대규모 국제 연구(Husén, 1967)에서 도출된 데이터를 재분석한 Harnisch와 그의 동료들(1986)은 성차가 나라별로 매우 다양하더라도, 재평가에 포함된 10개국 모두에서 수학성취 측정에 있어 남성이 우위에 있음을 발견하였다. 전반적으로 가장 적은 성차는 미국과 스웨덴에서 발견되었고, 가장 큰 성차는 영국과 벨기에에서 발견되었다. 13세 아동의 경우, 문장제 문제해결 및 기하에서 10개국 모두에서 성차가 가장 컸다(Steinkamp, Harnisch, Walberg, & Tsai, 1985). 이러한 패턴은 10개국 중 8개국의 17세 아동에게서도 계속되었다. 이와 유사하게, Marshall과 Smith(1987)는 미국의 초등학교 6학년 남학생이 산술 문장제 문제를 풀 때 여학생에 비해 더 적은 오류를 범하는 것으로 나타났지만 초등학교 3학년 학생들 사이에서는 차이가 없었음을 발견하였다. 이들의 오류 유형은 여학생이 남학생에 비해 산술 문장제 문제를 적절한 식으로 옮기는 것을 더 어려워하고 있음을 보여 주고 있다. Marshall과 Smith(1987)가 그들의 논문에서 제시한 예를 보면 초등학교 여학생은 비교 문제의 변환을 특히 어려워하고 있는 것 같다(3장의 '문제해결 과정' 참조).

정확하게 수행된 9개의 실험에서 E. S. Johnson(1984)은 대수 문장제 문제해결에서 남자 대학생이 여자 대학생보다 일관되게(즉, 모든 연구에서) 더 나은 수행을 보이고 있음을 발견하였다. 해당 연구에서 사용된 문제는 1950년대에 수행된 일련의 연구에서 사용된 문제와 대부분 동일한 것이었다. 연구 전반에 걸쳐 성차의 전체적인 크기는 1950년대부터 1980년대까지 바뀌지 않았다(전체적으로 남학생이 여학생에 비해 약 0.5 표준편차 정도 높았다). 그러나 남학생에게 유리한 성차의 크기는 문장제 문제의 중요한 특징을 도표로 나타낼 경우 절반 정도로 줄어든다. 결국 문장제 문제해결에 있어 남학생이 보이는 유리한 입장은 비수학적 문제해결 과제에까지 일반화되지는 않았다(E. S. Johnson, 1984). 지필 및 컴퓨터를 이용한 일련의 비수학적 문제해결 과제들에서의 수행에는 성차가 없었다(E. S. Johnson, 1984; Maccoby & Jacklin, 1974). 이러한 연구는 모두 초등학교 때부터 시작해서 성인기까지 계속해서, 산술 및 대수 문장제 문제해결에서 남자아이가 종종 여자아이에 비해 더 나은 수행을 보여 주고 있음을 지적하고 있다.

대수 문장제 문제해결을 제외하고 대수 관련 기술에 있어 다른 성차는 없는 것으로 보이지만(Hyde, Fennema, & Lamon, 1990), 중간 수준 정도의 성차가 기하 및 미적분학에서 발견되었다. 앞서 언급했던 것처럼 Harnisch 등(1986)은 10개국의 전체 13세 및 17세 아동 모두에게 기하에서 남성의 일관된 우위가 발견되었다. 여러 나라에 걸쳐 남성 청소년은 여성 청소년에 비해 약 0.5 표준편차 정도 더 나은 수행을 기하에서 보였다(Harnisch et al., 1986). 이와 유사하게 Lummis, Stevenson 그리고 그의 동료들은 많은 수학 과제에서 나타나는 성차가 기하에서처럼 시공간적 기술의 활용을 통해 해결될 수 있음을 일관되게 발견하였다(Lummis & Stevenson, 1990; Stevenson, Lee, Chen, Lummis et al., 1990). 이와 연계된 과제들에는 측정과 추정 그리고 기하학적 도형의 시각화 등이 포함된다. 항상 남자아이에게 유리한 이러한 과제들에서의 차이는 초등학교 1학년 때부터 나타나고 중국, 타이완, 일본 그리고 미국에서 발견되고 있다. 더욱이 수학 수행에 있어서의 커다란 국가 간 차이가 이러한 연구에서 발견되었음에도 불구하고, 작거나 중간 정도인 성차의 크기는 국가별로 차이가 없었다. Wood(1976)는 영국 아동에게도 이와 동일한 성차의 패턴이 존재함을 보고하였다. 종합해 보면, 이러한 연구는 빠르면 초등학교 1학년 때부터 시작하여 남자아이의 수행이 여자아이에 비해 기하 및 기타 공간과 관련된 수학 영역(예를 들어, 측정)에서 더 나음을 일관성 있게 보여 주고 있다.

영재 표본집단

수학적 문제해결에 있어 아마도 가장 극적인 성차는 영재 청소년을 대상으로 한 연구에서 나타날 것이다(Benbow, 1988; Benbow & Stanley, 1980, 1983). 1970년대 초반, J. C. Stanley는 수학적으로 성장이 빠른 청소년을 가려내기 위한 프로젝트를 시작하였다(Study of Mathematically Precocious Youth, SMPY). 이러한 목적을 달성하기 위해 7학년의 표준 수학성취 검사에서 상위 2~5% 정도의 득점을 한 아동이 초청되어 학업적성검사(Scholastic Aptitude Test, SAT)를 치렀다. SAT의 수학 부분인 SAT-M은 기초 대수 및 기하에 대한 기술은 물론, 분수와 같은 몇몇 산술 개념에 대한 개인의 지식을 사정한다(Stanley et al., 1986). SAT-M에서 여고생 평균을 상회하는 득점을 한 12, 13세 아동은 수학 영재, 즉 수학 능력에 있어 상위 1%로 간주되었다(Benbow, 1988). 적어도 미국에서는 대다수의 12세, 13세 아동이 SAT-M을 구성하는 내용의 대부분을 자신의 학교 과정에서 배우지 않았기 때문에 SAT-M이 수학적으로 성장이 빠른 기술을 측정하는 도구로 선택되었다. 따라서 SAT-M은 이 연령대의 청소년에게 있어 이전 학교교육이 아닌 수학적 문제해결이나 수학적 추론의 훌륭한 지표로 간주되었다.

이 집단에 속한 사람들을 연구하는 준거는 이들이 이 나라의 미래 수학자 및 자연과학자를, 즉 중요한 국가자원을 대표할 가능성이 높다는 것이다(Benbow & Stanley, 1982; Gallagher, 1993; McGuinness, 1993). 정말로, SMPY에 참여한 청소년의 초기 집단에 대한 종단연구에 따르면 23세일 때 이들은 이상하리만치 높은 대학 졸업률(84%)을 보이고 있었다. 게다가 가장 뛰어난 능력을 지닌 남성의 72%와 가장 뛰어난 능력을 보인 여성의 40%가 대학에서 수학이나 과학을 전공했다. 이 사람들 중 절반 정도는 대학원에 진학했고 이 남성의 71%와 여성의 39%는 수학이나 과학에서 상급 학위를 취득하기 위해 공부하고 있었다(Benbow, 1992). 간단히 말해서 SMPY를 통해 확인된 청소년과 SMPY에 참여하지는 않았지만 높은 수준의 능력을 지닌 또래 청소년은 미국의 미래 수학자 및 자연과학자 집단에 실제보다 훨씬 더 많은 것이 거의 확실하다. 그러므로 이 집단에서의 어떤 성차는 나중에 수학 및 자연과학 분야에서의 남성과 여성의 성차를 예고하고 있는 것일 수 있다.

SMPY 청소년이 SAT-M에서 보이는 성차는 평균 차이와 서로 다른 수행 수준에서의 남녀 비율 등 두 가지 수준에서 고려되어 왔다(Benbow, 1988; Benbow & Stanley, 1983). 미국에서의 여러 집단 전반에 걸쳐 SAT-M에서 평균적으로 소년이 30점가량(약 0.5 표준편차) 소녀에 비해 더 나은 수행을 보인 것으로 나타났다. 이러한 성차는 독일과 중국에서도 발견되었다(Benbow, 1988; Stanley et al., 1986). 예를 들어, Stanley 등은 중국의 7학년과 8학년 학생들에게 SAT-M을 실시하였고 남자아이가 15점에서 20점 정도 더 나은 수행을 보인 것으로 나타났다(약 1/3 표준편차). 중국 소녀의 평균 수행(M=619)이 SMPY를 통해 규명된 미국 소년의 그것에 비해 비교집단에 따라 50~200점 정도 더 높았다는 점에 주목하라. Stanley 등은 중국 영재가 미국 영재보다 SAT-M에서 더 높은 수행을 보인 것이 아마도 중국에서는 더 많은 숙제를 할당하고 완수하게 하기 때문이며 그리고 SAT-M에서 다뤄지는 내용 중 일부가 미국에서는 고등학교에 진학해서야 도입되는 데 비해 중국에서는 7학년에 도입된다는 사실 때문일 것이라고 주장하였다(7장의 '학교교육' 부분 참조).

SAT-M으로 측정된 것처럼, 서로 다른 수준의 수학적 추론 능력에서 보이는 여자아이 대 남자아이의 비율 차이는 더 극명하다. 미국에서 서로 다른 수준의 수학 수행에서 보이는 여자아이 대 남자아이의 비율(Benbow & Stanley, 1983)은 [그림 6-1]에 제시되어 있다. 이 그림에서 볼 수 있듯 하위 SAT-M 점수에서 여자아이 대 남자아이의 비율은 1:1.5 정도로 그리 크지 않지만, 700점이상에서는 그 비율이 1:13까지 상승한다. Stanley 등(1986)은 중국의 고득점(700점 이상) 소년과 소녀의 비율에 있어서의 성차 또한 발견하였지만, 그 비율은 단지 2.5:1 정도였다. 중국에서 평가를 받은 학생들의 수가 적은데다가 표본 구성 기법이 미국만큼 체계적이지 않아, 국가 간 비율 차이는 신중하게 해석될 필요가 있다. 마지막으로 SAT-M 수행의 고득점 구간에 남자아이가 실제보다 훨씬 더 많은 것은 SMPY 표본에만 국한된 문제는 아니다. Dorans와 Livingston(1987)은 고등학교 3학년 학생들에게 두 차례에 걸쳐 실시한 SAT에서 SAT-M의 만점(즉, 800점) 중 96%는 소년이 획득한 것으로 보고하였다. 비율의 절대적 크기야 어떻든 SAT-M의 고득점 구간에서 남자아이가 더 나은 수행을 보인다는 결과는 어쩌면 수학 및 자연과학 영역으로 들어올 가능성이 높은 소년과 소녀의 수에 장기적인 영향을 줄 수 있다(Benbow, 1992). 이

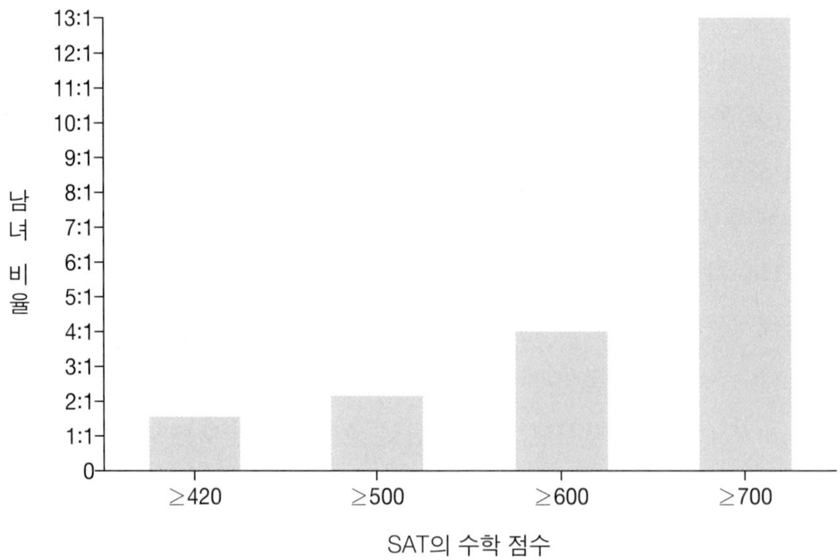

[그림 6-1] 다양한 SAT-M 수행 수준에서의 미국 수학영재 청소년의 남녀 비율

장의 뒷부분에서 이 조숙한 청소년의 인지 기술을 더 자세히 살펴볼 것이다.

요약

수학적 문제해결에서의 일관된 성차가 기하 및 문장제 문제와 같은 영역에서는 발견되었지만 대수와 같은 다른 영역에서는 발견되지 않았다(Hyde, Fennema, & Lamon, 1990). 수학 능력에서 성차가 발견될 때, 보통의 경우 청소년기 이전에는 나타나지 않는다는 것이 일반적인 주장이었다(예를 들어, Benbow, 1988; Dye & Very, 1968; Hyde, Fennema, & Lamon, 1990). 이러한 결론은 대부분 미국 아동을 대상으로 한 비교에 근거한다. 이에 비해 여러 나라를 비교한 연구는 산술 문장제 문제의 해결에서 그리고 기하학적 도형의 시각화와 같은 시공간적 기술을 통해 해결 가능한 과제들에서 초등학교 남학생이 더 나은 수행을 보이는 것이 분명함을 보여주었다(Lummis & Stevenson, 1990; Stevenson, Lee, Chen, Lummis et al., 1990). 연구 전반에 걸쳐 나타난 차이는 주로 미국에서 수행된 것들이었고 다른 나라에서 수행된 연구는 관련된 표본들의 전반적인 성취 수준과 관련되어 있었다. Harnisch 등(1986)은 성차가 미국을 포함하여, 아동이 가장 낮은 성취를 보이는 국가에서 가장 적은 경향을 보인다는 점을 발견하였다. 그러므로 미국 아동의 빈약한 수학 능력이 그렇지 않았다면 드러났을 성차를 가리고 있는 것일 수 있다(7장의 '국제적 연구' 부분 참조). 미국 내에서의, 수학 능력에 있어서의 성차는 이 잠재적인 '바닥효과(floor effect)'를 고려해야 할 필요가 있다(예를 들어, Schratz, 1978; 이 장의 '역사적 경향' 부분 참조).

문화 간 수행에 있어서의 성차가 존재하는 영역에서조차 그 차이는 그리

크지 않거나 선택적인 경향이 있다. 예를 들어, Marshall과 Smith(1987)는 산술 문장제 문제해결에서 초등학교 남학생이 여학생보다 더 나은 수행을 보이는 것은 문장제 문제해결에서 일반적으로 남자아이가 더 나은 수행을 보인다고 하기보다는, 중요한 관계에 대한 해석을 요구하는 문제에서 더 두드러질 수 있다고 주장한다. 이와 유사하게, 전국(미국)을 대상으로 한 대규모 연구에서, 비록 남자 청소년이 보통 기하 능력 시험에서 또래의 여자 청소년에 비해 더 나은 수행을 보이고 있기는 하지만(Hyde, Fennema, & Lamon, 1990), Senk와 Usiskin(1983)은 고등학생들이 정규 고등학교 기하 수업을 들은 후 기하학적 증명을 쓰는 능력에서 어떠한 성차도 발견하지 못했다. 그러므로 기하에서 보이는 남자아이의 더 나은 수행 또한 선택적, 즉 기하의 전 영역이라고 하기보다는 기하의 어떤 특성과 연계되어 있어 선택적일 수 있는 것이다.

수학적 문제해결에서의 전반적인 성차가 일반인에게서는 그리 크지 않다고 하더라도 높은 수준의 능력을 지닌 집단에서는 종종 더 극적으로 나타난다(Benbow, 1988). 수학 능력이 나이에 비해 빨리 발달한 청년들에 대한 Benbow와 동료들의 연구 결과는 수학에 재능을 보이는 소년과 소녀의 수에서 매우 큰 차이를 보여 주고 있다. 그리고 그 비율은 때때로 13:1을 넘어서고 있다(Benbow & Stanley, 1983). 그럼에도, 중국의 영재 소년이 SAT-M에서 미국의 영재 소년보다 더 나은 수행을 보였다는 Stanley 등의 연구 결과(1986)는 미국의 영재 청소년조차 자신의 모든 잠재력을 발휘하지 않고 있음을 암시하고 있다. 다른 말로 하자면, SMPY 결과는 수학 기술 발달의 정점으로 해석되어서도 안 되고 적은 수의 소녀만이 수학자나 자연과학자가 되기 위해 필요한 수학 기술을 개발할 수 있는 것으로 해석되어서도 안 된다. 약간 다르게 말하자면, SMPY 소년의 수행이 수학을 강조하는 진로에 들어서기 위한 출발점으로 간주되어서는 안 된다는 것이다. 마지막으로 이러한 연구에서 나타난 남성의 더 나은 수행은 수학의 특정 영역에 국한된 것으로 보이며, 일반적인 문제해결 기술에서 남성이 더 나은 수행을 보이는 것을 의미하는 것은 아니라는 점이 다시 한 번 언급되어야 할 것이다(E. S. Johnson, 1984; Maccoby & Jacklin, 1974).

수학적 문제해결에 있어서의 성차: 잠재적 원인

여기에서는 방금 기술된 수학적 문제해결에서의 성차의 원인이 되는 것으로 보이는 요인이 고찰될 것이다. 이러한 요인에는 인지양식에 있어서의 성차는 물론 심리사회적 및 생물학적 요인도 포함된다(Benbow, 1988; Eccles [Parsons], Adler, & Meece, 1984; Fennema & Sherman, 1977). 다음에는 이 영역 각각에 대한 연구를 다룰 것이고 뒤이어 통합적 요약이 있을 것이다.

인지양식

수학적 문제해결의 특정 영역에서 남성이 보이는 더 나은 수행은 시공간 기술에서 남성이 보이는 더 나은 수행과 관련이 있다는 주장이 종종 제기되고 있다(Benbow, 1988; Maccoby & Jacklin, 1974; McGee, 1979; McGuinness, 1993). 여기에서는 공간 기술에 있어서의 성차에 대한 간략한 개관이 제시되고 그 뒤를 이어 공간 기술과 수학적 문제해결에서의 성차 사이의 관계에 대한 분석이 있을 것이다. 전자에 대해서는 심상의 3차원적 회전을 포함한 검사들과 같은, 공간능력에 대한 많은 서로 다른 유형의 심리측정적 검사들에서 남성에게 유리한 성차가 발견되었다(Linn & Peterson, 1985; Masters & Sanders, 1993). 남성의 더 나은 수행은 공간 기술의 더 역동적인 측정에서도 발견되었다(Gilger & Ho, 1989; Law, Pellegrino, & Hunt, 1993). 예를 들어, Law 등은 남자 대학생이 여자 대학생에 비해 상대적 거리 및 움직이는 물체의 상대적 속도를 판단하는 데 있어 더 나았다는 것을 발견하였다. 공간 과제에 대한 성차는 청소년기에 가장 두드러졌지만 초등학교에 다닐 때에도 발견되었다(E. S. Johnson & Meade, 1987; Lummis & Stevenson, 1990).

공간 기술의 발달은 생물학적 요인과 경험적 요인 모두에 의해 영향을 받는다. 예를 들어, 남성과 여성 모두는 연습과 경험으로 공간 과제의 수행을 향상시킬 수 있지만 이러한 과제에 있어 남성이 여성에 비해 유리한 정도는 여성이 연습한다고 해서 감소되지 않는다(Baenninger & Newcombe, 1989; Ben-Chaim, Lappan, & Houang, 1988; Burnett & Lane, 1980; Law et al., 1993; Okagaki & Frensch, 1994). 공간 기술 발달에 대한 생물학적 영향의 증거는 행동유전 연구 및 인지 능력에 대한 성 호르몬의 영향 연구로부터 도출되고 있다. 공간 검사에서의 개인차는 중간 수준 정도에서 높은 수준 정도로 유전적인 경향이 있다(Vandenberg, 1966). 출생 전에 안드로겐 혹은 남성 호르몬에 노출되는 것은 선천성 부신과형성(congenital adrenal hyperplasia) 여아들의 공간 기술을 노출되지 않은 여자 형제에 비해 더 향상시키는 것으로 보인다(S. M. Resnick, Berenbaum, Gottesman, & Bouchard, 1986).

공간 기술에 있어서의 개인차와 성차에 대한 그 어떠한 생물학적 영향에는 아마도 직접적 효과와 간접적 효과 모두가 포함될 것이다(Geary, 1989). 직접적 영향에는 공간 인지를 뒷받침하는 신경기질(neural substrate)의 발달에 미치는 성 호르몬의 영향이 포함될 것이다(예를 들어, Diamond, Johnson, & Ehlert, 1979). 간접적 영향에는 입체구성 장난감 쌓기 등과 같은, 개인에게 공간 관련 경험을 제공하는 행동을 하는 것이 포함될 것이다(Serbin & Connor, 1979). 공간 기술 발달을 촉진할 가능성이 있는 활동들에 참여하는 것 또한 적어도 어느 정도는 성 호르몬의 영향을 받는 것으로 보인다(Berenbaum & Hines, 1992).

공간 관련 활동 참여에 대한 성차에 영향을 미치는 사회문화적 · 경험적 요인 또한 존재한다(Linn & Hyde, 1989). 부모들은 성적으로 유형화된 행동을 강화하는 것으로 보이고, 이는 공간 관련 활동 참여에 있어서의 어떤 생물학적 기반을 지닌 성차를 증가시킬 것이다(Eibl-Eibesfeldt, 1989; Lytton & Romney, 1991). 보통 남성이 좋아하는 제도, 공학 그리고 특정 수학(예를 들어, 기하) 교과를 수강하는 것은 공간 기술을 향상시키는 것으로 보인다(Burnett & Lane, 1980). 이러한 생물학적 · 경험적 요인의 순수한 결과는 어떤 형태의 공간 인지에서 남성이 여성에 비해 유리하다는 것이다(Halpern, 1992).

공간 기술과 수학 수행 사이의 관계는 복잡하다(McGee, 1979; Pattison & Grieve, 1984). 공간 기술은 기하학적 도형의 시각화와 같은, 어떤 유형의 수학과제에는 유용할 수 있지만, 예를 들어 기하학적 증명의 제공 등과 같은 비슷해 보이는 다른 과제에는 비교적 중요하지 않을 것이다. 또한 대수 방정식 해결과 같은, 수학의 다른 영역에서의 수행은 공간 기술로 전혀 촉진되지 않을 수 있는(Halpern, 1992) 반면, 공간적 표현의 활용으로 해결될 수 있는 많은 수학문제는 비공간적 전략을 이용해도 해결할 수 있을 것이다(Fennema & Tartre, 1985; McGuinness, 1993). 다른 말로 하자면, 공간 기술과 수학 기술 사이의 관계는 중요한 공간 요소를 지닌 것으로 보이는 수학 영역 내에서조차 선택적일 수 있다는 것이다. 이를 설명하기 위해 Ferrini-Mundy(1987)는 공간 기술이 회전체 문제해결에는 중요하지만 다른 유형의 미적분학 문제를 푸는 데에는 덜 중요하다는 것을 발견하였다. 따라서 상관연구가 공간 기술과 수학 수행 사이의 관계를 때로는 발견하고(McGee, 1979 참조), 때로는 발견하지 못하는(Armstrong, 1981; Pattison & Grieve, 1984) 것도 놀랄 일이 아니다. 표본들의 기술 수준은 물론 수학검사와 공간검사의 내용 또한 수학검사와 공간능력 검사 사이의 상관관계 정도에 강력한 영향을 줄 가능성이 있다.

그럼에도, 공간 기술과 특정 수학 기술 사이에 중간 수준 정도의 전반적인 관계가 있는 것으로 보인다(예를 들어, Burnett, Lane, & Dratt, 1979; Fennema

& Sherman, 1977; Sherman, 1980). 일례로 E. S. Johnson(1984)은 공간 기술과 문장제 문제해결 기술이 남녀 대학생들에 대해 각각 0.52와 0.63 정도의 상관관계가 있다는 것을 발견하였다. 전부는 아니지만 많은 연구(예를 들어, Armstrong, 1981)는 공간과제에서 남성이 여성에 비해 더 나은 수행을 보였음을 그리고 수학적 문제해결에서의 성차를 발견하였다(McGee, 1979). Burnett 등은 공간 시각화 검사에서 성차의 영향을 제거함으로써 SAT-M에서 남자 대학생이 또래의 여자 대학생에 비해 보인 이점을 통계적으로 제거해 버렸다(Fennema & Sherman, 1977 참조). 비교문화 연구 또한 주로 공간 표현의 활용을 통해 해결 가능한 것으로 보이는 과제들에 속하는 수학적 문제해결에 있어서의 성차를 보여 주고 있다(Harnisch et al., 1986; Lummis & Stevenson, 1990; Stevenson, Lee, Chen, Lummis at al., 1990). 공간 기술과 수학성취 사이의 관계는 때때로 여자아이 집단에서조차 발견되고 있다. Fennema와 Tartre(1985)는 6학년에서부터 8학년까지의 공간 기술 및 수학성취에 대한 종단연구에서, 공간 기술은 낮지만 언어 기술은 우수한 여자아이가 공간 기술은 우수하지만 언어 기술은 낮은 여자아이에 비해 수학성취가 하락하였음을 보여 주었다. Sherman(1981)은 여고생들의 경우 9학년 학생들의 공간능력이 12학년이 되어 수학교과에 등록하는 데 있어 수학에 대한 태도보다 더 강력한 예측자임을 발견하였다.

그러나 한 가지 일관된 국가 간 연구 결과는 언뜻 봐서는 이 패턴에 맞지 않는다. Stevenson과 동료들이 미국과 타이완, 일본 그리고 중국의 초등학교 남학생이 여학생에 비해 산술 문장제 문제해결에 있어 더 나은 수행을 보였다는 것을 발견했음(Lummis & Stevenson, 1990; Stevenson, Lee, Chen, Lummis et al., 1990)을 기억하라. Harnisch 등(1986)은 10개국 모두에서 13세와 17세 학생들의 수학 수행에 있어서의 성차는 기하와 문장제 문제에서 가장 일관되게 나타나고 있음을 발견하였다. 초등학교 여학생은 관계적 비교와 혼란스러운 핵심어를 포함하고 있는 문장제 문제를 해결하는 데 특히 어려움을 겪고 있는 것으로 보인다고 앞서 언급되었다(Marshall & Smith, 1987). 문제 내에 기술된 중요한 관계가 문제해결 과정의 일부로 [그림 3-3]에 제시된 것처럼 그림으로써 나타낸다면 이러한 유형의 문제를 해결하는 것과 관련된 오류는 종종 피할 수 있을 것이다(A. B. Lewis, 1989; A. B. Lewis & Mayer, 1987). 그러므로 문장제 문제를 해결하는 기술에 있어서의 성차는 공간 기술에서 남성이 보이는 이점과 많은 관계가 있을 수 있다.

정말로, 최근 McGuinness(1993)는 남성은 4세부터 문제해결 상황에서 공간 관련 전략에 여성보다 훨씬 더 많이 의존하고 있는 것 같다고 보고하였다. 특히 남성은 문제해결 상황에 대한 역동적인 3차원 표현을 여성보다 훨씬 더 빈번하게 자발적으로 활용하고 있다. 문제해결에 대한 전략적 접근에 있어서의 이러한 성차는 추정 및 측정 과제 수행은 물론, 기하의 특정 영역에서 여러 나라 전반에 걸쳐 남성이 보이는 이점을 쉽게 설명해 준다(Harnisch et al., 1986; Lummis & Stevenson, 1990). 더욱이 남자아이가 여자아이에 비해 문제해결 상황에서 공간적 접근에 더 빈번하게 의존하는 경향은 남자아이가 문장제 문제를 풀면서 오류를 덜 범하는 이유를 설명해 준다. 도표의 제공이 남성에게는 해당되지 않지만 여자 대학생의 대수 문장제 문제해결을 촉진한다는 E. S. Johnson(1984)의 연구 결과는 이러한 관점에 부합된다. 몇몇 다른 연구 또한 여자아이에게 공간 관련 전략을 가르치는 것이 그들의 문장제 문제해결 및 특정 유형의 미적분학 문제해결 수행을 향상시킬 수 있다고 주장하였다(Fennema & Tartre, 1985; Ferrini-Mundy, 1987; Tartre, 1990).

이를 종합해 보면, 수학적 문제해결에서의 성차는 주로 시공간적 기술에서 남성이 갖고 있는 이점과 관련되어 있다고 주장되어 왔다(예를 들어, McGee, 1979). 수학적 문제해결에서의 성차가 대부분 공간 전략이 수행을 촉진하는 영역에 한정된다는 연구 결과가 그런 것처럼, 학령 전 시기부터 계속 문제해결 상황에서 남성이 여성에 비해 더 빈번하게 공간 전략을 사용하는 경향은 이러한 관점에 부합하는 것이다. 다른 말로 하자면 수학적 문제해결에 있어서의 성차는, 예를 들어 새로운 기하 문제 다루기와 같은 특정 유형의 과제들에서만 기대될 뿐, 기하학적 증명 제공하기와 같은 공간 전략을 사용하지 않고도 해결될 수 있는 다른 유형의 과제들에서는 그렇지 않다는 것이다(Senk & Usiskin, 1983). 또한 결과 패턴은 인지적 수준에서 수학적 문제해결에 있어서의 성차가 수학적 문제해결 기술 그 자체에서의 차이보다는 오히려 전략에 있어서의 차이로 생각하는 것이 더 낫다는 것을 암시하고 있다(Byrnes & Takahira, 1993; E. S. Johnson, 1984). 이는 비공간 전략을 활용하는 것이 항상 수학문제를 푸는 데 비효과적이라고 말하는 것은 아니다(Fennema & Tartre, 1985). 오히려 남성이 문제해결 상황에서 공간 전략을 자발적으로 사용하는 경향이 여성보다 더 빈번한 것은 특정 수학적 문제해결 영역에서 남성이 여성에 비해 적은 수준 혹은 중간 수준으로 더 나은 수행을 보이게 되는 원인인 것 같다.

심리사회적 요인

여기에서는 수학적 문제해결의 성차에 대한 심리사회적 영향이 고려될 것이다. 그와 같은 어떤 영향은 공간 기술의 성차가 수학적 문제해결에 미치는 영향에 대한 대안적인 설명이라고 하기보다는 그러한 영향을 보충하는 것으로 고려되어야 한다. 공간 기술에 있어서의 성차는 중간 수준으로 혹은 높은 수준으로 유전되는 것이며(Vandenberg, 1966), 성 호르몬에 더 일찍 노출되는 것에 영향을 받는다(S. M. Resnick et al., 1986)는 연구 결과는 사회적 경험이 공간 기술에서의 성차를 만들어 낼 가능성이 매우 낮다는 것을 의미한다. 그러나 사회적 영향은 공간 기술에 있어서의 성차를 만들어 낼 수 있다. 더 중요한 것은 심리사회적 요인이 수학 및 수학과 관련된 활동에의 참여 수준에 정말로 영향을 주는 것으로 보인다는 점이다. 수학 활동 참여 수준에 있어서의 성차는 수학적인 그리고 공간적인 수행에서 남성이 보이는 이점을 상승시켜 줄 수 있으나, 예를 들어 문제해결 상황에서 공간 전략을 자발적으로 사용하는 데 있어서의 성차를 만드는 것 같지는 않다(특히 4세에; McGuinness, 1993).

더욱이 아동의 기본적인 인지 기술 또한 그 아동이 추구하는 활동 유형에 영향을 미친다(Scarr & McCartney, 1983). 비교적 빈약한 공간 기술은 수학적 문제해결이나 이와 관련된 활동들을 상대적으로 어렵게 만들고, 그러므로 선호되는 활동이 아닌 것이다. 공간 관련 활동들의 회피는 공간 기술 발달을 저해할 가능성이 높을 것이다. 그러므로 수학적 문제해결에 있어서의 성차는 단지 하나 혹은 또 다른 어떤 원인에서 기인한다는 단순한 주장은 불충분한 것이 거의 확실하다. 여기에서 수학 수행의 성차 크기에 있어서의 역사적 경향, 수학의 지각된 역량 및 지각된 유용성 그리고 교실에서의 경험 등 수학적 문제해결에 있어서의 성차에 대한 세 가지 일반적인 심리사회적 영향을 차례로 고찰할 것이다.

역사적 경향 최근 수행된 몇 가지 메타분석은 수학 수행의 성차 크기가 지난 수십 년 동안 차츰 감소되어 왔다고 주장하였다(Feingold, 1988; Hyde, Fennema, & Lamon, 1990). 이러한 경향은 특정 수학 기술에서의 성차가 수학 과정 및 수학 관련 활동에 여자아이의 참여 증가와 같은 사회적 변화에 반응한다(Linn & Hyde, 1989)는 결론을 뒷받침하고 있다. 하지만 수학 수행에 있어서의 성차의 역사적 감소는 선택적인 것이다. Hyde, Fennema 그리고 Lamon은 1973년 이전에 수행된 연구와 1974년 혹은 그 이후에 수행된 연구를 비교해 보면 모든 영역에 걸쳐 균분된, 수학에서 남성이 보이는 이점은 약 절반가량 감소되었다고 보고하였다. 이들이 산술이나 기하와 같은 수학 영역을 따로따로 분석한 것을 제공하지 않았으므로 이러한 감소가 일반적인 현상인지 아니면 선택적 현상인지는 분명하지 않다. 또한 두 자료의 점수는 어떤 유형의 경향을 주장하기에는 확실히 충분치 않다.

다른 한편으로, Feingold(1988)는 SAT와 고등학교 2학년 학생들이 치른 예비 SAT(PSAT)에 대하여 네 개의 기간으로 분리된 역사적 경향을 보고하였다. PSAT에 대해서는 비록 1983년에는 남학생이 여전히 약간 더 나은 수행을 보이고 있다 하더라도, 1960년에서 1983년까지 남학생이 여학생에 비해 상대적으로 보인 이점은 65% 감소한 것으로 나타났다. 이에 비해 SAT는 1960년에서 1983년까지 남학생이 보인 이점은 비교적 일정한 것으로 나타났다. Benbow와 동료들은 다른 연도에 평가된 SMPY 청소년에게서 남성의 이점이 감소했다는 어떠한 증거도 찾지 못했다(Benbow, 1988). 이와 유사하게 앞서 언급된 것처럼 E. S. Johnson(1984)은 9개의 연구 전반에 걸쳐 산술 문장제 문제를 해결하는 데 있어 남성이 보인 더 나은 수행의 전체적인 크기는 1950년대에서부터 1980년대까지 변함없었다는 것을 발견하였다.

이 영역에서의 결과 패턴은 확실히 모순된다. 미국에서 수학적 문제해결의 성차는, 특히 일반인 표본의 경우 몇몇 영역에서 감소하고 있다(Hyde, Fennema, & Lamon, 1990). 이 일반적인 경향은 아마도 수학 관련 활동들 및 과정에 여자아이의 더 많은 참여(Linn & Hyde, 1989; Travers & Westbury, 1989) 그리고 잠재적인 '바닥효과' (Harnisch et al., 1986; Steinkamp et al., 1985) 등을 포함하여 다양한 영향을 반영하고 있을 것이다. Harnisch 등이 미국과 스웨덴의 17세 남자아이가 또래의 여자아이에 대해 갖고 있는 이점이 8개의 다른 나라보다 더 적다는 것을 발견했음을 상기하라. 이 두 나라의 남자아이의 수학성취는 사실 다른 8개국 남자아이의 수행보다 현저하게 낮다. 미국 남자아이의 수학 수행과 상위 8개국 남자아이의 수학 수행의 평균 차이는 1.7 표준편차인 반면, 여자아이를 대상으로 한 동일한 비교에서는 그 차이가 1.2 표준편차였다.

다른 말로 하면, 미국 문화가 수학교육을 그다지 강조하지 않는 것(Lapointe, Mead, & Askew, 1992; Stevenson, Lee, Chen, Stigler et al., 1990)이 남자아이와 여자아이의 수학성취에 더 큰 영향을 주는 것으로 보인다는 것이다. E. G. Moore와 Smith(1987)는 미국 내에서조차 유사한 성차를 발견하였다. 교육을 제대로 받지 못한 여성이 비슷한 상황에 있는 남성보다 더 나은 수학 기술을 보였지만 교육 수준이 높은 남성은 교육 수준이 높은 여성에 비해 더 나은 수학성취 점수를 기록했다. 따라서 주로 미국 내에서 수집된 자료들을 기반으로 만들어진 수학 수행의 성차에 대한 역사적 경향은 신중하게 해석될 필요가 있다. 인지 기술의 성차 중 얼마 정도가 '사라짐'은 적어도 어느 정도 교육에 있어서의 더 일반적인 문화적 경향을 반영하고 있으며, 이는 여자아이보다는 남자아이의 성취에 더 많은 영향을 미치고 있다는 주장이 가능한 것이다. 이러한 관점에서 보자면 수학 수행의 수준이 향상됨에 따라 수학적 문제해결의 성차도 증가해야 한다. 이는 국가 간 비교(Steinkamp et al., 1985)에서는 물론, 미국의 영재 및 일반인 표본에서도 발견되는(Benbow, 1988; Dorans & Livingston, 1987; E. G. Moore & Smith, 1987) 바로 그 패턴이다.

그럼에도, 동일한 문화 간 비교연구는 8개국의 17세 여자아이가 수학성취검사에서 미국의 17세 남자아이의 평균보다 더 높은 평균점수를 얻었다는 것을 보여 주고 있다(Harnisch et al., 1986). 사회문화적 요인은 분명히 남자아이 및 여자아이의 수학 발달 수준에 영향을 미치고 있으나 수학적 문제해결 성차에 있어서의 주요 결정인자는 아닐 것이다. 문화 간 결과의 패턴 또한 동기가 부여된 능력 있는 여자아이가 수학 및 자연과학에서 성공하는 데 필요한 수학 기술을 개발할 수 있다는 점을 암시하고 있다. 수학적 문제해결에 있어서의 성차의 초점은 종종 이러한 사실을 가리고 있다. 그러므로 미국 남자아이의 수학성취는 어쨌든 미국 여자아이가 성취한 것의 기준으로 고려되어서는 안 된다. 연구 결과의 국가 간 패턴은 적절한 교육적 경험을 갖추면, 보통의 미국 여자아이는 또래의 남자아이이 현재 보이는 기술 수준을 훨씬 뛰어넘는 수학 기술 수준을 성취할 수 있음을 시사하고 있다. 이는 영재 아동뿐 아니라 일반 아동에게도 적용되는 것으로 보인다(Stanley et al., 1986). 이 자료들은 또한 수학의 특정 영역에 있어 남성이 보이는 이점의 크기가 그와 같은 어떤 개선된 교육적 경험으로 '다시 나타나거나' 증가하게 될 것이라는 점을 암시하고 있다.

수학의 지각된 유용성 및 역량 일반적인 능력 및 공간 기술에 덧붙여, 수학에 대한 태도는 수학 기술의 발달 및 수학적 문제해결의 성차 크기와 관련되어 있다(Aiken, 1976). 수학교과에의 참여에 태도가 미치는 영향은 특히 중요하다. 여기에서는 수학교과 수강에 있어서의 성차가 먼저 검토될 것이고, 그러고 나서 이 성차에 영향을 미치는 심리사회적 요인에 대한 고찰이 이어질 것이다. 미리 살펴보자면, 미래의 수학교과 참여에 미치는 가장 중요한 심리사회적 영향 두 가지는 지각된 수학의 유용성과 지각된 수학에 대한 역량인 것으로 보인다(Eccles [Parsons] et al., 1984; Meece, Parsons, Kaczala, Goff, & Futterman, 1982; Meece, Wigfield, & Eccles, 1990).

수학교과에 참여하는 것이 중요한 이유는 고등학교 및 그 이상의 교육기관에서 선택되는 많은 수학교과가 수학 기술 발달에 영향을 주는 것이 분명하고 성인기 진로선택에도 영향을 줄 것이기 때문이다(Jones, 1987; Sells, 1980; Wise, 1985). 정말로, 과학 관련 영역에서 장기목적을 달성할 확률은 다른 여러 가지 것들 중에 고등학교에서의 수학 준비의 적절성과 관련되어 있다(Wise, 1985). 서로 다른 여러 나라에서 수행된 많은 연구는 여자아이가 남자아이에 비해 고등학교에서 상급 수학교과들을 덜 선택하고 있음을 보여 주었다(Armstrong, 1981; Husén, 1967; Nevin, 1973; Sherman, 1981; Travers & Westbury, 1989). 예를 들어, Armstrong은 고등학교 초기에 여학생은 남학생만큼의 수학교과를 선택하려 하지만, 고등학교가 끝나갈 무렵에 여학생은 남학생에 비해 사실상 더 적은 상급 수학교과(예를 들어, 삼각법 및 미적분학)에 등록했음을 발견하였다. 비록 미국 및 다른 많은 나라에서 1980년대 상급 수학교과에 등록한 남자 고등학생들이 상급 수학교과에 등록한 여자 고등학생들에 비해 여전히 약 2:1 정도로 더 많기는 하지만, 이러한 경향은 1960년대부터 1980년대에 이르기까지 다소 줄어들었다(Chipman & Thomas, 1985; Travers & Westbury, 1989).

서로 다른 형태의 교과 선택과 수학적 문제해결에 있어서의 성차 사이의 관계는 복잡하다. 전체적으로 남성이 수학 및 수학 관련 교과(예를 들어, 물리)에 더 많이 참여하는 것이 적어도 고등학교 시기의 수학적 문제해결에 있어서의 성차의 원인이 되지만 이 차이의 모든 것을 설명해 주지는 못하는 것으로 보인다(Armstrong, 1981; Fennema & Sherman, 1977; Husén, 1967). 예를 들어, Wise(1985)는 일군의 고등학생들에 대해 12학년에서의 수학성취는 9학년에 측정된 기초 수학 능력 및 고등학교 시절 선택했던 수학교과 수와 관련되어 있다고 보고하였다. 남학생은 12학년에 그들의 또래 여학생에 비해 수학성취에 있어 더 나은 수행을 보였는데, 이는 남학생이 선택한 수학교과의 수가 여학생보다 많았다는 점과 관련되어 있다. 그럼에도, 수학성취에 있어 남성에게 유리한 작은 성차는 9학년에 치른 수학 능력 점수가 같은 그리고 고등학교 시절 선택한 수학교과의 수가 동일한 학생들에게서조차 여전히 발견되었다.

비록 고등학교에서 수강한 수학교과 수에 있어서의 성차가 수학적 문제해결의 성차를 완전히 설명해 주지는 못하지만, 왜 여성이 남성에 비해 수학교과에 덜 참여하는지 그 이유를 이해하는 것은 중요한 일이다. 앞서 언급된 것처럼 두 가지 중요한 영향에는 지각된 수학에 대한 역량 및 지각된 수학의 유용성에 있어서의 성차가 포함된다. Eccles, Wigfield, Harold 그리고 Blumenfeld(1993)는 최근 빠르면 초등학교 1학년 아동부터 수학을 포함한 다양한 교과영역에서 자신의 지각된 역량과 해당 영역의 가치 혹은 유용성을 구분한다고 보고하였다. Eccles 등은 초등학교 1학년과 2학년 그리고 4학년 아동에게서 수학의 지각된 가치나 유용성에 있어 아무런 성차도 발견하지 못했다. 다른 한편으로, 훌륭하게 수행된 일련의 연구에서 Eccles (Parsons) 등(1984)은 고등학교 시절 남학생이 영어교과보다는 수학교과를 더 가치 있게 여기는 데 반해 여학생은 반대의 패턴, 즉 영어교과를 수학교과보다 훨씬 더 가치 있게 생각하기 시작한다는 점을 보여 주었다. 영어와 수학의 상대적 가치판단에 있어서의 성차는 12학년에 선택된 상급 수학교과들 수에 있어서의 성차(남학생에게 유리한)에 개입한다. Husén(1967)은 12개국의 남자 청소년과 여자 청소년에게서 동일한 패턴을 발견하였다. 따라서 고등학교 시절 남학생은 여학생에 비해 수학을 더 유용한 기술로 일관성 있게 지각하였다.

수학에 대한 지각된 유용성은 장기적인 진로의 목적과 관련 있는 것으로 보인다(Chipman & Thomas, 1985; Wise, 1985). 공학이나 자연과학처럼 수학을 필요로 하는 직업을 갖고 싶어 하는 학생들이 그렇지 않은 학생들에 비해 고등학교와 대학교에서 더 많은 수학교과를 수강하는 것은 놀랄 일이 아니다. Chipman과 Thomas는 여성이 능력이 비슷한 남성보다 수학을 필요로 하는 직업을 가질 가능성이 훨씬 낮다는 것을 보여 주었다. 예를 들어, 미국에서 1970년대까지 공학 학사학위를 받은 여성은 3%를 조금 넘었고 전산학과 자연과학(즉, 화학과 물리학)의 경우 20% 미만이었다. 이 영역에서 석사 이상의 학위를 받은 여성의 비율은 이보다 더 낮았다(Chipman & Thomas, 1985).

이러한 영역에서 여성의 수가 적은 이유는 그 영역이 남성이 지배적인 직업이어서 어떤 여성은 그러한 직업을 갖는 데 주저하기 때문이다. 하지만 단지 그 사실 때문만은 아니다. 대부분의 경우 여자아이와 여성은, 심지어 높은 SAT-M 점수를 받은 여성조차 이러한 영역에서 일한다는 것이 특별히 흥미롭다고 생각하지 않는 것으로 보인다(Chipman & Thomas, 1985). 예를 들어, Sherman(1982)은 9학년 여학생의 수학 및 과학과 관련된 진로에 대한 태도를 평가하였다. 한 면담 질문은 여자아이에게 하루 동안 과학자로 일하는 것을 상상해 보도록 하는 것이었다. "명백히 많은 수(53%)의 여자아이가 그날을 다소 혹은 매우 많이 싫어하였다."(Sherman, 1982, p. 435). 하루 동안 과학자로 일하는 것이 괜찮다는 것을 안 여자아이조차 이를 선호하는 활동으로 생각지 않았다. 많은 여자아이는 과학자로 일하는 것이 가정생활에 방해가 되거나 지루한 것으로 느꼈다. 이와 동일한 질문이 9학년 남학생에게는 제시되지 않아서 이 연령대의 얼마나 많은 남자아이가 마찬가지로 과학자로 일하는 것이 보람이 없다고 생각하는지 알 수는 없었다. 어떤 방식으로든 청소년 중기까지, 과학 혹은 수학을 필요로 하는 진로를 추구할 의도에 있어 남자아이에게 유리한, 성차가 분명하게 존재한다(Wise, 1985).

여자아이가 수학을 필요로 하는 진로에 대해 상대적으로 관심이 부족한 것은 다시 사람 및 인간관계에 대한 상대적 지향성에 있어서의 성차와 관련 있는 것으로 보인다(Maccoby, 1988, 1990; McGuinness, 1993). 일반적으로 남자아이가 인간 지향적이기보다 물체 지향적인 반면, 여자아이는 남자아이보다 사회적 관계를 훨씬 더 선호하고 사회적 관계에 훨씬 더 많은 관심을 갖고 있다(Eibl-Eibesfeldt, 1989; Thondike, 1911). 물체 지향적인 것을 더 선호하는 것은 공학이나 자연과학과 같은, 수학을 필요로 하는 진로에의 관심과 관련되어 있다(Chipman & Thomas, 1985; Roe, 1953). Chipman, Krantz 그리고 Silver(1922)는 여대생들의 사람이 아닌 물체 지향성은 자연과학 분야의 진로에 대한 관심과 관련되어 있음을 발견하였다. 그러나 이것이 전부는 아니다. 왜냐하면, 여대생들은 물체 선호 대 인간 선호 그리고 고등학교에서 수강했던 수학교과 수 등에서의 성차를 통제한 후에도 또래의 남자 대학생에 비해 자연과학을 전공할 가능성이 낮기 때문이다(Chipman & Thomas, 1985). 대다수의 수학을 필요로 하는 영역이 남성 지배적이라는 사실은 그렇지 않았으면 관심을 가질 몇몇 여성으로 하여금 이 영역에서 진로를 추구하지 못하게 할 수 있다(Halpern, 1992). 그럼에도, 많은 여자아이는 수학을 필요로 하는 진로(예를 들어, 공학 등)가 그들의 인간관계에 대한 관심과 양립할 수 없다고 느끼게 만들고, 이는 다시 수학 기술의 상대적 가치에 있어서의 성차 그리고 그로 인해 나타나는 고등학교에서 선택한 수학교과 수에 있어서의 성차 등의 원인이 되는 것으로 보인다.

앞서 언급되었던 것처럼, 수학에의 참여에 영향을 주는 것으로 보이는 두 번째 중요한 심리사회적 요인은 지각된 역량이다(Meece et al., 1982). 일반적인 수준에서, 교과영역에서 그리고 어쩌면 비교과영역에서도 지각된 역량은 두 가지 요인과 관련 있는 것으로 보인다(Marsh, Smith, & Barnes, 1985). 첫 번째 요인은 또래들과의 관계 속에서 이루어진 수행이다. 상대적 수행이 더 나을수록 지각된 역량은 높아진다. 두 번째 요인은 개인 내 차이(intraindividuality)다. 예를 들어, 수학보다 읽기를 상대적으로 더 잘하는 아동은 다른 아동과 비교한 그들 자신의 기술 수준과 관계없이, 수학보다는 읽기에서 지각된 역량을 더 높게 갖게 되는 경향이 있다(Marsh et al., 1985). 미국에서 남자 청소년은 보통 그들의 수학 능력에 대해 또래의 여성보다 더 많은 자신감을 갖고 있다(Eccles [Parsons] et al., 1984). Harnisch 등(1986)은 자신들의 연구에 포함된 10개국 중 8개국의 17세 남성이 일반적으로 17세 여성보다 수학에 대한 태도가 더 긍정적이었다는 점을 발견하였다. Eccles 등(1993)과 Marsh 등(1985)은 여학생이 때때로 수학성취 점수가 더 높았음에도 불구하고, 남자 초등학생은 여자 초등학생보다 자신의 수학적 역량에 더 기분 좋아하고 있음을 알아냈다.

Lummis와 Stevenson(1990) 또한 미국과 타이완 그리고 일본의 남자 초등학생들이 읽기보다는 수학을 더 잘할 수 있다고 믿는 반면, 여자 초등학생들은 반대의 패턴을 보이는 경향이 있음을 발견하였다. 그럼에도, 타이완과 미국에서 대다수의 아동은 수학에서 남자와 여자는 동등한 기술 수준을 보인다고 생각했다. 일본에서는 대략 남자아이와 여자아이의 1/3 정도는 수학 능력에 성차가 없다고 생각했고, 1/3는 남자아이가 그리고 나머지 1/3은 여자아이가 더 낫다고 생각하고 있었다. 따라서 초등학교 남학생이 여학생보다 수학에 대해 더 나은 인식을 갖고 있다는 연구 결과는 개인 내적인 비교와 관련되어 있는 것으로, 즉 남자아이가 읽기보다는 수학을 선호하는 경향이 있는데 반해 여자아이는 수학보다는 읽기를 더 좋아하는 경향이 있기 때문인 것으로 보인다(Lummis & Stevenson, 1990). 청소년의 경우, 수학은 남성의 영역으로 묘사되는 성 역할의 고정관념이 그러하듯 고등학교에서의 수행 차이는 이러한 인식을 강화시켜 주는 것 같다(Linn & Hyde, 1989).

수학에 대한 지각된 역량에 있어 성차가 발생하는 이유와 관계없이, 지각된 역량 및 이에 관련된 성공에 대한 기대는 실패 후의 과제 지속(task persistence)

에 영향을 줄 수도 있고, 그 사람이 수학을 필요로 하는 진로를 열망할 가능성에 영향을 줄 수도 있다는 주장이 제기되어 왔다(Chipman et al., 1992). 그러므로 자신의 수학에 대한 낮은 역량은 어려운 수학문제에 대한 과제 지속을 낮추고 아마도 더 어려운 수학교과를 피하게 만드는 방향으로 귀결될 수 있다. 예를 들어, Kloosterman(1990)은 고등학생들이 몇 개의 문제를 성공적으로 해결하는 데 실패한 후에도 산술문제해결을 지속하는지를 평가하였다. Kloosterman의 연구에서 고등학교 여학생은 실패한 후에 덜 노력하는 경향이 있음에 반해 남학생은 더 노력하는 경향이 있음이 발견되었다. 동일한 일반적 패턴이 7학년 아동을 대상으로 한 연구에서도 발견되었다. 하지만 성차의 크기는 더 작았다. 그러나 Eccles (Parsons) 등(1984)은 실패한 후에도 수학적 문제해결 과제를 지속하려는 경향성에서 아무런 성차도 발견하지 못했다. 추수연구에서 이들은 이전 학년에 나타난 것과 같은 기초 능력과 기대 모두 수학 수행의 원인이 됨을 발견하였다(Meece et al., 1990). 따라서 수학에 있어서의 지각된 역량과 기대는 적어도 어느 정도 수학 수행에 영향을 주는 것으로 보인다. 지각된 역량에 있어서의 성차와 수학적 문제해결에서의 성차 사이의 관계는 아마도 양방향적인 것으로, 서로가 서로에게 영향을 주는 것 같다. 이를 종합해 보면, 수학에 역량이 있다고 스스로 지각하는 아동은 그렇지 않은 아동에 비해 수학을 필요로 하는 진로를 갖기를 더 원하고 따라서 고등학교에서 더 어려운 수학교과를 선택할 가능성이 있는 것 같다(Chipman et al., 1992).

교실에서의 경험 남학생과 여학생의 교실에서의 경험이 읽기 및 수학 기술 발달에 영향을 미친다는 주장이 있어 왔다(Kimball, 1989). 전체적으로 남학생은 여학생에 비해 교사로부터 긍정적 접촉과 부정적 접촉 모두를 더 많이 받는다. 또한 남학생은 교사와 접촉을 시작하는 데 있어 여학생에 비해 더 독단적인 경향이 있다(Irvine, 1986). 흥미로운 연구에서 Leinhardt, Seewald 그리고 Engel(1979)은 2학년 교사들이 여학생과는 읽기 교수에서 더 많은 개인 시간을 보내고 남학생과는 더 많은 수학 교수 시간을 갖는 것을 발견하였다. 이들은 해당 학년도 전반에 걸쳐 이러한 차이가 남학생에게 총 여섯 시간의 수학 교수를 더 하는 결과를 가져올 수 있다고 추산하였다. 그렇다 하더라도 그 학년도 말의 수학성취에는 성차가 없었다. 하지만 초등학생들을 대상으로 한 다른 연구에서는 학급에서 수학 활동들에 소요된 시간의 양에 아무런 성차도 발견되지 않았다(Peterson & Fennema, 1985). 수많은 연구가 고등학교 수학교과에서 남학생이 여학생보다 교사와의 개인적 접촉을 더 많이 하는 경향이 있다는 것을 발견한 반면, 다른 연구는 차이를 발견하지 못했다(Kimball, 1989 참조). 차이가 발생할 때 이 차이는 남학생이 교실에서 보이는 더 큰 주장훈련과 관련되어 있고, 교사들이 여학생보다는 남학생을 더 자주 호명하기 때문으로 보인다. 따라서 어떤 남학생과 여학생에게는 교실에서의 수학에 대한 경험에 차이가 있을 수 있고(특히, 고등학교에서) 이 경험은 수학에 대한 지각된 역량에 있어서의 성차의 원인이 될 가능성이 있다. 그럼에도, 이러한 수업에서 보통 여학생이 남학생에 비해 더 높은 성적을 받기 때문에, 이러한 경험들은 전체적으로 다소 미묘한 영향을 주는 것 같다(물론, 어떤 여학생에게 그 영향은 상당히 큰 것일 수 있다; Kimball, 1989).

정말로, Peterson과 Fennema(1985)가 수행한 흥미 있는 연구는 학생과 교사 사이의 개인적 상호작용보다는 더 일반적인 교수 방식이 남학생과 여학생의 수학 발달에 더 강력한 영향을 줄 수도 있다고 주장하였다. 이 연구에서 최소한 15일간 수학 수업을 하면서 36명으로 구성된 4학년 교실에서 교사들과 학생들이 한 활동들이 기록되었다. 학생 개개인이 수학 및 비수학(예를 들어, 사회화) 활동들에 소요한 시간의 양은 물론, 교사가 학생 개개인을 도와준 시간의 양과 같은 학생과 교사의 상호작용이 관찰되었다. 남학생과 여학생이 수학 학습에 소요한 시간의 양에는 성차가 없었고 해당 학년도 초기부터 말까지 수학성취에 있어서의 변화에도 전반적인 성차는 존재하지 않았다. 하지만 수학성취에 있어 남학생과 여학생의 상대적 이득에는 중요한 수업 간 차이가 있었다. 이러한 이득은 아동이 협동적 혹은 경쟁적 학급활동에 참여한 빈도와 관련되어 있는 것으로 보인다. 경쟁적 활동에의 참여는 여학생의 수학성취에는 상당히 부정적인 영향을 미쳤으나 남학생의 수행은 약간 향상되었다. 이에 비해 협동적 수학 활동(예를 들어, 소집단 문제해결)에 참여한 것은 학년도 전반에 걸쳐 여학생의 수학 수행 향상과 관련되어 있지만 남학생의 수행은 더 나빠졌다.

요약

수학적 문제해결의 성차 크기는 물론, 아동의 수학 발달에 영향을 미치는 많은 심리사회적 · 문화적 요인이 있다(7장 참조). 첫 번째 요인이 주목을 많이 받아 왔고, 이 요인은 몇몇 경우에 있어 수학 수행에서 남학생이 여학생에 비해 갖는 이점의 분명한 축소나 소멸과 관련되어 있다(Linn & Hyde, 1989). 그러나 수학 수행에 있어서의 성차 축소는 미국 문화가 수학 기술의 가치를 비교적 낮게 보는 것과 관련이 있는 것으로 보인다(Stevenson & Stigler, 1992). 즉, 국가 간 비교를 보면, 이러한 현상이 여학생보다는 남학생의 수학 기술 발달에 부정적인 영향을 주는 것으로 보인다는 것이다. 이 관점은 기술 발달이 빈약한 아동에게는 수학 수행에 있어서의 성차가 적게 발견되거나 혹은 아예 발견되지 않는다는 것을 의미한다. 하지만 기술 발달 수준이 향상됨에 따라, 수학의 특정 영역에 있어서의 남성과 여성의 수행 차이는 더 벌어지는 것이 틀림없다. 이는 미국의 대표 표본과 영재 표본에 있어서는 물론, 국가 간 비교에서도 발견되는 바로 그 패턴인 것이다(Benbow, 1988; E. G. Moore & Smith, 1987; Steinkamp et al., 1985).

역사적 경향 이외에, 수학 발달 및 수학에의 장기적인 투자에 대한 두 가지 가장 두드러진 영향은 수학의 지각된 유용성 및 수학에 대한 개인의 지각된 역량이다(Eccles [Parsons] et al., 1984). 공학과 같이, 수학을 필요로 하는 진로를 원하는 청소년 및 성인기 초반의 사람들은 저널리즘과 같이 수학을 별로 필요로 하지 않는 진로를 원하는 또래들에 비해 고등학교에서 상급 수준의 수학교과를 수강할 가능성이 훨씬 더 크다(Wise, 1985). 따라서 미국의 대다수 청소년에게는 수학 관련 교육을 추구하는 것이 합리적인 선택인 것이다. 남자 고등학생에 비해 훨씬 적은 수의 여자 고등학생들만이 수학을 필요로 하는 진로를 원하고, 따라서 여자 고등학생들은 또래의 남자 고등학생들에 비해 높은 수준의 수학교과를 덜 선택한다(Meece et al., 1990).

수학을 필요로 하는 진로를 원하는 데 있어서의 성차는 다시 사회적 선호에 있어서의 성차 그리고 그 분야가 남성 지배적이라는 사실과 관련 있는 것으로 보인다(Halpern, 1992). 일반적으로 여성은 남성에 비해 인간관계 및 그와 관련된 진로를 훨씬 더 선호하는 반면, 남성은 더 물체 지향적인 경향이 있다(예를 들어, Eibl-Eibesfeldt, 1989; McGuinness, 1993; Thorndike, 1911; Wise, 1985). 인간보다는 물체를 더 지향하는 것은 뛰어난 능력을 지닌 여성 집단에서조차 수학을 필요로 하는 진로에 대한 관심과 관련되어 있다(Chipman et al., 1992; Roe, 1953). 이러한 주장은 제도화된 성차별주의가 많은 여성의 진로 선택권을 제한하지는 않았다는 의미로 받아들여져서는 안 된다. 오히려 교육에의 동등한 접근으로 인해 과학 관련 진로에 관심이 있고 야심과 뛰어난 능력을 지닌 여성은, 예를 들어 물리학에서의 박사학위보다는 의학 박사학위를 추구하려 할 가능성이 더 높다는 예상이 가능하다(Chipman et al., 1992).

수학에 대한 지각된 역량 또한 누군가로 하여금 수학을 필요로 하는 진로를 추구하게 할 가능성에 영향을 주는 것으로 보이며(Chipman et al., 1992), 어려운 수학 관련 과제들을 지속하게 하는 데 영향을 미칠 수 있다(Kloosterman, 1990). 빠르면 초등학교 1학년부터 남학생은 여학생에 비해 수학에 더 높은 지각된 역량을 갖는 경향이 있다(Eccles et al., 1993). 수학에 대한 지각된 역량에 있어서의 성차는 개인 내 그리고 개인 간 비교와 관련되어 있는 것으로 보인다. 남학생가 읽기보다는 수학을 그리고 여학생가 수학보다는 읽기를 더 선호하는 경향이 있다는 사실은, 남학생가 수학 능력에는 성차가 없다고 믿을 때조차 스스로를 수학에 더 능숙한 존재로 지각한다는 연구 결과의 원인이 된다(Lummis & Stevenson, 1990). 청소년의 수학적 문제해결에 있어서의 성차 또한 어쩌면 수학의 '남성 우월성'이라는 일반적인 고정관념이 그러하듯, 이 지각된 역량 차이의 원인이 된다(Hyde, Fennema, Ryan, Frost, & Hopp, 1990). 어떤 방식이든 지각된 역량은 수학 수행에 작은 영향을 미치는 것으로 보인다(Meece et al., 1990). 마지막으로, 교실에서의 경험은 남학생과 여학생의 상대적 수학 발달에 영향을 줄 수 있다. 하지만 그러한 어떤 영향은 아마도 교실 내에서 교사가 남학생과 여학생를 다루는 방법에 있어서의 차이보다는, 수학 교수가 교실 내에서 사회적으로 경쟁적이거나 협동적인 정도와 관련되어 있는 것으로 보인다(Peterson & Fennema, 1985).

생물학적 요인

수학적 문제해결 영역에서의 성차에 생물학적 원인이 있다는 주장이 종종 제기되기 때문에(예를 들어, Benbow, 1988; McGee, 1979), 이 영역에 있어서의 성차에 대한 잠재적인 생물학적 영향을 고찰하는 것은 중요한 일이다. 나의 견해는, 수학적 문제해결이나 다른 어떤 영역에 있어서의 성차에 대한 생물학적 상관관계를 고찰하는 것은 단지 생물학적 상관관계에 관해서가 아닌, 인간의 진화라는 더 넓은 관점 내에서 고려될 필요가 있다는 것이다. Gould와 Vrba(1982)에 따르면 인지적 · 사회적 · 신체적 특질이 진화에 순응적일 수 있는, 두 가지 일반적인 방식이 존재한다고 한다.

첫 번째 방식은 자연도태라는 전통적인 관점을 포함한다. 즉, 특정 생태에 잘 들어맞는 기술을 지닌 개체는 살아남아서 덜 발달된 기술을 지닌 개체에 비해 훨씬 더 많은 수로 번식한다. 두 번째 방식에는 기술이나 특질의 적응적 흡수(co-optation)가 포함된다. 여기에서는 어떤 동기로 진화된 특정 특질은 이제 관련 없는 영역에서 적응적 이점을 개체에게 제공한다. 첫 번째 방식을 따르는 인지적 혹은 사회적 기술은 생물학적으로 1차적인 것으로 간주된다. 즉, 이 기술은 인간의 진화에 관하여 다른 개체들에 우선하여 이점을 제공하고 따라서 전통적인 의미에서 직접적으로 선택된다고 할 수 있다. 다른 한편으로, 적응적 흡수가 된 기술은 적응적 흡수가 된 과제들에 생물학적으로 2차적인 것으로 간주될 것이다(Geary, 출판 중). 예를 들어, 언어 습득은 생물학적으로 1차적인 것이다. 읽기는 언어를 뒷받침하는 많은 동일한 생물학적 체제를 포함하지만(Luria, 1980), 읽기는 이 체제에 대하여 생물학적으로 2차적인 것이다. 다른 말로 하자면, 기본적인 언어체제는 읽는 방법을 배울 수 있게 하지만 체제가 이러한 이유로 진화하지는 않는다는 것이다.

수학에 관해, 다수성에 대한 민감성, 기본적인 수 개념의 이해 그리고 수량에 미치는 덧셈과 뺄셈의 영향에 대한 기본적 이해 등은 생물학적으로 1차적인 기술이다(Gallistel & Gelman, 1992; Geary, 출판 중; Starkey et al., 1991). 이러한 기본적인 수 차원의 어느 것에서도 성차가 발견되지 않는다는 일관된 연구 결과는 수학적 문제해결의 성차가 생물학적으로 1차적인 것이 아니라는 점을 강력하게 암시하고 있다. 다른 말로 하자면, 인지 기술의 진화는 남성에게 수학에 있어서의 주요 이점들을 제공하지 않는다는 것이다. '남성 수학 유전자' 같은 것은 존재할 가능성이 거의 없다.

따라서 수학적 문제해결에 있어서의 성차에 대한 어떠한 생물학적 상관관계도 아마도 생물학적으로는 2차적인 것일 것이다(McGee, 1979). 이를 염두에 두고, 우리는 선택 압력이 남성과 여성에게 각각 다르게 나타나는 조건, 즉 남성과 여성 사이에 인지적 · 사회적 · 신체적 차이로 귀결되는 조건을 고려해 볼 필요가 있다. 진화 압력은 번식 전략 및 이와 관련된 노동의 차이를 제외하고는 아마도 남성과 여성에게 있어 다르기보다는 더 유사할 것이다(Buss & Schmitt, 1993; Eibl-Eibesfeldt, 1989; Frayer & Wolpoff, 1985; Ghiglieri, 1987; Ruff, 1987; Trivers, 1972). 사실, 많은 심리학적 그리고 신체적 특질에 있어서의 성차는 인간의 진화 역사에서 남성과 여성이 맞닥뜨린 서로 다른 번식 압력과 관련되어 있는 것 같다(즉, 성적 선택). 번식과 관련된 특질에 있어서의 성차의 발달은 성별에 따른 아동양육 실제에 의해서뿐 아니라(MacDonald, 1988), 성호르몬에 의해 통제될 가능성이 꽤 높다(Arnold & Gorski, 1984). 사회적 그리고 인지 기술에 있어서의 어떤 생물학적 편견은, 관련된 체제가 더 큰 사회의 요구를 더 잘 충족하도록 '조정될' 수 있게 하기 위해 초기 사회화 실제에 의해 수정할 수 있는 것으로 추정된다(MacDonald, 1988).

간단히 말해서, 인간의 진화 역사에 대해서는 번식이 여성보다는 남성에게 덜 확실했던 것으로 보인다. 그 결과, 남성은 많은 문화권에서 결혼을 위한 선수조건인 지위와 자원의 습득을 놓고 서로 경쟁하고 있다(Buss, 1989). 이에 비해 여성은 결혼 및 미래의 자녀에 재정적으로 그리고 정서적으로 투자하는 잠재적인 아버지 가능성에 특히 민감한 것으로 생각된다. 그러므로 이러한 관점에서 보면 여성은 장기적인 관계를 예측할 수 있게 해 주는 사회적 단서들에 남성보다 더 민감하고(예를 들어, MacDonald, 1988), 사회적 관계의 유지를 촉진하는 사회적 유형을 발달시킬 것으로 예상된다. 이에 비해 남성은 그들의 사회적 상호작용에서 더 지배 지향적인 경향이 있을 것이다. 따라서 남성은 여성보다 더 경쟁적이고(특히, 다른 남성과), 반면에 여성은 사회적 관계에 더 민감하고 그 관계 내에서 더 협동적일 것이다(예를 들어, MacDonald, 1988;

M. Wilson & Daly, 1985). 물론, 남성도 서로 협력하지만 이는 종종 다른 남성 집단과 경쟁하는 상황에서 그렇게 하는 것이다(Ghiglieri, 1987). 마찬가지로, 여성도 서로 경쟁을 하지만, 이러한 경쟁은 남성에게서 발견되는 것과 동일한 수준의 강도는 아닌 것이 보통이다(M. Wilson & Daly, 1985).

앞서 언급되었던 것처럼 물체 대 인간에 대한 상대적 관심에 있어서도 성차가 있는 것으로 보인다. 이 성차는 다른 많은 문화권에서 발견된다(Eibl-Eibesfeldt, 1989). 예를 들어, Eibl-Eibesfeldt가 기술한 !Ko 부시맨에 대한 한 연구는 아동의 그림 주제에서 커다란 성차를 발견하였다. 남자아이는 자신이 그린 그림의 약 20%에서 기계와 관련된 물체들(예를 들어, 마차와 비행기)을 그렸고, 이에 비해 여자아이의 그림에서는 이러한 주제가 2% 정도만 발견되었다. 이 결과는 그러한 물건이 !Ko 아동의 자연스러운 환경에서는 찾아보기 힘들다는 점 때문에 중요하다. 이 아동은 자신의 동성 부모가 사용하는 것을 본 적이 있는 물건을 그릴 수 없었을지도 모른다. 오히려 서구문화와의 상호작용 속에서 이 물건이 여자아이보다는 남자아이의 주의를 훨씬 더 쉽게 사로잡았던 것이다. 진화적 관점에서 보면 남성의 인간관계에 대한 상대적 관심 부족은 아마도 여성으로만 구성된 집단에서 더 흔히 볼 수 있는, 상대적으로 더 평등한 사회구조를 만드는 것에 대한 관심과는 반대로, 남성으로만 구성된 집단 내에서의 지위와 지배를 성취하는 것에 대해 상대적으로 더 큰 관심과 관련되어 있을 것이다. 물체에 대한 남성의 관심은 또한 물질 소유권 습득에 대해 여성에 비해 더 강한, 남성의 관심과도 관련되어 있을 것이다(Eibl-Eibesfeldt, 1989).

발달적으로 사회적 차원에서의 성차는 학령 전 시기 동안 나타나기 시작하고(Maccoby, 1988), 초기 아동양육 실제에 의해서뿐 아니라(MacDonald, 1988) 성 호르몬에 일찍 노출되는 것에 의해서도(Ehrhardt & Meyer-Bahlburg, 1981) 영향을 받는 것으로 보인다. 놀이 활동 및 사회적 유형에 있어서의 성차는 아마도 적어도 어느 정도는 진화 압력에 있어서의 성차를 반영하는 것 같다

(Geary, 1992). 물론 이것이 전부는 아니다. 요점은 신체 발달, 특정 사회적 행동 그리고 특정 인지 기술에 있어서의 성차는 아마도 생물학적으로 1차적인 것일 것이며 번식 압력에 있어서의 성차(즉, 성적 선택)와 관련되어 있을 것이다. 그러므로 번식 전략에 있어서의 차이가 어떻게든 수학적 문제해결 및 수학에 대한 관심에 있어서의 성차와 관련되어 있을지에 대해 고려해 보는 것이 유리할 것이다.

사실, 수학 및 수학 수행의 상대적 가치판단에 있어서의 성차에 미치는, 앞서 기술된 심리사회적 영향 몇 가지는 사회적 유형에 있어서의 이 근본적인 성차에 2차적인 것일 것이다. 초등학교 남학생 및 여학생의 수학 발달은 교실 환경이 경쟁적인 혹은 협동적인 상대적 정도에 영향을 받는다는 연구 결과는 진화론적 관점에 명백히 부합한다(Peterson & Fennema, 1985). 이러한 관점에서 사회적으로 경쟁적인 환경은 남학생 집단 내에서 발생하는 행동양식에 더 유사하고, 반면 사회적으로 협동적인 환경은 여학생 집단 내에서 발생하는 행동양식에 더 유사하다(Maccoby, 1988). 사회적 행동에 있어서의 이러한 초기 성차는 번식 전략의 진화와 관련된 성차를 적어도 어느 정도는 반영하고 있다(Geary, 1992). 따라서 상대적으로 경쟁적이거나 협동적인 교실 환경을 만드는 것이 남학생과 여학생의 성취에 다르게 영향을 미칠 것이라는 점은 그리 놀랄 일이 아니다(Peterson & Fennema, 1985). 진화론적 관점 내에서 이해 가능할 두 번째 심리사회적 영향은 물체 대 인간관계에 대한 선호에 있어서의 성차에 관심을 갖는다. 간단히 말해서, 공학처럼 수학을 필요로 하는 진로에 대한 선호 및 이와 관련된 수학에 대한 지각된 유용성에 있어서의 성차는 앞서 언급한 물체와 인간 중 상대적으로 어디에 더 많은 관심을 갖는가라는 더 근본적인 성차에 비해 2차적일 수 있다는 것이다.

수학적 문제해결과 관련된 인지양식에 있어서의 성차 또한 이러한 관점에서 보면 이해할 수 있는 것이다. 특히 공간 기술이 중간 수준에서 높은 수준으로 유전적이고(Vandenberg, 1966), 성 호르몬에의 노출에 영향을 받으며

(Diamond et al., 1979; S. M. Resnick et al., 1986) 그리고 남성에게 유리한 성차를 지속적으로 보여 준다는 연구 결과는 특정 형태의 공간인지에 있어서의 성차가 번식 전략이나 혹은 이와 관련된 노동의 차이에 있어서의 성차와 관계가 있음을 강력하게 암시하고 있는 것이다. 성적으로 고정된 육아와 같은 사회적 요인 또한 공간 관련 활동들에의 참여에 영향을 준다는 사실은 이 영역에서의 어떤 성차가 문화적 기원을 가지고 있음을 의미하는 것이 아니다. 오히려 성차의 크기는 물론, 공간 기술 발달 수준은 생태적 압력에 반응한다. 우수한 공간 기술은 자원 습득(예를 들어, 사냥)을 촉진하거나 다른 남성과 더 직접적인 혹은 더 의식화된 경쟁을 하는 동안 이점을 제공함으로써(Eibl-Eibesfeldt, 1989) 다른 사람들, 예를 들어 덜 능숙한 여성에 비해 남성을 유리하게 해 준다는 주장이 제기되어 왔다. 이유야 어떻든 특정 공간 기술에 있어서의 남성의 이점은 아마도 생물학적으로 1차적인 것이겠지만, 이러한 동일한 기술은 수학적 문제해결에 관해서는 생물학적으로 2차적인 것일 것이다. 다른 말로 하자면, 수학적 문제해결에 있어서의 성차는 어찌됐건 남성이 여성보다 수학적 문제해결을 더 잘하도록 진화되어 왔기 때문이 아니라, 수학문제를 해결하기 위해 남성이 적응적으로 흡수하는 공간 전략과 관련되어 있다는 것이다.

요약 및 통합모형

여기에서는 이 현상에 대해 단 한 가지 영향을 고려하는 것으로 가능한 것보다 더 역동적인 이해를 제공하려는 노력의 일환으로, 수학적 문제해결에 있어서의 성차에 미치는 인지적 · 심리사회적 그리고 생물학적 영향에 대한 연구를 통합할 것이다. 이 모든 영향을 수용하는 모형은 아마도 분명한 것들을 진술하는 것이 될 것이다. 내가 원하는 것은 분명한 것들을 진술하는 것이 아니라, 이 영역에 대한 우리의 이해를 더 잘 조직하는 관계의 형태를 제안하는 것이다. 제안된 관계의 형태는 [그림 6-2]에 제시되어 있다. 기본적인 목적은 [그림 6-2]의 맨 오른쪽 원에 표현된 수학적 문제해결에 있어서의 성차의 발생을 이해하는 데 있는 것이지, 수학 발달의 수준을 이해하자는 것은 아니다. 다른 말로 하자면, 예를 들어 어떤 문화권의 아동이 보이는 수학 기술이 왜 다른 문화권의 아동이 보이는 수학 기술보다 훨씬 더 발달되어 있는지를 이해하는 것이 아닌, 남학생과 여학생이 수학적 문제해결의 특정 영역에서 서로 다른 이유를 이해하는 것이 목적이라는 것이다(7장 '국제 연구' 부분 참조).

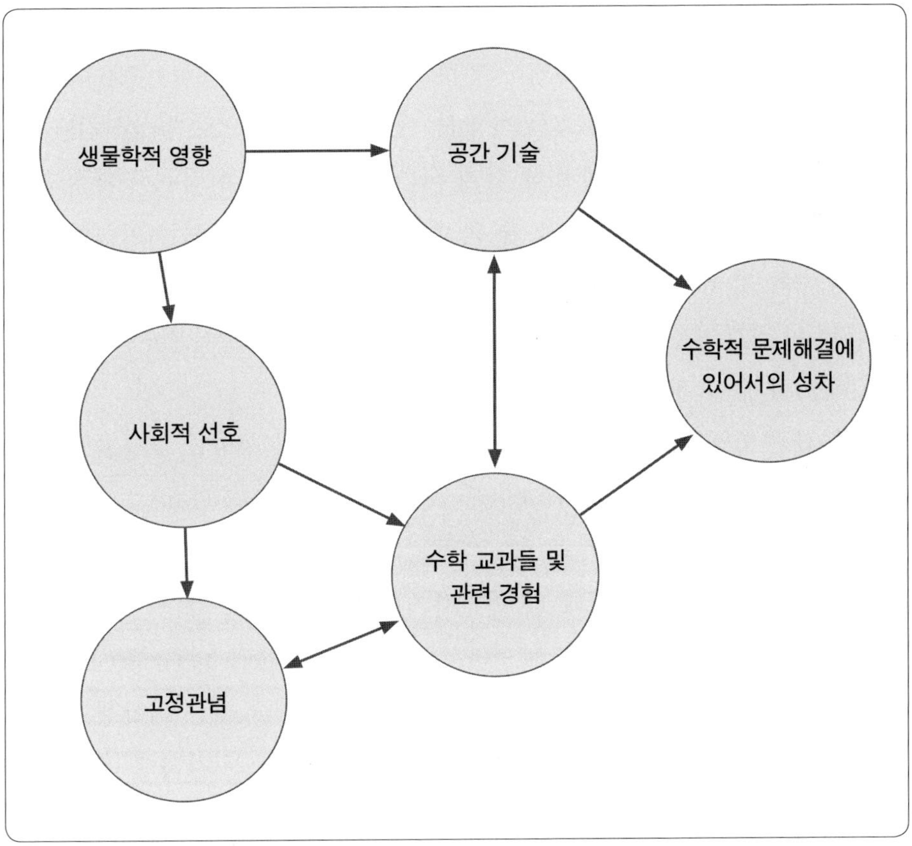

[그림 6-1] 수학적 문제해결에서의 성차에 영향을 미치는 생물학적 · 인지적 그리고 심리사회적 영향 간의 관계에 대한 도식적 표상

이를 염두에 두고, 수학적 문제해결에 있어서의 성차에 가장 두드러진 두 가지 직접적 영향은 공간 기술에 있어서의 성차(McGee, 1979)와 수학 관련 활동의 수에 있어서의 성차(Fennema & Sherman, 1977)인 것으로 보인다. 남성이 종종 여성에 비해 더 나은 공간 기술을 발달시키고 있으며, 수학 관련 활동에 더 빈번하게 참여하기 때문에(Burnett et al., 1979; Wise, 1985), 두 가지 모두 수학적 문제해결의 성차 크기를 증가시키게 하는 데 함께 작용하는 것 같다. 이와 동시에 공간 기술 및 수학 관련 경험들은 서로 양방향적인 영향을 지니고 있는 것으로 간주된다. 잘 발달된 공간 기술을 지닌 사람들은 상대적으로 덜 발달된 공간 기술을 지닌 사람들보다 평균적으로 수학 관련 과정(예를 들어, 제도 및 공학)을 더 많이 선택하는 것 같다(Scarr & McCartney, 1983). 그와 같은 과정에 참여하는 것은 그들의 공간 기술을 그 이상으로 향상시킨다. 성차에 관하여, 남성이 여성에 비해 갖게 되는 공간 기술의 이점은 수학적 문제해결에 있어서의 성차에 영향을 줄 뿐 아니라, 남성으로 하여금 여성에 비해 그들의 수학 및 공간 기술이 더 발달되도록 이끄는 경험을 더 많이 찾게 만들 것이다. 이 경험들은 다시 수학적 문제해결에 있어서 남성이 갖는 이점의 크기를 증가하게 할 것이다.

수학 관련 활동에 참여하는 것 또한 사회적 선호 및 성역할 고정관념에 의해 영향을 받는 것으로 보인다(Chipman et al., 1992; Linn & Hyde, 1989). 물체 지향 활동과 인간 지향 활동 중 어느 것을 상대적으로 더 선호하는가에 있어서의 성차는 남성이 여성보다 더 빈번하게 수학을 필요로 하는 진로를 원하는 경향의 원인이 되는 것으로 보인다(Chipman & Thomas, 1985; McGuinness, 1993). 물체 지향성보다 상대적으로 더 큰 인간 지향성은 많은 여학생으로 하여금 수학 및 과학 관련 진로들은 비교적 보람이 없다고 지각하게 만드는 원인인 것 같다(Sherman, 1981). 수학을 필요로 하는 진로에 대한 열망에 있어서의 성차는 다시 남자 고등학생들로 하여금 또래의 여학생보다 더 많은 수학교과를 택하게 하는 원인이 되는 것으로 보인다(Travers & Westbury, 1989). 비록 수학에 대한 지각된 유용성이 성역할 고정관념보다 수학교과 선택에 더 중요한 영향을 미치기는 하지만, 성역할 고정관념 또한 아마도 수학에 대한 지각된 역량에 영향을 줌으로써 차별적인 과정선택에 영향을 줄 수 있다(Fennema, Wolleat, Pedro, & Becker, 1981).

여하튼 고정관념은 어떤 여학생으로 하여금 수학을 필요로 하는 진로를 원하지 않게 만들 수 있고, 어떤 남학생에게는 영향을 주어 수학을 필요로 하는 진로(예를 들어, 공학)가 다른 진로(예를 들어, 간호학)보다 더 실용적인 대안이라고 생각하게 만들 수 있다. 고정관념이 여학생에게 미치는 영향에 비하여, 남학생의 수학에 대한 태도 및 수학교과 선택 등에 고정관념이 미치는 영향은 아주 조금 주목을 받았을 뿐이다. 또다시 사회적 선호와 고정관념은 아마도 고정관념과 수학교과 선택처럼 서로 영향을 주고받는 것 같다. 수학은 대부분 남성을 위한 영역이기 때문에 남성을 위한 영역으로 고정되고 있다. 역으로 이 고정관념은 수학을 더욱더 남성을 위한 영역으로 만드는 데 이용되고 있다. 전반적으로 수학적 문제해결에 있어 성차가 가장 큰 집단(즉, 우수한 능력 집단)에서 고정관념이 가장 작기 때문에, 사회적 선호와 비교해 봤을 때, 이 고정관념은 아마도 수학적 문제해결에 있어서의 성차 크기에 보다 작은 영향을 미치는 것으로 보인다(Lubinski & Humphreys, 1990; Raymond & Benbow, 1986).

본질적으로 가장 근본적인 수 관련 기술, 즉 수와 세기 그리고 산술 등에 있어 인간들에게서 아무런 성차도 발견되지 않았다는 연구 결과는 수학적 문제해결에 있어서의 성차의 어떠한 생물학적 상관관계도 2차적인 것이라는 점을 강력하게 암시하고 있다. 즉, 남성이 여성보다 수학적 문제해결을 더 잘 하도록 진화된 것은 아니다. 오히려 수학적 문제해결에 있어서의 성차에 대한 생물학적 영향은 간접적인 것이다. 제안된 모형에서 생물학적 영향(아마도 성 호르몬)은 사회적 선호에 있어서의 성차는 물론, 공간 기술에 있어서의 성차에 직접적으로 영향을 주는 것으로 보인다. 여성과 비교해 봤을 때, 남성의 우수한 공간 기술의 진화는 수학적 문제해결에 있어 남성을 돕기 위한 것은 아니었다. 그럼에도, 이러한 기술은 문제해결 상황에 적응적으로 흡수되었다(McGuinness, 1993). 이와 유사하게, 인간보다는 상대적으로 물체를 지향하는 보통 남성의 특성과 물체보다는 상대적으로 인간을 지향하는 보통 여성의 특성은 아마도 번식 전략에 있어서의 성차와 연계된 동기들을 발전시켰을 것이고, 이러한 의미에서 수학과는 완전히 관계가 없는 것이다. 그럼에도, 이러한 편견은 수학을 필요로 하는 진로에 대한 상대적 매력에 있어서의 성차에 영향을 미치고 있으며 따라서 수학 관련 활동 참여에 있어서의 성차에 간접적인 원인이 되었을 것이다.

수학영재

도입부에 언급된 것처럼 이 장은 수학영재아동 및 청소년에 대한 논의로 결론을 맺을 것이다. 이는 이들에게서 수학적 문제해결에서의 성차가 가장 두드러지기 때문이다. 여기에서는 SMPY 청소년의 인지적 그리고 신경심리학적 특성에 대한 일련의 다소 흥미로운 연구(Benbow, 1986; Dark & Benbow, 1990, 1991)이 강조될 것이다. 그러나 그러한 연구가 논의되기 전에 영재아동의 일반적인 인지 기술에 대한 간략한 개관이 정리될 것이다.

인지적 관점에서 영재아동은 몇 가지 차원에서 평균적인 능력을 지닌 또래아동과 다르다(Sternberg & Davidson, 1986). 첫째, 영재아동은 일반적으로 또래의 범재에 비해 정보를 더 신속하게 처리한다. 예를 들어, 영재아동은 범재들보다 더 빨리 단어들을 장기기억에서 인출할 수 있다. 사실, 초등학교가 끝날 무렵, 대다수의 영재아동은 평균적인 능력을 지닌 성인만큼 빨리 정보를 처리하는 것으로 보인다(Keating & Bobbitt, 1978).

둘째, 비록 영재아동과 범재아동이 사용하는 문제해결 전략의 유형에 지적인 차이는 없고, 단지 발달적 차이만 있을 뿐이기는 하더라도, 영재아동은 또래의 범재아동보다 몇 년 먼저 성인 수준의 문제해결 전략을 사용하기 시작한다(Siegler & Kotovsky, 1986). 일례로 IQ 150의 8세 영재아동은 평균적인 능력을 지닌 12세 아동이 더 흔히 사용하는 문제해결 전략을 사용할 것이다. 이러한 발달적 차이는 부분적으로 영재아동이 범재아동에 비해 더 빨리 배우고, 범재아동보다 훨씬 더 어린 나이에 공통점이 없어 보이는 단편적인 정보들을 '통합하여' 새로운 전략을 만들어 낸다는 사실 때문이다(Sternberg & Davidson, 1986). 마지막으로 영재아동은 보통 수학과 같은 기본적인 영역에 대해 범재아동보다 더 나은 개념적 이해를 하고 있다. 인지적 관점에서 보면 많은 수학영재아동은 또래의 범재아동과 '질적으로' 다르지 않지만 동일한 기본 수학 기술을 더 빠른 속도로 발달시킨다(예를 들어, Geary & Brown, 1991; Lubinski & Humphreys, 1992). 그럼에도, 수학에서 극단적으로 영재성을 보이는 청소년과 여러 분야에서 뛰어난 수행을 보이는 성인은 전형적인 영재아동과는 다르다는 몇 가지 증거가 있다(Benbow, 1986; Siegler & Kotovsky, 1986).

예를 들어, 대다수가 아닌 몇몇 영재아동은 그들의 선택된 분야에 장기적인 기여를 하도록 성장한다(Terman, 1954). 반면, 그들의 분야에 뛰어난 기여을 했던 다른 사람들은 아동일 때 영재로 간주되지 않았다(Siegler & Kotovsky, 1986). 영재성을 지닌 성인은 어느 정도 영리한 데에 덧붙여 창조적이고, 자신감이 있으며, 내향적이고, 그들의 분야에서 무엇인가를 성취하기 위한 의욕이 상당히 넘치는 경향이 있다(Albert & Runco, 1986). 이와 유사하게, SMPY 청소년은 영재아동 중에서도 상위에 있는 아동을 대표하고 그러므로 다른 영재 청소년과는 몇몇 중요한 측면에서 차이를 보인다. 다음에 이어지는 내용에서 수학에 있어 매우 우수한 청소년의 인지적 그리고 신경심리학적 기술의 패턴이 그들 또래의 범재들 및 언어적으로 뛰어난 수행을 보이는 청소년의 인지적 그리고 신경심리학적 특성과 대비될 것이다. 이러한 비교는 영재성을 지닌 어떤 사람들이 수학 발달을 촉진하는 '질적으로 독특한' 기술 형태를 지니고 있는지 그리고 보통의 높은 IQ를 지닌 아동과 구분이 되는지 결정하기 위해 수행되었다.

인지적 특성

잘 수행된 일련의 연구에서 Dark와 Benbow(1990, 1991)는 SMPY를 통해 확인된 수학영재 청소년이 문제 해석과 같은 대수 문장제 문제를 해결하는 데 필요한 성분 기술에 있어 그리고 공간 기억(3장의 '대수' 부분 참조)과 같은 관련 인지 기술에 관하여 또래의 언어영재 청소년과 다른지 아닌지 결정하기 위해 조사를 실시했다. 첫 번째 일련의 연구에서 Dark와 Benbow(1990)는 SMPY에 참여한 수학 및 언어영재 중학생 집단의 문제해결과 인지 기술을 사정하였다. 수학영재 청소년의 평균 SAT-M 점수는 651점이었고 SAT의 언어영역(SAT-V) 점수는 평균 452점이었다. 언어영재 집단의 점수는 각각 499점과 553점이었다. 이 일련의 연구에서 사용된 과제는 대수 문장제 문제를 방정식으로 해석하는 능력, 해당 문장제 문제의 중요한 특징을 기억하고 이해하는 능력 그리고 작업기억에서 수 및 공간 정보를 유지하고 조작하는 능력과 같은 관련 인지 기술 몇 가지 등을 사정하는 것이었다.

대수 문제에 대하여 수학영재 청소년은 문제의 특징을 적절한 방정식으로 해석하는 능력에 있어 다른 집단의 청소년보다 더 능숙했지만, 해당 문장제 문제의 중요한 특징을 이해하는 혹은 기억하는 능력에 있어서는 언어영재 청소년이나 대학생들과 차이가 없었다(Dark & Benbow, 1990). 두 번째 실험은 작업기억에서 수 및 공간 정보를 유지하고 조작하는 능력에 있어 수학영재 청소년이 또래의 언어영재 및 범재 청소년보다 더 나은 수행을 보였음을 알려 주었다. 예를 들어, 수학영재 청소년은 잠깐 동안 제시된 정보의 공간적 위치를 기억하는 데 있어 그리고 서로 다른 공간적 위치 전반에 걸쳐 제시된 정보를 합치는 데 있어 특히 능숙함을 보였다.

두 번째 실험들에서 Dark와 Benbow(1991)는 SMPY에 참여한 수학 및 언어영재 중학생 집단의 기본적인 언어, 수 그리고 공간 기술을 대비시켰다. 이 청소년은 그들의 SAT-M 및 SAT-V 점수를 근거로 각각의 집단에 다시 배치되었다. 수학영재 청소년은 SAT-M에서 언어영재 청소년보다 평균 약 200점 이상을 더 득점하였고(각 집단의 평균은 656점과 453점이었다), 반면 언어영재 청소년은 SAT-V에서 수학영재 집단보다 평균 약 128점 이상을 더 득점하였다(각 집단의 평균은 536점과 408점이었다). 또다시 수학영재 청소년은 언어영재 청소년보다 수 및 공간 정보를 더 잘 기억했고, 작업기억에서 이 정보를 조작함에 있어서도 더 나은 수행을 보였다. 이에 비해 언어영재 청소년은 단어들을 기억 속에 유지하는 데 있어 매우 능숙하였고, 장기기억으로부터 단어의 의미를 인출하는 데 있어 수학영재 청소년보다 더 빨랐다. 모든 실험 전반에 걸쳐, 수학영재 집단에는 여학생보다는 남학생이 더 많았고, 성차가 평가될 수 있는 상황에서는 이 중요한 차원들 중 많은 부분에서 남학생의 수행이 여학생을 앞질렀다. 예를 들어, Dark와 Benbow(1991)는 수학영재 남학생이 수학영재 여학생보다 더 나은 공간 기억을 지니고 있음을 발견하였다.

신경심리학적 특성

일련의 관련된 연구에서 Benbow와 동료들은 수학영재성의 심리학적 그리고 신경심리학적 상관관계도 조사하였다(Benbow, 1986; O'Boyle et al., 1991; O'Boyle & Benbow, 1990). 특별히 관심을 끄는 것은 이 일련의 연구에서 수학에 있어 발달이 빠른 것으로 평가된 청소년은 행동 및 뇌파 측정 장치에 나타난 것처럼 언어적 그리고 시각적 정보를 처리하는 동안 평균적인 능력을 보이는 또래에 비해 뇌의 우반구 자원을 더 많이 활용하고 있음을 보여 주었다는 연구 결과였다. O'Boyle과 Benbow는 또한 시각적 과제를 하는 동안의 우반구 개입 지표와 전반적인 SAT 수행 사이에 중간 수준의 상관관계가 있음을 발견하였다. 이 과제에서 우반구의 개입이 많으면 많을수록 전체 SAT 점수는 점점 더 높아졌다.

요약

비록 예비연구이기는 하지만 방금 기술된 연구는 SMPY를 통해 규명된 수학영재 청소년이 몇 가지 중요한 측면에서 또래의 언어영재 청소년 및 범재 청소년과 다르다고 주장하고 있다. 수행에 대해서 수학영재 청소년은 문장제 문제를 적절한 방정식으로 해석하는 데 매우 능숙함을 보이지만 문장제 문제의 중요한 특징을 이해하고 기억하는 데 있어서는 다른 영재 청소년에 비해 특별하지는 않았다(Dark & Benbow, 1990). 인지적 수준에서 이 수학영재 청소년은 수 및 공간 정보에 대한 향상된 기억력과 수 및 공간 정보를 작업기억에서 조작하는 데 있어 매우 뛰어난 기술을 보였지만, 언어 정보에 대한 그들의 기억력은 특별할 것이 없었다(Dark & Benbow, 1990, 1991).

신경심리학적 수준에서 수학영재 청소년은 특이한 반구 특화(hemispheric specialization) 패턴을 보이거나 주로 우반구에 집중된 기술을 더 잘 사용할 수 있는 것으로 보인다(O'Boyle & Hellige, 1989). 비록 이러한 예비연구의 결과가 더 연구해 볼 만한 흥미를 유발하고 또 그럴 만한 가치가 있다고 하더라도, 이 시점에서는 이보다 더 구체적인 어떤 것을 조사하기에는 시기상조다. 마지막으로, SMPY를 통해 규명된 청소년은 영재 청소년 중에서도 상위에 속한다는 점(Benbow, Stanley, Kirk, & Zonderman, 1983)과 따라서 앞에 기술된 결과는 더 전형적인 영재아동에게는 적용하기 어려울 수 있다는 점에 다시 주목하라. 사실, Lubinski와 Humphreys(1990, 1992)는 Benbow와 동료들이 SMPY 청소년만큼 발달이 빠르지는 않은 수학영재 고등학생들에게서 발견했던 것과 동일한 인지적 그리고 생리학적 패턴은 발견하지 못했다.

Lubinski와 Humphreys(1990, 1992)가 가려낸 학생들은 이 부분의 초기에 서술된 패턴에 더 잘 들어맞는 것 같다. 즉, 그들은 인지적 관점에서 평균 수준의 능력을 보이는 고등학생들보다 발달적으로는 앞서 나가지만 질적으로는 차이가 없는 것으로 보이는 영리한 사람들이라는 것이다. 그러므로 기본적인 인지체계는 영재아동이나 영재가 아닌 아동에게서 동일하지만 이 체계는 영재아동에게서 더 효율적으로 작용한다. 이에 비해 높은 수준의 능력을 보이는 SMPY 청소년 중 많은 청소년은 인지체계에 있어 다소 다른 구성을 보인다(O'Boyle & Hellige, 1989). 이러한 차이는 영재성을 지닌 여성보다는 영재성을 지닌 남성에게서 훨씬 더 자주 발견되는 것으로 보이고(Benbow, 1986), SMPY 청소년의 높은 수준의 SAT-M 수행에서 보이는 큰 성차의 원인일 수 있다(Benbow, 1988).

결론

초기 수 관련 능력, 산술 그리고 수학적 문제해결에 있어서의 성차에 대한 연구가 이러한 영역 어디에서 일관된 국가 간 성차가 나타나는지를 결정하기 위해 검토되었다. 대부분의 경우 이러한 연구는 유아의 다수성에 대한 민감성이나 학령 전 아동의 세기, 수 그리고 산술 개념에 대한 이해 등과 같은 기본적인 수 관련 기술에 있어서 성차가 거의 혹은 아예 없다고 주장하고 있다. 마찬가지로, 문화권 전반에 걸쳐 초등학생들의 기본적인 산술능력에 있어 일관된 성차는 없는 것으로 보인다(예를 들어, Song & Ginsburg, 1987). 기본적인 수 및 산술에 있어 문화 간에 일관된 성차가 없다는 결과는 특히 중요한데, 이는 이러한 능력 중 많은 부분이 어쩌면 생물학적으로 1차적인 것일 수 있기 때문이다(Gallistel & Gelman, 1992; Geary, 출판 중). 그러므로 수학에서 남성이 여성보다 더 뛰어난 수행을 보이도록 생물학적으로 준비되어 있는 것은 아니며 수학적 문제해결에 있어서의 성차는 그 이전의 근본적인 수 관련 능력에 있어서의 성차로부터 발생하는 것은 아니라고 결론짓는 것이 합당할 것 같다.

그럼에도, 낮은 수준 및 중간 수준의 국가 간 성차가 수학적 문제해결 측정치에서 종종 발견된다(Hyde, Fennema, & Lamon, 1990). 수학적 문제해결에 있어서의 성차는 이르면 초등학교 1학년부터 발견되고 산술 및 대수 문장제 문제해결, 기하 그리고 측정과 미적분학 등과 같은 다른, 공간적으로 관련된 영역을 포함하지만 대수(대수 문장제 문제 제외)는 포함되지 않는다. 수학적 문제해결에 있어서의 성차가 발견될 때조차 그 성차는 그리 크지 않고 선택적인 경향이 있다. 일례로, 남자 고등학생들은 평면기하학과 같은 공간 전략의 활용을 통해 해결될 수 있는 측정치에 대해 또래의 여자 고등학생들보다 일관성 있게 더 나은 수행을 보이지만 기하 증명의 제공과 같이 유사해 보이는 영역에서는 이점을 보이지 않는다(Harnisch et al., 1986; Senk & Usiskin, 1983). 비록 남성이 여성에 비해 **특정** 수학적 문제해결 영역에서 분명히 이점을 보이고 있다 하더라도, 수학적 문제해결에 있어서 남성이 보이는 명백한 이점에 대한 진술은 정당화되지 않고 있다(Hyde, Fennema, & Lamon, 1990).

수학적 문제해결에서 남성이 이점을 보이는 이유는 복잡하고 인지적 · 심리사회적 그리고 생물학적 요인이 서로 섞여 있는 것으로 보인다. 특정 형태의 공간 인지에 있어 남성이 보이는 이점은 수학적 문제해결에 있어서의 성차에 원인이 되는 중요한 요인인 것으로 보인다. 특히, 남성이 여성에 비해 문제해결 상황에서 공간 표현의 활용에 더 자주 자발적으로 의존하는 경향은 수학적 문제해결에 있어서의 성차 크기의 많은 부분을 설명해 주는 것으로 보인다(McGuinness, 1993). 심리사회적 요인은 고등학생들이 선택하는 수학 교과의 수에 성차를 만들어 냄으로써 수학적 문제해결에 있어 남성이 보이는 이점의 크기를 증가시키는 것으로 보인다(Wise, 1985). 특히, 수학에 대한 지각된 유용성 및 수학에 대한 지각된 역량에서의 성차는 상위 수준의 고등학교 수학 과정에의 남학생의 참여를 증가시키는 방향으로 작용하고, 이는 다시 수학적 문제해결에 있어서의 남성의 이점을 증가시킬 가능성이 매우 높다.

수학적 문제해결에 있어서의 성차에 대한 생물학적 영향은 아마도 2차적인 것일 것이다(McGee, 1979). 즉, 이 성차의 생물학적 상관관계는 수학적 문제해결 그 자체와 관련되어 있는 것이 아님에도 수학 수행에 영향을 줄 수 있다(Gould & Vrba, 1982). 첫째, 수학에 대한 지각된 유용성에 있어서의 성차는 장기적인 진로 목적과 직접적으로 관련되어 있는 것으로 보인다(Wise, 1985). 여자 고등학생들은 공학과 같은 수학을 필요로 하는 진로를 또래의 남자 고등학생들보다 훨씬 덜 원하고 있으며, 이는 다시 고등학교에 다니는 동안 선택한 수학 과정의 수에 있어서의 성차의 원인이 된다. 진로에 대한 목표는 다시 한 개인의 인간을 향한 혹은 물체를 향한 일반적인 지향성에 의해 영향을 받는 것으로 보인다(Chipman et al., 1992; Roe, 1953). 물체 지향성은 수학을 필요로 하는 진로에 대한 관심과 관련되어 있고, 아마도 번식 전략에 있어서의 성차와 연계된 생물학적 요인에 영향을 받을 것이다(McGuinness, 1993; Thorndike, 1911). 이와 유사하게, 공간 기술에 있어서의 성차 또한 생물학적으로 1차적인 것이지만 수학적 문제해결에 있어서의 성차에는 2차적인 것이다. 다른 말로 하자면, 남성은 수학문제를 해결하기 위해 우수한 공간 기술을 발달시키지는 않았지만, 이러한 기술은 문제해결 상황에 적응적으로 흡수될 수 있다.

마지막으로 수학적 문제해결에 있어서의 성차는 영재 청소년 및 성인에게서 특히 두드러진다(Benbow, 1988, 1992). 수학영재 남학생과 여학생의 비율은 수학 영재성의 극단에서 때때로 13:1을 넘어선다. 비록 예비연구이기는 하지만, Dark와 Benbow의 연구는 가장 높은 수준의 능력을 지닌 수학영재 청소년이 몇 가지 중요한 측면에서 또래의 언어영재 청소년과 다르다고 주장하고 있다. 문제해결 수행에 관하여 수학영재는 문장제 문제를 적절한 방정식으로 해석하는 데 있어서는 뛰어나지만 수학적 문제해결의 다른 특성에서는 그렇지 않다. 수학영재는 수 및 공간 정보에 대해 매우 뛰어난 기억력을 지니고 있고, 이 정보를 작업기억에서 합하고 조작하는 데 특히 능숙하다. 이에 비해 수학영재는 단어 기억이나 기본적인 문제해결 개념의 이해에 있어서는 그리 뛰어나지 않다. 이 청소년의 인지 기술 집합체가 단지 공간 및 작업기억 기술의 상위를 대표하는 것인지, 혹은 수학영재가 여하튼 다른 영재와 인지적 그리고 신경심리학적으로 '질적으로' 다른 것인지 등은 더 알아봐야 할 것으로 남아 있다(Benbow, 1986).

Chapter 7 수학 발달에서의 문화적 영향

미래 노동력인 기본적인 수학 기술이 각 나라의 경제적 건강성에 영향을 주기 때문에(Bishop, 1989), 서로 다른 나라의 아동이 수학 발달의 속도 및 수준이 어떻게 다르고 왜 다른지 이해하는 것은 매우 중요하다. 기본적인 읽기 및 수학 기술은 전형적인 근로자의 경제적 생산성에 영향을 줄 것이고 근로자 개개인의 급료 및 고용 가능성에 영향을 미칠 것이다(Boissiere et al., 1985; Rivera-Batiz, 1992). 1960년대 초 미국 아동 그리고 미래 노동력인 읽기 및 수학성취 점수는 떨어지기 시작했다(Bishop, 1989). Bishop은 기본적인 기술의 후퇴는 생산성 성장의 후퇴로 귀결되었고 1987년 미국 경제에 860억 달러의 손실을 입혔다고 주장하였다. 더욱이 Bishop은 상대적으로 열악한 읽기 및 수학 기술은 2000년까지 매년 미국 경제에 거의 1,700억 달러의 손실을 입힐 것이라고 추산하였다. 미국 아동 및 미래 노동력인 기본적인 교과 기술을 향상시키는 것은 국가의 가장 긴급한 요구 중 하나인 것이 거의 틀림없다. 사실, 미국 아동의 수학 기술 향상의 중요성은 『America 2000: An Education Strategy』에서 강조되었는데, 여기서 여섯 개의 주요 목표 중 하나는 다음과 같다. “미국 학생들은 (2000년까지) 과학 및 수학성취에 있어 세계 1등이 될 것

이다."(U.S. Department of Education, 1991, p. 3)

이 책의 첫 두 장에서 제시되었던 국가 간 연구는 수, 세기 그리고 산술 등에 대한 아동의 이해의 보편성을 강조하였고 이 기본적인 수학 기술이 어떻게 서로 다른 문화에서 서로 다르게 표현되고 있는가를 검토하였다. 6장에서는 어떤 관련 성차가 사회문화적 요인에 의해 영향을 받는 정도를 결정하기 위해 수, 산술 그리고 수학적 문제해결에 있어서의 성차 패턴이 문화권 전반에 걸쳐 조사되었다. 이에 비해 이 장 첫 번째 부분의 초점은 수학성취 **수준**에 있어서의 국가 간 차이에 맞춰져 있다. 두 번째 부분에는 그와 같은 어떤 차이의 잠재적 원인에 대한 분석이 실려 있다. 이러한 잠재적 원인에는 지능, 언어 유창성, 학교교육, 가족 그리고 교과영역에서의 성취에 대한 일반적인 문화적 태도 등이 포함된다. 두 부분 모두에서 중심적인 초점은 미국 아동의 수학성취와 국제적 규준에서 이 차이가 어떻게 다른지에 맞춰져 있다. 이 장은 영향을 주는 요인 사이의 관계 그리고 그 요인이 수학성취에 있어서의 국가 간 차이에 어떻게 영향을 주는지 등에 대한 통합적 논의로 끝맺음을 한다.

국제 연구

1964년 수행된 『The International Project for the Evaluation of Educational Achievement(IEA)』는 수학성취에 대한 첫 대규모 비교연구였다(Husén, 1967). 연구의 목적은 13세와 17세 청소년의 광범위한 수학 기술을 평가하고 숙제의 양 및 가정환경 등과 같은, 수학성취에 미치는 잠재적 영향을 조사하는 데 있었다. 13세 청소년은 연구에 참여한 나라 중 많은 나라에서 의무교육을 받는 마지막 학년이기 때문에 사정의 대상이 되었고, 반면 17세 청소년은 참여한 국가 중 많은 나라에서 중등교육의 마지막 학년에 있기 때문에(예를 들어, 미국의 고등학교 3학년) 사정되었다. 호주, 벨기에, 영국, 핀란드, 프랑스, 독일, 네덜란드, 이스라엘, 일본, 스코틀랜드, 스웨덴 그리고 미국 등 12개의 산업국가에서 총 132,775명의 청소년이 연구에 참여하였다.

13세 청소년에게 실시된 성취검사는 주로 산술, 대수 그리고 기하의 기본적인 기술을 평가하는 것이었고, 반면 17세 청소년에게 실시된 검사에는 삼각법, 미적분학, 확률 그리고 논리학 등에 대한 항목이 추가로 포함되었다. 초등학교에 입학하는 연령이 참가 국가에 따라 다르기 때문에, 13세 청소년을 대상으로는 두 묶음의 국가 간 비교가 이루어졌다. 첫 번째 묶음에는 실제 생활연령이 13세인 청소년이 포함되었고, 두 번째 묶음는 대다수의 13세 청소년이 포함되어 있는 학년 수준을 기반으로 하였다. 두 가지 비교 모두에서 스웨덴 청소년이 다른 모든 국가 출신의 청소년보다 낮은 득점을 보였고, 그 다음이 근소한 차이로 미국 청소년(첫 번째 비교) 그리고 호주 및 미국 청소년(두 번째 비교)이었다. 첫 번째 비교에서는 일본 청소년의 수행이 다른 모든 국가의 청소년보다 꽤 높았고, 반면 두 번째 비교에서는 이스라엘과 일본 그리고 벨기에 청소년의 점수 모두가 함께 상위를 차지하고 있었다. 두 비교 모두에서 미국 청소년의 평균점수는 평가된 **모든** 수학 영역에서 국제 평균의 표준편차 0.1 이하와 0.5 이하 사이였다. 이에 비해 이스라엘과 일본 그리고 벨기에 청소년의 평균점수는 모든 수학 영역에서 국제 평균보다 상당히 위에 형성되어 있었다.

17세 청소년을 대상으로도 두 가지 비교가 수행되었다. 두 비교 모두 "대학이나 대학과 동등한 고등학습 기관이 보통 학생들을 모집하는 학교에서"(Husén, 1967, Vol. 1, p. 46). 공부하는 학생을 대상으로 하였다. 첫 번째 비교에는 수학이 자신의 교육과정 중 핵심적인 부분을 차지하는 청소년만 포함되었고, 두 번째 비교는 수학이 자신의 교육과정 중 부수적인 위치를 차지하는 청소년이 대상이 되었다. 두 비교 모두에 대해 미국 학생들의 전반적인 수학 수행은 국제 평균보다 상당히(약 1 표준편차) 낮았고, 11위를 차지한 나라 청소년의 평균 수행보다도 훨씬 더 낮았다. 더욱이 두 비교 모두에 대해 미국 학생들의 평균점수는 평가된 개별적인 수학 영역 대부분에서 국제 평균보다 상당히 낮았다(>0.5 표준편차). 이와 반대되는 수행은 첫 번째는 이스라엘 청소년과의 비교연구에서 그리고 두 번째는 독일 청소년들과의 비교연구에서 나타났다.

어떤 나라의 교육체제는 다른 나라에 비해 더 포괄적이라는 사실은 17세 청소년을 대상으로 한 국가 간 비교 결과를 혼란스럽게 만들었다. 일례로, 독일의 17세 청소년 중 약 11%만이 대학진학을 목적으로 하는 학교에 등록하고 있었고, 이에 반해 미국과 일본의 17세 청소년 중 이에 비견될 만한 환경에 등록한 청소년은 각각 70%와 57%였다. 미국의 17세 청소년이 보인 극도로 빈약한 수행은 부분적으로 대다수의 다른 국가 청소년 표본보다 미국 청소년의 표본에 낮은 수준의 능력을 보이는 학생들이 더 많이 포함되었다는 사실 때문이었다. 그럼에도 각국의 정예 학생들(예를 들어, 공학과 같은 수학을 필요로 하는 진로를 준비하기 위해 많은 수학 및 과학 교과를 선택한 학생들)만을 대상으로 비교했을 때 미국 청소년은 여전히 빈약한 수행을 보였다. 미국의 가장 잘 준비된 17세 청소년 중 18%만이 국제 평균 수준 혹은 그 이상의 점수를 얻은 데 반해, 11위를 차지한 국가(호주)의 정예 청소년 중 37%가 국제 평균 수준 혹은 그 이상의 점수를 얻은 것으로 나타났다. 이에 비해 벨기에와 영국 그리고 일본의 정예 학생들 중 10% 이상이 백분위 95 혹은 그 이상의 점수를 보이고 있으나 미국 학생들은 4% 이하였다.

24개국 정도가 포함된 두 번째 IEA 연구가 1980년대 초에 수행되었다(Crosswhite, Dossey, Swafford, McKnight, & Cooney, 1985). 이 평가에 독일은 참가하지 않았고 나이지리아와 스와질란드 같은 몇몇 제3세계 국가가 추가되었다. 그 결과, 국제 규준은 아마도 이러한 국가 집단으로 인해 첫 번째 IEA 평가에 비해 더 낮아졌을 것이다. 따라서 이 평가에 대한 가장 중요한 질문은 미국의 13세 및 17세 청소년이 1964년에 평가를 받은 집단에 비해 1981년 수학에 있어 더 나은 수행을 보였는가다.

미국의 13세 청소년의 전반적인 수학시험 점수는 1964년의 정답률 48%에서 1981년 45%로 다소 하락하였다. 측정과 같은 몇몇 영역에서 약간의 향상이 있었고 기하와 같은 다른 영역들에서 다소 하락하였다. 17세 청소년의 경우, 1964년의 정답률 32%에서 1981년 38%로 어느 정도 상승하였다(Crosswhite et al., 1985). 하지만 이러한 상승폭은 주로 시험의 미적분학 부분에서의 향상된 수행에서 기인한 것으로, 이는 미적분학을 선택한 미국 고등학생들의 수가 1964년부터 1981년까지 4배 정도 증가한 덕분인 것으로 보인다. 이 미적분학을 선택한 학생들을 제외하고 17세 청소년이 보인 결과의 전반적인 패턴은 13세 청소년에게서 발견된 것과 기본적으로 동일하였다. 첫 번째 IEA 연구와 비교해 봤을 때 상대적으로 더 낮아진 국제 규준에 대해서조차 미국의 가장 잘 훈련된 학생(상위 5%)은 대수와 기하 그리고 미적분학에서 국제 평균 정도의 수행을 보인 것으로 나타났다(M. D. Miller & Linn, 1989). 자신의 고등학교 교육과정에서 수학이 핵심적인 부분인 미국 학생들(상위 13%)의 약 60%는 대수와 기하 그리고 미적분학에서 국제 평균보다 상당히 낮은(≥1 표준편차) 득점을 했다.

20개국의 9세와 13세 학생들을 대상으로 한 1991년의 비교연구 또한 유사한 결과를 보였다(Lapointe et al., 1992). 13세 학생들의 경우 미국 아동의 전반적인 수학 수행은 비교 가능한 표본들이 포함된 15개국 중 13위(스페인과 동점)를 차지했다. 이 15개국 중 한국, 타이완 그리고 스위스 학생들이 각각 1등과 2등 그리고 3등을 차지했다. 일본은 이 평가에 참여하지 않았다. 중국 학생들 또한 평가되었지만 연구자들이 중국의 모든 지역 출신 학생들을 평가할 수 없었기 때문에 1차 비교연구에는 포함되지 않았다. 연구에 참여한 중국 학생들은 한국과 타이완 학생들을 상당히 앞지른 것으로 나타났다. 미국의 9세 아동도 더 나을 것이 없었다. 이들의 평균점수는 10개국 중 9위였다. 이 집단에서는 한국, 헝가리 그리고 타이완 아동의 전반적인 수행이 각각 1등과 2등 그리고 3등을 차지했다. 중국과 스위스 아동은 9세 아동을 대상으로 한 연구에는 참여하지 않았다.

비교적 빈약한 평균점수에도 불구하고 미국 13세 아동 중 상위 득점자(상위 5%)는 대략 한국 및 타이완의 13세 아동 중 상위 득점자만큼의 수행을 보였다. 그러나 이 상위 득점 아동의 수행 비교는 천장효과로 인해 혼란스러워졌다(즉, 시험이 너무 쉬웠고 그래서 한국과 중국 아동의 수학 기술이 저평가되었다. 다른 설명은 Bracey, 1992 참조).

Stevenson과 동료들이 수행한 일련의 중요한 연구 또한 미국 아동의 수학 발달이 초등학교 1학년에서 그리고 때때로 유치원에 다니는 동안에도 일본과 타이완 그리고 중국 아동의 그것보다 뒤처졌음을 보여 주었다(Stevenson, Chen, & Lee, 1993; Stevenson, Lee, Chen, Stigler et al., 1990; Stevenson, Lee, & Stigler, 1986). 이러한 연구 중 첫 번째 연구(1980년에 수행된)에서 일본과 타이완 그리고 미국의 유치원생들, 초등학교 1학년 및 5학년 아동 집단을 대상으로 기본 수학과 읽기 기술 시험이 실시되었다(Stevenson et al., 1986). 참여한 나라 각각의 수학 및 읽기 교육과정을 대표할 만한 자료를 포함시키기 위해 시험은 신중하게 구성되었다.

유치원 집단의 경우, 일본 아동은 수학성취 검사에서 미국과 중국 아동보다 더 나은 수행을 보였다. 중국과 미국 유치원생들의 수행 사이에 전반적인 차이는 없었다(Stevenson et al., 1986). 초등학교 1학년 말이 되면 중국 아동은 일본 아동보다는 약간 더 낫지만 미국 아동보다는 상당히 더 높은(약 0.5 표준편차) 수학성취 점수를 갖게 된다. 5학년이 될 때까지 미국 아동의 수학 수행과 타이완 및 일본 아동의 그것 사이의 차이는 더 벌어진다. 다른 말로 하자면 미국 아동의 상대적 수행이 학년이 올라갈수록 더 악화된다는 것이다. 1학년 때, 15명의 미국 아동이 수학시험에서 상위 100등 안에 들었지만, 5학년 때에는 단 한 명만이 상위 100등 안에 들었다. 5학년이 될 때까지 최고의 미국 학급에서 공부하는 아동의 수학시험 점수 평균은 가장 낮은 수준을 보인 일본 학급의 아동 평균보다도 낮았고 20개의 중국 학급 중 단 한 개 학급의 평균보다 나았을 뿐이었다. 사실, 가장 낮은 수준의 득점을 한 미국 학급의 5학년 학생들은 중국의 가장 뛰어난 1학년 학급의 학생들보다 약간 더 나은 평균 수학시험 점수를 얻었을 뿐이다.

추수연구에서, 방금 기술한 연구에서 평가된 초등학교 1학년 학생들 중 많은 학생들이 5학년 때 그리고 11학년 때 다시 평가되었다(Stevenson et al., 1993). 이 학생들과 추가된 5학년 그리고 11학년 학생들에 대한 평가가 미국에서 수학교육을 개혁하자는 움직임이 있은 후 거의 10년만인 1990년에 수행되었다. 1990년 평가는 1980년대 미국에서 있었던 교육정책의 변화가 미국 아동의 수학 발달에 실질적으로 영향을 미쳤는지 알아볼 수 있는 훌륭한 기회를 제공하였다. 1980년부터 1990년까지 일본과 미국의 5학년 학생들의 상대적 수행은 변하지 않았지만, "중국 아동과 미국 아동의 수행 차이는 1980년보다 1990년에 더 커졌다."(Stevenson et al., 1993: 54) 그 10년 동안 미국 아동의 평균 시험점수는 약간 향상되었지만, 중국 아동의 평균 시험점수는 상당히(약 20%까지) 증가하였다. 일본의 5학년 학생들의 평균점수는 1980년과 1990년에 거의 동일했다.

11학년의 경우, 미국 학생들은 또래의 일본 및 타이완 학생들보다 꽤 낮은 점수를 얻었다. 사실, "1학년에서 11학년 사이에 수학에서의 성취 차이는 증가하였다."(Stevenson et al., 1993, p. 55) 5학년과 11학년 모두에서 가장 뛰어난 미국 학생들(상위 10%)의 수학시험 점수는 또래의 일본 및 중국 학생들의 평균점수 정도였다. 미국과 중국의 1학년과 5학년 아동을 비교한 별개의 연구도 같은 결과를 보였다. 미국 아동은 1학년 아동이 보이는 수학 역량의 거의 모든 차원에서 또래의 중국 아동보다 뒤처졌고, 그 차이는 5학년이 될 때까지 벌어지기만 할 뿐이었다(Stevenson, Lee, Chen, Lummis et al., 1990).

요약하면 방금 기술된 연구와 다른 연구(예를 들어, Geary, Fan, & Bow-Thomas, 1992; Song & Ginsburg, 1987)의 결과는 매우 분명하다. 즉, 산업국가에서 미국 아동이 수학교육을 가장 적절하게 받지 못한 아동이라는 것이다. 국제 규준에 비추어 보면, 미국 아동은 초등학교 1학년 말 이전에는 수학 기술의 발달이 부족했다(Song & Ginsburg, 1987; Stevenson et al., 1986). 미국 아동과 장차 이들이 세계경제에서 경쟁하게 될 아동 사이의 차이는 학년이 올라갈수록 더 벌어지는 것 같다(Husén, 1967; Stevenson et al., 1993). 1980년대 동안 이 문제에 대한 정치적 관심의 증가도 미국 아동과 다른 나라 아동의 수학 발달 차이를 줄이는 데 거의 영향을 미치지 못했다. 현대 미국 아동의 전반적인 수학 기술은 첫 번째 IEA 평가가 있던 시기의 미국 아동의 수학 기술보다 나아진 것이 없고, 어떤 경우에는 오히려 더 나빠졌을 뿐이다. 이러한 역사적 패턴에 대해 미국 아동이 "(2000년까지) 과학 및 수학성취에 있어 세계 1등" (U. S. Department of Education, 1991, p. 3)이 되게 하려는 『America 2000』의 목표는 달성되지 않거나 목표에 근접하지도 못할 것이 거의 확실하다.

국가 간 성취 차이의 잠재적 원인

앞서 언급되었던 것처럼 지능과 언어, 학교교육과 가족 그리고 수학에 대한 문화적 태도가 여기서 방금 기술된 수학성취에 있어서의 국가 간 성취 차이의 잠재적 원인으로 고찰될 것이다.

인종, 지능과 수학성취 간의 관계

첫 부분에서 언급된 것처럼, 항상은 아니라 하더라도 종종 미국 아동의 수행이 아시아 여러 국가 아동의 그것과 비교될 때 수학성취에 있어서의 국가 간 차이는 가장 커진다. 아시아 학생들과 미국 학생들 사이의 성취 차이가 적어도 부분적으로는 지능에서의 인종 차이에서 기인한다는 주장이 제기되었다(예를 들어, Lynn, 1982; Rushton, 1992). 지능에서의 이러한 차이에 대해 제안된 이유는 생애 초기 환경적 자극 수준에서의 차이(Lynn, 1982)부터 유전적 차이(Rushton, 1992)에 이르기까지 다양하게 제시되고 있다. 어떤 것이든 아시아 여러 국가 아동이 또래의 미국 아동보다 더 영리하다면 미국 아동에 비해 아시아 아동은 더 빠른 수학 발달을 보여 줄 것이고, 사실상 다른 인지 영역에서도 더 빠른 발달을 보여 줄 것이다(6장의 '수학영재' 부분 참조). 이러한 주장의 장점이 여기서 검토될 것이다. 여기에는 미국 내에서 발견된, 수학성취에 있어서의 인종적 그리고 민족적 차이에 대한 논의가 포함될 것이다.

많은 미국인이 수학에서의 수행은 대체로 열심히 노력하는 것보다는 지능에 의해서 결정된다고 믿고 있는 것 같다(Stevenson, Lee, Chen, Stigler et al., 1990). 그러므로 당연히 많은 사람은 수학성취에서의 인종적 혹은 국가적 차이는 주로 지능 수준에 있어서의 인종적 혹은 국가적 차이에서 유래한다고 결론지을 수 있다는 말이 된다. 그러나 IQ 점수가 나중의 학교에서 나중에 이루어지는 성취를 예측하게 해 준다는 연구 결과(예를 들어, Stevenson et al., 1976)에도 불구하고, 지능 수준에 있어서의 국가 간 차이를 순전히 성취검사 점수에 근거하여 추론한다는 것은 문제가 있다. 다른 말로 하자면, 비록 지능이 교과 기술이 얼마나 신속하게 학습되는가에 영향을 준다 하더라도, 성취에 있어서의 차이가 지능에 있어서의 차이를 반드시 반영한다고 할 수는 없는 일이다. 그와 같은 추론을 하는 데 있어서의 어려움은 미국 내에서조차 나타나는 추세에 의해 설명된다. 예를 들어, Flynn(1987)은 1960년대부터 1980년대까지 미국 고등학생들의 SAT 점수는 90점가량 하락하였지만 같은 기간 동안 IQ 점수는 오히려 상승했다고 언급하였다.

그럼에도, Lynn(1982)은 일본에서 발견되는 높은 수준의 교과영역 성취는 주로 미국인과 유럽인에 비해 더 높은 일본인의 IQ에서 발생한다고 주장하였다. 한 연구에서 Lynn(1982)은 미국 및 유럽 아동의 IQ 평균이 100인 데 비해 일본 아동은 111이었다고 결론지었다. 이러한 정도의 평균 IQ 차이는 영재아동(즉, IQ≧130) 수에 있어 일본이 미국이나 유럽에 비해 대략 5배 정도 더 많다는 것으로 귀결된다. '인구 전체'로 봤을 때 "일본인들의 77%가 보통의 미국인들 그리고 유럽인들에 비해 IQ가 더 높다."(Lynn, 1982, p. 223). Lynn의 결론은 Wechsler 지능척도(Wechsler, 1974)를 위한 일본 및 미국의 표준화 표본들을 비교한 것을 그 근거로 하고 있다. 기본적으로 일본 표준화 표본의 원점수는 미국 규준을 활용하여 다시 채점되었다. 27개 군 전반에 걸쳐 일본 표본들의 평균은 관련된 미국 표본들의 평균보다 2~15점 정도 더 높았다. 더욱이 집단이 최근 것이면 최근 것일수록 일본과 미국 표본들 사이의 평균 IQ 차이는 더 커졌다.

Stevenson과 Azuma(1983)는 다른 무엇보다도 일본의 Wechsler 지능척도를 위한 표준화 표본에 높은 능력을 지닌 사람들이 실제보다 훨씬 더 많았기 때문에 Lynn(1982)이 일본 아동의 IQ 점수를 과대평가하였다고 주장하였다. 일본의 표본에는 일본 전체에 비해 도시지역 그리고 높은 사회경제적 지위 출신의 아동이 너무 많이 포함되었다. 도시지역 아동이 농촌지역 아동보다 IQ 검사에서 더 높은 점수를 얻기 때문에(예를 들어, Coon, Carey, & Fulker, 1992), 일본의 표준화 표본은 부풀려진 IQ 점수를 얻었다는 것이다. Flynn(1984, 1987) 또한 대상 군들이 연속적인 경우 전체 IQ 점수는 함께 증가하는 경향이 있다는 것을 보여 주었다. 예를 들어, 1940년대 태어난 사람들은 평균적으로 IQ 검사에서 1950년대 태어난 사람들보다는 낮은 득점을 하고, 1950년대 태어난 사람들은 다시 평균적으로 1960년대 태어난 사람들보다 IQ 점수가 낮다. Wechsler 척도를 위한 미국의 표준화 표본이 관련된 일본의 표준화 표본보다 시기적으로 더 이른 군이기 때문에, 대상 군 전반에 걸친 IQ 점수에서의 상승세가 전체적인 지능 수준이 동일할 때조차 미국보다는 일본에서 더 높은 점수를 산출하게 한 것 같다. Lynn(1983)은 이러한 요인을 고려하여 일본 아동의 평균 IQ를 다시 104로 추정하였다. 그렇다 하더라도 일본인과 미국인의 IQ 점수 비교는 이러한 유형의 연구로는 다소 간접적인 것이다.

Stevenson과 동료들은 일본과 중국 그리고 미국의 초등학생들의 인지적 능력을 더 직접적으로 비교하는 방법을 찾았다(Stevenson et al., 1985). 연구에서 도시에 사는 앵글로색슨계 미국 아동집단이 인지 능력 검사에서 보인 수행이 일본, 타이완 그리고 홍콩의 도시 아동 집단의 수행과 비교되었다. 인지검사에는 청각적 기억, 음성언어 기억, 수 기억, 공간 기술, 어휘 그리고 일반 정보 등이 포함되었다. 또한 모든 아동에게는 읽기 및 수학성취 검사가 실시되었다. 아시아 아동이 미국 아동보다 더 영리하다면 미국 아동의 수행은 대부분의 혹은 전체 인지 능력 검사에서 또래의 아시아 아동의 수행보다 더 낮았어야 할 것이다(Spearman, 1927). 전반적인 결과는 그와 같은 패턴을 따르지 않는 것으로 나타났다. 공간적 관계와 같은 어떤 검사에서는 일본 아동이 중국 및 미국 아동보다 더 나은 수행을 보였다. 수 기억과 같은 검사에서는 중국 아동의 수행이 일본 및 미국 아동의 수행을 앞질렀다. 음성언어 기억과 같은 또 다른 검사에서는 미국 아동이 일본 및 중국 아동보다 더 나은 수행을 보였다. 연구 결과의 이러한 패턴에서 Stevenson 등(1985)은 다음과 같은 결론을 내렸다. '이 결과는 중국이나 일본, 혹은 미국 아동의 일반적인 인지적 기능에 차이가 있다는 주장을 뒷받침할 만한 것을 아무것도 제공하지 못했다.'(p. 733)

기본적인 인지 능력에 있어 명백한 차이가 없음에도 불구하고 읽기 및 수학성취에 있어서는 국가 간에 중간 정도의 차이부터 큰 차이까지 발견되었다(Stevenson et al., 1985). 읽기 기술의 몇 가지 지표들 전반에 걸쳐 중국 아동이 또래의 일본 및 미국 아동에 비해 더 나은 수행을 보여 주었다. 대부분의 경우 일본 아동과 미국 아동의 읽기 기술은 비교할 만한 수준이었다. 그러나 미국 아동은 수학성취 검사에서 중국 및 일본 아동의 수행보다 항상 낮았다. 더 최근의 연구에서 Stevenson 등(1993)은 미국 아동은 일반 정보 검사에서 평균적으로 타이완 및 일본 아동보다 약간 더 나았지만, 집단으로서의 미국 아동은 또한 가장 낮은 수학성취 점수를 보여 주었다. 일반 정보 검사에서의 평균을 약간 상회하는 점수에 더하여 빈약한 수학성취 점수의 패턴은 일반 정보 검사에서의 수행이 전체 IQ 점수와 강한 상관관계를 보이기 때문에 중요하다(Sattler, 1988). 이러한 연구는 국가 간 성취 차이가 기본적인 인지 능력(즉, 지능)에 있어서의 차이 없음과 종종 연계되어 있음을 보여 주는 것이다.

이러한 점은 Song과 Ginsburg(1987)의 연구에서 더 많이 설명할 수 있다. 알다시피 이들의 연구에서는 형식적 · 비형식적 수학 기술을 사정하는 검사에 대해 미국과 한국의 4~8세 아동 집단이 비교되었다. 형식적 수학 기술은 학교에서 가르치는 것을 말하고, 반면 비형식적 수학 기술은 형식적 학교교육 이전에 발생하는 것으로 세기와 수 그리고 산술에 대한 기본적인 이해가 포함된다(1장과 2장 참조). 비형식적 수학지식 검사에서의 수행은 특히 흥미로운데, 이는 이러한 측정이 생물학적으로 1차적인 수 관련 기술의 지표를 제공할 가능성이 있기 때문이다(Geary, 출판 중). 아시아 아동이 수학에서 보이는 높은 성취가 높은 수준의 지능 혹은 수학 영역에서의 생물학적 이점 때문이라면, 아시아 아동과 미국 아동의 차이는 비형식적 수학지식 검사에서 발견되어야 한다.

초등학교에 입학하기 전 미국 아동은 비형식적 수학지식 검사에서 또래의 한국 아동보다 더 나은 수행을 보이지만, 초등학교 1학년 말 이전에 이 검사에서 한국 아동의 수행이 또래의 미국 아동의 수행을 앞질렀다(Song & Ginsburg, 1987). 2학년까지 한국 아동과 미국 아동의 차이는 형식적 그리고 비형식적 수학지식 모두에서 더 벌어졌다. 따라서 한국 아동에 비해 미국 아동은 기본적인 수학 개념에서는 더 나은 출발을 보였지만 초등학교 1학년 말이 될 때까지 한국 아동은 대부분의 수학 영역에서 미국 아동보다 더 나은 수행을 보이게 되었다(Song & Ginsburg, 1987). 한국 아동이 6~7세에 지능의 급속한 발달을 경험했을 가능성은 거의 없다. 오히려 7세 아동을 대상으로 한 연구에서 나타난 수학성취에 있어서의 국가 간 차이는 학교교육과 같은 문화적 요인에서 기인했을 것이 거의 확실하다(Song & Ginsburg, 1987). 이를 종합해 보면, 이러한 연구는 아시아 아동이 미국 아동보다 더 영리한 것은 아니라는 점을 시사하고 있다. 비록 IQ 점수가 미래 교과영역에 있어서의 성취를 예측하는 요인이라 하더라도, 지능 수준에 있어서의 국가 간 차이에 대해 추론하기 위해 교과영역에 있어서의 국가 간 성취 차이가 활용되어서는 안 될 것이다.

아시아인과 미국인의 지능, 혹은 수학 학습을 위한 기본적인 능력에 있어서의 차이에 대해 추론하는 데 활용될 수 있는 또 다른 영역은 아시아계 미국 아동의 교과영역 성취다. Tsang(1988)은 수학성취 분야 그리고 다른 영역에서 아시아계 미국인과 다른 민족적 배경을 지닌 미국인을 직접 비교해 본 결과가 단순하지 않았다고 지적하였다. 대부분의 경우 미국으로의 이민은 선택적인 경향이 있다. 1968년 이래로 높은 수준의 기술을 지니고 교육을 받은 사람들이 유리했다. 이 사람들은 미국에 이주하지 않은 사람들에 비해 더 높은 수준의 능력을 지니고 있을 가능성이 있었고, 이민자들은 아마도 자신의 자녀들에게 평균 이상의 교육적 기대를 가지고 있었을 것이다. 다른 한편으로, 20세기 초 숙련가 수준의 직업을 얻을 수 있는 가능성에 있어서의 인종차별 때문에 낮은 능력의 아시아인들은 높은 능력의 아시아인들보다 미국으로 이주할 가능성이 더 높았다(Tsang, 1988). 이러한 사회적 정책과 역사적 경향은 미국 내의 민족 집단을 직접 비교하는 것을 더 복잡하게 만들었는데, 이는 이러한 경향이 IQ 검사에서의 수행은 물론 교과영역의 수행에도 거의 확실히 영향을 줄 것이기 때문이다.

그럼에도, 아시아계 미국인들과 미국에 살고 있는 다른 민족 그리고 인종 집단의 수학성취를 개괄하는 일은 완성도를 위해 중요하다. Tsang(1984, 1988)은 미국의 아시아계 초등학생들과 고등학생들의 수학성취를 또래의 앵글로색슨계 미국인들과 비교한 연구를 검토하였다. 앞서 언급된 것처럼 이민 정책이 바뀌기 전에 아시아계 미국 아동(주로 중국과 일본 출신)의 수학성취 점수는 앵글로색슨계 미국 아동보다 약간 낮았다(Mayeske, Okada, Beaton, Cohen, & Wisler, 1973; Tsang, 1984 재인용). 하지만 더 최근에는 아시아계 미국 아동의 평균 수학성취 점수는 미국 내에 살고 있는 다른 민족 집단보다 더 높았다(Mullis et al., 1991). 일례로, 1982년과 1983년에 앵글로색슨계 미국 학생들의 SAT−M 평균 수행은 484점이었고, 이에 비해 아시아계 미국 학생들의 평균점수는 514점이었다. 이와 유사하게 아시아계 미국 학생들은 Graduate Record Examination(GRE)의 수량 영역에서는 다른 민족 집단 출신의 학생들과 비교했을 때 가장 높은 평균점수를 기록했지만 GRE의 분석 척도에서는 앵글로색슨계 미국 학생들보다 낮은 평균점수를 얻었다.

다른 일련의 비교에서 수학성취 검사에서 가장 높은 점수를 기록한 고등학교 3학년 학생들은 미국에서 6~10년 정도 산 아시아계 학생들인 것으로 나타났다(Tsang, 1988). 다른 말로 하자면, 미국 이외의 나라에서 초등교육의 대부분 혹은 전부를 받았던 아시아계 학생들이 고등학교를 마칠 무렵 가장 높은 수학성취 점수를 보였다는 것이다(Tsang, 1988). 이 학생들은 자신의 전 생애를 미국에서 보냈으며 또래의 앵글로색슨계 미국 학생들보다 약간 더 나은 수행(약 0.1 표준편차)을 보인 아시아계 미국 학생들보다도 더 나은 수행(약 0.2 표준편차)을 보였다. 앞서 기술된 비교문화 연구(Song & Ginsburg, 1987; Stevenson et al., 1993)의 결과와 미국의 이민 정책이 변하기 전후의 성취 패턴에 근거하여, 이러한 차이가 지능에서의 차이 때문에 발생한 것 같지는 않다. 미국 내에서 발견된 IQ나 수학성취에 있어서의 어떤 차이는 지능에 있어서의 더 일반적인 인종적 차이 때문이 아니라, 부분적으로는 높은 능력을 지닌 아시아계 부모가 능력이 낮은 부모보다 더 많은 비율로 미국에 이민을 왔기 때문일 수 있다(Tsang, 1988).

대부분의 경우 아시아계 미국 학생들의 견고한 수학성취는 다른 미국 아동에 비해 교과활동에 훨씬 더 많이 투자한 결과로 보인다(Chen & Stevenson, 1993). 미국에 사는 보통의 아시아계 미국 학생은 숙제 및 과외 교과활동을 하는 시간이 다른 미국 아동이나 청소년에 비해 훨씬 더 많다(Caplan, Choy, & Whitmore, 1992; Tsang, 1984). 교과영역 성취에 대해 더 전통적인 가치관을 지닌 아시아 학생들에 비해, 아시아계 미국 학생들은 미국 문화에 동화가 되면 될수록 학교 성적과 수학 및 다른 영역의 성취검사 점수는 더 떨어진다(Caplan et al., 1992). 아시아 문화에서는 전통적으로 교과영역에서의 성취에 대해 타고난 능력보다는 오히려 공부와 노력을 강조한다('문화' 부분 참조; Stevenson, Lee, Chen, Stigler et al., 1990).

아마도 미국 내에서 발견되는 다른 민족적 혹은 인종적 차이에 대해서도 같은 일반적 결론이 도출될 수 있을 것이다. 아프리카계 미국 아동과 중남미계 미국 아동의 평균 수학성취 검사 점수는 종종 앵글로색슨계 미국 아동의 점수보다 더 낮게 나타난다(예를 들어, MacCorquodale, 1988; Mullis et al., 1991; Schratz, 1978). 그러나 이러한 차이가 기본 수학 능력에서의 근본적인 차이로부터 나타나는 것 같지는 않다. 예를 들어, Ginsburg와 동료들은 형식적인 학교교육을 통해 미국과 아프리카 초등학생들의 기본 수학 기술은 발달 패턴과 평균 수행 수준에 비견될 만한 수준이 된다(예를 들어, Ginsburg et al., 1981b). 더욱이 아프리카계 미국 아동과 앵글로색슨계 미국 아동은 비형식적 수학 기술에서 차이가 나는 것 같지는 않지만 형식적 수학 기술에서는 차이가 난다(Ginsburg & Russell, 1981; Jordan et al., 1992).

스페인 아동은 미국에 살면서 스페인어를 쓰는 또래들보다 수학에서 더 나은 수행을 보이고 일반 미국 아동만큼의 수행하는 것으로 보인다(Lapointe et al., 1992). 페루의 사회경제적 지위가 낮은 아동도 인지 능력 검사에서는 앵글로색슨계 아동 및 아시아 아동만큼의 수행을 보였지만 읽기와 수학 성취검사 점수는 훨씬 낮았다(Stevenson, Chen, Lee, & Fuligni, 1991). 평균 수학 수행에서의 아시아계 미국 아동과 앵글로색슨계 미국 아동 사이의 차이에 대해 앵글로색슨계 미국 아동과 미국에 사는 다른 민족 집단 아동의 차이는 고등학교에서 선택하는 수학교과의 수, 숙제를 하는 데 보내는 시간 등등에서의 차이를 반영하고 있다(MacCorquodale, 1988).

요약

지능에 인종 간 차이가 존재한다면 그 차이는 적을 것이고 아시아계 아동과 앵글로색슨계 아동의 수학성취 차이의 주요 원천은 아닐 것이다. 비록 IQ 검사가 지능에 있어서의 개인차에 대한 훌륭한 측정치를 제공하기는 하지만 다른 나라 및 인종 집단을 그 원점수로 비교하는 것은 매우 문제가 있으며 어쩌면 피해야 할 것이다(Ceci, 1991; Flynn, 1987). 이는 IQ 검사에서의 수행이 그리고 그보다 정도는 덜하지만 지능 그 자체도 학교교육의 양과 같은 다양한 문화적 · 환경적 요인의 영향을 받기 때문이다(Ceci, 1991; Coon et al., 1992).

더욱이 Stevenson과 동료들의 연구(예를 들어, Stevenson et al., 1985) 결과는 아시아 아동과 미국 아동의 수학성취 사이에 일관된 차이가 발견됨에도 불구하고, 이들의 평균 IQ 차이는 없다고 주장하고 있다. Song과 Ginsburg의 연구(1987)는 미국 아동이 비형식적 수학에서 또래의 한국 아동보다 유리한 입장에서 학교교육을 받기 시작하지만 초등학교 2학년이 되면 한국 아동이 형식적 수학은 물론 비형식적 수학에서도 더 나은 수행을 보이게 된다고 주장하였다. 이 나이에 한국 아동이 미국 아동에 대해 갖는 이점은 지능이 아닌 학교교육 때문임이 거의 확실하다. 다음에서 더 자세하게 언급되는 것처럼, 아시아 아동은 미국 아동보다 더 많은 수학 학습 기회를 갖게 되고, 이는 다시 미국에 사는 여러 민족 집단 사이의 차이의 원천이 됨은 물론, 아시아 아동과 미국 아동 사이의 수학성취 차이의 원천일 가능성이 매우 높다.

이는 미국 내에서 종종 발견되는, 수학성취에 있어서의 민족 그리고 인종 간 차이가 사실이 아니라거나 중요하지 않다는 말은 아니다. 그러한 차이는 중요하다. 앞서 언급된 것처럼 기본 수학 기술은 미래에 생길, 일터에서의 고용 가능성 및 생산성에 영향을 미칠 것이다(Boissiere et al., 1985; Rivera-Batiz, 1992). 그럼에도, 그와 같은 어떤 성취 차이가 수학 학습 능력에 있어서의 더 근본적인 차이 때문이라는 점을 반드시 지지할 필요는 없다.

언어

1장과 2장에서는 아시아 언어와 유럽 언어의 수 이름 구조 그리고 아동의 수, 세기 그리고 산술 발달 사이의 관계가 논의되었다(예를 들어, Fuson & Kwon, 1991). 여기에서는 이와 관련된 연구가 간단하게 검토되고 수학성취에 있어서의 국가 간 차이에 비추어 고찰될 것이다. 대다수 아시아 언어의 수 이름들이 십진법을 중심으로 구성된 것에 비해, 대다수의 유럽에서 파생된 언어의 수 이름들은 적어도 백 단위가 될 때까지는 더 임의적이라는 것을 상기하라. 일례로 중국에서 34의 수 이름은 삼, 십, 사다. 중국어에서는 34가 10단위 3과 1단위 4로 구성되어 있다는 것이 매우 분명하지만, 이러한 구조가 영어 및 대다수의 유럽을 기반으로 하는 다른 언어에서는 전혀 분명하게 드러나지 않는다. 일련의 연구는 아시아 언어들의 수 이름 구조가 아시아 아동의 세기, 수 그리고 산술에 대한 이해를 촉진시킨다는 것을 보여 주었다(Fuson & Kwon, 1992b; K. F. Miller & Stigler, 1987; Miura, 1987; Miura et al., 1993; Paredes & Miller, 1993).

더 정확하게 말해서, 아시아 언어의 수 이름과 유럽에서 파생된 언어의 수 이름의 구조 차이 때문에 아시아 아동은 또래의 미국 및 유럽 아동보다 세기 오류를 덜 범하고, 더 이른 나이에 세기 및 수 개념을 이해하며, 산술에서 문제해결 오류를 덜 저지르고 그리고 자릿값 및 받아올림(내림)과 같은 기본적인 산술 개념을 훨씬 더 어린 나이에 이해하게 된다(Fuson & Kwon, 1992b; K. F. Miller & Stigler, 1987; Miura, 1987; Miura et al., 1993; Paredes & Miller, 1993). 수 이름 구조에 있어서의 이러한 차이는 아시아 아동에게 미국 및 대다수의 유럽 아동에 비해 기본 수학에 있어 우위를 점할 수 있게 해 줄 가능성이 매우 높다. 특히 언어구조는 아시아 아동의 기본 수학 기술이 형식적인 학교교육(교수의 초점이 기본 수 및 산술능력에 맞춰져 있는)을 받게 되는 첫 몇 년 동안 매우 빠른 속도로 발달할 수 있게 해 주는 중요한 기여요인일 것이다(Fuson & Kwon, 1992b; Geary, Bow-Thomas et al., 1993; Song & Ginsburg, 1987; Stevenson et al., 1986).

아시아 아동은 또한 그래프와 표 해석하기 등과 같은 수 이름의 구조에 영향을 받지 않는 것처럼 보이는 수학 영역에서도 빠르면 초등학교 1학년부터 미국 아동보다 더 나은 수행을 보인다. 이러한 결과는 수 이름의 구조가 수학 성취 및 발달에 있어서의 국가 간 차이에 영향을 미치는 많은 요인 중 하나일 뿐이라는 것을 의미한다(Stevenson, Lee, Chen, Stigler et al., 1990). 더욱이 언어는 일본 청소년과 미국 청소년을 비교하는 수학성취에 있어서의 큰 차이의 중요한 요인이 아닌 것 같다. 이는 청소년에게 실행된 검사들이 수 이름의 영향을 강력하게 받아서는 안 되는 기술(예를 들어, 미적분학 등)을 평가하고 있기 때문이다. 마지막으로, 언어는 9세까지 많은 유럽 출신 아동이 수학에서 또래의 미국 아동보다 더 나은 수행을 보인다는 연구 결과를 설명하는 데 사용될 수 없다(Husén, 1967; Lapointe et al., 1992).

학교교육

이 부분에서는 학교에서 아동이 하는 경험에 도움이 되는 혹은 영향을 미치는 요인을 고려할 것이다. 이는 그 요인이 수학성취에 있어서의 국가 간 차이에 관련되어 있을 것으로 보이기 때문이다. 이러한 요인에는 수학을 배울 기회, 숙제, 교육과정, 교실에서의 경험 그리고 교육을 위한 재정적 지원 등이 포함될 것이고 각각의 요인이 차례로 고찰될 것이다.

수학을 배울 기회

첫 번째 IEA 연구의 한 가지 중요한 결과는 수학을 배울 기회에 있어서의 국가 간 차이로, 이는 학급에서의 수학 교수에 대한 상대적 강조로 정의되고, 수학성취에 있어서의 국가 간 차이에 중간 수준에서 높은 수준까지 관련되어 있었다(Husén, 1967). "그러므로 (수학성취에 있어서의) 국가 간 차이는 부분적으로 교육과정에 있어서의 강조의 차이로 설명될 수 있다."(Husén, 1967, Vol. 2, p. 300) 기하의 한 가지 측면만 제외하고, 서로 다른 수학 영역에서의 성취는 수학 교육과정을 강조하는 상대적 정도와 정비례하여 변한다는 점도 발견되었다. 예를 들어, 기본 대수에서 최고의 점수를 올린 학생들은 수학 교육과정에서 기본 대수가 강조되는 국가 출신인 것이다. Walker와 Schaffarzick(1974) 또한 교과영역 성취에 미치는 가장 중요한 영향은 가르치는 것의 내용이라고 결론지었다. Bahrick과 Hall(1991)은 대수 관련 기술의 장기적(50년 이상) 유지는 그 제재가 고등학교와 대학에서 시연되고 연습되는 정도와 강한 관계를 갖고 있다는 것을 보여 주었다(K. R. Johnson & Layng, 1992 참조). 교수 유형과 같은 다른 요인도 학습과 성취에 영향을 주는 것으로 보이며, '이는 교실에서의 경험' 부분에서 논의될 것이다.

여기서 다뤄져야 할 가장 중요한 문제는 수학 교수의 양이 미국 아동과 또래의 타 국가 아동 사이에 실질적인 차이를 보이고 있는가의 여부다. 이러한 비교를 넓게 보기 위해 서로 다른 나라의 아동이 학교에서 보내는 전체적인 시간의 양 또한 고려할 필요가 있다. 수학성취 및 이와 관련된 학교에서의 실제에 대해 가장 최근에 실시한 국제 비교연구는 173일(아일랜드)부터 251일(중국)까지 매우 다양한 연간 평균 수업일수를 보여 주고 있다(Lapointe et al., 1992). 가장 최근의 이러한 평가에 대해 미국 아동은 평균 1년에 178일 출석을 하는 반면, 득점 순위 상위 4개국 아동(13세 아동)의 연간 출석일은 207일(스위스)부터 251일(중국) 사이였다. 그러나 이게 전부는 아니다. 왜냐하면, 아동의 일간 수업시간의 양이 매우 다양하기 때문이다. 연구에 포함된 국가 중 미국의 13세 아동의 하루 수업시간이 가장 길었다. 한 학년 전반에 걸쳐 가능한 교수시간의 총량을 고려해 보면, 미국 아동의 가능 교수시간은 대략 한국 아동과 스위스 아동만큼이었고, 타이완과 중국 아동보다는 175시간에서 275시간 정도 적었다.

하지만 더 중요한 것은 수학에 배정된 평균 교수시간의 양보다는 오히려 보통의 아동이 수학을 하는 데 소요하는 시간의 양인 것이다. 단순한 수업시간이 아닌 각각의 과제를 하는 데 소요하는 시간은 실제 성취에 영향을 미친다(예를 들어, Peterson & Fennema, 1985). 다행히도 Stevenson과 동료들은 일본과 타이완 그리고 미국에서 학급 실제에 대한 광범위한 관찰연구를 실시하였다(Stevenson, Lee, Chen, Stigler et al., 1990; Stevenson et al., 1986). 이들은 이러한 관찰로부터 일본과 중국 그리고 미국 아동이 교과(수학 및 읽기)와 비교과(예를 들어, 사회화 등) 활동에 참여하여 보내는 시간은 물론, 교사들이 수학을 가르치는 데 소요하는 시간의 양을 추정할 수 있었다.

Stevenson 등(1986)은 가능한 교수시간 동안 미국의 초등학교 1학년 학생들이 그 시간의 약 70% 정도를 교과활동에 참여하는 데 비해 또래의 중국 및 일본 학생들은 각각 85%와 79% 정도를 교과활동에 사용하고 있음을 발견하였다. 5학년이 되면 미국 아동은 그들에게 주어진 시간의 약 65% 정도를 교과활동에 소요하는 데 비해 중국 및 일본의 5학년 학생들은 약 92%와 87% 정도를 교과활동에 쓰고 있었다. 초등학교 1학년의 경우 미국 교사들은 타이완과 일본 교사들에 비해 수학 교수에 주당 평균 0.5시간에서 2시간 정도를 덜 쓴다(Stevenson, Lee, Chen, Stigler et al., 1990). 5학년이 되면 보통의 미국 교사들은 일본 교사들에 비해 수학 교수에 주당 평균 약 4.5시간을 그리고 중국 교사들에 비해서는 주당 평균 약 8시간을 덜 쓴다. 학년도 전반에 걸쳐 최종적인 결과는, 예를 들어 타이완의 초등학교 1학년 학생들은 또래의 미국 학생들에 비해 약 63시간 더 많은(97시간 대 160시간) 수학 교수를 받게 된다는 것이다. 5학년이 되면 보통의 타이완 학생들은 보통의 미국 5학년 학생들보다 수학 교수를 346시간 더 받게 될 것이다(122시간 대 468시간). 이 결과의 전반적인 패턴은 미국 아동이 가장 높은 수준의 수학성취 점수를 보이는 나라의 아동보다 훨씬 더 적은 수학 교수를 받고 있음을 보여 주고 있다.

숙 제

여러 국가 내에서, 첫 IEA 평가는 수학 숙제의 양과 수학성취 점수 사이에는 정적이기는 하지만 약한 관계가 있을 뿐임을 발견하였다(Husén, 1967). 하지만 국가 전반에 걸쳐 숙제의 양과 수학성취 사이에 중간 수준의 관계가 존재한다. 수학 숙제의 수준이 높은 나라들의 청소년은 숙제의 수준이 낮은 나라들의 청소년보다 더 높은 평균 수학성취 검사 점수를 얻는 경향이 있다. 가장 최근의 국제 연구 또한 15개국 중 10개국에서 수학 숙제에 소요된 시간의 양과 수학성취 점수 사이에 정적 관계가 있음을 발견하였다. 하지만 이 영역에서 국가 간 비교는 하지 않았다(Lapointe et al., 1992). 더욱이 연구에 참여한 나라 중 대다수에서 과외 수학 활동(예를 들어, 집에서 연습함 등)에 소요된 시간과 수학성취 사이에도 정적 관계가 발견되었다(Lapointe et al., 1992). 이를 종합해 보면, 숙제와 같은 교실 바깥에서의 수학 활동들은 아동의 수학 발달에 기여하는 것으로 보인다.

Stevenson과 동료들은 미국과 타이완 그리고 일본 아동이 매주 하게 되는 숙제의 양에 상당한 차이가 있음을 보고하였다(Stevenson, Lee, Chen, Stigler et al., 1990). 모든 분야에 걸쳐 미국의 1학년 학생들의 경우 숙제를 매주 한 시간 조금 넘게 할 때, 또래의 타이완과 일본 학생들의 경우 매주 약 8시간과 4시간 동안 하였다. 5학년이 되면 타이완과 일본 아동이 매주 13시간과 6시간 정도를 숙제하는 데 투자한 반면, 미국 아동은 4시간 정도 투자하였다. 미국의 기준으로 봤을 때 상당한 양의 시간을 숙제에 투자한 것임에도 불구하고, 훨씬 많은 시간을 투자한 중국 및 일본 아동의 숙제에 대한 태도는 일반적으로 긍정적이다. 이에 반해 숙제에 대한 미국 아동의 태도는 일반적으로 부정적이다. 이를 종합해 보면, 위에 기술된 숙제와 수학성취 사이의 관계 그리고 수학 내용의 장기 유지와 초기 학습 정도 사이의 관계(Bahrick & Hall, 1991)를 고려해 봤을 때 숙제의 양에 대한 이러한 국가 간 차이는 수학성취에 있어서의 국가 간 차이에 영향을 줄 가능성이 매우 높은 것으로 보인다.

교육과정

여기에서는 미국 아동의 수학 교육과정이 다른 나라 아동의 교육과정과 비교될 것이다. 초점은 교과서에 제시된 정보에 맞춰지는데, 이는 그 정보가 일반적인 교육과정의 차이를 반영하고 있는 것으로 보이기 때문이다(Travers & Westbury, 1989). 국제 규준과 비교하여 미국의 수학 교육과정은 발달이 지체되어 있다(Fuson et al., 1988; Stevenson & Bartsch, 1992; Stigler et al., 1986; Stigler, Lee, Lucker, & Stevenson, 1982). 일본과 미국 초등 및 중등학교 교과서들의 포괄적인 분석에서 Stevenson과 Bartsch는 대부분의 경우 두 나라의 교과서에서 같은 개념을 제시하고 있음을 발견하였다. 그러나 많은 영역에서 미국 교과서에 비해 일본 교과서는 내용이 개념적으로 더 어렵고 더 일찍 제시된다. 더욱이 미국 교과서는 다루기 어렵고 어쩌면 불필요한 내용을 너무 많이 담고 있을지도 모른다. 일본 교과서에는 기본 개념과 내용이 제시되고, 교사가 수업에서 그 내용을 상세하게 설명하거나 아동이 스스로 문제해결 방법을 찾아낼 것으로 기대된다. 이에 비해 미국 교과서에는 부수적인 그림과 함께 단계적인 절차가 아동에게 제시된다.

이러한 차이점은 일본과 미국 교과서에만 국한되지 않는다(Travers & Westbury, 1989). Fuson 등(1988)은 미국에서 5학년과 6학년에 도입되는 많은 산술 주제가 일본과 중국 그리고 구 소련과 타이완에서는 3학년 혹은 그 이전에 도입된다는 것을 발견하였다. Stigler 등(1986)은 구 소련의 교과서와 비교해 볼 때 미국의 교과서는 산술 문장제 문제를 매우 보잘것없이 제시하고 있음을 보여 주었다. 미국의 교과서에는 문장제 문제(〈표 3-1〉에 제시된 것과 같은)는 되는 대로, 불완전하게, 가장 쉬운 유형의 문제만이 어느 정도의 빈도로 제시되고 있다. 이에 비해 구 소련의 교과서는 문장제 문제를 더 포괄적이고 체계적인 방식으로 제시하고 있으며 더 복잡한 문제를 포함하고 있다. 동일한 문제는 구 소련과 미국 교과서에서 미국 교과서보다 구 소련 교과서에서 더 이른 학년에 제시되고 있다. 결론적으로 미국의 수학 교육과정은 빈약하게 구안되고 너무 쉬우며, 그 결과 미국 아동의 수학 발달지체에 원인이 됨은 거의 확실하다.

교실에서의 경험

이 주제의 첫 부분에서는, 아동이 교실에서 하는 경험의 좀 더 질적인 측면뿐 아니라 미국 교실의 조직 그리고 구조 특성이 다른 나라 아동의 그것과 비교될 것이다. 이 주제는 미국과 아시아 아동이 자신이 교실에서 하는 경험에 대해 내리는 주관적 평가를 논의하는 것으로 결론지을 것이다.

국제 규준에 의하면 미국 학교 및 교실의 물리적 기반시설은 평균적으로 세계에서 가장 좋은 것으로 나타났다(Lapointe et al., 1992). 세계 많은 지역의 보통 교실에는 미국의 교실과 마찬가지로 20~30명 정도의 학생들이 공부하고 있다. 가장 눈에 띄는 예외는 아시아 여러 나라의 교실로 학급당 학생 수가 종종 40~50명 정도가 된다. 학생 수 및 교실의 물리적 질보다 더 중요한 것은 학생들이 하는 활동들의 조직이다.

Stigler, Perry 그리고 동료들은 미국과 일본 그리고 중국 아동의 교실에서의 경험에 대한 일련의 중요한 연구를 수행하였다. 이 일련의 연구는 교실에서의 경험이 미국 아동과 아시아 아동의 수학성취 차이에 영향을 주는지 아닌지 결정하기 위해 실행되었다(Perry, Vanderstoep, & Yu, 1993; Stigler, Lee, & Stevenson, 1987; Stigler & Perry, 1988). 이러한 연구 중 첫 번째 연구에서 Stigler 등은 일본과 타이완 그리고 미국의 초등학교 1학년 및 5학년 교실에서 수학 교수 시간을, 엄격한 시간표집법을 활용하여 광범위하게 관찰하였다. 미국과 아시아 교실의 조직이 상당히 다른 것이 가장 먼저 주의를 끌었다. 미국 교실에서 아동은 보통 소집단으로 배열된 책상에 앉아 있는 것에 반해, 일본과 중국 교실에서 아동은 교사가 수업을 진행하는 교실의 정면을 바라보며 여러 줄로 나란히 배열된 책상에 앉아 있었다. 앞서 언급된 것처럼 미국 교실에서의 아동은 일본 및 중국 교실에서의 아동보다 과제에서 벗어난 행동을 더 자주 하고 있었다. 예를 들어, 수학 수업시간 동안 미국 아동은 수업시간 중 평균 20% 이상을 자신의 자리에서 벗어나 있었고, 이에 비해 일본과 중국 교실에서는 이러한 경우가 수학 수업 시간의 4% 이하였다(Stigler et al., 1987).

미국 교실에서 교사들은 일본과 중국 교실에서 보다 더 많은 시간을 학생들 개개인 혹은 소집단과 함께 보내고 있었다(Stigler et al., 1987). 일본과 중국 교사들은 수학 수업시간의 대부분을 강의하거나 수학 내용에 대한 토론으로 보내고 있었다. 그 결과, 보통의 미국 아동은 수학 수업시간의 50% 이상을 앉아서 하는 과제나 교사의 지시를 받지 않는 기타 활동들을 하는 데 보내고 있다. 이에 비해 타이완과 일본 아동은 각각 수학 수업시간의 90%와 74%를 교사의 지시를 받는 활동들에 참여하고 있다. Stigler 등(1987)은 또한 각 나라 내에서 교실의 특징과 학생들의 성취 사이의 관계를 조사하였다. 아동이 교사의 지시를 받는 활동에 참여하는 시간의 양과 같은, 미국 교실의 조직과 일본 및 타이완의 교실을 구분하는 동일한 특징 중 몇 가지는 미국 내에서 효과적인 교실과 비효과적인 교실을 구분하는 동일한 특징들이었다. "대충 조직된 교실, 부적절한 활동이 매우 빈번하게 일어나는 교실 그리고 중요한 내용에 소요되는 시간이 더 적은 교실 등은 아동이 더 낮은 수준의 성취를 하게 하는 경향이 있는 교실이다."(Stigler et al., 1987, p. 1283)

교사와 학생 간 상호작용의 속성에 대한 더 질적인 사정 또한 수학수업 동안 미국 학생들과 아시아 학생들이 교실에서 하는 경험에 있어 잠재적으로 중요한 차이를 드러내었다(Perry et al., 1993; Stevenson, 1992b; Stigler & Perry, 1988). Perry 등은 각국의 교사들이 학생들에게 묻는 질문의 유형 내에 체계적인 차이가 존재하는지 결정하기 위해, 일본과 타이완 그리고 미국의 초등학교 1학년 교실을 비교하였다. 이러한 분석은 교사들이 학생들에게 개념적으로 어려운 질문을 함으로써 학생들의 성취가 향상될 수 있다(Redfield & Rousseau, 1981)는 것이 알려졌기 때문에 수행된 것이다. 여러 나라에 걸쳐, 교사들은 **계산과 관련된/기계적 회상**('……은[는] 얼마지?'), **규칙 회상**('……을[를] 위한 절차는 무엇이지?'), **특정 맥락에서의 계산**(문장제 문제), **보충 문제**, **문제해결 전략** 그리고 **개념에 대한 질문** 등 여섯 가지 유형의 질문을 하고 있었다.

이 세 나라 모두에서 최소한 50%의 수업에 계산과 관련된 그리고 기계적인 회상 질문들이 포함되어 있었다(Perry et al., 1993). 교사들이 학생들에게 보충 문제를 묻거나 규칙을 회상하게 하는 빈도에 국가 간 차이는 없었다. 하지만 일본과 타이완 교사들은 학생들에게 특정 맥락에서의 계산 질문을 미국 교사들보다 거의 두 배 이상 많이 사용하였다. 아시아 교사들은 가게에서 공책 사기 등과 같은 아동에게 익숙한 맥락들을 거의 항상 활용하고 있었다. 미국 교사들은 일관성이 훨씬 떨어졌다. 종종 문제의 맥락은 익숙하지 않거나 무의미했다. 일례로 한 미국 교사는 학생들에게 다음과 같은 질문을 했다. "그녀는 8센트를 가지고 가게에 갔고 4센트를 더 얻었다. 그녀가 가지고 있는 돈은 모두 얼마인가?"(Perry et al., 1993: 36) 이 문장제 문제의 주인공인 '그녀'는 가게에 가는 도중에 직업을 구한 것이 분명하다. 이 문장제 문제에서 보이는 것과 같은 논리적 모순은 아동으로 하여금 문제해결 방법을 생각하게 하기보다는, 오히려 어떻게 '그녀가 4센트를 더 얻었는지'에 대해 생각하게 만든다.

일본 및 중국 교사들은 또한 문제해결 전략에 대한 질문(예를 들어, '이 문제를 해결하는 최선의 방법은 무엇인가?')을 미국 교사들보다 두 배 이상 더 했다. 마찬가지로 미국 교사들은 학생들에게 내용에 대한 그들의 개념적 이해를 자극할 질문들을 거의 하지 않는 데 반해 중국의 경우 수업의 20%에서, 일본은 37%에서 이러한 유형의 질문이 학생들에게 주어졌다(Perry et al., 1993). 또한 Stigler와 Perry(1988)는 일본과 중국 교사들은 종종 수업의 전 시간을 토론하고 몇 개의 문제를 푸는 데 사용한 데 반해, 미국 교실에서의 수업은 종종 주어진 수업에서 몇 문제를 풀 수 있는가에 초점이 맞춰지곤 했다는 점에 주목하였다. 다른 말로 하자면, 특히 일본에서 수학 수업에는 한두 문제의 절차적 그리고 개념적 특징을 토론하고 보여 주는 것이 포함되어 있다는 것이다. 그러면 아동은 숙제를 할 때 관련된 문제들을 푸는 연습을 한다.

간단히 말해, 일본과 중국 교실은 많은 측면에서 다르다는 점에 주목하라. 일본 교사들은 수학에 대해 더 '반성적인' 접근방식을 취한다. 예를 들어, 학생들이 문제를 개념적으로 확실히 이해하도록 오류는 수업시간 동안 폭넓게 논의된다. 중국 교사들은 문제해결의 속도 및 정확성에 초점을 맞추는 등 더 수행 지향적인 입장을 취한다(Stigler & Perry, 1988). 상대적 강조점이야 어떻든 중국과 일본 아동의 성취 수준은 서로 비슷하지만 미국 아동의 성취 수준을 훨씬 뛰어넘는다(Stevenson et al., 1993).

최근의 연구는 높은 기대에도 불구하고 중국과 일본 아동은 평균적으로 그들의 학교 경험이 그리 스트레스를 주지 않는 것으로 생각한다고 주장하였다. "중국과 일본 학생들의 교과영역에서의 성공을 비판하는 사람들은 종종 그 학생들이 보이는 높은 수준의 수행이 커다란 심리적 대가를 뜻한다고 주장하고 있다."(Stevenson et al., 1993, p. 57) 이러한 믿음을 검증하기 위해 Stevenson 등은 일본과 타이완 그리고 미국의 11학년 학생들에게 그들이 얼마나 자주 스트레스와 우울, 공격성 등의 감정과 수면 문제 등등을 경험하는지 표시하도록 요청하였다. 미국 학생들이 이 스트레스와 관련된 증상들을 가장 자주 느낀다고 보고하였고, 일본 학생들이 가장 덜 느낀다고 보고하였다. 이러한 연구는 아시아 문화에서 학문적 수월성(excellence)에 초점을 맞추는 것은 '커다란 심리적 대가'를 치르는 것이 아닐 수 있다고 암시하고 있다. 일본 및 중국의 초등학생들에게도 유사한 결론이 확인되는 것 같다(Stigler & Perry, 1988).

마지막으로 수학에 대한 일본과 중국 그리고 미국 학생들의 태도가 서로 엇비슷하고 일반적으로 양호함을 주목하라(Husén, 1967; Stevenson, Lee, Chen, Stigler et al., 1990). 사실, 미국 아동은 또래의 일본과 중국 아동보다 자신의 수학 능력에 더 자신감을 느끼는 경향이 있다(Stevenson, Lee, Chen, Stigler et al., 1990). 이러한 더 큰 자신감은 부분적으로는 낮은 수준의 수행에 대해 일본과 타이완에서 교사들이 학생들에게 하는 것보다 더 많은 칭찬을 해 주는 미국 교사들로부터 나온다고 할 수 있다(Perry et al., 1993). 미국의 수학 교육과정이 아시아와 다른 국가의 동일 학년 교육과정보다 더 쉽다는 사실은 아마도 이러한 현상의 원인이 될 것이다. 이를 종합해 보면, 미국 아동에 비해 아시아 아동은 수학 수업시간 중 훨씬 더 많은 부분을 교사들이 지도하는 활동에 할애하고, 훨씬 더 자주 과제에 몰두하며, 교사들에게서 훨씬 더 어려운 질문을 받는다. 아시아 및 미국 아동이 교실에서 하는 경험에 있어서의 이러한 차이는 수학의 국가 간 성취 차이에 원인이 되는 요인일 가능성이 매우 높다.

교육을 위한 재정적 지원

첫 번째 IEA 평가에서 교육에 드는 비용과 수학성취 사이에 부적 관계가 있음이 발견되었다(Husén, 1967). 교육에 드는 비용이 많으면 많을수록 전반적인 성취점수는 더 낮아졌다. 이러한 관계는 주로 비록 미국이 학생 1인당 교육비를 다른 나라보다 더 많이 지출하고 있지만(연간 545달러), 수학에 있어 미국 아동의 수행은 매우 빈약하다는 사실에서 기인한다. 이에 비해 일본은 학생 1인당 교육비를 다른 어떤 나라보다도 덜 쓰고 있지만(연간 81달러), 일본 청소년은 매우 높은 수준의 수학성취 점수를 보여 주고 있다. 1964년에 미국은 국민총생산(GNP)의 4.5%를 교육에 썼다(Husén, 1967). 1991년까지 미국은 GNP의 7.5%를 교육에 썼다(Lapointe et al., 1992). 하지만 SAT 점수는 1964년보다 1991년에 더 낮았고 미국 아동의 전반적인 수학 기술은 설사 악화되지는 않았다 하더라도, 1960년대나 1990년대나 별 변화가 없었다. 물론 지출이 교육성취에 미치는 영향은 이웃 및 가족 등과 같은 많은 요인에 의해 조절된다(Bronfenbrenner, 1986). 그럼에도, 교육에 초점이 맞춰지지 않은 지출의 증가는 미국 아동의 수학 기술을 실질적으로 개선시킬 것 같지 않다(Stevenson & Stigler, 1992).

요약

수학 교수에 관해 미국 아동이 교실에서 하는 경험은 다른 많은 국가 아동의 그것과 몇 가지 중요한 차원에서 차이를 보인다. 아시아 여러 국가의 아동과 비교하여 미국 아동은 사실상 수학을 덜 배운다. 12년간 학교교육을 받는 동안 교수 시간에 있어서의 이러한 차이는 도합 수천 시간에 이를 수 있다. 교수 시간의 차이는 미국 아동이 대다수의 다른 산업국가 아동보다 수학 숙제를 훨씬 덜 한다는 사실에 의해 더 심해진다. 양에 있어 미국 아동은 다른 많은 국가의 아동보다 수학 학습의 기회가 훨씬 적은 것이 분명하다. 더욱이 미국의 교실에서 수학 교수에 소요되는 시간은 몇몇 다른 나라의 그것과는 질적으로 다르다. 전체적인 결과는 미국 교사들이 평균적으로 다른 나라의 교사들과 같은 정도로 학생들을 자극하지 못한다는 것이다. 마지막으로, 미국의 수학 교육과정은 대충 조직되어 있고 너무 쉽다. 이 모든 것을 종합해 볼 때, 이러한 학교교육의 차이가 수학성취에 있어 대부분의 국가 간 차이의 기초가 될 가능성이 매우 높다. 이러한 학교교육에 있어서의 차이의 원인이 되는 가족 및 문화 요인은 다음에서 논의될 것이다.

가 족

아시아 아동과 미국 아동의 수학성취 차이의 원인이 되는 것으로 보이는 아시아와 미국 가족의 중요한 차이가 많이 존재한다. 이러한 차이에는 학문적 수월성에 대한 부모의 기대, 능력 대 노력에 대한 상대적 강조, 가정환경 그리고 파괴적인 가족 영향(예를 들어, 이혼 등)의 상대적 빈도 등이 포함되고 이러한 요인 각각이 차례로 간단하게 고찰될 것이다.

Stevenson과 동료들의 연구 결과는 수학에 관해 중국과 일본의 부모들이 미국 부모들에 비해 자녀의 성취에 훨씬 더 높은 기대를 가지고 있음을 매우 분명하게 보여 주었다(Stevenson et al., 1993; Stevenson, Lee, Chen, Stigler et al., 1990). 미국 아동이 다른 많은 국가의 아동에 비해 수학에서 매우 빈약한 수행을 보인다는 대중 매체의 빈번한 보도에도 불구하고 미국 부모들의 거의 절반가량은 그들이 자녀들의 교과 기술에 매우 만족하고 있다고 이야기하고 있다. 이에 비해 자녀들의 교과 기술에 매우 만족하고 있다고 말하는 중국 혹은 일본의 부모들은 극소수에 불과하다(Stevenson et al., 1993). 자녀들의 교과영역에 있어서의 성취에 만족하지 않는 미국 부모들은 약 10% 정도인 데 비해, 아시아의 부모들은 약 30~40% 정도가 만족하고 있지 않았다. Stevenson은 이러한 차이가 적어도 부분적으로는 대다수의 초등학교 교사들이 아동의 상대적 수행에 대해 부모들에게 제공하는 모호한 피드백의 결과일 수 있다고 주장하였다(Stevenson, 1992a; Stevenson et al., 1993). 이유야 어떻든 대부분의 경우에 있어 미국의 부모들은 자녀들이 보이는 낮은 수준의 수학 수행에 만족하고 있는 것으로 보인다. 이러한 만족은 아시아 아동에 비해 더 낮은, 미국 아동을 위한 암묵적 그리고 명시적 성취 기준으로 해석될 것이 거의 확실하다(Caplan et al., 1992 참조).

더욱이 노력과 열심히 공부하는 것이 가장 중요하다는 아시아 부모들의 믿음과 비교해 볼 때 미국 부모들은 노력은 물론, 타고난 능력이 교과영역에서의 성취에 중요한 영향을 준다고 믿는 경향이 있다. "노력을 더 많이 하는 것이 향상된 수행이라는 성과를 가져온다는 믿음이 왜 중국과 일본의 아동, 교사들 그리고 부모들이 그 많은 시간과 노력을 아동의 공부에 기꺼이 쏟는지를 설명해 주는 중요한 요소다."(Stevenson, Lee, Chen, Stigler et al., 1990, p. 67). 다른 말로 하자면, 어떤 아동이 수학에 어려움을 겪고 있다면 아시아 부모들은 더 많은 시간을 수학공부에 쏟아야 할 필요성을 강조하는 반면, 미국 부모들은 그러한 어려움의 원인을 '수학에 대한 타고난 재능'의 부족으로 돌릴 가능성이 더 높은 것으로 보인다는 것이다. 그 결과, 일단 수학이 어려워지기 시작하면 아시아 부모들은 자녀들 측에서 더 노력할 것을 권장할 것이고, 그 반면 많은 미국 부모들은 빈약한 수행을 피할 수 없는 것으로 받아들이는 것으로 보인다(Stevenson, Lee, Chen, Stigler et al., 1990).

이러한 태도는 또한 아시아 및 미국 가족들의 전반적인 가정환경에도 반영되어 있다. 일본과 타이완 그리고 중국의 보통 가족들이 생활하는 공간은 미국의 전형적인 가족들의 생활공간보다 훨씬 작다. 그럼에도 미국 가족들보다 훨씬 더 많은 아시아 가족들이 자녀들의 학교공부를 위해 책상이 갖춰진 조용한 공간을 따로 마련한다(Stevenson, Lee, Chen, Stigler et al., 1990). 또 다른 연구 또한 미국 부모들보다 2~4배 더 많은 일본 및 타이완 부모들은 자녀들의 수학공부에 직접적인 도움을 제공하고 있음을 발견하였다(Crystal & Stevenson, 1991). 중국과 일본 아동의 일상생활은 교과활동에 초점이 맞춰져 있는(예를 들어, 읽기나 장기 두기 등) 반면, 미국 아동의 방과 후 시간 대부분은 비교과 사회적 활동들에 참여하는 시간으로 채워져 있다. 아시아 아동이 방과 후 시간 모두를 교과와 관련된 어떤 유형의 활동에 참여하는 데 쓰는 것은 아니다. 오히려 대부분의 경우 아시아 부모들은, 예를 들어 아동이 TV 보는 것을 허락하지만, 숙제를 모두 마친 후에만 허용한다. 사실, 5학년까지 보통의 일본 아동은 보통의 미국 아동보다 주당 TV 시청시간이 약간 더 많을 뿐이다.

교과영역에서의 성취에 대한 가족의 태도에 있어 이러한 차이는 아동이 학교와 다른 활동들(예를 들어, 운동 혹은 사회적 활동 등) 중 어떤 것을 더 가치 있는 것으로 생각하는지 판단하는 데 영향을 주는 것이 거의 확실하다. 교과활동에 초점을 맞추는 것은 미국 가족보다는 아시아 가족에서 훨씬 더 많은 암묵적 그리고 명시적 보상을 받게 된다. 더욱이 비록 아시아 아동과 미국 아동의 기질 차이도 교실에서의 행동에 대한 국가 간 차이의 원인이 되는 요인일 수 있지만, 예를 들어 교과 과제 수행에 사용하는 시간과 같은, 아시아 아동과 미국 아동이 교실에서 하는 행동에 대해 앞서 기술된 차이 중 얼마간은 가족의 기대에 있어서의 이러한 차이를 반영하고 있다고 말할 수 있다(Freedman & Freedman, 1969).

마지막으로, 미국 아동은 거의 모든 다른 산업국가 아동보다 교과영역에서의 성취에 부정적 영향을 줄 이혼과 같은 파괴적인 형태의 가족 내 사건을 경험할 가능성이 훨씬 더 높음에 주목하라(Amato & Keith, 1991). 비록 이러한 사건들이 원인이 되는 요인임이 거의 틀림없지만, 이러한 사건들은 보통의 미국 아동과 다른 나라 아동이 보이는 수학성취 차이의 주요 원천은 아닌 것 같다. 가족 내 문제들이 보일 수 있는 더 그럴듯한 결과는 다른 나라 아동에 비해 미국 아동의 성취에 더 큰 가변성을 가져다준다는 것이다(예를 들어, Rutter, 1982). 전체적인 결과는 미국 아동의 더 낮은 평균 성취점수이고 매우 빈약한 교과 기술을 지닌 수많은 미국 아동이다. 보통 미국 아동의 가족은 아시아 가족과 같은 정도로 학문적 수월성을 소중히 여기지 않으며, 예를 들어 이혼이나 가족 간의 갈등 때문에 부모가 자녀의 학문적 발달에 투자를 덜 하게 된 미국 가족의 아동은 아마도 다른 미국 아동보다 훨씬 더 불리한 입장에 있게 될 것이다.

문 화

앞서 언급된 연구를 볼 때, 아시아 부모들은 물론 아시아 여러 국가의 학교들은 미국의 부모들과 학교들보다 수학 기술 습득에 훨씬 더 높은 가치를 부여하고 있다는 점이 분명해진다(Stevenson, Lee, Chen, Stigler et al., 1990). 아동의 수학 발달을 학교에서 더 강조하는지 아니면 가정에서 더 강조하는지, 그 차이는 더 넓은 문화적 가치를 반영하고 있다(Stevenson & Stigler, 1992). 서로 다른 문화 내에는 사회적 지위와 자아존중감이 성취될 수 있는 여러 가지 방식이 존재한다(Hatano, 1990). 그러므로 이 서로 다른 문화 내의 아동은 서로 다른 유형의 기술을 습득함으로써 암묵적으로 혹은 명시적으로 보상을 받게 된다. 대다수의 아동이 원래부터 흥미 있어 하거나 재미있어 할 것 같지 않은 수학과 같은 활동을 생각할 때에는 서로 다른 문화에서 가치 있게 생각되는 유형의 활동들을 고려하는 것이 중요하다(Geary, 출판 중).

"아시아 문화는 수학 학습을 강조하고 또 우선시한다. 그 문화의 성숙한 구성원들은 수학에서 높은 수준의 성취를 하는 것을 덜 성숙한 구성원들을 위한 중요한 목적으로 삼는다."(Hatano, 1990, pp. 110-111). 아시아 아동이 미국 아동에 비해 원래부터 수학에 더 흥미를 갖거나 수학을 더 재미있다고 생각하는 것은 아니다. 오히려 아시아 문화권의 성인이 아동의 수학 발달을 기대하고 지원한다. 그 결과, 수학 및 다른 분야에서 좋은 성적을 거두는 것은 아시아 아동과 그 가족들의 자아존중감의 원천이 되는 것 같다. 미국 문화는 아시아 문화와 같은 정도로 수학 기술 및 지식을 가치 있는 것으로 생각하지 않는 것이 분명하다. 사실, Eccles 등(1993)은 2학년까지 미국 아동은 수학이나 읽기 혹은 음악보다 운동을 더 가치 있게 생각한다는 것을 발견하였다. 운동에서의 성취는 특히 소년들에게 자신감 그리고 거의 틀림없이 사회적 지위 또한 더해 주기 때문에 많은 미국 아동에게 있어 운동에서의 성취는 중요한 목표가 된다. 하지만 미국에는 프로 농구선수들을 위한 일자리보다 기술자들을 위한 일자리가 훨씬 더 많다. 미국 문화에서 교과활동들보다 운동에 더 큰 가치를 두는 것은 대다수 미국 아동에게 최선의 장기적 관심은 아닌 것으로 보인다.

미국 문화는 또한 사람들이 그들 자신의 이기심을 추구하거나 본질적으로 흥미로운 활동들에 참여할 수 있도록 허용되는 정도에 있어 아시아 문화보다 훨씬 더 개방적이다(Hatano, 1990). 기본적인 세기 및 수 활동들을 제외하고 대부분의 수학 영역은 아시아인이건 미국인이건 대다수의 사람들에게 본질적으로 흥미로운 것은 아닌 것 같다(8장의 '교육철학' 부분 참조). 그러므로 수학 발달을 보상하는 강력한 문화적 가치 없이는 수많은 사람에게 복잡한 수학 기술의 습득은 일어나지 않을 것이다. 수학보다 더 쉬운 활동들 그리고 수학보다 본질적으로 더 즐거운 활동들을 추구할 수 있도록 하는 미국의 문화적 환경을 고려해 볼 때 극소수의 미국 아동만이 아시아 아동에게서 발견되는 것과 동일한 수준의 수학적 역량을 달성한다는 사실은 그리 놀랄 일이 아니다. 수학과 다른 활동들에 대한 상대적 가치판단에 있어서의 이러한 문화적 차이는 아마도 학교와 가정에서 아동이 하는 경험에 있어서의 국가 간 차이의 기초가 될 것이다. 더욱이 교과 대 비교과 활동에 대한 상대적 가치판단에 있어서의 이러한 차이들은 어쩌면 미국 아동을 교육하는 데 왜 그렇게 많은 비용이 드는지 그리고 아시아 아동을 교육하는 데에는 왜 상대적으로 비용이 덜 드는지에 대한 중요한 이유일 것이다.

결 론

수학성취에 대한 첫 번째 대규모 비교연구는, 고등학교가 끝나갈 무렵 미국의 청소년은 산업화된 세계에서 가장 빈약한 수학교육을 받은 학생들이라는 점을 보여 주었다(Husén, 1967). 이 평가 이후 대략 30년 동안 수행되었던 모든 연구는 미국 학생들의 수학 기술이 1960년대 이래 거의 변하지 않았음을 보여 주었다(Crosswhite et al., 1985; Lapointe et al., 1992; Stevenson et al., 1993). 미국 아동의 빈약한 수학 기술은 초등학교 1학년 때 분명해지고 학년이 계속될수록 국제 기준에 비해 점점 더 나빠진다(Stevenson et al., 1993). 미국 아동 및 미래 노동력의 빈약한 수학 기술의 후속결과는 경제적 생산성의 하락과 생활 기준의 쇠퇴가 될 가능성이 높다(Bishop, 1989). 따라서 미국의 최근 교육개혁이 미국 아동의 수학 기술 개선에 초점을 맞추고 있는 것은 놀랄 일이 아니다. 사실, 『America 2000: An Education Strategy』의 1차 목적은 미국 아동이 2000년까지 수학 및 과학성취에서 세계 1등이 되게 하는 것이다(U.S. Department of Education, 1991). 그럼에도, 지난 30년 동안 발전이 부족했음을 고려해 보면 미국 아동이 2000년까지 수학성취에서 1등이 되게 하려는 『America 2000』의 목적은 달성되지 못할 것이 거의 확실하다.

미국 아동의 수학 발달이 다른 여러 나라 아동의 그것에 비해 빈약한 것은 다양한 요인이 원인일 수 있는 것으로 보인다. [그림 7-1]에 제시된 것처럼 이러한 차이의 근저에는 다른 많은 문화, 특히 아시아 문화에 비해 수학성취에 상대적으로 적은 가치를 두는 미국 문화가 자리 잡고 있는 것으로 보인다(Stevenson, Lee, Chen, Stigler et al., 1990). 사회적 참여 혹은 운동과 같은 비교과적 참여와는 대조적인 수학 및 다른 교과활동에 대한 상대적 가치판단은 학교와 가정에서 아동이 하는 경험에 두루 스며든다. 문화적 가치판단과 전통은

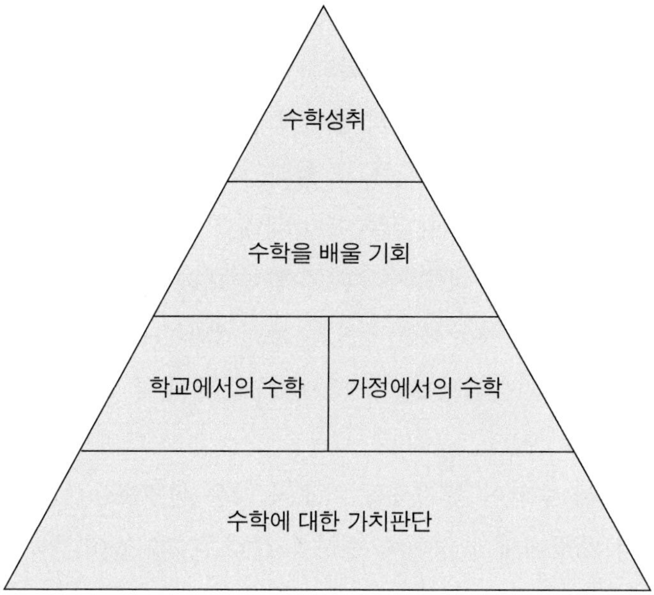

[그림 7-1] 수학에 대한 가치판단과 학교와 가정에서 아동이 하는 수학적 경험 그리고 수학을 위한 기회 및 성취 사이의 관계를 보여 주는 도식적 표상

아동이 자아존중감 및 사회적 지위를 성취할 수 있는 서로 다른 방식을 결정하게 되는데, 이는 이러한 전통이 다양한 영역에서 평균 이상의 기술을 성취하는 것의 상대적 보상가치를 결정하기 때문이다(Hatano, 1990). Stevenson과 동료들(예를 들어, Stevenson & Stigler, 1992)은 아시아 문화와 미국 문화를 비교하면서 이러한 쟁점을 조사하였고, 문화가 어떻게 수학성취에 있어 국가 간 차이의 원인이 되는 것으로 생각되는지 보여 주었다(8장의 '사회적 이념' 부분 참조).

아시아 문화는 아동의 수학 발달을 지원하고 보상하는 반면, 미국 문화는 그렇지 않다. 사실, 최근의 어떤 연구는 2학년이 될 때까지 미국 아동은 교과 활동보다는 운동과 관련된 활동들을 더 가치 있는 것으로 생각하고 있음을 보여 주었다(Eccles et al., 1993). 미국의 학교들은 다른 여러 나라의 학교들보다 수학 교수에 훨씬 시간을 덜 쓰고 있었다(Stevenson, Lee, Chen, Stigler et al., 1990; Travers & Westbury, 1989). 미국에서 수학 교과서를 개발하는 것은 시장의 힘, 즉 미국 아동을 위한 최선의 장기적 관심이 무엇인가보다는 아동과 교사들이 선호하는 것에 의해 추진되고 있다. 따라서 이러한 교과서에 제시된 내용들은 국제 규준에 비추어 너무 쉽고 제대로 조직되어 있지도 않다(Stigler et al., 1986). 또한 아시아의 교사들은 수학에 대해 미국 교사들보다 훨씬 더 많은 정도로 학생들을 자극하는 것으로 보이지만(Perry et al., 1993), 미국 부모들은 일반적으로 자녀들이 보이는 낮은 수준의 수학 발달에 만족하고 있었다(Stevenson et al., 1993).

미국 문화에서 수학이 차지하는 비교적 낮은 선호도는 아동의 사회적 경험과 학교 및 가정에서의 경험에 영향을 준다. 예를 들어, 가정환경은 보통의 아시아 가족에서보다 보통의 미국 가족에서 수학성취에 훨씬 덜 지원적이다(Crystal & Stevenson, 1991). 전형적인 미국의 부모들은 전형적인 아시아 부모들보다 자녀의 교과영역 발달에 자원과 시간을 상대적으로 덜 쓴다(Caplan et al., 1992). 학교 및 가정에서의 활동에 대한 이러한 패턴의 순수한 결과는 미국 아동이 다른 나라들은 물론, 아시아 여러 국가의 아동보다 수학을 배울 기회가 훨씬 적다는 것이다(Travers & Westbury, 1989). 수학 학습의 전체적인 기회에 있어서의 이러한 국가 간 차이, 즉 수학 교수 및 활동의 양과 질은 수학성취의 국가 간 차이에 있어 주요 원천인 것으로 보인다(Husén, 1967). (이러한 문제 및 이와 관련된 문제에 대한 훌륭하고 더 포괄적인 논의는 Stevenson & Stigler, 1992 참조)

지능이나 선천적 수학 능력 등과 같은 다른 요인에 있어서의 국가 간 차이는 종종 생각하는 것보다 훨씬 더 적은 것 같고(Lynn, 1982; Rushton, 1992), 수학성취에 있어서의 국가 간 차이의 주요 결정인자로 보이지는 않는다. 한 가지 예외는 아시아 언어 및 영어처럼 유럽에서 파생된 언어의 수 이름 구조다. 십진법 체계가 아시아 언어의 수 이름에는 반영되어 있으나 유럽을 근거로 한 언어들에서는 전혀 분명하게 드러나지 않는다는 사실은 아마도 아시아 아동의 초기 수 및 산술 발달을 촉진하는 것 같다(Fuson & Kwon, 1992b). 그럼에도, 수학 학습의 전체적 기회에 있어서의 국가 간 차이에 비하여 수 이름 구조는 아마도 수학에 있어 국가 간 성취 차이에 비교적 덜 중요한 영향을 주는 것 같다.

Chapter 8

수학 교수 및 교정교육의 개선

이 장의 목적은 아동의 수학교육을 개선하는 방법에 대한 아이디어를 제시하는 데 있다. 일반적으로 수학교육의 변화에는 모든 아동에게 영향을 주는 교수방법의 변화와 특정 장애를 지닌 아동과 청소년을 대상으로 하는 교정교육(remedial education) 방법의 개선 등이 있다. '교수의 개선' 부분은 수학교육에 영향을 미치는 일반적인 철학적 쟁점은 물론, 수학 교수방법을 개선하는 일반적인 제안 등을 다루고 있다. '교정교육 개선' 부분에서는 특히 수학불안과 수학장애 그리고 이러한 장애를 중재하는 데 사용될 수 있는 다양한 교수방법에 대해 다루고 있다.

교 수

이 장에서는 현재 미국 교육의 실제를 이끄는 기본적인 철학에 대한 개관과 비판으로 시작할 것이다. 비판에 뒤이어 수학 발달에 대한 사회문화적 영향에 대한 논의가 어어질 것이고, 이후에 아동의 수학 발달에 대한 이해에서 나오는 교수적 함의에 대한 논의를 할 예정이다.

교육철학

7장에서 기술되었던 것처럼 아동이 지닌 상대적으로 부족한 수학 기술은 수학 발달을 좀 더 이해하기 위해서 그리고 수학 지도의 더 나은 교수방법을 개발하기 위해서 과학자와 교육자 공동의 노력이 필요함을 의미한다. 그러나 "수학교육에 대한 연구에 관심을 갖고 있는 사람들의 공동체는 서로에 대해 항상 관용적이지 않은 특화된 집단과 소집단으로 점차 나뉘고 있다."(Sierpinska et al., 1993, p. 274) 수학교육에 대한 논의는 종종 아동의 수학 기술을 향상시키는 방법에 직접적으로 초점을 맞추기보다는 철학적인 혹은 이념적인 것에서 근거를 찾고자 한다. 사실, 현 시점에서 아동이 습득해야 할 수학 기술의 유형에 대해 명확하게 합의된 사항은 아직 없고 습득한 기술을 가장 잘 측정하는 방법에 대한 합의도 없는 상태다. 이와 관련된 쟁점에 대해 포괄적으로 논의하는 것은 이 책의 범위를 벗어나는 것이지만, 현재의 교육철학, 특히 구성주의적 접근을 간단히 살펴보는 것은 필요할 것 같다. 이는 수학교육에 대한 구성주의적 견해의 영향력이 증가하고 있고 장차 아동의 수학 발달에 영향을 미칠 가능성이 높기 때문이다.

다양한 영역의 학문을 연구하는 연구자들이 다음에 제시되는 구성주의의 기본적인 주제 중 일부를 언급하고 있지만, 정보처리이론의 전통적 방법 및 전제를 통해 수학 발달과 수학 인지를 연구하고 있기도 하다(예를 들어, Greeno, 1989, 1993; Saxe, 1991). 여기서 논의되는 것은, 수학 발달에 대한 정보처리 접근방식의 기본 전제를 거부하고 수학교육에 대한 철학적 견해에서 다소 극단적인 것으로 생각할 수 있는 구성주의 연구자 및 철학자(예를 들어, Cobb, Yackel, & Wood, 1992; von Glaserfeld & Steffe, 1991)로 국한할 것이다. 구성주의적 접근방식의 몇몇 구체적인 특징은 산술 발달과 관련이 있기 때문에 2장에서 논의되었으므로 여기서 반복하지는 않을 것이다('도식기반 모형' 참조). 그보다는 이러한 접근방식의 기본 전제가 간략하게 검토되고 비판될 것이다.

von Glaserfeld와 Steffe(1991)는 교육적 연구 및 실제에 일반적으로 기계론적 접근방식(mechanistic approaches)과 유기체적 접근방식(organismic approaches) 등 두 가지가 있다고 주장하였다. 기계론적 접근방식은 전통적인 학습이론으로, 인지 발달에서의 현대적 정보처리 접근방식이 그 예로 설명될 수 있다. 기계론적 접근방식의 기본 전제는 학습자가 환경, 특히 교사로부터 정보를 수동적으로 받아들인다는 것이다. 그 정보는 정확하게 푼 문제의 수와 같은, 아동의 명백한 행동에 대한 내적 변화로 혹은 수학적 정보에 대한 아동의 정신적 표상으로 귀결된다. 후자는 특정 기초 산술 연산에 대한 기억 표상의 발달로 설명될 수 있다. 더 나아가 명백한 행동 또는 정신적 표상에서의 변화는 일반적으로 아동이 자료를 개념적으로 이해하지 못한 상태에서 일어난다(Cobb et al., 1992)고 가정한다. 이러한 전제로부터 자동성(과잉학습된 과정은 의식적인 노력 없이 자동적으로 일어남)과 같은, 인지심리학자들이 강조하는 정보처리의 체계적 특징은 아동의 학문적 발달에 해로운 것으로 보인다는 의견이 나온다. 이와 유사하게, 자동성에 이르는 방법, 즉 훈련과 연습은 아동의 수학적 성장에 있어서는 독으로 해석된다.

구성주의적 관점은 수학 발달에 대안적 · 유기체적 접근방식을 제공한다. 이 유기체적 접근방식은 Piaget와 Vygotsky의 이론에서 예시로 제시되고 있다. 기본 전제는 아동이 능동적인 학습자들이고 그들 스스로 수학 지식을 구성할 수 있어야 한다는 것이다. 수학 자료를 완전히 이해하기 위해서 아동은 기초 수학 원리들을 다시 발견해 내야 한다. 교사는 적절한 자료와 그 자료가 논의될 사회적 맥락을 제공하지만, 강의를 하거나 전통적인 의미에서 논의를 소개하지는 않는다(Cobb et al., 1992; Lampert, 1990). "구성주의에서, 특정 수학적 개념의 **잠재적 구성 영역**(zone of potential construction)은 수학 학습 환경에서 아동이 할 수 있는 상호 의사소통 혹은 그 결과로서의 개념 수정에 의해 결정된다."(Steffe, 1992, p. 261) 수학 학습은 사회적 기획이다. 수학 내용이나 개념의 의미에 대해 사회적으로 합의가 이루어지지 않는 것은 수학 발달에 이익이 된다. 이는 이러한 의견 차이가 사람들이 이해하고 있는 개념을 변화시키거나 조절할 수 있는 자극을 제공하기 때문이다. 그와 같은 어떤 변화는 수학에 대한 아동의 이해를 큰 사회 공동체에 대한 이해와 일치시키는 데 사용된다(Steffe, 1990). 사회적 수학 환경의 적절한 발달과 함께, "학생들이 역사적으로 몇 천 년에 걸쳐 진화해 왔던 수학적 실제를 그들 자신의 힘으로 구성할 수 있게 된다."(Cobb et al., 1992, p. 28)

교육 이론과 연구에 대한 구성주의자들의 기계론적 접근방식 대 유기체적 접근방식에 대한 개념화는 1960년대 인간의 인지 발달을 가장 잘 개념화할 수 있는 방법에 대한 논쟁(예를 들어, Reese & Overton, 1970)에 이어 바로 뒤따라 나온다. 물론, 인지 발달은 매우 복잡하고 유기체적 변화뿐 아니라 기계론적 변화도 포함한다. 확실히 수학 발달에 미치는 사회적 맥락의 영향을 이해함으로써 얻어지는 것이 많지만(예를 들어, Saxe, 1991), 모든 발달이 이러한 경로를 따른다고 가정하고 아동의 인지적 성장에 기계론적 변화가 있다는 생각을 완전히 거부하는 것은 순진한 일이다. 더욱이 기본적인 기술을 확립하는 데 덧붙여, 수학 과제에 대한 기계론적 접근방식은 아동의 개념 발달에 분명히 영향을 미친다. 예를 들어, Briars와 Siegler(1984)의 연구는 학령 전 아동이 기계적 세기 행동과 연관된 규칙을 알아차림으로써 세기 개념을 추론한다고 주장하고 있다.

구성주의 철학자와 연구자 또한 생물학적으로 1차적인 인지 기술과 생물학적으로 2차적인 인지 기술을 구별하는 데 실패했다(Geary, 출판 중; Gould & Vrba, 1982; 6장의 '생물학적 요인' 부분 참조). 예를 들어 설명하면, 언어는 생물학적으로 1차적인 사회적 인지 기술이다(Dunbar, 1993; Steele, 1989). 인간은 언어 관련 정보를 처리하기 위해 특화된 신경생물학적 체계를 가지고 태어났으며(Witelson, 1987), 언어 습득을 촉진하는 활동, 즉 사회적 활동에 참여하는 것이 본질적으로 즐거운 것이라는 점을 발견한다. 언어를 뒷받침하기 위해 미리 배치된 신경생물학적 체계와 언어 관련 활동의 본질적인 즐거움의 결합은 직접적인 교수 없이도 모든 정상 아동이 언어를 습득할 수 있다는 것을 확실히 해 준다. 그러므로 언어 습득은 사회적 맥락 내에서 발생하는 비교적 수월한 노력이다.

다른 한편으로, 읽기는 생물학적으로 2차적인 인지 기술이다. 생물학적으로 1차적인 기술과 생물학적으로 2차적인 기술을 구별하는 것을 실패한 것은 읽기에 있어 **총체적 언어**(whole-language) 접근방식을 개발하게 만들었다. 여기서 아동은 언어 기술을 습득했던 것과 같은 방식으로 읽기 기술을 습득할 것이라고 가정한다. 자연스러운 호기심과 적절한 자료들을 접함으로써 아동이 유창하게 읽게 될 것이라고 가정하는 것이다. 비록 언어를 지원하는 신경생물학적 체계 중 많은 부분이 읽기도 뒷받침하고 있다(Luria, 1980) 하더라도, 이러한 체계가 읽기 기술을 자동으로 습득하는 데까지 진화하지는 않았다. 아동은 어떻게 읽는지를 배워야만 한다. 읽기 습득이 언어 습득과 상당 부분 같을 것이라는 믿음은 확실히 잘못된 것이고, 총체적 읽기(whole reading)와 같은 관련된 교수 기법들이 많은 아동에게 손해를 끼칠 가능성이 매우 높다(Rayner, 1993). 이러한 주장이 아동의 호기심은 물론, 사회적 활동에 대한 이들의 타고난 흥미가 교육하는 데 사용될 수 없다는 것으로 받아들여져서는 안 된다. 확실히 사용될 수 있다. 일단 기초적인 기술(예를 들어, 음운론적 해독; Wagner & Torgesen, 1987)이 습득되고 나면, 아동이 사회적 집단 속에서 이야기들을 읽고 토론하는 것은 읽기 기술을 사용하게 하는 데 중요한 측면이 될 수 있다. 그러나 이와 같은 기초 읽기 기술이 사회적 토론 집단에서 혹은 이야기의 문맥을 바탕으로 하여 아동이 추론(예를 들어, 단어를 그림과 연결시키는 것) 능력을 얻을 것이라고 하는 가정을 할 수는 없다.

다시 수학으로 돌아와서, 구성주의적 접근방식의 암묵적인 가정 중 하나는 수학이 생물학적으로 1차적인 영역이라는 것이다. 즉, 적절한 사회적 맥락과 자료 등이 주어진다면, 아동은 동기가 부여되고 그들 혼자 힘으로 수학적 지식을 구성할 수 있다(Cobb et al., 1992). 사실, 이는 수와 세기 그리고 산술의 몇몇 특징(1장 참조) 등과 같은 특정 수학 분야에 있어서는 아마도 비합리적인 가정은 아닐 것이다. 예를 들어, Saxe 등(1987)은 세기 및 다른 기초 수 활동이 부모들과 아동 사이의 일상적인 사회적 상호작용의 한 부분임을 보여 주었다. 이러한 사회적 상호작용은 다시 수와 세기에 대한 아동의 이해를 촉진한다. 그러나 대수 문장제 문제를 푸는 것과 같이 다른 많은 수학 기술은 생물학적으로 보았을 때 2차적인 것이다. 언어 습득과 읽기 습득이 다른 것처럼, 이러한 기술이 습득되는 조건은 세기 및 다른 생물학적으로 1차적인 수 기술이 습득되는 조건과 매우 다른 것 같다(Geary, 출판 중). 복잡한 수학을 생물학적으로 1차적인 기술과 유사하게 만들고자 교실에서의 실제를 바꾸는 것은 어쩌면 내용을 희생함으로써만 성취될 수 있을 것이다.

더욱이 복잡한 수학 기술이 "사회적 상호작용의 과정에서 발생하는 갈등과 일반적으로 눈에 띄지 않는 의미의 상호 도용"(Cobb et al., 1992, p. 18)을 통해서 학습된다 하더라도, 모든 아동이 수학 지식의 구성에 있어 똑같이 숙련되거나 동기 부여가 되지는 않는다. 인간 성격의 한 가지 기본적인 차원이 지적 호기심이다(Goldberg, 1993). 그러나 지적 호기심과 다른 성격 특질에는 큰 개인차가 존재한다. 구성주의자들이 상상하는 그런 방식으로 수학 지식을 추구하기에 충분한 호기심이 있고 동기를 부여받은 아동이 있을 수 있지만, 그렇지 않은 아동이 훨씬 더 많을 가능성이 꽤 높을 것이다.

마지막으로, 훈련과 연습 그리고 기초 연산 인출과 같은 기초 인지 기술의 발달 등이 수학교육에 불필요하고 요구되지 않는다는 주장은 수학 발달을 위한 기초 기술의 중요성을 인식하지 못해 발생한 것이다. 앞서 언급한 바와 같이, 훈련과 연습은 아동이 수학적 연산의 규칙성을 알아차릴 수 있고, 이러한 규칙성으로부터 기본 개념을 찾아낼 수 있는 환경을 제공한다(Briars & Siegler, 1984). 수학의 많은 부분에는 절차, 방정식 등을 활용할 수 있는 것이 포함된다. 기초 수 및 산술능력 등을 제외하고, 대부분의 아동이 지니고 있는 개념적 지식의 토대만으로 수학 절차를 개발할 수 있는 것은 아니다.

대신, 몇몇 절차 및 방정식들은 단순히 배우고 연습할 필요가 있다(Sweller et al., 1983). 방정식이 자동으로 떠오를 정도까지 연습함으로써 복잡한 문제의 해결을 촉진시킬 수 있다. 그렇지 않다면 어떤 방정식을 구성하여 만들어내는 작업기억 요구를 감소시키게 된다. 아동은 또한 방정식이 수를 어떻게 조작하고 수학적 관계를 표상하는지 이해할 필요가 있다. 요점은 수학적 전문성은 기계적 기술과 해당 영역에 대한 깊은 개념적 이해 모두를 요구한다는 것이다. 개념적 지식의 습득을 촉진하는 과정은 더 기계적인 기술 습득을 촉진하는 과정과 다르게 보인다(Sweller et al., 1983). 구성주의적 접근방식은 전자에 초점을 맞추지만, 후자는 희생시킨다. 이 때문에 구성주의는 미국 아동의 수학 기술에 있어 실질적이고 장기적으로 보았을 때 향상을 꾀하지는 못한다.

교수적 함의

아동의 수학 발달과 수학 교수 사이의 관계에 대한 포괄적인 논의는 이미 다른 많은 자료에서 집중적으로 다뤄져 왔기 때문에(예를 들어, Brophy, 1986; Grouws & Cooney, 1988) 이 책에서 또 다루는 것은 그 범위를 벗어난다고 할 수 있다. 그럼에도, 몇몇 일반적인 주제와 아동의 수학 발달에 대한 우리의 이해가 어떻게 교수 상황에서 사용되는지에 대한 몇 가지 제안을 하고자 한다. 이 부분은 국가 수준 교육과정과 같은, 미국 내에서 아동이 어떻게 수학을 배우는지에 영향을 미칠 매우 일반적이고 수많은 쟁점에 대한 고찰에서 시작된다. 뒤이어 1~3장에서 다루었던, 즉 초기 수 관련 능력, 산술 그리고 수학적 문제해결 등에서 논의된 주요 수학 영역 각각에 대한 교수 주제를 제공할 것이다.

사회적 이념

아동의 수학 발달에 영향을 미치는 사회 정책적 쟁점 중 하나는 수학에 있어 국가 수준 교육과정의 존재 혹은 부재다(Stevenson & Stigler, 1992). 미국은 국가 수준 수학 교육과정이 없는 몇몇 산업 국가 중 하나다(Lapointe et al., 1992). 국가 수준 교육과정이 없다는 것은 서로 다른 아동이 학교에서 받는 수학 교수의 양과 질이 크게 다를 수 있다는 것으로 귀결된다. 예를 들어, Stevenson 등(1986)은 미국 아동이 평균적으로 일본과 타이완 아동보다 훨씬 적은 수학 수업을 받는다는 것을 발견하였다. 더욱이 일본과 타이완의 교실에 비하여 미국 교실에서 수학을 가르치고 배우는 데 소요되는 시간의 비율에 편차가 더 컸다. 몇몇 미국 교사들은 수학을 가르치는 시간의 비율이 중국 및 일본의 동료 교사들과 같았다. (미국 아동이 학교에서 보내는 시간이 더 적기 때문에, 수학에 투입하는 전체적인 시간의 양은 아시아의 교실에 비하여 미국 교실에서 여전히 더 적었다.) 미국 교사들은 수학을 가르치는 데 확실히 매우 적은 시간을 썼다.

시행된 수학 교육과정의 난이도 수준에 있어서도, 다른 많은 나라의 학교에 비해 미국 학교들의 가변성이 훨씬 더 컸다(Travers & Westbury, 1989). 미국의 일부 지역 학생들은 비교적 엄격한 수학 교수를 받는 반면, 다른 학생들은 매우 불충분한 수학 교수를 받고 있었다. 미국 아동의 수학 기술이 균등하게 향상되도록 보장하는 유일한 방법은 그들 모두에게 향상된 그리고 비교할 수 있을 수준의 수학 교수를 받게 하는 것이고, 이는 다시 말해 국가 수준의 수학 교육과정을 통해서만 성취될 수 있다는 것이다. 물론, 교육과정을 지역에서 통제해야 한다는 이러한 주장은 자율성과 민주적 신념에 반한 결과다(Stevenson & Stigler, 1992). 그럼에도, 미국 아동의 수학 기술을 실질적으로 향상시키려는 국가적 목표(U. S. Department of Education, 1991)는 어쩌면 국가 수준 교육과정 혹은 적어도 국가 수준 수행 기준 없이는 달성될 수 없을 것이다.

미국 아동의 수학 발달에 영향을 미치는 또 다른 사회적 요인은 많은 미국인들이 다른 나라 사람들에 비해, 학업 성취에 상대적으로 낮은 우선순위를 둔다는 점이다(Stevenson & Stigler, 1992). 미국에서 아동의 역할 모델은 운동선수이거나 연예인인 경향이 있는 반면, 아시아에서 역할 모델은 본질적으로 훨씬 더 지적이거나 친사회적이다. 물론 항상 그렇지는 않았다.

> 미국에는 잘 알려진 인물이 많다. 20세기 초반 미국의 모든 학생은 프랭클린의 검소함과 독창성, 나이팅게일의 연민, 에디슨의 창의성에 대해 알고 있었다. [그러나] 대체로, 그러한 문화적 인물이 오늘날의 미국에서는 대체되었다(Stevenson & Stigler, 1992:, pp. 85-86).

만약 우리가 미국 아동의 학업 및 수학 발달을 촉진하고자 한다면, 그와 같은 역할 모델에 대한 논의가 미국의 학교들에서도 다루어질 수 있도록 되돌아가는 길을 찾을 필요가 있다. 미국 아동은 수학 및 다른 지적 활동을 '따분한 사람들'의 영역이 아니라, 중요하고 사회적으로 존중받을 수 있는 작업으로 보도록 사회화할 필요가 있다(이 주제 및 관련된 쟁점에 대한 탁월한 논의는 Stevenson & Stigler, 1992 참조).

초기의 수 관련 능력

초기 수 관련 능력의 발달은 1장에서 논의되었고, 여기에는 수, 세기 그리고 산술에 대한 아동의 이해 등이 포함된다(Fuson, 1988). 초기 수 관련 능력의 발달은 구성주의 철학자들이 기술한 것과 매우 비슷한 방법으로, 즉 부모-자녀 간의 사회적 상호작용의 맥락에서 발생하는 것으로 보인다. 사실, 이러한 초기 능력 중 많은 부분이 어쩌면 생물학적으로 1차적이라고 가정하면, 수학 발달에 대한 구성주의적 관점은 이러한 기본 능력의 발달을 이해하는 데 있어 어떤 의미를 지닌다. 부모들은 자녀들이 아는 것과 모르는 것에 민감하게 반응하고 수 관련 활동을 자녀의 이해 수준으로 맞추는 경향이 있다. 만약 어떤 어머니와 아이가 계단 몇 개를 올라가는데 아이가 '1, 2, 4'라고 센다면, 어머니는 '1, 2, 3'으로 다시 셀 것이다(Saxe et al., 1987). 수, 세기 그리고 기초 산술에 대한 아동의 이해는 아마도 타고난 수 관련 능력으로부터 그리고 이러한 유형의 사회적 상호작용을 통해 수집된 지식으로부터 나타날 것이다.

미국 아동의 수학 발달을 향상시키려는 목적에 비추어 이러한 초기 능력을 고려한다면, 어쩌면 변화될 필요가 있는 것은 그리 많지 않을지도 모른다. 학령 전기 동안 미국의 부모들은 아시아의 부모들보다 기초 수 기술을 더 강조하는 경향이 있다(Stevenson & Stigler, 1992). 결과적으로, 미국의 학령 전 아동은 종종 아시아의 또래들보다 기초 수 개념을 더 잘 이해하고 있음을 보여준다(Song & Ginsburg, 1987). 그럼에도, 유치원에 다니는 동안 실시되는 두 가지 변화에는 미국 아동이 기초 수 이름들을 확실히 배우는 것과 십진법 체계가 도입되는 것 등이 포함된다(Fuson, 1988). 모든 언어에서 수 이름은 임의적이다. 즉, 수 이름과 연계된 소리들은 그 수가 대표하는 양에 대한 어떠한 단서도 제공하지 않는다. 비록 아동이 수 세기와 양이 관련되어 있음을 암묵적으로 이해한다 할지라도(Gelman & Gallistel, 1978), 이들은 여전히 수 이름들을 외워야 한다.

또한 교육자들은 유치원에 다니는 아동에게, 아시아 언어에서 사용되는 것과 동일한 수 이름 구조를 활용하여 세기를 가르쳐 보라고 하고 싶을 것이다. 표준 영어 수 이름들에 덧붙여 이 아동은 '십일(ten one), 십이(ten two), 십삼(ten three)' 등으로 세는 것을 배울 수 있다. 아동에게 **십일**(eleven)은 또한 십과 일(10이 한 개, 1이 한 개)을 의미한다는 것을 가르치고, 이들에게 이러한 단어 구조를 활용하여 수를 세도록 하는 것은 십진법 체계에 대한 아동의 이해 및 관련된 기술(예를 들어, 받아올림 및 받아내림; Fuson & Kwon, 1991)의 습득을 촉진시켜 줄 수 있을 것이다.

산술 및 수학적 문제해결

대부분의 경우, 많은 산술능력과 아마도 대다수의 수학적 문제해결 기술은 생물학적으로는 2차적이다. 비록 활동의 기본 목적을 아는 것이 생물학적으로 2차적 영역과 1차적 영역 모두에서의 학습을 촉진하는 것처럼 보인다 해도, 이러한 기술이 학습되는 일반적인 조건은 어쩌면 초기 수 기술이 학습되는 조건들과 다르게 될 것이다(Siegler & Crowley, 출판 중). 활동의 목적을 아는 것에 더하여, 산술 및 수학적 문제해결 모두의 전반에 걸쳐, 개념적 역량과 절차적 역량 등 두 가지 기초적인 형태의 역량이 있다. 전자는 십진법 체계에 대한 아동의 이해에 의해 대표될 수 있다. 예를 들어, 2장의 '뺄셈'에서 미국 아동의 산술과 연관된 일반적인 받아내림 오류 중 많은 부분이 적어도 부분적으로는 십진법 체계에 대한 이해 부족과 관련되어 있는 것으로 보인다(［그림 2-4］ 참조). 다른 한편으로, 절차적 기술은 산술이나 수학문제를 풀기 위한 특정 알고리즘 혹은 방정식의 활용과 관련되어 있다. 미적분학에서 도함수를 찾기 위한 규칙을 배우거나 간단한 덧셈에서 세어가기 방법을 사용하는 것은 절차적 역량의 두 가지 예다. 비록 절차적 그리고 개념적 역량이 서로 영향을 미칠 수 있다고 해도, 교육적 관점에서는 그 두 가지 역량은 아마도 분명히 구분되는 것으로 고려되어야 할 것이다(Sliver, 1987). 앞서 언급된 바와 같이, 현재 교육철학은 개념적 지식에 초점을 맞추고 있으며, 절차적 기술을 불필요한 것으로, 심지어 아동의 수학 발달에 해로운 것으로 간주한다(예를 들어, Cobb et al., 1992).

이러한 철학과 관계없이, 아동은 수학적 개념을 이해할 필요가 있으며 그리고 이들은 수학적 절차를 어떻게, 언제 사용해야 하는지 알 필요가 있다. 이와 같은 서로 다른 역량은 어쩌면 서로 다른 형태의 교수를 요구할 수 있다

(G. Cooper & Sweller, 1987; Novick, 1992). 절차적 학습은 해당 절차가 궁극적으로 사용될 다양한 문제를 집중적으로 연습해야 한다. 그러나 오랜 기간 동안 같은 유형의 문제에 대해 같은 절차를 사용하는 연습을 하게 해서는 안 된다. Wenger(1987)는 이러한 형태의 연습은 절차적 오류, 즉 어떤 문제에는 맞지만 다른 문제에서는 틀리게 확장되는 절차가 만들어지게 되는 것으로 귀결될 수 있다고 주장하였다(〈표 3-1〉 참조). 오히려 연습을 할 때는 다양한 절차의 혼합체 문제를 포함시켜야 한다. 연습은 또한 오랜 기간에 걸쳐 조금씩(예를 들어, 하루에 20분) 이루어져야 한다. 하루 또는 이틀 동안 한 장이나 두 장의 연습문제 용지에 연습을 하는 절차는 빨리 잊어버리게 될 가능성이 매우 높다(Bahrick, 1993). 기본적으로, 절차는 아동이 해당 절차가 풀이에 정상적으로 사용되는 서로 다른 유형의 문제에 그 절차를 자동적으로 실행할 수 있을 때까지 연습되어야 한다.

물론, 나는 수정된 형태의 훈련과 연습을 추천한다. 비록 많은 현대의 교육연구자들의 골칫거리이지만, 이것이 아마도 기본 절차를 확실히 오랫동안 기억하게 하는 유일한 방법일 것이다. 결론은 "누군가가 어떤 것을 알게 되길 바란다면, 그것을 그들에게 가르쳐라."(Detterman, 1993, p. 15)다. 만일 누군가가 무엇을 알게 하고, 그것을 오랫동안 기억하게 하고 싶다면 그것을 연습시켜야 한다(Symonds & Chase, 1929). 특히, 연습이 다른 유형의 절차와 혼합되어 있을 때 기본 절차를 연습하는 것은 또한 해당 절차가 어떻게 작용하는지 아동에게 이해시킬 기회를 제공하는 것이다. 더욱이 일단 절차가 자동화되면 그 절차를 사용하기 위한 의식적 노력이 거의 필요 없게 되고, 이는 다시 주의와 작업기억 자원을 문제의 더 중요한 다른 특징에 여유 있게 사용할 수 있도록 해 준다(Geary & Widaman, 1992; Silver, 1987).

수학 문제나 영역에 대한 깊은 개념적 이해 또한 아마도 많은 경험을 요구하겠지만 훈련과 연습 그 자체를 요구하는 것으로 보이지는 않는다(G. Cooper & Sweller, 1987). 개념적 지식은 해당 영역의 기본 원리에 대한 아동의 이해를 반영하고, 아동으로 하여금 서로 다른 표면적 특징을 지닌 문제 전반에 걸쳐 유사성을 볼 수 있게 해 준다(예를 들어, Morales et al., 1985; Perry, 1991). 예를 들어, 어떤 아동은 세기가 왼쪽에서 오른쪽으로, 오른쪽에서 왼쪽으로, 또는 되는 대로 발생할 수 있고, 모든 항목을 세는 한 여전히 동일한 답을 산출해 낸다는 것을 알게 될 때 세기에 대한 우수한 개념적 이해를 보여 줄 수 있을 것이다. 개념적 지식을 증진하는 데 유용한 것으로 보이는 한 가지 방법은 학생들에게 특정 문제나 특정 부류의 문제를 해결하는 데 가능한 한 많은 방법을 생각해 보도록 하는 것이다(Sweller et al., 1983). 이 예에서 교수를 할 때, 아동에게 가능한 한 서로 다른 방식으로 많이 세게 한다(예를 들어, 왼쪽에서 오른쪽으로 그리고 오른쪽에서 왼쪽으로).

사실, 이는 일본의 초등학교 교실에서 활용되는 일반적인 접근방식이다(Stevenson & Stigler, 1992). 여기서 수학 수업은 종종 실제적인 문제 또는 문장제 문제로 시작된다. 교사는 학생들의 주의를 문제의 중요한 측면으로 이끌고 문제가 해결될 수 있는 방법에 대한 제안을 하도록 한다. 서로 다른 아동이 제안한 각기 다른 해결 전략의 장점이 차례로 검토된다. 교사는 문제해결 오류에도 많은 주의를 기울이고 있는데, 이는 그와 같은 오류가 아동의 개념적 오류에 중요한 영향을 미친다고 간주되기 때문이다. 우선, 해당 아동이 오류를 범한 이유를 확인하고 나서 다른 아동에게 같은 문제를 풀 수 있는 대안적인 방식을 제공하도록 요청한다. 수업은 교사가 그날 도입된 중요한 개념을 개괄하고 요약하는 것으로 마무리된다.

이 접근방식은 몇 가지 측면에서는 교수에 대한 구성주의 철학과 유사하지만, 다른 측면에서는 차이가 있다. 첫째, 비록 문제를 탐색하는 데 있어 교사가 아동을 이끈다 하더라도, 목적은 아동 개개인이 문제에 대해 기본 개념적 이해를 동일하게 발달시키는 데 있다. 구성주의 접근방식은 아동 개개인이 수학에 대해 그들의 독특한 이해를 개발하는 것을 그리고 문제에 대한 교사의 견해를 '부과하려는' 시도조차도 피해야 한다는 것을 강조한다. 또한 일본 교사들은 수업시간에 문제해결 과제의 일부를 제시하고, 아동이 그 과제에 흥미를 느끼고 참여하게 만드는 기법들을 개발하려고 노력한다(Stevenson & Stigler, 1992). 이는 중요한 목적이지만, 아동이 태생적으로 수학적 지식을 그들 혼자 힘으로 구성할 수 있을 것이라는 구성주의적 전제와는 매우 다르다(Cobb et al., 1992). 수학의 많은 부분이 생물학적으로 2차적인 것이기 때문에, 많은 아동에게 원래부터 흥미롭지는 않은 것 같다. 그럼에도, 아동이 배우는 데 상대적으로 더 흥미롭게 만들 수 있는 방식으로 수학적 주제를 제시할 수 있다. 그러나 수학 학습이 반드시 생물학적으로 1차적인 기술(예를 들어, 언어 습득)을 학습하는 것과 같은 방식으로 발생할 수 있는 것은 아니다.

아동의 개념적 지식 발달을 촉진할 수 있는 다른 중요한 교수적 특징에는, 아동이 개인적 경험들을 연계시킬 수 있는 익숙한 맥락에 문제를 제시하는 것(Perry et al., 1993)과 수학교사들에게 아동이 어떻게 수학문제를 이해하고 해결하는지에 대해 더 많이 가르치는 것(Carpenter, Fennema, Peterson, Chiang, & Loef, 1989; Fennema, Franke, Carpenter, & Carey, 1993) 등이 포함된다. Carpenter, Fennema 그리고 동료들은 교사들이 아동의 수학 발달에 대해 배운 후에, 미국 교사들의 수학 수업은 앞서 설명한 일본 교사들의 수업과 훨씬 더 비슷해졌음을 보여 주었다. 이 미국 교사들은 아동으로 하여금 문제에 대한 개념적 이해를 발달시키게 하는 질문을 훨씬 더 많이 하는 것 같았고 아동의 개념 오해에 훨씬 더 민감하게 반응하는 것으로 보인다. 더욱이 아동의 수학 발달을 이해하는 교사들은 이 개념 오류를 해소시키는 수업을 더 잘 제공할 수 있다.

요약

미국의 교육은 종종 아동의 학습에 대한 경험적 연구보다는 철학적 신념에 의해 추진된다. 교육 실제를 철학적 접근방식에 근거하는 것은 종종 한 가지 교수 형태에 극단적으로 의존하게 하는 결과를 가져온다. 어떤 경우 수학교육은 기초적인 것, 즉 기계적 혹은 절차적 기술의 습득에 초점을 맞춘다. 또 다른 경우에는 초점이 절차적 기술을 완전히 무시하면 아동의 개념 이해에 초점을 맞추기도 한다. 수학교육에 대한 현재의 구성주의적 접근방식은 이러한 경향의 한 가지 예를 대표적으로 보여 주고 있으며 거의 개념적 지식의 습득에만 오로지 초점을 맞추고 있다. 다른 형태의 수학 교수를 희생하면서 한 가지 형태의 수학 교수를 강조하던 것에서 발생한 이러한 변화는 부분적으로는 수학이 절차적 기술과 개념적 지식 모두의 습득을 요구한다는 것을 깨닫지 못해서 생겨난 일 같다. 극단적인 접근방식은 실패한다. 왜냐하면, 그러한 접근방식이 다른 것을 희생해서 한 가지 부류의 역량을 습득하도록 촉구하기 때문이다.

심리학적인 연구는 아동이 절차적 그리고 개념적 역량을 습득하기 위해서는 서로 다른 교수 기법들이 필요하다고 주장하고 있다. 그러므로 예를 들어, 개념적 지식의 학습을 강조하는 것은 절차적 기술의 학습을 촉진하지 않을 것이다. 절차적 그리고 개념적 학습에 대한 연구는 또한 더 실제적인 함의를 지니고 있다. 나는 이러한 연구의 함의를 교실 상황에서 그리고 교육과정 개발을 위해 활용할 수 있는 교수적 제안으로 옮겨 놓았다(〈예제 8-1〉 참조). 마지막으로, 〈예제 8-1〉에 기술된 것처럼, 교수활동의 목적을 분명하게 진술하는 것이 절차적 기술과 개념적 지식 모두의 습득을 촉진하는 것으로 보인다는 것에 주목하는 것은 중요하다.

〈예제 8-1〉 수학 교수를 개선하기 위한 제안

목표 진술하기

- 문제해결의 목적이나 도착점은 주제가 처음 도입될 때 분명하게 진술되어야 한다.
- 진술된 목적은 즉각적('이러한 유형의 문제에 대한 목적은 X의 답을 찾는 것이다.')이어야 함은 물론, 장기적('이러한 유형의 문제해결은 …… 등을 포함하는 서로 다른 종류의 많은 직업들에서 사용된다.')이어야 한다.

교수 절차

- 수학적 절차를 숙지하기 위해서는 집중적인(때로는 지루한) 연습이 필요하다.
- 연습에는 다음과 같은 것들이 포함되어야 한다.
  - 오랜 기간 동안에 걸쳐 조금씩(예를 들어, 20분) 이루어져야 한다.
  - 한데 섞여 있는 다양한 문제 유형에 대한 연습, 단 한 가지 유형의 문제만 연습하지 말아야 한다. 이는 절차적 오류를 낳는다.
  - 절차가 자동으로 수행될 때까지, 즉 아동이 그 절차에 대해 생각할 필요 없이 그것을 사용할 수 있을 때까지 연습해야 한다.
  - 일단 자동성에 도달하게 되면, 더 복잡한 내용에 대한 검토의 일부로, 해당 절차에 대한 추가적인 연습을 포함시켜야 한다. 이것이 해당 절차를 장기적으로 유지시키는 것을 촉진시킨다.

개념 가르치기

- 가능하다면 아동에게 의미 있는 맥락에서 자료(예를 들어, 문장제 문제)를

제시한다.

·단순히 한 개의 문제해결 알고리즘을 가르치기보다는, 가능한 한 많은, 서로 다른 방식으로 문제를 해결하게 한다는 하나의 목표를 설정한다. 이러한 목적은 학급 토론이라는 특징으로 달성될 수 있다.

·문제해결 오류를 논의한다. 오류를 개념적 오해에 대한 진단으로 그리고 오개념을 분명하게 하기 위한 기회로 활용한다.

교정교육

앞서 설명된 교수적 그리고 철학적 쟁점은 차치하고, 수학 발달을 가로막는 두 가지 가장 일반적인 장애요인은 수학 불안(mathematics anxiety)과 수학장애다. 비록 두 가지 모두 상대적으로 낮은 수학 수행과 연관되어 있지만, 수학 불안과 수학장애는 구분되는 현상이다. 여기에서는 이러한 장애 모두를 위한 잠재적 교정교육 기법들이 제시될 것이다.

수학 불안

여기에서는 수학 불안이라는 구인에 대한 기초적 연구가 제시될 것이다. 먼저, 기초적 현상이 기술되고, 수학 발달과 수학 수행에 수학 불안이 어떻게 영향을 미치는지에 대한 논의가 뒤를 이을 것이다. 이 부분은 수학 불안을 위한 서로 다른 유형의 중재 효과를 고찰하는 것으로 마무리 지을 것이다.

현 상

수학 불안은 시험 치기, 수업 듣기, 숙제 등을 포함한 많은 수학적 노력과 관련된 두려움 또는 걱정 상태다(Hembree, 1990; Ramirez & Dockweiler, 1987; Tobias, 1978). 비록 수학 불안이 시험 불안 그리고 특성 불안 등과 상관관계가 있다고 해도 별개의 현상으로 보인다(Hembree, 1990). 달리 말하면, 많은 사람은 일반적으로 불안해하는 경향 이상으로, 수학 활동에 대해 급성 불안을 보인다. 평균적으로 수학 불안은 남성보다 여성에게서 약간 더 혹은 중간 수준으로 더 심하게 나타난다(약 1/6 표준편차). 초등학생 시기에 처음으로 분명히 드러나고, 9, 10학년 때 가장 극단적이다(즉, 수학 불안 검사 점수가 가장 높다. Hembree, 1990; Hyde, Fennema, Ryan et al., 1990). 낮은 수준의 수학 능력이 높은 수준의 수학 불안과 연관되어 있지만, 수학 불안은 일반 지능과는 그리 강한 상관을 보이지 않는다(Hembree, 1990; Hyde, Fennema, Ryan et al., 1990; Sewell, Farley, & Sewell, 1983). 마지막으로, 중남미계 미국인과 미국 인디언이 미국 내 다른 민족 집단과 비교하였을 때 평균적으로 가장 높은 수준의 수학 불안을 보인 반면, 앵글로색슨계 미국인과 아프리카계 미국인 간에는 수학 불안을 보이는 경향에 차이가 없는 것으로 나타났다(Hembree, 1990; Ramirez & Dockweiler, 1987).

수행에 미치는 영향

수학 불안은 수학 발달과 수행에 두 가지 방식으로 영향을 주는 것으로 보인다. 첫째, 수학 불안의 수준이 높은 사람들은 고등학교에서 수학 과목을 그리 많이 수강하지 않고, 수학 과목을 들을 때 시험을 적절하게 준비하지 않으며, 수학을 필요로 하는 직업을 원하지 않는 경향이 있다(Chipman et al., 1992; Hunsley, 1987; Tobias, 1978). 물론, 수학 활동을 일반적으로 기피하는 것은 수학 기술의 빈약한 발달에 기인하고 있다.

둘째, 수학 불안은 수학 수행에 직접적인 영향을 미치는 것으로 보인다. 광범위한 메타분석에 기초하여, Hembree(1990)는 높은 수준의 수학 불안이 수학시험 점수를 7%(약 0.5 표준편차) 감소시킨다고 추정하였다. 수학 불안과 일반적인 시험 불안은 정서성과 걱정의 수준을 증가시키는 것으로 보이고, 이 두 가지 모두 수행에 부정적인 영향을 미친다(Arkin, Detchon, & Maruyama, 1982; Ellis, Varner, & Becker, 1993; Sarason, 1984). 정서성의 수준 증가는 생리적 각성 수준의 증가와 연관되어 있고, 이는 다시 지금 하고 있는 과제에 주의를 기울이는 것을 더 어렵게 만드는 경향이 있다(Ellis et al., 1993). 예를 들어, 높은 수준의 생리적 각성은 어쩌면 외부 소음이나 직접 접해 있는 환경의 다른 주의 산만 요인으로 인해 주의집중이 빈번하게 자동으로 옮겨 다니는 결과로 나타날 수 있다. 많은 사람에게는 높은 수준의 각성이 불편할 것이기 때문에, 이는 또한 그 사람으로 하여금 정확성에는 상관없이 과제를 가능한 한 빨리 마치도록 자극할 수 있다. Ashcraft와 Faust(1994)는 수학 불안의 수준이 높은 사람들은 불안 수준이 중간 정도인 사람들에 비해 간단한 그리고 복잡한 산술문제를 더 빨리 풀었고, 훨씬 더 많은 오류를 범했다는 것을 발견하였다. 또한 불안 수준이 높은 사람들의 문제해결 전략은 수학 불안 수준이 낮은 사람들이 사용하는 전략보다 더 경직되어 있고 알고리즘에 더 집착하는 것들이다.

걱정에는 수학에 대한 인지적 요소와 시험 불안이 포함된다. Arkin 등(1982)은 시험 불안 수준이 높은 사람들은 덜 불안해하는 사람들보다 잡념 또는 부적절한 내적 대화를 훨씬 더 자주 경험한다는 것을 발견하였다. 잡념은 보통 시험에서의 수행에 부정적인 속성이다. 예를 들어, 시험 불안이 심한 사람은 문제해결 과제를 하는 동안 "나는 내가 얼마나 못하고 있는지에 대해 생각했어요." "나는 내가 얼마나 자주 혼동하는지에 대해 생각했어요."(Arkin et al., 1982, p. 1114) 등과 같은 유형의 생각이 들었다고 보고하였다. 이러한 유형의 속성들은 그 사람으로 하여금 더 어려운 문제는 시도하지 않게끔 하는 결과를 낳을 수 있고(Dweck, 1975), 시도되고 있는 문제의 해결에 방해가 된다. 잡념은 현재 하고 있는 과제에서 주의와 작업기억 자원을 빼앗아 가며, 이는 낮은 수준의 수행을 보일 것이 거의 확실하다(Ellis et al., 1993). 다음에는 빈약한 수행이, 특히 그 사람이 낮은 수행을 적절한 준비 부족의 탓으로 돌리기보다는 능력 부족의 탓으로 돌린다면, 앞으로 수학에서 성공할 수 있는 능력에 대해 우려하게 만들 가능성이 꽤 높다(Dweck, 1975; Randhawa, Beamer, & Lundberg, 1993).

중 재

Hembree(1990)는 수학 불안의 감소가 수학 시험점수와 수학 교과의 평균 평점에서의 상당히(약 1/2 표준편차) 향상된 결과를 낳았음을 발견하였다. 그러나 모든 중재가 수학 불안을 감소시키거나 수학 수행을 향상시키는 데 똑같이 효과적인 것은 아니다.

전통적인 개인 혹은 집단 상담 기법들은 수학 불안을 감소시키거나 수학 수행을 향상시키는 데 그다지 효과적이지 않은 것으로 보인다(Hembree, 1990). 이와 유사하게, 문제해결을 돕기 위해 계산기나 소형 컴퓨터를 제공하는 것과 같은, 학급의 수학 교육과정을 변화시키는 것도 대다수의 사람에게 수학 불안을 감소시키는 데 대체로 효과적이지 않은 것으로 보인다(Hembree, 1990). 한 가지 예외는 학생의 수학적 역량을 증가시키는 교육과정의 변화인 것 같다. Hutton과 Levitt(1987)은 수학 수행과 우수한 공부 습관 사이의 관계에 초점을 맞춤으로써 그리고 기초 기술을 향상시킴으로써 역량감(feeling of competency) 혹은 자기효능감(self-efficacy)을 향상시켰다. 대수 수업 상황에서 특별히 제작된 교과서를 사용함으로써 이러한 목적이 달성되었다. 대수 주제 각각에 대하여, 교과서는 연관된 대수 문제를 풀기 위해 필요한 기초 산술능력을 복습하게 하였다. 그러고 나서 이 기초 기술을 연습하였었다. 강의와 교과서 내용 또한 동시에 진행되도록 하여 강의 각각의 기본 토대가 교과서에 '기본 틀 노트(skeletal notes)'로 제시되도록 하였다. 이러한 특징은 학생의 노트 필기를 개선하고, 학생이 강의의 핵심적인 특징에 초점을 맞추도록 고안되었다. 전반적인 중재는 대수 기술의 향상은 물론, 수학 불안의 상당한 감소를 보이게 하였다(Hutton & Levitt, 1987).

다른 중재 방법은 수학 불안의 정서성 또는 걱정 측면의 감소에 초점을 맞춰 왔다. 완화 요법과 같이 특히 정서성이나 각성을 줄이고자 했던 중재들은 수학 불안을 중간 수준(약 0.5 표준편차)으로 감소시키는 데는 효과적이었으나 수학 수행을 향상시키는 데 특별히 효과적이지는 않은 것으로 보인다(Ellis et al., 1993; Hembree, 1990). 그러나 체계적 둔감화의 한 요소로써의 이완은 수학 불안을 감소시키고(약 1 표준편차), 수학 수행을 향상시키는 데(약 0.5 표준편차) 효과적인 것으로 보인다. 체계적 둔감화(systematic desensitization)에는 이완 상태에서 수학 시험을 치르는 것과 같은, 불안 유발 맥락과 연계시키는 것이 포함된다(Wolpe, 1958). 이러한 절차를 이용해 아동은 먼저 두려움을 발생시키는 활동을 최소부터 최대까지의 불안 유발요인으로 정렬한 불안 위계를 만든다. 그러고 나서 아동이 깊은 이완 상태에 있는 동안 수학 수업에 등록하는 것과 같은, 최소 불안 유발 상황을 상상한다. 그런 후 위계 내에 있는 다음 활동을 이미지화하는 동안 이완은 조건화된다. 이 과정에서 아동이 이완된 상태에 있으면서 수학 기말고사를 보는 것과 같은, 최대 불안 유발 상황을 상상할 수 있을 때까지 계속된다.

인지 요법은 수학 불안의 걱정 요소에 초점을 맞추고 있으며(Ellis et al., 1993), 수학 불안의 중간 수준(약 1/2 표준편차)의 감소 및 약간(약 1/3 표준편차)의 수학 수행 향상과 관련 있다(Hembree, 1990). 이 요법은 수학 활동을 하는 동안 잡념의 빈도를 감소시키고, 자신의 수행에 대한 귀인(attribution)을 바꾸는 것에 초점을 맞춘다. 능력 부족에 귀인하고 있는 낮은 수행은 종종 어려운 수학 과제의 회피나, 어려운 수학 과제에 대한 인내심 부족 등으로 나타나게 된다. 사람들이 준비하고, 열심히 공부하는 것과 같은, 좀 더 통제 가능한 요인에 초점을 맞추도록 귀인을 바꾸는 것은 종종 더 끈기 있게 과제 관련 행동들을 보이거나 수행 향상의 결과를 낳게 한다(Dweck, 1975). 인지적 접근방식과 체계적 둔감화를 결합한 중재는 체계적 둔감화만을 시행하는 것보다 수학 불안을 감소시키는 데 약간 더 효과적인 것으로 보인다.

마지막으로, Ellis 등(1993)은 수학 및 시험 불안의 중재가 아동의 기본 역량, 지식 그리고 기술을 확립하는 것을 포함시켜야 한다고 주장하였다. 아동의 역량을 증진시키는 것은 원래 그리고 그 자체로 중요한 목적이 되는 것에 덧붙여, 수학 불안의 정서성 및 걱정 요소 모두를 감소시키는 것으로 보인다(예를 들어, Randhawa et al., 1993). 이러한 관점에서, 수학 불안을 감소시키기 위해 개인의 수학 역량 수준이 먼저 평가되어야 한다. 그다음, 각 개인에게 대략 그 정도 수준의 문제를 푸는 연습을 하게 한다. 그 수준에서 일반적으로 성공을 거두는 것은 그 사람의 수학에 대한 역량감을 향상시키고(Dweck, 1975), 수학 불안의 강도를 감소시키며, 더 어려운 과제에 대한 수행을 방해하는 것 같은 결함을 줄여 주는 것이 틀림없다(Hutton & Levitt, 1987). 그러고 나서 문제의 난이도를 올려야 한다. 최근에 강화된 기술에 의거하여 문제의 난이도 수준을 점차 증가시키는 것(K. R. Johnson & Layng, 1992)은 어떤 의미에서는 체계적 둔감화의 생체 내(in vivo) 유형이다. 이러한 요소 기술이 향상됨에 따라, 더 어려운 문제에서 성공을 더 자주 맛보게 될 것이고, 결과적으로 이러한 문제는 불안을 덜 유발하게 됨이 확실하다.

수학장애

여기에서는 5장에서 설명된 다양한 형태의 수학장애를 위한 잠재적 교정교육 전략이 제시된다. 이러한 형태의 수학장애에는 수학적 문제해결과 관련된 어려움뿐 아니라, 의미기억 수학장애, 절차적 수학장애 그리고 시공간감각 수학장애 등이 포함된다.

의미기억

의미기억 형태의 수학장애는 다른 무엇보다, 낮은 빈도의 기초 연산식 인출과 기초 연산이 장기기억에서 인출될 때 높은 오류율 등과 관련되어 있다(〈예제 5-1〉 참조). 이 장애는 교정교육을 받아도 학년이 올라가면서 지속되는 경향이 있으며, 종종 읽기에서의 어려움과 관련된다. 이러한 인출 문제는 유전적이며, 인지적일 뿐 아니라 신경심리학적 장애로 대표된다(Geary, 1993). 여기에서 나는 기초 산술 연산이 암기되는 정상적인 경로를 개괄하고, 이러한 유형의 장애아동에게 기초 연산을 가르치기 위한 교정교육 절차의 효과를 논의하며, 그러고 나서 대안적 교정 기법을 제안할 것이다.

2장에서 기술된 것처럼('전략선택 모형' 참조), 기초 산술 연산의 학습은 대부분의 아동이 산술문제를 풀기 위해, 세기 및 기타 다른 유형의 절차를 사용하면서 이들에게 자동으로 발생하는 것처럼 보인다(Siegler, 1986). 예를 들어, '3+2'를 "3, 4, 5."라고 세어 푼 후, 대다수의 아동은 이와 같은 세기를 많이 하고 나면 답이 5라는 것을 기억하게 된다. 그러나 많은 수학장애 아동은 산술문제를 풀기 위해 수년 간 세기나 다른 유형의 전략들을 사용한 후조차도, 많은 기초 산술 연산의 기억 표상을 자동적으로 발달시키지 못한다(Geary et al., 1987). 이러한 패턴은 기초 산술 연산의 암기에 기반이 되는 정상적인 처리과정이 많은 수학장애 아동에게는 다소 붕괴되었음을 암시한다(Geary, 1993 참조). 이들 중 많은 아동이 이 영역에서 교정교육이라는 중재를 받지 못하게 되면 평생 동안 어려움을 겪는 것으로 보인다(Dockrell & McShane, 1993).

Howell 등(1987)은 수학장애 청소년의 기초 산술 연산 회상을 향상시키기 위한 몇몇 유형의 교정적 중재의 유용성을 조사하였다. 첫 번째 유형의 중재에는 컴퓨터를 기반으로 하여 기초 곱셈 훈련과 연습을 제공하기 위해 설계된 소프트웨어 프로그램의 활용이 포함된다. 특히 곱셈 문제를 정답과 연계시키는 데 도움을 주기 위해 고안된 두 번째 더욱 정교한 소프트웨어 프로그램도 후속 연구에서 사용되었다. 처음에 두 가지 소프트웨어 프로그램 모두의 훈련과 연습은 오류를 눈에 띄게 줄였고 해결시간도 더 빨라졌다. 그러나 일단 훈련과 연습을 멈추면, 오류율과 해결시간은 거의 중재 이전 수준으로 증가하였다. 이러한 중재가 이루어지는 동안, 연구자들은 해당 청소년이 곱셈 문제를 푸는 데 활용하는 전략의 유형들을 체계적으로 기록하지 않았다. 그러므로 초기 수행의 향상은 반복 덧셈(〈표 2-3〉 참조)과 같은 곱셈 절차를 더 잘 활용하였기 때문인지, 혹은 몇몇 기초 연산이 암기는 되었지만 빨리 잊어버렸기 때문인지 명확하지 않다. 어느 쪽이든지 곱셈 문제를 반복해서 푸는 것은 기초 곱셈 연산 학습을 이끌지 못했다.

두 번째 중재에는 교사의 개인 지도와 결합되어 더 정교한 훈련과 연습 소프트웨어의 활용이 포함된다(Howell et al., 1987). 교사는 해당 청소년에게 '9의 법칙(rule of nines)' 절차로 간단한 곱셈 문제를 푸는 방법을 가르친다. 이 절차는 학생이 9의 배수를 기억하는 것이 특히 어렵다는 것을 알게 되어서 사용되었다. "9의 법칙은 어떤 한 개의 1의 자리 수[n]와 9의 곱이, 10의 자리 수는 [n]보다 하나 적고 자리 수들의 합이 9인 곱셈에서의 문제해결을 위한 알고리즘 접근방식이다."(Howell et al., 1987, p 338) 예를 들어, '9×6'에서, '6-1'이 5이기 때문에 10의 자리 수는 5다. 그리고 '9-5'가 4이기 때문에 1의 자리 수는 4다. 일단 이 절차를 배우고 연습하고 나서 해당 청소년의 곱셈 수행이 장기적으로 향상된 것이 발견되었다. 특히, 그 청소년은 더 적은 오류를 범했고, 9의 배수 문제를 훨씬 더 빨리 풀었다.

이를 종합해 볼 때, 이 일련의 연구들은 표준 교정교육 기법들을 활용하는 것이 의미기억 결함이 있는 수학장애 아동의 기초 산술 연산 학습을 촉진하지는 못한다고 주장하고 있다(Howell et al., 1987). 또한 이러한 연구는 이 아동을 대상으로 하는 교정적 접근방식이 아동에게 기초 계산을 수행하기 위한 효율적인 절차의 활용을 가르치는 데 초점을 맞춰야 한다고 주장하고 있다. 일단 절차가 이해되고 나면, 그 절차는 오류율과 해결시간을 줄일 수 있도록 연습되어야 한다.

읽기장애의 교정교육으로 사용되었던 흥미로운 기법은 수학장애 아동에게 기초 산술 연산을 가르치기 위한 또 다른 가능성을 시사하고 있다(Rozin, Poritsky, & Sotsky, 1971). 이 연구에서 읽기장애 아동은 영어의 모든 음소-소리 대응을 알지 못했기 때문에 읽기에 큰 어려움을 겪고 있었다. 그럼에도, 약 4시간 정도의 수업을 통해 Rozin 등은 중국의 문자를 사용하여 이 아동에게 30개 정도의 단어를 읽을 수 있게 가르쳤다. 중국 문자는 단어들을 직접적으로 보여 준다(예를 들어, 고양이에 대한 단어는 한 개의 문자다). 이에 비해, 영어 읽기의 기본 단위는 음소, 즉 'ka'와 같은 언어의 기초 소리다. 읽기장애가 종종 음소를 기억하는 데 어려움을 겪는 것과 관련되기 때문에(5장 '읽기장애와 수학장애 간의 관계' 참조), 읽기를 위해 중국 문자를 활용하는 것은 음성학상 소리와 문자들을 연결시키는 데 있어 아동이 겪는 어려움을 피하게 해 준다.

많은 수학장애 아동은 Rozin 등(1971)의 연구에서 연구대상이었던 읽기장애아동과 동일한 기초 기억 결함을 지니고 있는 것으로 보인다. 그러므로 수학장애 아동에게, 결함이 있는 것이 분명한 의미기억 체계(음성 기억과 기초 연산식 인출의 기반이 되는 것으로 보이는)를 우회하는 기초 계산 수행 방법을 가르치는 것이 그들의 계산 수행을 위한 기초 능력을 장기적으로 향상시킬 가능성이 매우 높다. 이러한 가능성을 지닌 방법 중 하나가 주판이다. 주판은 여러 줄의 구슬로 구성된 중국에서 개발된 도구다. 그 줄은 자릿값을 대표한다. 예를 들어, 1의 자릿값은 맨 왼쪽 줄로, 10의 자릿값은 그 옆의 줄로 대표된다. 각각의 줄에는 구슬이 다섯 개씩 있다. 밑에 있는 4개의 구슬은 1의 자릿값을 나타내며, 5를 의미하는 맨 위의 구슬과 물리적으로 분리되어 있다. 구슬을 물리적으로 다른 위치로 옮김으로써 계산이 이뤄진다(이에 대한 탁월한 설명은 Stigler, 1984 참조).

우수하게 수행된 일련의 연구에서 Stigler(1984)는 간단한 그리고 복잡한 덧셈 문제를 풀기 위해 정신적 주판(mental abacus)을 활용하는 과정을 거쳐 동일한 문제를 풀게 하였더니 미국인들이 보통 사용하는 과정과 다른 방법을 사용하고 있음을 증명해 냈다. 계산을 하는 동안 정신적 주판의 사용은 실제 주판을 물리적으로 조작하는 것과 많은 측면에서 유사했다. 주판을 능숙하게 다루는 사람들은 머릿속에 주판의 이미지를 분명하게 만들고 나서, 구슬을 정신적으로 조작하여 간단한 그리고 복잡한 계산을 수행하였다(Hatano, Miyake, & Binks, 1977).

의미기억 형태의 수학장애가 있는 많은 아동은 정상적인 시공간감각 기술을 가지고 있는 것으로 보인다(Rourke & Finlayson, 1978). 그렇다면 이론적으로는, 의미기억 결함이 있는 수학장애 아동이 실제 주판을 활용하는 것 그리고 연습 과정을 통해 정신적 주판을 활용하는 것을 배울 수 있다. 달리 말해서, 기초 연산식 인출과 정신적 주판 사용의 기저를 이루는 인지적, 어쩌면 신경학적 체계는 다른 것으로 보인다는 것이다(Stigler, 1984). 기초 연산식 인출에 어려움을 겪고 있는 많은 아동에게 있어, 아마도 정신적 주판의 생성과 사용을 뒷받침하는 체계는 손상되지 않은 것으로 보인다. 그러므로 동일한 기능들을 수행하기 위해 의미기억을 우회하고, 주판과 같은 심상 중심 체계에 의존하도록 아동을 가르침으로써 이러한 결함을 교정할 수 있다. 주판을 배우는 것은 어렵고 시간을 집중적으로 투자해야 하는 일이다(Stigler, 1984). 그러나 이러한 아동 중 다수의, 받아올림 및 받아내림과 같은 기초적인 절차적 기술을 정상적으로 구사할 수 있기 때문에 주판과 같은 도구는 기초 연산(예를 들어, '5+8')을 배우기 위해서만 필요할 수 있다. 그러므로 이러한 아동에게 더 복잡한 문제를 풀게 하기 위해 주판 사용법을 가르칠 필요는 없다.

절 차

〈예제 5-2〉에 언급된 것처럼, 일부 수학장애 아동의 절차적 결함은 더 어리고 학업적으로 정상인 아동이 더 일반적으로 사용하는 산술 절차를 활용하고 더 많은 절차적 오류를 범한다는 것으로 특징지어진다. 몇몇 경우에, 절차적 오류는 연관된 개념에 대한 빈약한 인지와 관련이 있는 것으로 보이고,

다른 경우에서는 현재의 과제에 대한 주의집중의 부족과 관련이 있는 것으로 보인다(Geary, 1993; Russell & Ginsburg, 1984). 어느 경우든지, 많은 수학장애 아동의 절차적 결함은 단기적인 것으로 보인다(Geary et al., 1991). 즉, 이들 중 많은 아동이 많은 산술 절차를 이해하고 활용하는 데 뒤처지는 것처럼 보여도, 대다수는 결국 학업적으로 또래들을 따라잡게 된다(Russell & Ginsburg, 1984). 절차 활용에서 이러한 지체를 보이게 되는 이유는 인지적 혹은 신경심리학적 결함이 장기적인 것에 기인하지는 않으므로, 이러한 아동 대다수에게 특별한 교정 기법들이 필요할 것 같지는 않다.

오히려, 어떠한 교정교육 시도도 아동의 절차적 기술 발달을 촉진하는 방향으로 진행되어야 한다. 비록 많은 아동이 그들 힘으로 효율적인 절차를 발견할 것이라고 해도, 많은 수학장애 아동은 학업적으로 정상인 또래들만큼 쉽게 발견하지 못한다. 그러므로 이 수학장애 아동은 산술 절차를 효율적으로 활용하는 방법을 직접 지도받아야 하고, 그 절차 활용을 연습해야 한다(Schloss, Smith, & Schloss, 1990). 그러한 어떤 교정적 시도는 아마도 먼저 해당 절차에 대한 아동의 개념적 이해에 초점을 맞추어야 할 것이다(Dockrell & McShane, 1993). 예를 들어, '3+2'를 풀기 위해 "3, 4, 5."라고 세기보다는 1부터 세는 수학장애 아동은 세기의 개념을 잘 이해하지 못하는 것으로 보인다(Geary, Bow-Thomas, & Yao, 1992). 이 아동은 세기는 반드시 1부터 시작해야 한다고 믿는 것으로 보인다. 세기의 융통성(예를 들어, 세기는 왼쪽에서 오른쪽으로 혹은 오른쪽에서 왼쪽으로 할 수 있다)에 초점을 맞춘 교수는 세기에 대해 좀 더 성숙한 이해를 이끌어 낼 수 있다. 다음으로 세기의 개념을 더 잘 이해하는 것은 아동이 산술문제를 풀기 위해 더 정교한 세기 절차를 활용하도록 촉진할 것임에 틀림없다. 더욱이 절차에 대한 개념적 이해는 절차적 오류의 빈도를 줄여 주는 것으로 보인다(Geary, Bow-Thomas, & Yao, 1992). 일단 개념을 이해하고 나면, 아동은 가능한 한 서로 다른 유형의 문제를 많이 풀기 위해 관련 절차를 활용하는 연습을 해야 한다.

시공간감각

시공간감각적 형태의 수학장애에는 수 정보의 공간적 표상에 있어서의 어려움과 자릿값에 대한 이해와 같은 어떤 개념적 어려움 등이 포함된다(〈예제 5-3〉 참조). 이와 같은 결함의 발달 과정은 현재 분명하지 않다. 그러므로 시공간감각 기술이 부족한 아동을 위해 특정 교정 기법들이 개발될 필요가 있는지는 확실하지 않다. 그럼에도, Schloss 등(1990)은 문제해결의 흐름을 지시하는 구체적인 촉구의 활용이 이와 같은 형태의 어려움을 겪는 아동에게 유용할 수 있다고 주장하였다. 예를 들어, 여러 자리 수 덧셈 문제를 풀 때, 시공간감각 결함이 있는 아동은 종종 자리값 정보를 올바른 위치에 넣는 데에 문제를 보인다. 아마도 [그림 8-1]에 제시된 것처럼 문제를 필기 형태로 구성하는 것은, 자리값에 대한 오류의 빈도를 감소시켜 줄 수 있을 것이다. 문제의 위에 있는 촉구(←)는 여러 자리 덧셈의 순서를 지시한다(Schloss et al., 1990). 그리고 꼬리표가 달린 네모 칸은 각 자리의 값을 명시적으로 알려 주고 있다. 경험을 거듭하면서 촉구는 제거될 수 있다(Schloss et al., 1990).

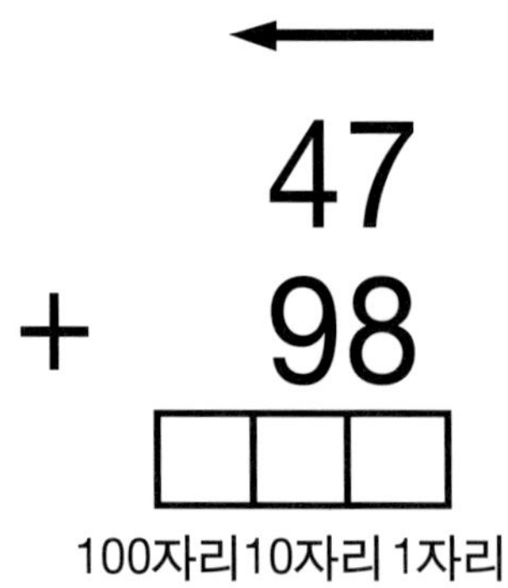

[그림 8-1] 시공간감각 결함을 지닌 아동에게 여러 자리 수 산술을 가르치기 위해 제안된 교수 보조자료

앞에서 제안했던 주판에 비해, 지금 제안한 교정 기법은 이론적이지만 확실히 검증해 볼 수 있는 것이다. 마지막으로, 여러 자리값의 산술에 대한 어려움은 시공간감각 결함과 연관된 유일한 문제 유형이 아니라는 점에 주목하라. 요점은 문제해결의 공간적 구성과 순서가 시공간감각 결함을 지닌 아동에게 적어도 초기 학습에서 명확하게 제시될 필요가 있다는 점이다.

수학적 문제해결

기초 연산 인출 문제와 같은 산술 결함은 많은 수학장애 아동과 청소년의 빈약한 수학적 문제해결 기술의 원인이 되는 한 가지 요인으로 보인다(Zentall & Ferkis, 1993). 이는 산술 결함이 문장제 문제해결을 더 느리고, 오류에 더 취약하게 만들기 때문이다. 그럼에도, 5장에서 언급한 것처럼 많은 수학장애 아동은 더 낮은 수준의 산술 결함 혹은 빈약한 읽기 기술과 연관된 어떤 문제 외에, 수학 문장제 문제해결에 어려움을 갖고 있다('수학장애: 산술과 수학적 문제해결' 참조). 더 정확히 말하자면, 수학장애 청소년은 수학적 문제해결의 문제 표상 측면을 특히 어려워하는 것으로 보인다(Hutchinson, 1993; Montague & Applegate, 1993; Zawaiza & Gerber, 1993).

문제 표상에는 문제 진술들을 양적인 의미가 있는 표상으로 해석하고 종합하는 것 모두가 포함된다는 것을 상기하라(3장 '문제해결 과정' 참조). 예를 들어, 3장 〈예제 3-1〉에 제시된 다음과 같은 문장제 문제를 살펴보자. 'Amy는 사탕 두 개를 갖고 있다. Mary가 Amy에게 사탕 세 개를 더 주었다. Amy는 지금 사탕 몇 개를 갖고 있는가?' 이 문제 첫 번째 문장은 Amy가 갖고 있는 사탕은 두 개의 블록으로 나타낸다는 것으로 해석될 수 있다. 또 다른 블록 세 개는 Mary가 갖고 있는 사탕의 개수를 의미한다. 그다음, Amy의 사탕과 Mary의 사탕 표상들이 합쳐진다. 즉, 아동은 그 관계를 문제의 목적과 연계해서 이해할 필요가 있다. 이 예에서, 아동은 문제를 정확하게 풀기 위해 Mary가 갖고 있는 블록들과 Amy가 갖고 있는 블록들을 합해야 한다는 것을 이해할 필요가 있다.

수학장애 청소년은 문제해결의 특징을 해석하고 통합하는 데 어려움이 있다(Hutchinson, 1993). 문제 표상에 어려움을 겪는 수학장애 학생들을 위한 교정 기법은 기초 계산 기술을 향상시키는 것뿐 아니라, 문제해결 대본과 도표 모두를 사용할 수 있는 교수법과의 결합을 포함한다(Hutchinson, 1993; Schloss et al., 1990; Zawaiza & Gerber, 1993). 수학적 문제해결에서 도표로 나타내는 것의 유용성은 3장에서 논의되었다([그림 3-3] 참조). 기본적으로, 문제의 중요한 특징 사이의 관계를 그림으로 나타내는 것은 문제에 대한 기억 요구와 문제해결 오류 빈도를 상당히 낮춰 줄 수 있다(A. B. Lewis, 1989). 많은 수학장애 아동은 분명히 자신의 문제해결을 돕기 위해 도표를 자발적으로 사용하지 못해서, 도표를 어떻게 그리고 언제 사용하는지 배울 필요가 있다.

Zawaiza와 Gerber(1993)는 수학장애 대학생을 대상으로 문제해결 대본을 활용하고, 이들에게 도표를 사용하는 방법을 가르침으로써 이들의 문제해결 기술을 향상시키기 위해 노력했다. 대본은 학생을 위해 문제해결 순서를 명시적으로 진술하고 있다. 즉, 대본은 숙련된 문제해결자에게 자동으로 생성할 수 있는 문제해결에 대한 초인지적 조직을 제공하고 있는 것이다. 다른 말로 하자면, 대본을 활용함으로써 많은 수학장애 아동이 저절로 성취하지 못하던 문제의 해결 구조를 제공하는 것으로 보인다(Montague & Applegate, 1993). 비교 문제와 같은 연구에서, 학생이 직면할 수 있는 서로 다른 유형의 문장제 문제 및 각 문제 유형과 연계된 기본 목적에 대한 교수가 제공되었다. 그런 다음, 교사는 문제해결 순서를 보여 주었고, 각 문제해결 단계의 중요한 특징을 강조하였다. 마지막으로, 학생들이 서로 다른 유형의 문장제 문제를 규명해 내는 것과 같은 특정 기술을 연습하는 동안, 교정적 피드백이 제공되었다. Zawaiza와 Gerber(1993)는 문장제 문제의 관계적 특징을 도표로 만드는 방법에 대한 구체적 교수와 함께 그와 같은 대본을 제공하는 것이 이 수학장애 대학생의 산술 문장제 문제를 푸는 것과 연관한 오류의 빈도를 상당히 감소시켰다는 것을 발견하였다. 수학장애 고등학생 집단을 대상으로 실시한 Hutchinson(1993)의 연구에서도 비슷한 결과가 보고되었다.

이를 종합해 보면, 만약 학생에게 문제해결에 있어서의 단계 순서를 가르친다면, 수학장애 아동 및 청소년의 수학적 문제해결 기술을 향상시킬 수 있을 것으로 보인다. 이러한 교수에는 각 단계와 연관된 기술을 연습하는 것과 함께, 왜 그 단계가 중요한지 그리고 그것이 문제의 전반적인 목적과 어떻게 관련되어 있는지에 대한 논의가 포함되어야만 한다. 도표의 활용은 비장애 학생들의 문제해결 수행을 촉진하고(A. B. Lewis, 1989), 또한 수학장애 학생들의 수행을 향상시키는 데에도 유용한 것으로 보인다. 그러나 수학장애 학생들은 문장제 문제의 중요한 특징을 도해로 나타내는 방법에 대해, 비장애 학생들보다 더 명확한 교수 및 연습을 필요로 하고 있다.

요약

심리학적인 연구는 수학 불안이나 수학장애가 있는 아동과 청소년의 수학 수행은 향상될 수 있으며, 때때로 그 수행 정도가 상당하다고 주장하고 있다. 수학 불안에는 정서성과 걱정의 고조가 포함되어 있고, 이는 서로 다른 유형의 수학 활동에 집중된다. 정서성과 걱정은 서로 결합하여 수학적 문제해결을 직접적으로 방해하고, 수학적 역량감을 감소시키며, 수학적 노력에 대한 전반적인 기피를 낳는다. 6장에서 언급했듯이, 수학 수업과 활동의 기피는 장기적으로 성인이 되었을 때 직업 선택의 폭을 제한할 수 있다(Wise, 1985). 다행히도, 수학 불안은 기초 수학 기술을 향상시키기 위해 고안된 기법들과 결합된 체계적 둔감화를 통해 효과적으로 중재될 수 있다.

수학 불안과 수학장애는 종종 혼동된다. 이 책의 서론에 언급되었듯, 최근의 한 대학교재는 "아동이 수학 학습에서 보이는 문제가 특정 형태의 인지적 기능이상에서 기인된다는 증거는 거의 없다."(Krantz, 1994, p. 430)고 진술하였다. 오히려 수학 불안은 수학장애의 원인이 되는 중요한 요인이라고 진술되었다. 이에 비해 나는 여기서 그리고 5장에서 서로 다른 형태의 수학장애가 존재하고, 각 수학장애는 수학 불안과 별개의 것이라고 주장하였다. 수학 불안과 수학장애가 다른 현상임을 이해하는 것은 중요한 실제적 함의를 지니고 있다. 특히, 서로 다른 형태의 수학장애는 각기 다른 그리고 수학 불안에 대한 중재 접근방식과는 다른 교정 기법들을 요구하는 것으로 보인다. 서로 다른 형태의 수학장애에 대한 교정적 제안들은 〈예제 8-2〉에 요약되어 있다. 수학장애 영역에서의 현재 지식 상태를 고려해 볼 때, 이러한 제안들은 이러한 학습장애의 가장 효과적이고 교정적인 접근방식에 대한 시발점으로만 받아들여야 한다.

〈예제 8-2〉 수학장애 중재를 위한 제안

의미기억

- 아동이 기초 산술 연산을 암기할 수 있다고 기대하지 마라.
- '9의 법칙' 절차와 같은, 기초 계산을 수행하는 대안적 방법을 가르쳐라.
- 이 절차가 별다른 노력 없이 그리고 신속하게 수행되도록 아동에게 그 절차를 연습하게 하라.

절 차

· 처음에는, 관련된 영역들(〈예제 8-1〉 참조)에 대한 아동의 개념적 이해에 초점을 맞춰라. 예를 들어, 아동은 세어가기 절차를 배우기 전에 세기 개념을 이해해야 한다.
· 일단 아동이 관련 개념을 이해하고 나면, 해당 아동에게 가장 효율적인 절차를 사용하도록 가르쳐라.
· 아동에게 이 절차(〈예제 8-1〉 참조)를 활용하는 것을 연습시켜라.

시공간감각

· 여러 자리 수 산술과 같이, 공간적으로 표상된 정보에 대해서는 촉구를 제공하여 문제해결 순서를 지시하라.
· [그림 8-1]에 설명된 것처럼, 의미가 공간적 위치에 의해 결정되는 정보에 꼬리표를 제공하라.

수학적 문제해결

· 모든 기초 기술 결함을 사정하고 교정하라.
· 아동이나 청소년에게 서로 다른 부류의 문장제 문제(3장 참조)를 규명하는 연습을 하게 하라.
· 서로 다른 부류의 문장제 문제에 대해
  - 문제 유형에 대한 목적을 진술하라.
  - 문제해결 각 단계에 대해 명시적인 교수를 제공하라.
  - 아동이나 청소년에게 필요한 경우 교정적 피드백을 제공하면서, 각 단계를 연습시켜라.
· 아동이나 청소년에게 관계적 정보를 도해로 나타내는 방법을 가르쳐라.

결 론

미국의 수학교육은 대체로 아동이 어떻게 수학 기술을 습득하는지에 대한 일관성 있는 이해보다는 일시적 유행과 정치적 이념에 의해 추진되어 왔고, 아동의 수학성취에 대한 명확한 국가 수준의 규준도 없다(Stevenson & Stigler, 1992). 수학에 대한 현재의 교육적 접근방식은 문제해결과 개념적 지식을 강조하고, 절차적 기술은 강조하지 않는다. 이러한 철학은 부분적으로는 기초 절차적 기술의 습득에 기계적 학습이 포함되고, 이는 다시 아동에게서 수학에 대한 흥미를 빼앗아 간다는 믿음에서 발생한 것으로 보인다(Cobb et al., 1992). 더욱이 수학 발달은 사회적 맥락 안에서 발생해야 하고, 아동은 수학적 개념에 대한 그들 자신의 이해를 구성해야 한다고 믿는다. '교육철학'에서 언급되었듯, 적절한 사회적 수학 환경의 발달로 "학생들이 역사적으로 몇 천 년에 걸쳐 진화해 왔던 수학적 실제를 그들 자신의 힘으로 구성할 수 있게 된다."(Cobb et al., 1992, p. 28)고 가정한다.

대부분의 경우에 이러한 믿음은 아동의 인지 발달에 대한 순진한 시각과 생물학적으로 1차적인 기술과 2차적인 기술 간의 차이를 인식하지 못한 것에 기초하고 있다(Geary, 출판 중). 확실히 전부는 아니지만 많은 수학교육 연구자는 현재 복잡한 수학 기술이 생물학적으로 1차적이라는 암묵적인 전제에 그 기반을 둔 교수 기법을 옹호하고 있다. 그러나 수와 세기 지식 같이 생물학적으로 1차적인 기술이 습득되는 조건은, 대수와 같이 더 복잡하고, 생물학적으로 2차적인 기술이 습득되는 조건과 매우 다른 것 같다. 현재의 교육철학에 대한 반대로, 수학교육은 단순히 문제해결 기술에만이 아니라, 절차적 기술과 개념적 지식 모두에 초점을 맞춰야 한다. 절차적 기술은 훈련과 연습을 통해 가장 잘 학습되는 것으로 보이는 반면, 개념적 지식은 아동으로 하여금 문제나 문제의 부류가 해결될 수 있는 서로 다른 방법을 많이 생각해 보게 하는 조건에서 가장 쉽게 학습되는 것으로 보인다(Sweller et al., 1983).

수학에 대한 현재의 교육 접근방식에 더하여, 아동의 수학 발달에 가장 일반적인 두 가지 걸림돌은 수학 불안과 수학장애다. 수학 불안은 수학 활동에 대한 진정한 두려움이나 걱정을 의미하고, 시험 불안과 관련이 있기는 하지만 구별되는 것으로 보인다(Hembree, 1990). 수학 불안에는 수학적으로 노력하는 동안의 걱정에 대한 인지적 요소뿐 아니라 정서성과 각성 고조를 포함한다. 높은 수준의 수학 불안은 그 사람으로 하여금 더 쉽게 산만해지고 서두르게 하고 그리고 수학 활동 중 부정적인 생각을 하는 빈도를 증가시킴으로써 수학 수행에 직접적으로 영향을 미친다(Ellis et al., 1993). 이 요인은 서로 합쳐져 현재 하고 있는 과제에 사용될 수 있는 주의 및 작업기억 자원들을 감소시키는 결과를 낳는다. 더욱이 높은 수준의 수학 불안은 수학 활동을 피하게 할 가능성을 증가시킨다. 이 시점에서 중재에는 수학 불안의 정서성과 걱정 요소를 감소시키는 것뿐 아니라, 기초 기술을 향상시키는 것이 포함되어야 한다. 전자는 체계적 둔감화 및 수학 활동 중에 드는 부정적 속성(예를 들어, '나는 이것을 할 수 없어.')의 빈도를 감소시키기 위해 고안된 인지적 접근방식의 활용을 통해 달성될 수 있는 것으로 보인다(Hembree, 1990).

현재 수학장애에 대한 우리의 이해는 다소 원시적이다. 그러므로 이 장애에 대해 잘 개발된 교정교육 기법들이 그다지 많지 않다는 것은 놀랄 일이 아니다(Mayer, 1993). 앞서 제공된 교정적 제안들은 서로 다른 유형의 수학장애의 기초를 이루고 있는 것으로 보이는 인지 결함 혹은 지체에 대한 우리의 현재 이해에 기초하고 있다. 이 제안이 반드시 관례적인 것으로 받아들여질 필요는 없고, 오히려 수학장애에 대한 교정교육이 어떻게 인지적 관점에서 접근될 수 있는지에 대한 개인 차원에서의 최선의 방법으로 받아들여져야 할 것이다. 기본 가정은 수학장애의 의미기억 형태와 같이, 장기적인 결함으로 보이는 것에 대한 교정교육이 동일한 기능적 기술을 지원할 수 있는 대안적인 인지체계에 초점을 맞춘다는 것이다. 주판이 수학장애 아동의 기초 연산식 인출을 촉진하는 데 유용할 것이라는 주장은 이러한 가정에 직접적으로 기초하고 있는 것이다.

단순히 발달지체나 잘 발달되지 못한 기술로 보이는 다른 유형의 결함들에 대해, 교정교육 기법들은 기능이상을 보이는 인지체계를 간과하기보다는 이러한 기술을 개선하는 데 직접적으로 초점을 맞추어야 한다. 이러한 목적을 달성하기 위해서, 정상 수준에서 수행되는 인지 과정에 대한 매우 상세한 분석이 먼저 필요하다(Mayer, 1993; Schloss et al., 1990). 그다음으로, 수학장애 아동의 수행 결함에 대한 아주 세밀한 연구들이 필요하다. 일단 수학장애 아동의 수행을 혼란스럽게 하는 기본 과정을 규명하고 나면, 이 기술 및 관련된 개념적 지식을 학생에게 직접 가르쳐야 한다. 학업에서 정상 수준의 아동이 직접적인 교수의 도움 없이도 발견하는 수학적 개념과 절차에 대한 많은 부분을, 수학장애 아동은 그만큼 쉽게 발견하지 못하는 것으로 보인다. 그러므로 대부분의 수학장애 아동에게는 요소 기술에 대한 연습과 함께 명시적이고 자세한 단계별 교수가 필요한 것 같다. 이러한 접근방식은 수학적 문제해결을 하는 데 겪게 되는 어려움에 대한 교정교육을 위해 Zawaiza와 Gerber(1993)가 개발한 기법들에 의해 확인되고 있다.

심리학 연구는 수학교육에 많은 것을 제공하고 있다(Penner, Batsche, Knoff, & Nelson, 1993). 인지 및 발달 연구자들은 인간의 수 관련 기술의 기초와 그 기술의 발달에 미치는 생물학적 그리고 환경적 영향을 더 잘 이해하기 위하여(Fuson, 1988; Gallistel & Gelman, 1992), 뿐만 아니라 수학적 문제해결과 같은 더 복잡한 생물학적으로 2차적인 기술을 더 잘 이해하기 위해서(Briars & Larkin, 1984) 계속해서 연구해야 한다. 예를 들어, 사회, 임상 그리고 교육 심리학자들은 수학 불안을 중재하는 더 나은 방법을 개발함으로써 그리고 아동의 수학 학습을 개선하기 위한 서로 다른 교수 기법들의 효능을 경험적으로 검증해 냄으로써 기여할 수 있다. 이러한 노력 각각은 열정적으로 추구되어야 하고, 동시에 미국에서 수학교육의 개선에 대한 큰 요구에 대해 좀 더 유념해야 한다. 심리학의 가장 큰 공헌은 기초 및 응용 연구가 미국 아동의 수학 발달을 향상시키고자 하는 목적과 더 직접적으로 연관될 수 있는 방법을 모색해 오고 있다는 점을 들 수 있다.

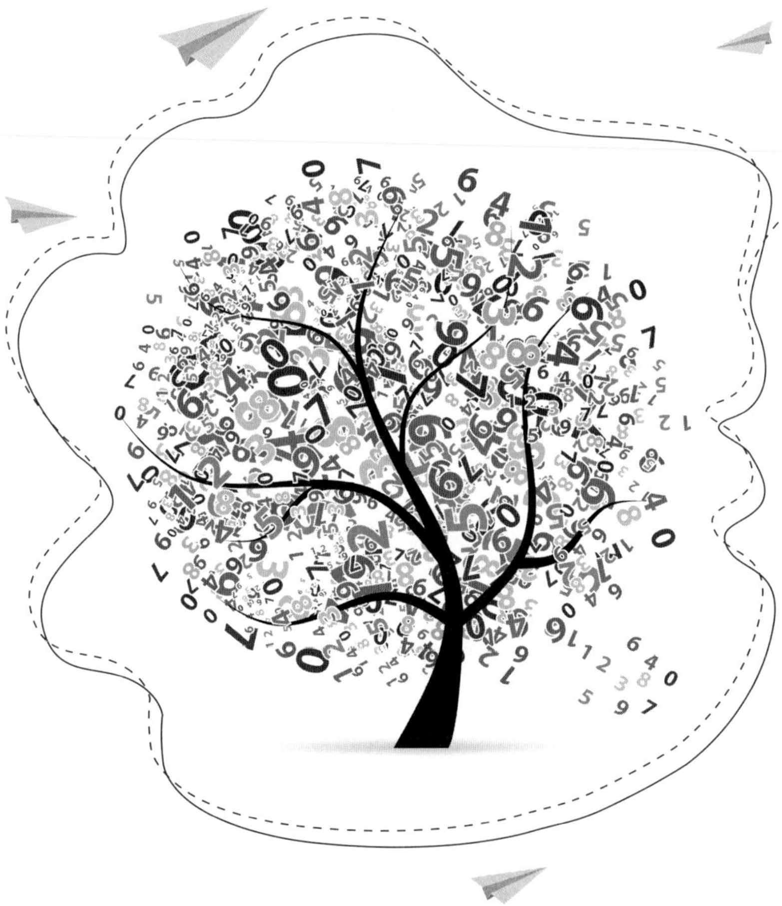

참고문헌

Adams, L. T., Kasserman, J. E., Yearwood, A. A., Perfetto, G. A., Bransford, J. D., & Franks, J. J. (1988). Memory access: The effects of fact-oriented versus problem-oriented acquisition. *Memory & Cognition, 16*, 167-175.

Aiken, L. R., Jr. (1976). Update on attitudes and other affective variables in learning mathematics. *Review of Educational Research, 46*, 293-311.

Albert, R. S., & Runco, M. A. (1986). The achievement of eminence: A model based on a longitudinal study of exceptionally gifted boys and their families. In R. J. Sternberg & J. E. Davidson (Eds.), *Conceptions of giftedness* (pp. 332-357). Cambridge, England: Cambridge University Press.

Al-Uqlidisi, A. (1978). *The arithmetic of Al-Uqlidisi* (S. A. Saidan, Trans.). Boston: Reidel. (Original work published 952-953)

Amato, P. R., & Keith, B. (1991). Parental divorce and the well-being of children: A meta-analysis. *Psychological Bulletin, 110*, 26-46.

Anderson, R. C. (1984). Some reflections on the acquisition of knowledge. *Educational Researcher, 13*, 5-10.

Antell, S. E., & Keating, D. P. (1983). Perception of numerical invariance in neonates. *Child Depression, 54,* 695-701.

Arkin, R. M., Detchon, C. S., & Maruyama, G. M. (1982). Roles of attribution, affect, and cognitive interference in test anxiety. *Journal of Personality and Social Psychology, 43,* 1111-1124.

Armstrong, J. M. (1981). Achievement and participation of women in mathematics: Results from two national surveys. *Journal for Research in Mathematics Education, 12*, 356-372.

Arnold, P. A., & Gorski, R. A. (1984). Gonadal steroid induction of structural sex differences in the central nervous system. *Annual Review of Neuroscience, 7,* 413-442.

Ashcraft, M. H. (1982). The depression of mental arithmetic: A chronometric approach. *Developmental Review, 2,* 213-236.

Ashcraft, M. H. (1987). Children's knowledge of simple arithmetic: A depressional model and simulation. In J. Bisanz, C. J. Brainerd, & R. Kail (Eds.), *Formal methods in depressional psychology: Progress in cognitive depression research* (pp. 302-338). New York: Springer-Verlag.

Ashcraft, M. H. (1992). Cognitive arithmetic: A review of data and theory. *Cognition, 44,* 75-106.

Ashcraft, M. H., & Battaglia, J. (1978). Cognitive arithmetic: Evidence for retrieval and decision processes in mental addition. *Journal of Experimental Psychology: Human Learning and Memory, 4,* 527-538.

Ashcraft, M. H., & Christy, K. S. (in press). The frequency of arithmetic facts in elementary texts: Addition and multiplication in Grades 1-6. *Journal for Research in Mathematics Education.*

Ashcraft, M. H., & Faust, M. W. (1994). Mathematics anxiety and mental arithmetic: An exploratory investigation. *Cognition and Emotion, 8,* 97-125.

Ashcraft, M. H., & Fierman, B. A. (1982). Mental addition in third, fourth, and sixth graders. *Journal of Experimental Child Psychology, 33,* 216-234.

Ashcraft, M. H., Fierman, B. A., & Bartolotta, R. (1984). The production and verification tasks in mental addition: An empirical comparison. *Developmental Review, 4,* 157-170.

Ashcraft, M. H., & Stazyk, E. H. (1981). Mental addition: A test of three verification models. *Memory & Cognition, 9,* 185-196.

Ashcraft, M. H., Yamashita, T. S., & Aram, D. M. (1992). Mathematics performance in left and right brain-lesioned children. *Brain and Cognition, 19,* 208-252.

Baddeley, A. D. (1986). *Working memory*. London: Oxford University Press.

Badian, N. A. (1983). Dyscalculia and nonverbal disorders of learning. In H. R. Myklebust (Ed.), *Progress in learning disabilities* (Vol. 5, pp. 235-264). New York: Stratton.

Baenninger, M., & Newcombe, N. (1989). The role of experience in spatial test performance: A meta-analysis. *Sex Roles, 20,* 327-344.

Bahrick, H. P. (1993). Extending the life span of knowledge. In L. A. Penner, G. M. Batsche, H. M. Knoff, & D. L. Nelson (Eds.), *The challenge in mathematics and science education: Psychology's response* (pp. 61-82). Washington, DC: American Psychological Association.

Bahrick, H. P., & Hall, L. K. (1991). Lifetime maintenance of high school mathematics content. *Journal of Experimental Psychology: General, 120*, 22-33.

Baroody, A. J. (1984a). The case of Felicia: A young child's strategies for reducing memory demands during mental addition. *Cognition and Instruction, 1*, 109-116.

Baroody, A. J. (1984b). Children's difficulties in subtraction: Some causes and questions. *Journal for Research in Mathematics Education, 15*, 203-213.

Baroody, A. J. (1984c). A reexamination of mental arithmetic models and data: A reply to Ashcraft. *Developmental Review, 4,* 148-156.

Baroody, A. J. (1987a). The development of counting strategies for single-digit addition. *Journal for Research in Mathematics Education, 18*, 141-157.

Baroody, A. J. (1987b). Problem size and mentally retarded children's judgment of commutativity. *American Journal of Mental Deficiency, 91,* 439-442.

Baroody, A. J. (1989). Kindergartners' mental addition with single-digit combinations. *Journal for Research in Mathematics Education, 20*, 159-172.

Baroody, A. J. (1992). The development of kindergartners' mental-addition strategies. *Learning and Individual Differences, 4,* 215-235.

Baroody, A. J., & Gannon, K. E. (1984). The development of the commutativity principle and economical addition strategies. *Cognition and Instruction, 1,* 321-339.

Baroody, A. J., & Ginsburg, H. P. (1986). The relationship between initial meaningful and mechanical knowledge of arithmetic. In J. Hiebert (Ed.), *Conceptual and procedural knowledge: The case of mathematics* (pp. 75-112). Hillsdale, NJ: Erlbaum.

Baroody, A. J., Ginsburg, H. P., & Waxman, B. (1983). Children's use of mathematical structure. *Journal for Research in Mathematics Education, 14,* 156-168.

Becker, J. (1993). Young children's numerical use of number words: Counting in many-to-one situations. *Developmental Psychology, 29,* 458-465.

Beilin, H. (1968). Cognitive capacities of young children: A replication. *Science, 162,* 920-921.

Belmont, J. M. (1989). Cognitive strategies and strategic learning: The socio-instructional approach. *American Psychologist, 44*, 142-148.

Benbow, C. P. (1986). Physiological correlates of extreme intellectual precocity. *Neuropsychologia, 24,* 719-725.

Benbow, C. P. (1988). Sex differences in mathematical reasoning ability in intellectually talented preadolescents: Their nature, effects, and possible causes. *Behavioral and Brain Sciences, 11*, 169-232.

Benbow, C. P. (1992). Academic achievement in mathematics and science of students between ages 13 and 23: Are there differences among students in the top one percent of mathematical ability? *Journal of Educational Psychology, 84,* 51-61.

Benbow, C. P., & Stanley, J. C. (1980). Sex differences in mathematical ability: Fact or artifact? *Science, 210*, 1262-1264.

Benbow, C. P., & Stanley, J. C. (1982). Consequences in high school and college of sex differences in mathematical reasoning ability: A longitudinal perspective. *American Educational Research Journal, 19,* 598-622.

Benbow, C. P., & Stanley, J. C. (1983). Sex differences in mathematical reasoning ability: More facts. *Science, 222,* 1029-1031.

Benbow, C. P., Stanley, J. C., Kirk, M. K., & Zonderman, A. B. (1983). Structure of intelligence in intellectually precocious children and their parents. *Intelligence, 7,* 129-152.

Ben-Chaim, D., Lappan, G., & Houang, R. T. (1988). The effect of instruction on spatial visualization skills of middle school boys and girls. *American Educational Research Journal, 25*, 51-71.

Benson, D. F., & Weir, W. F. (1972). Acalculia: Acquired anarithmetria. *Cortex, 8,* 465-472.

Berenbaum, S. A., & Hines, M. (1992). Early androgens are related to childhood sex-typed toy preferences. *Psychological Science, 3,* 203-206.

Bisanz, J., & LeFevre, J. (1990). Strategic and nonstrategic processing in the development of mathematical cognition. In D. F. Bjorklund (Ed.), *Children's strategies: Contemporary views of cognitive development* (pp. 213-244). Hillsdale, NJ: Erlbaum.

Bishop, J. H. (1989). Is the test score decline responsible for the productivity growth decline? *American Economic Review, 79,* 178-197.

Boissiere, M., Knight, J. B., & Sabot, R. H. (1985). Earnings, schooling, ability, and cognitive skills. *American Economic Review, 75,* 1016-1030.

Boller, F., & Grafman, J. (1983). Acalculia: Historical development and current significance. *Brain and Cognition, 2*, 205-223.

Borkowski, J. G. (1992). Metacognitive theory: A framework of teaching literacy, writing, and math skills. *Journal of Learning Disabilities, 25,* 253-257.

Bouchard, T. J., Jr., Lykken, D. T., McGue, M., Segal, N. L., & Tellegen, A. (1990). Sources of human psychological differences: The Minnesota study of twins reared apart. *Science, 250,* 223-228.

Boysen, S. T. (1993). Counting in chimpanzees: Nonhuman principles and emergent properties of number. In S. T. Boysen & E. J. Capaldi (Eds.), *The development of numerical competence: Animal and human models* (pp. 39-59). Hillsdale, NJ: Erlbaum.

Boysen, S. T., & Berntson, G. G. (1989). Numerical competence in a chimpanzee (Pan troglodytes). *Journal of Comparative Psychology, 103,* 23-31.

Boysen, S. T., & Capaldi, E. J. (Eds.). (1993). *The development of numerical competence: Animal and human models.* Hillsdale, NJ: Erlbaum.

Bracey, G. W. (1992, October). The second Bracey report on the condition of public education. *Phi Delta Kappan,* pp. 104-117.

Brainerd, C. J. (1979). *The origins of the number concept.* New York: Praeger.

Bransford, J., & the Cognition and Technology Group of Vanderbilt University. (1993). The Jasper series: Theoretical foundations and data on problem solving and transfer. In L. A. Penner, G. M. Batsche, H. M. Knoff, & D. L. Nelson (Eds.), *The challenge in mathematics and science education: Psychology's response* (pp. 113-152). Washington, DC: American Psychological Association.

Briars, D. J., & Larkin, J. H. (1984). An integrated model of skill in solving elementary word problems. *Cognition and Instruction, 1*, 245-296.

Briars, D., & Sielger, R. S. (1984). A featural analysis of preschoolers' counting knowledge. *Developmental Psychology, 20*, 607-618.

Bronfenbrenner, U. (1986). Ecology of the family as a context for human development: Research perspectives. *Developmental Psychology, 22*, 723-742.

Brophy, J. (1986). Teaching and learning mathematics: Where research should be going. *Journal for Research in Mathematics Education, 17,* 323-346.

Bruck, M. (1992). Persistence of dyslexics' phonological awareness deficits. *Developmental Psychology, 28*, 874-886.

Bullock, M., & Gelman, R. (1977). Numerical reasoning in young children:

The ordering principle. *Child Development, 48*, 427-434.

Burnett, S. A., & Lane, D. M. (1980). Effects of academic instruction on spatial visualization. *Intelligence, 4,* 233-242.

Burnett, S. A., Lane, D. M., & Dratt, L. M. (1979). Spatial visualization and sex differences in quantitative ability. *Intelligence, 3*, 345-354.

Buss, D. M. (1989). Sex differences in human mate preferences: Evolutionary hypotheses tested in 37 cultures. *Behavioral and Brain Sciences, 12,* 1-49.

Buss, D. M., & Schmitt, D. P. (1993). Sexual strategies theory: An evolutionary perspective on human mating. *Psychological Review, 100*, 204-212.

Byrnes, J. P., & Takahira, S. (1993). Explaining gender differences on SAT-Math items. *Developmental Psychology, 29*, 805-810.

Campbell, J. I. D. (1987). Network interference and mental multiplication. *Journal of Experimental Psychology: Learning, Memory, and Cognition, 13,* 109-123.

Campbell, J. I. D., & Graham, D. J. (1985). Mental multiplication skill: Structure, process, and acquisition. *Canadian Journal of Psychology, 39*, 338-366.

Canisia, M. (1962). Mathematical ability as related to reasoning and use of symbols. *Educational and Psychological Measurement, 22*, 105-127.

Caplan, N., Choy, M. H., & Whitmore, J. K. (1992, February). Indochinese refugee families and academic achievement. *Scientific American,* pp. 36-42.

Carpenter, T. P., Fennema, E., Peterson, P. L., Chiang, C. P., & Loef, M. (1989). Using knowledge of children's mathematics thinking in classroom teaching: An experimental study. *American Educational Research Journal, 26*, 499-531.

Carpenter, T. P., Hiebert, J., & Moser, J. M. (1981). Problem structure and first-grade children's initial solution processes for simple addition and subtraction problems. *Journal for Research in Mathematics Education,*

12, 27-39.

Carpenter, T. P., Kepner, H., Corbitt, M. K., Lindquist, M. M., & Reys, R. E. (1980). Solving verbal problems: Results and implications from national assessment. *Arithmetic Teacher, 28,* 10-12, 44-47.

Carpenter, T. P., & Moser, J. M. (1982). The development of addition and subtraction problem-solving skills. In T. P. Carpenter, J. M. Moser, & T. A. Romberg (Eds.), *Addition and subtraction: A cognitive perspective* (pp. 9-24). Hillsdale, NJ: Erlbaum.

Carpenter, T. P., & Moser, J. M. (1983). The acquisition of addition and subtraction concepts. in R. Lesh & M. Landau (Eds.), *Acquisition of mathematical concepts and processes* (pp. 7-44). New York: Academic Press.

Carpenter, T. P., & Moser, J. M. (1984). The acquisition of addition and subtraction concepts in grades one through three. *Journal for Research in Mathematics Education, 15,* 179-202.

Case, R. (1985). *Intellectual development: Birth to adulthood.* San Diego, CA: Academic Press.

Case, R. (1992). *The mind's staircase: Exploring the conceptual underpinnings of children's thought and knowledge.* Hillsdale, NJ: Erlbaum.

Case, R., & Sowder, J. T. (1990). The development of computational estimation: A neo-Piagetian analysis. *Cognition and Instruction, 7,* 79-104.

Cawley, J. F., & Miller, J. H. (1989). Cross-sectional comparisons of the mathematical performance of children with learning disabilities: Are we on the right track toward comprehensive programming? *Journal of Learning Disabilities, 22,* 250-254.

Ceci, S. J. (1991). How much does schooling influence general intelligence and its cognitive components? A reassessment of the evidence. *Developmental Psychology, 27,* 703-722.

Chein, I. (1939). Factors in mental organization. *Psychological Record, 3,* 71-94.

Chen, C., & Stevenson, H. W. (1993). *Motivation and mathematics achievement of Asian-American high school students.* Manuscript submitted for publication.

Chi, M. T. H., & Koeske, R. D. (1983). Network representation of a child's dinosaur knowledge. *Developmental Psychology, 19*, 29-39.

Chipman, S. F., Krantz, D. H., & Silver, R. (1992). Mathematics anxiety and science careers among able college women. *Psychological Science, 3*, 292-295.

Chipman, S. F., & Thomas, V. G. (1985). Women's participation in mathematics: Outlining the problem. In S. F. Chipman, L. R. Brush, & D. M. Wilson (Eds.), *Women and mathematics: Balancing the equation* (pp. 1-24). Hillsdale, NJ: Erlbaum.

Clement, J. (1982). Algebra word problem solutions: Thought processes underlying a common misconceptio. *Journal for Research in Mathematics Education, 13,* 16-30.

Clements, M. A., & Del Campo, G. (1990). How natural is fraction knowledge? In L. P. Steffe & T. Wood (Eds.), *Transforming children's mathematics education: International perspectives* (pp. 181-188). Hillsdale, NJ: Erlbaum.

Cobb, P., Yackel, E., & Wood, T. (1992). A constructivist alternative to the representational view of mind in mathematics education. *Journal for Research in Mathematics Education, 23,* 2-33.

Coombs, C. H. (1941). A factorial study of number ability. *Psychometrika, 6,* 161-189.

Coon, H., Carey, G., & Fulker, D. W. (1992). Community influences on cognitive ability. *Intelligence, 16,* 169-188.

Cooney, J. B., & Ladd, S. F. (1992). The influence of verbal protocol methods on children's mental computation. *Learning and Individual Differences, 4*, 237-257.

Cooney, J. B., Swanson, H. L., & Ladd, S. F. (1988). Acquisition of mental multiplication skill: Evidence for the transition between counting and retrieval strategies. *Cognition and Instruction, 5*, 323-345.

Cooper, G., & Sweller, J. (1987). Effects of schema acquisition and rule automation on mathematical problem-solving transfer. *Journal of Educational Psychology, 79,* 347-362.

Cooper, R. G., Jr. (1984). Early number development: Discovering number space with addition and subtraction. In C. Sophian (Ed.), *Origins of cognitive skills: The eighteenth annual Carnegie symposium on cognition* (pp. 157-192). Hillsdale, NJ: Erlbaum.

Crosswhite, F. J., Dossey, J. A., Swafford, J. O., McKnight, C. C., & Cooney, T. J. (1985). *Second International Mathematics Study summary report for the United States.* Champaign, IL: Stipes.

Crump, T. (1990). *The anthropology of numbers.* New York: Cambridge University Press.

Crystal, D. S., & Stevenson, H. W. (1991). Mothers' perceptions of children's problems with mathematics: A cross-national comparison. *Journal of Educational Psychology, 83,* 372-376.

Dahmen, W., Hartje, W., Büssing, A., & Sturm, W. (1982). Disorders of calculation in aphasic patients—Spatial and verbal components. *Neuropsychologia, 20,* 145-153.

Dark, V. J., & Benbow, C. P. (1990). Enhanced problem translation and short-term memory: Components of mathematical talent. *Journal of Educational Psychology, 82,* 420-429.

Dark, V. J., & Benbow, C. P. (1991). Differential enhancement of working memory with mathematical versus verbal precocity. *Journal of Education, Psychology, 83,* 48-60.

Davis, H., & Memmott, J. (1982). Counting behavior in animals: A critical examination. *Psychological Bulletin, 92*, 547-571.

Dean, A. L., & Malik, M. M. (1986). Representing and solving arithmetic word problems: A study of developmental interaction. *Cognition and*

Instruction, 3, 211-227.

De Corte, E., & Verschaffel, L. (1987). The effect of semantic structure on first graders' strategies for solving addition and subtraction word problems. *Journal for Research in Mathematics Education, 18,* 363-381.

De Corte, E., Verschaffel, L., & De win, L. (1985). Influence of rewording verbal problems on children's problem representations and solutions. *Journal of Educational Psychology, 77,* 460-470.

DeFries, J. C., Ashton, G. C., Johnson, R. C., Kuse, A. R., McClearn, G. E., Mi, M. P., Rashad, M. N., Vandenberg, S. G., & Wilson, J. R. (1976). Parent-offspring resemblance for specific cognitive abilities in two ethnic groups. *Nature, 261,* 131-133.

DeFries, J. C., Johnson, R. C., Kuse, A. R., McClearn, G. E., Polovina, J., Vandenberg, S. G., & Wilson, J. R. (1979). Familial resemblance for specific cognitive abilities. *Behavior Genetics, 9*, 23-43.

Dehaene, S. (1992). Varieties of numerical abilities. *Cognition, 44,* 1-42.

Dehaene, S., & Cohen, L. (1991). Two mental calculation systems: A case study of severe acalculia with preserved approximation. *Neuropsychologia, 29,* 1045-1074.

Dehaene, S., & Mehler, J. (1992). Cross-linguistic regularities in the frequency of number words. *Congnition, 43,* 1-29.

Detterman, D. K. (1993). The case for the prosecution: Transfer as an epiphenomenon. In D. K. Detterman & R. J. Sternberg (Eds.), *Transfer on trial: Intelligence, cognition, and instruction* (pp. 1-24). Norwood, NJ: Ablex.

Detterman, D. K., Thompson, L. A., & Plomin, R. (1990). Differences in heritability across groups differing in ability. *Behaviour Genetics, 20*, 369-384.

Diamond, M. C., Johnson, R. E., & Ehlert, J. (1979). A comparison of cortical thickness in male and female rats—normal and gonadectomized, young and adult. *Behavioral and Neural Biology, 26*, 485-491.

Dockrell, J., & McShane, J. (1993). *Children's learning difficulties: A cognitive approach*. Cambridge, MA: Basil Blackwell.

Dorans, N. J., & Livingston, S. A. (1987). Male-female differences in SAT-Verbal ability among students of high SAT-Mathematical ability. *Journal of Educational Measurement, 24,* 65-71.

Dunbar, R. I. M. (1993). Co-evolution of neocortex size, group size and language in humans. *Behavioral and Brain Sciences, 16,* 681-735.

Dweck, C. S. (1975). The role of expectations and attributions in the alleviation of learned helplessness. *Journal of Personality and Social Psychology, 31*, 674-685.

Dye, N. W., & Very, P. S. (1968). Growth changes in factorial structure by age and sex. *Genetic Psychology Monographs, 78*, 55-88.

Eccles (Parsons), J., Adler, T., & Meece, J. L. (1984). Sex differences in achievement: A test of alternative theories. *Journal of Personality and Social Psychology, 46,* 26-43.

Eccles, J., Wigfield, A., Harold, R. D., & Blumenfeld, P. (1993). Age and gender differences in children's self- and task perceptions during elementary school. *Child Development, 64,* 830-847.

Ehrhardt, A. A., & Meyer-Bahlburg, H. F. L. (1981). Effects of prenatal sex hormones on gender-related behavior. *Sciences, 211,* 1312-1318.

Eibl-Eibesfeldt, I. (1989). *Human ethology*. New York: Aldine de Gruyter.

Ekstrom, R. B., French, J. W., & Harman, H. H. (1976). *Manual for kit of factor-referenced cognitive tests 1976.* Princeton, NJ: Educational Testing Service.

Ekstrom, R. B., French, J. W., & Harman, H. H. (1979). Cognitive factors: Their identification and replication. *Multivariate Behavioral Research Monographs, 79*(2).

Ellis, H. C., Varner, L. J., & Becker, A. S. (1993). Cognition and emotion: Theories, implications, and educational applications. In L. A. Penner, G. M. Batsche, H. M. Knoff, & D. L. Nelson (Eds.), *The challenge of mathematics and science education: Psychology's response* (pp. 83-111). Washington, DC: American Psychological Association.

Feingold, A. (1988). Cognitive gender differences are disappearing. *American Psychologist, 43*, 95-103.

Fennema, E., Franke, M. L., Carpenter, T. P., & Carey, D. A. (1993). Using children's mathematical knowledge in instruction. *American Educational Research Journal, 30,* 555-583.

Fennema, E., & Sherman, J. (1977). Sex-related differences in mathematics achievement, spatial visualization and affective factors. *American Educational Research Journal, 14*, 51-71.

Fennema, E., & Tartre, L. A. (1985). The use of spatial visualization in mathematics by girls and boys. *Journal of Research in Mathematics Education, 16*, 184-206.

Fennema, E., Wolleat, P. L., Pedro, J. D., & Becker, A. D. (1981). Increasing women's participation in mathematics: An intervention study. *Journal for Research in Mathematics Education, 12,* 3-14.

Ferrini-Mundy, J. (1987). Spatial training for calculus students: Sex differences in achievement and in visualization ability. *Journal for Research in Mathematics Education, 18,* 126-140.

Fleischner, J. E., Garnett, K., & Shepherd, M. J. (1982). Proficiency in arithmetic basic fact computation of learning disabled and nondisabled children. *Focus on Learning Problems in Mathematics, 4,* 47-56.

Fletcher, J. M. (1992). The validity of distinguishing children with language and learning disabilities according to discrepancies with IQ: Introduction to the special series. *Journal of Learning Disabilities, 25*, 546-548.

Flynn, J. R. (1984). Japanese IQ. *Nature, 308,* 222.

Flynn, J. R. (1987). Massive IQ gains in 14 nations: What IQ tests really measure. *Psychological Bulletin, 101,* 171-191.

Frayer, D. W., & Wolpoff, M. H. (1985). Sexual dimorphism. *Annual Review of Anthropology, 14,* 429-473.

Freedman, D. G., & Freedman, N. A. (1969). Differences in behavior between Chinese-American and European-American newborns. *Nature, 224,* 1227.

French, J. W. (1951). The description of aptitude and achievement tests in terms of rotated factors. *Psychometric Monographs* (No. 5).

Fuson, K. C. (1982). An analysis of the counting-on solution procedure in addition. In T. P. Carpenter, J. M. Moser, & T. A. Romberg (Eds.), *Addition and subtraction: A cognitive perspective* (pp. 67-81). Hillsdale, NJ: Erlbaum.

Fuson, K. C. (1988). *Children's counting and concepts of number.* New York: Springer-Verlag.

Fuson, K. C. (1990). Conceptual structures for multiunit numbers: Implications for learning and teaching multidigit addition, subtraction, and place value. *Cognition and Instruction, 7,* 343-403.

Fuson, K. C. (1991). Children's early counting: Saying the number-word sequence, counting objects, and understanding cardinality. In K. Durkin & B. Shire (Eds.), *Language in mathematical education: Research and practice* (pp. 27-39). Milton Keynes, PA: Open University Press.

Fuson, K. C., & Briars, D. J. (1990). Using a base-ten blocks learning/teaching approach for first- and second-grade place-value and multidigit addition and subtraction. *Journal for Research in Mathematics Education, 21,* 180-206.

Fuson, K. C., & Kwon, Y. (1991). Chinese-based regular and European irregular systems of number words: The disadvantages for English-speaking children. In K. Durkin & B. Shire (Eds.), *Language in mathematical education: Research and practice* (pp. 211-226). Milton Keynes, PA: Open University Press.

Fuson, K. C., & Kwon, Y. (1992a). Korean children's single-digit addition and subtraction: Numbers structured by ten. *Journal for Research in Mathematics Education, 23,* 148-165.

Fuson, K. C., & Kwon, Y. (1992b). Korean children's understanding of multi-digit addition and subtraction. *Child Development, 63*, 491-506.

Fuson, K. C., Pergament, G. G., Lyons, B. G., & Hall, J. W. (1985). Children's conformity to the cardinality rule as a function of set size and counting accuracy. *Child Development, 56*, 1429-1436.

Fuson, K. C., & Perry, T. (1993, March). *Hispanic children's addition methods: Cultural diversity in children's informal solution procedures.* Paper presented at the Biennial Meeting of the Society for Research in Child Development, New Orleans, LA.

Fuson, K. C., Richards, J., & Briars, D. J. (1982). The acquisition and elaboration of the number word sequence. In C. J. Brainerd (Ed.), *Children's logical and mathematical cognition: Progress in cognitive development research* (pp. 33-92). New York: Springer-Verlag.

Fuson, K. C., Stigler, J. W., & Bartsch, K. (1988). Grade placement of addition and subtraction topics in Japan, Mainland China, the Soviet Union, Taiwan, and the United States. *Journal for Research in Mathematics Education, 19,* 449-456.

Gallagher, J. J. (1993). An intersection of public policy and social science: Gifted students and education in mathematics and science. In L. A. Penner, G. M. Batsche, H. M. Knoff, & D. L. Nelson (Eds.), *The challenge in mathematics and science education: Psychology's response* (pp. 15-47). Washington, DC: American Psychological Association.

Gallistel, C. R., & Gelman, R. (1992). Preverbal and verbal counting and computation. *Cognition, 44,* 43-74.

Garnett, K., & Fleischner, J. E. (1983). Automatization and basic fact performance of normal and learning disabled children. *Learning Disabilities Quarterly, 6,* 223-230.

Geary, D. C. (1989). A model for representing gender differences in the pattern of cognitive abilities. *American Psychologist, 44,* 1155-1156.

Geary, D. C. (1990). A componential analysis of an early learning deficit in mathematics. *Journal of Experimental Child Psychology, 49,* 363-383.

Geary, D. C. (1992). Evolution of human cognition: Potential relationship to the ontogenetic development of behavior and cognition. *Evolution and Cognition, 1,* 93-100.

Geary, D. C. (1993). Mathematical disabilities: Cognitive, neuropsychological, and genetic components. *Psychological Bulletin, 114,* 345-362.

Geary, D. C. (in press). Reflections of evolution and culture in children's cognition: Implications for mathematical development and instruction. *American Psychologist.*

Geary, D. C., Bow-Thomas, C. C., Fan, L., Mueller, J., Turk, A., & Siegler, R. S. (1992, November). *Acquisition of arithmetic skills in Chinese and American children.* Paper presented at the 33rd Annual Meeting of the Psychonomic Society, St. Louis, MO.

Geary, D. C., Bow-Thomas, C. C., Fan, L., & Siegler, R. S. (1993). Even before formal instruction, Chinese children outperform American children in mental addition. *Cognitive Development, 8,* 517-529.

Geary, D. C., Bow-Thomas, C. C., & Yao, Y. (1992). Counting knowledge and skill in cognitive addition: A comparison of normal and mathematically disabled children. *Journal of Experimental Child Psychology, 54,* 372-391.

Geary, D. C., & Brown, S. C. (1991). Cognitive addition: Strategy choice and speed-of-processing differences in gifted, normal, and mathematically disabled children. *Developmental Psychology, 27,* 398-406.

Geary, D. C., Brown, S. C., & Samaranayake, V. A. (1991). Cognitive addition: A short longitudinal study of strategy choice and speed-of-processing differences in normal and mathematically disabled children. *Developmental Psychology, 27,* 787-797.

Geary, D. C., & Burlingham-Dubree, M. (1989). External validation of the strategy choice model for addition. *Journal of Experimental Child Psychology, 47,* 175-192.

Geary, D. C., Fan, L., & Bow-Thomas, C. C. (1992). Numerical cognition: Loci of ability differences comparing children from China and the United States. *Psychological Science, 3,* 180-185.

Geary, D. C., Frensch, P. A., & Wiley, J. G. (1993). Simple and complex mental subtraction: Strategy choice and speed-of-processing differences in young and elderly adults. *Psychology and Aging, 8,* 242-256.

Geary, D. C., & Widaman, K. F. (1987). Individual differences in cognitive arithmetic. Journal of Experimental Psychology: General, 116, 154-171.

Geary, D. C., & Widaman, K. F. (1992). Numerical cognition: On the convergence of componential and psychometric models. *Intelligence, 16,* 47-80.

Geary, D. C., Widaman, K. F., & Little, T. D. (1986). Cognitive addition and multiplication: Evidence for a single memory network. *Memory & Cognition, 14,* 478-487.

Geary, D. C., Widaman, K. F., Little, T. D., & Cormier, P. (1987). Cognitive addition: Comparison of learning disabled and academically normal elementary school children. *Cognitive Development, 2,* 249-269.

Geary, D. C., & Wiley, J. G. (1991). Cognitive addition: Strategy choice and speed-of-processing differences in young and elderly adults. *Psychology and Aging, 6,* 474-483.

Gelman, R. (1978). Counting in the preschooler: What does and does not develop? In R. S. Siegler (Ed.), *Children's thinking: What develops?* (pp. 213-241). Hillsdale, NJ: Erlbaum.

Gelman, R. (1990). First principles organize attention to and learning about relevant data: Number and the animate-inanimate distinction as examples. *Cognitive Science, 14,* 79-106.

Gelman, R. (1992, November). *"A-half" and "one-have": Not the same meaning.* Paper presented at the 33rd Annual Meeting of the Psychonomic Society, St. Louis, MO.

Gelman, R., & Gallistel, C. R. (1978). *The child's understanding of number.*

Cambridge, MA: Harvard University Press.

Gelman, R., & Meck, E. (1983). Preschooler's counting: Principles before skill. *Cognition, 13,* 343-359.

Ghiglieri, M. P. (1987). Sociobiology of the great apes and the hominid ancestor. *Journal of Human Evolution, 16,* 319-357.

Gilger, J. W. (1992). Genetics in disorders of language. *Clinics in Communication Disorders, 2,* 35-47.

Gilger, J. W., Borecki, I. B., Smith, S. D., DeFries, J. C., & Pennington, B. F. (1993). *The etiology of extreme scores for complex phenotypes:* An illustration using reading performance. Manuscript submitted for publication.

Gilger, J. W., & Ho, H. Z. (1989). Gender differences in adult spatial information processing: Their relationship to pubertal timing, adolescent activities, and sex-typing of personality. *Cognitive Development, 4,* 197-214.

Gilger, J. W., Pennington, B. F., & DeFries, J. C. (1992). A twin study of the etiology of comorbidity: Attention-deficit hyperactivity disorder and dyslexia. *Journal of the American Academy of Child & Adolescent Psychiatry, 31,* 343-348.

Gillis, J. J., & DeFries, J. C. (1991). Confirmatory factor analysis of reading and mathematics performance measures in the Colorado Reading Project. *Behavior Genetics, 21,* 572-573.

Ginsburg, H. P. (1982). The development of addition in the contexts of culture, social class, and race. In T. P. Carpenter, J. M. Moser, & T. A. Romberg (Eds.), *Addition and subtraction: A cognitive perspective* (pp. 191-210). Hillsdale, NJ: Erlbaum.

Ginsburg, H. P. (1989). *Children's arithmetic: How they learn it and how you teach it* (2nd ed.). Austin, TX: Pro Ed.

Ginsburg, H. P., Posner, J. K., & Russell, R. L. (1981a). The development of knowledge concerning written arithmetic: A cross-cultural study. *Inter-*

national Journal of Psychology, 16, 13-34.

Ginsburg, H. P., Posner, J. K., & Russell, R. L. (1981b). The development of mental addition as a function of schooling and culture. *Journal of Cross-Cultural Psychology, 12,* 163-178.

Ginsburg, H. P., & Russell, R. L. (1981). Social class and racial influences on early mathematical thinking. *Monographs of the Society for Research in Child Development, 46*(6, Serial No. 193).

Goldberg, L. R. (1993). The structure of phenotypic personality traits. *American psychologist, 48,* 26-34.

Goldman, S. r., Pellegrino, J. W., & Mertz, D. L. (1988). Extended practice of basic addition facts: Strategy changes in learning disabled students. *Cognition and Instruction, 5,* 223-265.

Goodman, C. H. (1943). A factorial analysis of Thurstone's sixteen Primary Mental Ability tests. *Psychometrika, 8,* 141-151.

Gould, S. J., & Vrba, E. S. (1982). Exaptation—A missing term in the science of form. *Paleobiology, 8,* 4-15.

Grafman, J., Passafiume, D., Faglioni, P., & Boller, F. (1982). Calculation disturbance in adults with focal hemispheric damage. *Cortex, 18,* 37-50.

Gray, E. M. (1991). An analysis of diverging approaches to simple arithmetic: Preferences and its consequences. *Educational Studies in Mathematics, 22,* 551-574.

Greeno, J. G. (1989). A perspective on thinking. *American Psychologist, 44,* 134-141.

Greeno, J. G. (1993). For research to reform education and cognitive science. In L. A. Penner, G. M. Batsche, H. M. Knoff, & D. L. Nelson (Eds.), *The challenge in mathematics and science education: Psychology's response* (pp. 153-192). Washington, DC: American Psychological Association.

Greeno, J. G., Riley, M. S., & Gelman, R. (1984). Conceptual competence and children's counting. *Cognitive Psychology, 16,* 94-143.

Greenough, W. T., Black, J. E., & Wallace, C. S. (1987). Experience and brain development. *Child Development, 58,* 539-559.

Groen, G. J., & Parkman, J. M. (1972). A chronometric analysis of simple addition. *Psychological Review, 79,* 329-343.

Groen, G., & Resnick, L. B. (1977). Can preschool children invent addition algorithms? *Journal of Educational Psychology, 69,* 645-652.

Grouws, D. A. (1972). Open sentences: Some instructional considerations from research. *Arithmetic Teacher, 19,* 595-599.

Grouws, D. A., & Cooney, T. J. (1988). *Effective mathematics teaching*. Hillsdale, NJ: Erlbaum and the National Council of Teachers of Mathematics.

Guthrie, G. M. (1963). Structure of abilities in a non-Western culture. *Journal of Educational Psychology, 54,* 94-103.

Halpern, D. F. (1992). *Sex differences in cognitive abilities.* (2nd ed.). Hillsdale, NJ: Erlbaum.

Hamann, M. S., & Ashcraft, M. H. (1985). Simple and complex mental addition across development. *Journal of Experimental Child Psychology, 40,* 49-72.

Hamann, M. S., & Ashcraft, M. H. (1986). Textbook presentations of the basic addition facts. *Cognition and Instruction, 3,* 173-192.

Hammill, D. D., Leigh, J. E., McNutt, G., & Larsen, S. C. (1987). A new definition of learning disabilities. *Journal of Learning Disabilities, 20,* 109-113.

Hardiman, P. T., & Mestre, J. P. (1989). Understanding multiplicative contexts involving fractions. *Journal of Educational Psychology, 81,* 547-557.

Harnisch, D. L., Steinkamp, M. W., Tsai, S. L., & Walberg, H. J. (1986). Cross-national differences in mathematics attitude and achievement among seventeen-year-olds. *International Journal of Educational Development, 6,* 233-244.

Hartje, W. (1987). The effect of spatial disorders on arithmetical skills. In G.

Deloche & X. Seron (Eds.), *Mathematical disabilities: A cognitive neuropsychological perspective* (pp. 121-135). Hillsdale, NJ: Erlbaum.

Hatano, G. (1982). Learning to add and subtract: A Japanese perspective. In T. P. Carpenter, J. M. Moser, & T. A. Romberg (Eds.), *Addition and subtraction: A cognitive perspective* (pp. 211-223). Hillsdale, NJ: Erlbaum.

Hatano, G. (1990). Toward the cultural psychology of mathematical cognition. Commentary on Stevenson, H. W., Lee, S. Y., Chen, C., Stigler, J. W., Hsu, C. C., & Kitamura, S. Contexts of achievement: A study of American, Chinese, and Japanese children. *Monographs of the Society for Research in Child Development, 55*(1-2, Serial No. 221).

Hatano, G., Miyake, Y., & Binks, M. G. (1977). Performance of expert abacus operators. *Cognition, 5,* 47-55.

Hécaen, H. (1962). Clinical symptomatology in right and left hemispheric lesions. In V. B. Mountecastle (Ed.), *Interhemispheric relations and cerebral dominance* (pp. 215-243). Baltimore: Johns Hopkins Press.

Hegarty, M., Mayer, R. E., & Green, C. E. (1992). Comprehension of arithmetic word problems: Evidence from students' eye fixations. *Journal of Educational Psychology, 84,* 76-84.

Hembree, R. (1990). The nature, effect, and relief of mathematics anxiety. *Journal for Research in Mathematics Education, 21,* 33-46.

Hinsley, D. A., Hayes, J. R., & Simon, H. A. (1977). From words to equations: Meaning and representation in algebra word problems. In M. A. Just & P. A. Carpenter (Eds.), *Cognitive processes in compreshension* (pp. 89-106). New York: Wiley.

Hitch, G. J. (1978). The role of short-term working memory in mental arithmetic. *Cognitive Psychology, 10,* 302-323.

Hitch, G. J., & McAuley, E. (1991). Working memory in children with specific arithmetical learning disabilities. *British Journal of Psychology, 82,* 375-386.

Howell, R., Sidorenko, E., & Jurica, J. (1987). The effects of computer use on the acquisition of multiplication facts by a student with learning disabilities. *Journal of Learning Disabilities, 20,* 336-341.

Hudson, T. (1980). *Young children's difficulty with "How many more than are there?" questions.* Unpublished doctoral dissertation, Indiana University, Bloomington.

Hughes, M. (1986). *Children and number: Difficulties in learning mathematics.* New York: Basil Blackwell.

Hunsley, J. (1987). Cognitive processes in mathematics anxiety and test anxiety: The role of appraisals, internal dialogue, and attributions. *Journal of Educational Psychology, 79,* 388-392.

Hunt, E. (1978). Mechanisms of verbal ability. *Psychological Review, 85,* 109-130.

Hunt, E., Lunneborg, C., & Lewis, J. (1975). What does it mean to be high verbal? *Cognitive Psychology, 7,* 194-227.

Husén, T. (1959). *Psychological twin research: A methodological study.* Uppsala, Sweden: Almquist & Wiksells.

Husén, T. (1967). *International study of achievement in mathematics: A comparison of twelve countries* (Vols. 1 & 2). New York: Wiley.

Hutchinson, N. L. (1993). Effects of cognitive strategy instruction on algebraic problem solving of adolescents with learning disabilities. *Learning Disability Quarterly, 16,* 34-63.

Huttenlocher, J., & Strauss, S. (1968). Comprehension and a statement's relation to the situation it describes. *Journal of Verbal Learning and Verbal Behavior, 7,* 300-304.

Hutton, L. A., & Levitt, E. (1987). An academic approach to the remediation of mathematics anxiety. In R. Schwarzer, H. M. van der Ploeg, & C. D. Spielberger (Eds.), *Advances in test anxiety research* (Vol. 5, pp. 207-211). Berwyn, PA: Swets North America.

Hyde, J. S., Fennema, E., & Lamon, S. J. (1990). Gender differences in mathematics performance: A meta-analysis. *Psychological Bulletin, 107,*

139-155.

Hyde, J. S., Fennema, E., Ryan, M., Frost, L. A., & Hopp, C. (1990). Gender comparisons of mathematics attitudes and affect: A meta-analysis. *Psychology of Women Quarterly, 14,* 299-324.

Hynd, G. W., & Semrud-Clikeman, M. (1989). Dyslexia and brain morphology. *Psychological Bulletin, 106,* 447-482.

Ilg, F., & Ames, L. B. (1951). Developmental trends in arithmetic. *Journal of Genetic Psychology, 79,* 3-28.

Irvine, J. J. (1986). Teacher-student interactions: Effects of student race, sex, and grade level. *Journal of Educational Psychology, 78,* 14-21.

Jackson, M., & Warrington, E. K. (1986). Arithmetic skills in patients with unilateral cerebral lesions. *Cortex, 22,* 611-620.

James, W. (1950). *The principles of psychology* (Vol. 1). New York: Dover Publications. (Original work published 1890)

Jastak, J. F., & Jastak, S. R. (1978). *Wide Range Achievement Test (WRAT).* Wilmington, DE: Jastak Associates.

Jerman, M. E., & Mirman, S. (1974). Linguistic and computational variables in problem solving in elementary mathematics. *Educational Studies in Mathematics, 5,* 317-362.

Jerman, M., & Rees, R. (1972). Predicting the relative difficulty of verbal arithmetic problems. *Educational Studies in Mathematics, 4,* 306-323.

Johnson, D. J. (1988). Review of research on specific reading, writing, and mathematical disorders. In J. F. Kavanagh & T. J. Truss, Jr. (Eds.), *Learning disabilities: Proceedings of the national conference* (pp. 79-163). Parkton, MD: York Press.

Johnson, E. S. (1984). Sex differences in problem solving. *Journal of Educational Psychology, 76,* 1359-1371.

Johnson, E. S., & Meade, A. C. (1987). Developmental patterns of spatial ability: An early sex difference. *Child Development, 58,* 725-740.

Johnson, K. R., & Layng, T. V. J. (1992). Breaking the structuralist barrier:

Literacy and numeracy with fluency. *American Psychologist, 47,* 1475-1490.

Jones, L. V. (1987). The influence on mathematics test scores, by ethnicity and sex, of prior achievement and high school mathematics courses. *Journal for Research in Mathematics Education, 18,* 180-186.

Jordan, N. C., Huttenlocher, J., & Levine, S. C. (1992). Differential calculation abilities in young children from middle- and low-incom families. *Developmental Psychology, 28,* 644-653.

Jordan, N. C., Levine, S. C., & Huttenlocher, J. (in press). Calculation abilities in young children with different patterns of cognitive functioning. *Journal of Learning Disabilities.*

Kail, R. (1992). Processing speed, speech rate, and memory. *Developmental Psychology, 28,* 899-904.

Kaye, D. B. (1986). The development of mathematical cognition. *Cognitive Development, 1,* 157-170.

Keating, D. P., & Bobbitt, B. L. (1978). Individual and developmental differences in cognitive-processing components of mental ability. *Child Development, 49,* 155-167.

Keating, D. P., List, J. A., & Merriman, W. E. (1985). Cognitive processing and cognitive ability: A multivariate validity investigation. *Intelligence, 9,* 149-170.

Kimball, M. M. (1989). A new perspective on women's math achievement. *Psychological Bulletin, 105,* 198-214.

Kintsch, W., & Greeno, J. G. (1985). Understanding and solving arithmetic word problems. *Psychological Review, 92,* 109-129.

Kirby, J. R., & Becker, L. D. (1988). Cognitive components of learning problems in arithmetic. *Remedial and Special Education, 9,* 7-16.

Klahr, D., & Wallace, J. G. (1973). The role of quantification operators in the development of conservation of quantity. *Cognitive Psychology, 4,* 301-327.

Kloosterman, P. (1990). Attributions, performance following failure, and motivation in mathematics. In E. Fennema & G. C. Leder (Eds.), *Mathematics and gender* (pp. 96-127). New York: Teachers College Press.

Kosc, L. (1974). Developmental dyscalculia. *Journal of Learning Disabilities, 7,* 164-177.

Krantz, M. (1994). *Child development: Risk and opportunity.* Belmont, CA: Wadsworth.

Kreutzer, M. A., Leonard, S. C., & Flavell, J. H. (1975). An interview study of children's knowledge about memory. *Monographs of the Society for Research in Child Development, 40*(1, Serial No. 159).

Lampert, M. (1990). When the problem is not the question and the solution is not the answer: Mathematical knowing and teaching. *American Educational Research Journal, 27,* 29-63.

Lapointe, A. E., Mead, N. A., & Askew, J. M. (1992). *Learning mathematics.* Princeton, NJ: Educational Testing Service.

Larkin, J. H., McDermott, J., Simon, D. P., & Simon, H. A. (1980). Expert and novice performance in solving physics problems. *Science, 208,* 1335-1342.

Law, D. J., Pellegrino, J. W., & Hunt, E. B. (1993). Comparing the tortoise and the hare: Gender differences and experience in dynamic spatial reasoning tasks. *Psychological Science, 4,* 35-40.

LeFevre, J. A., Bisanz, J., & Mrkonjic, L. (1988). Cognitive arithmetic: Evidence for obligatory activation of arithmetic facts. *Memory & Cognition, 16,* 45-53.

Leinhardt, G., Seewald, A. M., & Engel, M. (1979). Learning what's taught: Sex differences in instruction. *Journal of Educational Psychology, 71,* 432-439.

Lester, F. K., Jr. (1983). Trends and issues in mathematical problem-solving research. In R. Lesh & M. Landau (Eds.), *Acquisition of mathematical concepts and processes* (pp. 229-261). New York: Academic Press.

Levine, M. D. (1987). *Developmental variation and learning disorders.* Cambridge, MA: Educators Publishing Service.

Levine, S. C., Jordan, N. C., & Huttenlocher, J. (1992). Development of calculation abilities in young children. *Journal of Experimental Child Psychology, 53,* 72-103.

Lewis, A. B. (1989). Training students to represent arithmetic word problems. *Journal of Educational Psychology, 81,* 521-531.

Lewis, A. B., & Mayer, R. E. (1987). Students' miscomprehension of relational statements in arithmetic word problems. *Journal of Educational Psychology, 79,* 363-371.

Lewis, C. (1981). Skill in algebra. In J. R. Anderson (Ed.), *Cognitive skills and their acquisition* (pp. 85-110). Hillsdale, NJ: Erlbaum.

Lindgren, S. D., Richman, L. C., & Eliason, M. J. (1986). Memory processes in reading disability subtypes. *Developmental Neuropsychology, 2,* 173-181.

Linn, M. C., & Hyde, J. S. (1989). Gender, mathematics, and science. *Educational Researcher, 18,* 17-19, 22-27.

Linn, M. C., & Petersen, A. C. (1985). Emergence and characterization of sex differences in spatial ability: A meta-analysis. *Child Development, 56,* 1479-1498.

Little, T. D., & Widaman, K. F. (in press). A production task evaluation of individual differences in mental addition skill development: Internal and external validation of chronometric models. *Journal of Experimental Child Psychology.*

Loehlin, J. C., & Nichols, R. C. (1976). *Heredity, environment, and personality: A study of 850 sets of twins.* Austin: University of Texas Press.

Lubinski, D., & Humphreys, L. G. (1990). A broadly based analysis of mathematical giftedness. *Intelligence, 14,* 327-355.

Lubinski, D., & Humphreys, L. G. (1992). Some bodily and medical correlates of mathematical giftedness and commensurate levels of socioeconomic status. *Intelligence, 16,* 99-115.

Lummis, M., & Stevenson, H. W. (1990). Gender differences in beliefs and achievement: A cross-cultural study. *Developmental Psychology, 26,* 254-263.

Luria, A. R. (1980). *Higher cortical functions in man* (2nd ed.). New York: Basic Books.

Lynn, R. (1982). IQ in Japan and the United States shows a growing disparity. *Nature, 297,* 222-223.

Lynn, R. (1983). Reply to Stevenson and Azuma. *Nature, 306,* 292.

Lytton, H., & Romney, D. M. (1991). Parents' differential socialization of boys and girls: A meta-analysis. *Psychological Bulletin, 109,* 267-296.

Maccoby, E. E. (1988). Gender as a social category. *Developmental Psychology, 24,* 755-765.

Maccoby, E. E. (1990). Gender and relationships: A developmental account. *American Psychologist, 45,* 513-520.

Maccoby, E. E., & Jacklin, C. N. (1974). *The psychology of sex differences.* Stanford, CA: Stanford University Press.

MacCorquodale, P. (1988). Mexican-American women and mathematics: Participation, aspirations, and achievement. In R. R. Cocking & J. P. Mestre (Eds.), *Linguistic and cultural influences on learning mathematics* (pp. 137-160). Hillsdale, NJ: Erlbaum.

MacDonald, K. B. (1988). *Social and personality development: An evolutionary synthesis.* New York: Plenum.

MacDonald, K. (1992). Warmth as a developmental construct: An evolutionary analysis. *Child Development, 63,* 753-773.

Mandler, G., & Shebo, B. J. (1982). Subitizing: An analysis of its component processes. *Journal of Experimental Psychology: General, 111,* 1-22.

Markman, E. M. (1979). Classes and collections: Conceptual organization and numerical abilities. *Cognitive Psychology, 11,* 395-411.

Marsh, H. W., Smith, I. D., & Barnes, J. (1985). Multidimensional self-concepts: Relations with sex and academic achievement. *Journal of Educational Psychology, 77,* 581-596.

Marshall, S. P., & Smith, J. D. (1987). Sex differences in learning mathematics: A longitudinal study with item and error analyses. *Journal of Educational Psychology, 79,* 372-383.

Maters, M. S., & Sanders, B. (1993). Is the gender differences in mental rotation disappearing? *Behavior Genetics, 23,* 337-341.

Matsuzawa, T. (1985). Use of numbers by a chimpanzee. *Nature, 315,* 57-59.

Mayer, R. E. (1981). Frequency norms and structural analysis of algebra story problems into families, categories, and templates. *Instructional Science, 10,* 135-175.

Mayer, R. E. (1982). Memory for algebra story problems. *Journal of Educational Psychology, 74*, 199-216.

Mayer, R. E. (1985). Mathematical ability. In R. J. Sternberg (Ed.), *Human abilities: An information processing approach* (pp. 127-150). San Francisco: W. H. Freeman.

Mayer, R. E. (1993). Understanding individual differences in mathematical problem solving: Towards a research agenda. *Learning Disabilities Quarterly, 16,* 2-5.

Mayer, R. E., Lewis, A. B., & Hegarty, M. (1992). Mathematical misunderstandings: Qualitative reasoning about quantitative problems. In J. I. D. Campbell (Ed.), *The nature and origins of mathematical skills* (pp. 137-153). Amsterdam: North-Holland.

Mayeske, G. W., Okada, T., Beaton, A. E., Jr., Cohen, W. M., & Wisler, C. E. (1973). *A study of the achievement of our nation's students.* Washington, DC: U.S. Government Printing Office.

McCloskey, M. (1992). Cognitive mechanisms in numerical processing: Evidence from acquired dyscalculia. *Cognition, 44,* 107-157.

McCloskey, M., Aliminosa, D., & Sokol, S. M. (1991). Facts, rules, and procedures in normal calculation: Evidence from multiple single-patient studies of impaired arithmetic fact retrieval. *Brain and Cognition, 17,* 154-203.

McCloskey, M., Caramazza, A., & Basili, A. (1985). Cognitive mechanisms in number processing and calculation: Evidence from dyscalculia. *Brain and Cognition, 4,* 171-196.

McCloskey, M., Harley, W., & Sokol, S. M. (1991). Models of arithmetic fact retrieval: An evaluation in light of findings from normal and brain-damaged subjects. *Journal of Experimental Psychology: Learning, Memory, and Cognition, 17,* 377-397.

McGee, M. G. (1979). Human spatial abilities: Psychometric studies and environmental, genetic, hormonal, and neurological influences. *Psychological Bulletin, 86,* 889-918.

McGuinness, D. (1993). Sex differences in cognitive style: Implications for mathematics performance and achievement. In L. A. Penner, G. M. Batsche, H. M. Knoff, & D. L. Nelson (Eds.), *The challenge of mathematics and science education: Psychology's response* (pp. 251-274). Washington, DC: American Psychological Association.

Meck, W. H., & Church, R. M. (1983). A mode control model of counting and timing processes. *Journal of Experimental Psychology: Animal Behavior Processes, 9,* 320-334.

Meece, J. L., Parsons, J. E., Kaczala, C. M., Goff, S. B., & Futterman, R. (1982). Sex differences in math achievement: Toward a model of academic choice. *Psychological Bulletin, 91,* 324-348.

Meece, J. L., Wigfield, A., & Eccles, J. S. (1990). Predictors of math anxiety and its influence on young adolescents' course enrollment intentions and performance in mathematics. *Journal of Educational Psychology, 82,* 60-70.

Mehler, J., & Bever, T. G. (1967). Cognitive capacity of very young children. *Science, 158,* 141-142.

Meyers, C. E., & Dingman, H. F. (1960). The structure of abilities at the preschool ages: Hypothesized domains. *Psychological Bulletin, 57,* 514-532.

Miller, K. (1984). Child as the measure of all things: Measurement procedures and the development of quantitative concepts. In C. Sophian (Ed.), *Origins of cognitive skills: The eighteenth annual Carnegie symposium on cognition* (pp. 193-228). Hillsdale, NJ: Erlbaum.

Miller, K. F. (1992, November). *Language and the origin of mathematical abilities: U.S./China comparisons.* Paper presented at the 33rd Annual Meeting of the Psychonomic Society, St. Louis, MO.

Miller, K., & Gelman, R. (1983). The child's representation of number: A multidimensional scaling analysis. *Child Development, 54,* 1470-1479.

Miller, K. F., & Paredes, D. R. (1990). Starting to add worse: Effects of learning to multiply on children's addition. *Cognition, 37,* 213-242.

Miller, K., Perlmutter, M., & Keating, D. (1984). Cognitive arithmetic: Comparison of operations. *Journal of Experimental Psychology: Learning, Memory, and Cognition, 10,* 46-60.

Miller, K. F., & Stigler, J. W. (1987). Counting in Chinese: Cultural variation in a basic cognitive skill. *Cognitive Development, 2,* 279-305.

Miller, M. D., & Linn, R. L. (1989). Cross-national achievement with differential retention rates. *Journal for Research in Mathematics Education, 20,* 28-40.

Miura, I. T. (1987). Mathematics achievement as a function of language. *Journal of Educational Psychology, 79,* 79-82.

Miura, I. T., Kim, C. C., Chang, C. M., & Okamoto, Y. (1988). Effects of language characteristics on children's cognitive representation of number: Cross-national comparisons. *Child Development, 59,* 1445-1450.

Miura, I. T., Okamoto, Y., Kim, C. C., Steere, M., & Fayol, M. (1993). First graders' cognitive representation of number and understanding of place value: Cross-national comparisons—France, Japan, Korea, Sweden, and the United States. *Journal of Educational Psychology, 85,* 24-

30.

Montague, M., & Applegate, B. (1993). Middle school students' mathematical problem solving: An analysis of think-aloud protocols. *Learning Disability Quarterly, 16,* 19-32.

Moore, D., Benenson, J., Reznick, J. S., Peterson, M., & Kagan, J. (1987). Effect of auditory numerical information on infants' looking behavior: Contradictory evidence. *Developmental Psychology, 23,* 665-670.

Moore, E. G., & Smith, A. W. (1987). Sex and ethnic group differences in mathematics achievement: Results from the national longitudinal study. *Journal for Research in Mathematics Education, 18,* 25-36.

Morales, R. V., Shute, V. J., & Pellegrino, J. W. (1985). Developmental differences in understanding and solving simple mathematics word problems. *Cognition and Instruction, 2,* 41-57.

Moyer, J. C., Sowder, L., Threadgill-Sowder, J., & Moyer, M. B. (1984). Story problem formats: Drawn versus verbal versus telegraphic. *Journal for Research in Mathematics Education, 15,* 342-351.

Mullis, I. V. S., Dossey, J. A., Owen, E. H., & Phillips, G. W. (1991). *The state of mathematics achievement: NAEP's 1990 assessment of the nation and the trial assessment of the states.* Washington, DC: U.S. Department of Education.

Murray, J. E. (1949). An analysis of geometric ability. *Journal of Educational Psychology, 40,* 118-124.

Muth, K. D. (1984). Solving arithmetic word problems: Role of reading and computational skills. *Journal of Educational Psychology, 76,* 205-210.

Nevin, M. (1973). Sex differences in participation rates in mathematics and science at Irish schools and universities. *International Review of Education, 19,* 88-91.

Nichols, R. C. (1978). Twin studies of ability, personality, and interests. *Homo, 29,* 158-173.

Novick, L. R. (1992). The role of expertise in solving arithmetic and algebra word problems by analogy. In J. I. D. Campbell (Ed.), *The nature and origins of mathematical skills* (pp. 155-188). Amsterdam: North-Holland.

Novick, L. R., & Holyoak, K. J. (1991). Mathematical problem solving by analogy. *Journal of Experimental Psychology: Learning, Memory, and Cognition, 17,* 398-415.

O'Boyle, M. W., Alexander, J. E., & Benbow, C. P. (1991). Enhanced right hemisphere activation in the mathematically precocious: A preliminary EEG investigation. *Brain and Cognition, 17,* 138-153.

O'Boyle, M. W., & Benbow, C. P. (1990). Enhanced right hemisphere involvement during cognitive processing may relate to intellectual precocity. *Neuropsychologia, 28,* 211-216.

O'Boyle, M. W., & Hellige, J. B. (1989). Cerebral hemispheric asymmetry and individual differences in cognition. *Learning and Individual Differences, 1,* 7-35.

Ohlsson, S., & Rees, E. (1991). The function of conceptual understanding in the learning of arithmetic procedures. *Cognition and Instruction, 8,* 103-179.

Okagaki, L. A., & Frensch, P. A. (1994). Effects of video game playing on measures of spatial performance: Gender effects in late adolescence. *Journal of Applied Developmental Psychology, 15,* 33-58.

Olson, R. K., Gillis, J. J., Rack, J. P., DeFries, J. C., & Fulker, D. W. (1991). Confirmatory factor analysis of word recognition and process measures in the Colorado Reading Project. *Reading and Writing: An Interdisciplinary Journal, 4,* 43-56.

Olson, R. K., Wise, B., Conners, F., Rack, J., & Fulker, D. (1989). Specific deficits in component reading and language skills: Genetic and environmental influences. *Journal of Learning Disabilities, 22,* 339-348.

Osborne, R. T., & Lindsey, J. M. (1967). A longitudinal investigation of change in the factorial composition of intelligence with age in young school children. *Journal of Genetic Psychology, 110,* 49-58.

Paredes, D. R., & Miller, K. F. (1993, November). *Notational disparity and numerical competence: U.S./Chinese comparisons.* Paper presented at the 34th Annual Meeting of the Psychonomic Society, Washington, DC.

Pattison, P., & Grieve, N. (1984). Do spatial skills contribute to sex differences in different types of mathematical problems? *Journal of Educational Psychology, 76,* 678-689.

Pawlik, K. (1966). Concepts in human cognition and aptitudes. In R. B. Cattell (Ed.), *Handbook of multivariate experimental psychology* (pp. 535-562). Chicago: Rand McNally.

Pellegrino, J. W., & Goldman, S. R. (1987). Information processing and elementary mathematics. *Journal of Learning Disabilities, 20,* 23-32, 57.

Penner, L. A., Batsche, G. M., Jr., Knoff, H. W., & Nelson, D. L. (Eds.). (1993). *The challenge of mathematics and science education: Psychology's response.* Washington, DC: American Psychological Association.

Pennington, B. F., Gilger, J. W., Olson, R. K., & DeFries, J. C. (1992). External validity of age versus IQ discrepant definitions of reading disability: Lessons from a twin study. *Journal of Learning Disabilities, 25,* 562-573.

Pennington, B. F., Gilger, J. W., Pauls, D., Smith, S. A., Smith, S. D., & DeFries, J. C. (1991). Evidence for major gene transmission of developmental dyslexia. *Journal of the American Medical Association, 266,* 1527-1534.

Pepperberg, I. M. (1987). Evidence for conceptual quantitative abilities in the African grey parrot: Labeling of cardinal sets. *Ethology, 75,* 37-61.

Pepperberg, I. M. (1993, November). *Numerical competence in an African grey parrot.* Paper presented at the 34th Annual Meeting of the Psychonomic Society, Washington, DC.

Perry, M. (1991). Learning and transfer: Instructional conditions and conceptual change. *Cognitive Development, 6,* 449-468.

Perry, M., VanderStoep, S. W., & Yu, S. L. (1993). Asking questions in first-grade mathematics classes: Potential influences on mathematical thought. *Journal of Educational Psychology, 85,* 31-40.

Peterson, P. L., & Fennema, E. (1985). Effective teaching, student engagement in classroom activities, and sex-related differences in learning mathematics. *American Educational Research Journal, 22,* 309-335.

Petitto, A. L. (1990). Development of numberline and measurement concepts. *Cognition and Instruction, 7,* 55-78.

Piaget, J. (1950). *The psychology of intelligence.* London: Routledge & Kegan Paul.

Piaget, J. (1965). *The child's conception of number.* New York: Norton.

Piaget, J., Inhelder, I., & Szeminska, A. (1960). *The child's conception of geometry.* London: Routledge & Kegan Paul.

Plomin, R., DeFries, J. C., & McClearn, G. (1990). *Behavioral genetics: A primer* (2nd ed.). San Francisco: W. H. Freeman.

Ramirez, O. M., & Dockweiler, C. J. (1987). Mathematics anxiety: A systematic review. In R. Schwarzer, H. M. van der Ploeg, & C. D. Spielberger (Eds.), *Advances in test anxiety research* (Vol. 5, pp. 157-175). Berwyn, PA: Swets North America.

Randhawa, B. S., Beamer, J. E., & Lundberg, I. (1993). Role of mathematics self-efficacy in the structural model of mathematics achievement. *Journal of Educational Psychology, 85,* 41-48.

Raymond, C. L., & Benbow, C. P. (1986). Gender differences in mathematics: A function of parental support and student sex typing? *Developmental Psychology, 22,* 808-819.

Rayner, K. (1993). Reading symposium: Introduction. *Psychological Science, 4,* 280-282.

Redfield, D. L., & Rousseau, E. W. (1981). A meat-analysis of experimental research on teacher questioning behavior. *Review of Educational Research, 51,* 237-245.

Reese, H. W., & Overton, W. F. (1970). Models of development and theories of development. In L. R. Goulet & P. B. Baltes (Eds.), *Life-span developmental psychology: Research and theory* (pp. 115-145). New York: Academic Press.

Resnick, L. B. (1983). A developmental theory of number understanding. In H. P. Ginsburg (Ed.), *The development of mathematical thinking* (pp. 109-151). New York: Academic Press.

Resnick, L. B. (1989). Developing mathematical knowledge. *American Psychologist, 44,* 162-169.

Resnick, L. B., & Ford, W. W. (1981). *The psychology of mathematics for instruction.* Hillsdale, NJ: Erlbaum.

Resnick, S. M., Berenbaum, S. A., Gottesman, I. I., & Bouchard, T. J., Jr. (1986). Early hormonal influences on cognitive functioning in cogenital adrenal hyperplasia. *Developmental Psychology, 22,* 191-198.

Richman, L. C. (1983). Language-learning disability: Issues, research, and future directions. In M. Wolraich & D. K. Routh (Eds.), *Advances in developmental and behavioral pediatrics* (Vol. 4, pp. 87-107). Greenwich, CT: JAI Press.

Riley, M. S., & Greeno, J. G. (1988). Developmental analysis of understanding language about quantities and of solving problems. *Cognition and Instruction, 5,* 49-101.

Riley, M. S., Greeno, J. G., & Heller, J. I. (1983). Development of children's problem-solving ability in arithmetic. In H. P. Ginsburg (Ed.), *The development of mathematical thinking* (pp. 153-196). New York: Academic Press.

Rivera-Batiz, F. L. (1992). Quantitative literacy and the likelihood of employment among young adults in the United States. *Journal of Human Resources, 27,* 313-328.

Roe, A. (1953). A psychological study of eminent psychologists and anthropologists, and a comparison with biological and physical scientists.

Psychological Monographs: General and Applied, 67(2, Whole No. 352).

Rourke, B. P. (1989). *Nonverbal learning disabilities: The syndrome and the model.* New York: Guilford Press.

Rourke, B. P., & Finlayson, M. A. J. (1978). Neuropsychological significance of variations in patterns of academic performance: Verbal and visual-spatial abilities. *Journal of Abnormal Child Psychology, 6,* 121-133.

Rourke, B. P., & Strang, J. D. (1978). Neuropsychological significance of variations in patterns of academic performance: Motor, psychomotor, and tactile-perceptual abilities. *Journal of Pediatric Psychology, 3,* 62-66.

Rozin, P., Poritsky, S., & Sotsky, R. (1971). American children with reading problems can easily learn to read English represented by Chinese characters. *Science, 171,* 1264-1267.

Ruff, C. (1987). Sexual dimorphism in human lower limb bone structure: Relationship to subsistence strategy and sexual division of labor. *Journal of Human Evolution, 16,* 391-416.

Rumbaugh, D. M., & Washburn, D. A. (1993). Counting by chimpanzees and ordinality judgments by macaques in video-formatted tasks. In S. T. Boysen & E. J. Capaldi (Eds.), *The development of numerical competence: Animal and human models* (pp. 87-106). Hillsdale, NJ: Erlbaum.

Rushton, J. P. (1992). Cranial capacity related to sex, rank, and race in a stratified random sample of 6,325 U.S. military personnel. *Intelligence, 16,* 401-413.

Russell, R. L., & Ginsburg, H. P. (1984). Cognitive analysis of children's mathematical difficulties. *Cognition and Instruction, 1,* 217-244.

Rutter, M. (1982). Epidemiological-longitudinal approaches to the study of development. In W. A. Collins (Ed.), *Concepts of development: The Minnesota Symposia on Child Psychology* (Vol. 15, pp. 105-144). Hillsdale, NJ: Erlbaum.

Sarason, I. G. (1984). Stress, anxiety, and cognitive interference: Reactions to tests. *Journal of Personality and Social Psychology, 46,* 929-938.

Sattler, J. M. (1988). Assessment of children (3rd ed.). San Diego, CA: Sattler.

Saxe, G. B. (1977). A developmental analysis of notational counting. *Child Development, 48,* 1512-1520.

Saxe, G. B. (1981). Body parts as numerals: A developmental analysis of numeration among the Oksapmin of Papua New Guinea. *Child Development, 52,* 306-316.

Saxe, G. B. (1982a). Culture and the development of numerical cognition: Studies among the Oksapmin of Papua New Guinea. In C. J. Brainerd (Ed.), *Children's logical and mathematical cognition: Progress in cognitive development research* (pp. 157-176). New York: Springer-Verlag.

Saxe, G. B. (1982b). Developing forms of arithmetical thought among the Oksapmin of Papua New Guinea. *Developmental Psychology, 18,* 583-594.

Saxe, G. B. (1985). Effects of schooling on arithmetical understandings: Studies with Oksapmin children in Papua New Guinea. *Journal of Educational Psychology, 77,* 503-513.

Saxe, G. B. (1988). The mathematics of child street vendors. *Child Development, 59,* 1415-1425.

Saxe, G. B. (1991). *Culture and cognitive development: Studies in mathematical understanding.* Hillsdale, NJ: Erlbaum.

Saxe, G. B., Guberman, S. R., & Gearhart, M. (1987). Social processes in early number development. *Monographs of the Society for Research in Child Development, 52*(2, Serial No. 216).

Scarr, S., & McCartney, K. (1983). How people make their own environments: A theory of genotype → environment effects. *Child Development, 54,* 424-435.

Schaeffer, B., Eggleston, V. H., & Scott, J. L. (1974). Number development in young children. *Cognitive Psychology, 6,* 357-379.

Schaie, K. W. (1983). The Seattle longitudinal study: A 21-year exploration of psychometric intelligence in adulthood. In K. W. Schaie (Ed.), *Longitudinal studies of adult psychological development* (pp. 64-135). New York: Guilford Press.

Schloss, P. J., Smith, M. A., & Schloss, C. N. (1990). *Instructional methods for adolescents with learning and behavior problems.* Needham Heights, MA: Allyn & Bacon.

Schoenfeld, A. H. (1985). *Mathematical problem solving.* San Diego, CA: Academic Press.

Schoenfeld, A. H. (1987). What's all the fuss about metacognition? In A. H. Schoenfeld (Ed.), *Cognitive science and mathematics education* (pp. 189-215). Hillsdale, NJ: Erlbaum.

Schratz, M. M. (1978). A developmental investigation of sex differences in spatial (visual-analytic) and mathematical skills in three ethnic groups. *Developmental Psychology, 14,* 263-267.

Sells, L. W. (1980). The mathematics filter and the education of women and minorities. In L. H. Fox, L. Brody, & D. Tobin (Eds.), *Women and the mathematical mystique* (pp. 66-75). Baltimore: John Hopkins University Press.

Senk, S., & Usiskin, Z. (1983). Geometry proof writing: A new view of sex differences in mathematics ability. *American Journal of Education, 91,* 187-201.

Serbin, L. A., & Connor, J. M. (1979). Sex typing of children's play preferences and patterns of cognitive performance. *Journal of Genetic Psychology, 134,* 315-316.

Sewell, T. E., Farley, F. H., & Sewell, F. B. (1983). Anxiety, cognitive style, and mathematics achievement. *Journal of Genetic Psychology, 109,* 59-66.

Share, D. L., Moffitt, T. E., & Silva, P. A. (1988). Factors associated with arithmetic-and-reading disability and specific arithmetic disability. *Journal of Learning Disabilities, 21,* 313-320.

Shaywitz, S. E., Escobar, M. D., Shaywitz, B. A., Fletcher, J. M., & Makuch, R. (1992). Evidence that dyslexia may represent the lower tail of a normal distribution of reading ability. *New England Journal of Medicine, 326,* 145-150.

Sherman, J. (1980). Mathematics, spatial visualization, and related factors: Changes in girls and boys, Grades 8-11. *Journal of Educational Psychology, 72,* 476-482.

Sherman, J. (1981). Girls' and boys' enrollments in theoretical math courses: A longitudinal study. *Psychology of Women Quarterly, 5,* 681-689.

Sherman, J. (1982). Mathematics the critical filter: A look at some residues. *Psychology of Women Quarterly, 6,* 428-444.

Siegel, L. S. (1971a). The development of the understanding of certain number concepts. *Developmental Psychology, 5,* 362-363.

Siegel, L. S. (1971b). The sequence of development of certain number concepts in preschool children. *Developmental Psychology, 5,* 357-361.

Siegel, L. S. (1974). Development of number concepts: Ordering and correspondence operations and the role of length cues. *Developmental Psychology, 10,* 907-912.

Siegel, L. S., & Ryan, E. B. (1989). The development of working memory in normally achieving and subtypes of learning disabled children. *Child Development, 60,* 973-980.

Siegler, R. S. (1983). Five generalizations about cognitive development. *American Psychologist, 38,* 263-277.

Siegler, R. S. (1986). Unities across domains in children's strategy choices. In M. Perlmutter (Ed.), Perspectives for intellectual development: *The Minnesota Symposia on Child Psychology* (Vol. 19, pp. 1-48). Hillsdale, NJ: Erlbaum.

Siegler, R. S. (1987). The perils of averaging data over strategies: An example from children's addition. *Journal of Experimental Psychology: General, 116,* 250-264.

Siegler, R. S. (1988a). Individual differences in strategy choices: Good students, not-so-good students, and perfectionists. *Child Development, 59,* 833-851.

Siegler, R. S. (1988b). Strategy choice procedures and the development of multiplication skill. *Journal of Experimental Psychology: General, 117,* 258-275.

Siegler, R. S. (1989a). Hazards of mental chronometry: An example from children's subtraction. *Journal of Educational Psychology, 81,* 497-506.

Siegler, R. S. (1989b). Mechanisms of cognitive development. *Annual Review of Psychology, 40,* 353-379.

Siegler, R. S. (1991). In young children's counting, procedures precede principles. *Educational Psychology Review, 3,* 127-135.

Siegler, R. S. (1993). Adaptive and nonadaptive characteristics of low-income children's mathematical strategy use. In L. A. Penner, G. M. Batsche, H. M. Knoff, & D. L. Nelson (Eds.), *The challenge in mathematics and science education: Psychology's response* (pp. 341-366). Washington, DC: American Psychological Association.

Siegler, R. S., & Crowley, K. (1991). The microgenetic method: A direct means for studying cognitive development. *American Psychologist, 46,* 606-620.

Siegler, R. S., & Crowley, K. (in press). Constraints on learning in non-privileged domains. *Cognitive Psychology.*

Siegler, R. S., & Jenkins, E. (1989). *How children discover new strategies.* Hillsdale, NJ: Erlbaum.

Siegler, R. S., & Kotovsky, K. (1986). Two levels of giftedness: Shall ever the twain meet? In R. J. Sternberg & J. E. Davidson (Eds.), *Conceptions of giftedness* (pp. 417-435). Cambridge, England: Cambridge University Press.

Siegler, R. S., & Robinson, M. (1982). The development of numerical understandings. In H. Reese & L. P. Lipsitt (Eds.), *Advances in child develop-*

ment and behavior (Vol. 16, pp. 241-312). New York: Academic Press.

Siegler, R. S., & Shrager, J. (1984). Strategy choice in addition and subtraction: How do children know what to do? In C. Sophian (Ed.), *Origins of cognitive skills* (pp. 229-293). Hillsdale, NJ: Erlbaum.

Siegler, R. S., & Taraban, R. (1986). Conditions of applicability of a strategy choice model. *Cognitive Development, 1,* 31-51.

Sierpinska, A., Kilpatrick, J., Balacheff, N., Howson, A. G., Sfard, A., & Steinbring, H. (1993). What is research in mathematics education, and what are its results? *Journal for Research in Mathematics Education, 24,* 274-278.

Silver, E. A. (1987). Foundations of cognitive theory and research for mathematics problem-solving instruction. In A. H. Schoenfeld (Ed.), *Cognitive science and mathematics education* (pp. 33-60). Hillsdale, NJ: Erlbaum.

Silverman, I. W., & Rose, A. P. (1980). Subitizing and counting skills in 3-year-olds. *Developmental Psychology, 16,* 539-540.

Sokol, S. M., McCloskey, M., Cohen, N. J., & Aliminosa, D. (1991). Cognitive representations and processes in arithmetic: Inferences from the performance of brain-damaged subjects. *Journal of Experimental Psychology: Learning, Memory, and Cognition, 17,* 355-376.

Song, M. J., & Ginsburg, H. P. (1987). The development of informal and formal mathematical thinking in Korean and U.S. children. *Child Development, 58,* 1286-1296.

Sophian, C., & Adams, N. (1987). Infants' understanding of numerical transformations. *British Journal of Developmental Psychology, 5,* 257-264.

Spearman, C. (1927). *The abilities of man*. London: Macmillan.

Spiers, P. A. (1987). Acalculia revisited: Current issues. In G. Deloche & X. Seron (Eds.), Mathematical disabilities: *A cognitive neuropsychological perspective* (pp. 1-25). Hillsdale, NJ: Erlbaum.

Stanley, J. C., Huang, J., & Zu, X. (1986). SAT-M scores of highly selected students in Shanghai tested when less than 13 years old. *College Board Review, 140,* 10-13, 28-29.

Starkey, P. (1992). The early development of numerical reasoning. *Cognition, 43,* 93-126.

Starkey, P., & Cooper, R. G., Jr. (1980). Perception of numbers by human infants. *Science, 210,* 1033-1035.

Starkey, P., & Gelman, R. (1982). The development of addition and subtraction abilities prior to formal schooling in arithmetic. In T. P. Carpenter, J. M. Moser, & T. A. Romberg (Eds.), *Addition and subtraction: A cognitive perspective* (pp. 99-116). Hillsdale, NJ: Erlbaum.

Starkey, P., Spelke, E. S., & Gelman, R. (1983). Detection of intermodel numerical correspondences by human infants. *Science, 222,* 179-181.

Starkey, P., Spelke, E. S., & Gelman, R. (1990). Numerical abstraction by human infants. *Cognition, 36,* 97-127.

Starkey, P., Spelke, E. S., & Gelman, R. (1991). Toward a comparative psychology of number. *Cognition, 39,* 171-172.

Stazyk, E. H., Ashcraft, M. H., & Hamann, M. S. (1982). A network approach to mental multiplication. *Journal of Experimental Psychology: Learning, Memory, and Cognition, 8,* 320-335.

Steele, J. (1989). Hominid evolution and primate social cognition. *Journal of Human Evolution, 18,* 421-432.

Steffe, L. P. (1990). Inconsistencies and cognitive conflict: A constructivist's view. *Focus on Learning Problems in Mathematics, 12,* 99-109.

Steffe, L. P. (1992). Schemes of action and operation involving composite units. *Learning and Individual Differences, 4,* 259-309.

Steffe, L. P., Thompson, P. W., & Richards, J. (1982). Children's counting in arithmetical problem solving. In T. P. Carpenter, J. M. Moser, & T. A. Romberg (Eds.), *Addition and subtraction: A cognitive perspective* (pp. 83-97). Hillsdale, NJ: Erlbaum.

Steffe, L. P., von Glasersfeld, E., Richards, J., & Cobb, P. (1983). *Children's counting types: Philosophy, theory, and application.* New York: Praeger.

Steffe, L. P., & Wood, T. (Eds.). (1990). *Transforming children's mathematics education: International perspectives.* Hillsdale, NJ: Erlbaum.

Steinberg, R. M. (1985). Instruction on derived facts strategies in addition and subtraction. *Journal for Research in Mathematics Education, 16,* 337-355.

Steinkamp, M. W., Harnisch, D. L., Walberg, H. J., & Tsai, S. L. (1985). Cross-national gender differences in mathematics attitude and achievement among 13-year-olds. *Journal of Mathematical Behavior, 4,* 259-277.

Stern, E. (1993). What makes certain arithmetic word problems involving comparison of sets to difficult for children? *Journal of Educational Psychology, 85,* 7-23.

Sternberg, R. J. (1977). *Intelligence, information processing, and analogical reasoning: The componential analysis of human abilities.* Hillsdale, NJ: Erlbaum.

Sternberg, R. J., & Davidson, J. E. (1986). Conceptions of giftedness: A map of the terrain. In R. J. Sternberg & J. E. Davidson (Eds.), *Conceptions of giftedness* (pp. 3-18). Cambridge, England: Cambridge University Press.

Sternberg, R. J., & Gardner, M. K. (1983). Unities in inductive reasoning. *Journal of Experimental Psychology: General, 112,* 80-116.

Steuer, F. B. (1994). *The psychological development of children.* Pacific Grove, CA: Brooks/Cole.

Stevenson, H. W. (1992a). Don't deceive children through a feel-good approach. *School Administrator, 49,* 23-30.

Stevenson, H. W. (1992b, December). Learning from Asian schools. *Scientific American, 267,* 70-76.

Stevenson, H. W., & Azuma, H. (1983). IQ in Japan and the United States. *Nature, 306,* 291-292.

Stevenson, H. W., & Bartsch, K. (1992). An analysis of Japanese and American textbooks in mathematics. In R. Leetsma & H. Walberg (Eds.), *Japanese educational productivity* (pp. 103-133). Ann Arbor, MI: Center for Japanese Studies.

Stevenson, H. W., Chen, C., & Lee, S. Y. (1993). Mathematics achievement of Chinese, Japanese, and American children: Ten years later. *Science, 259,* 53-58.

Stevenson, H. W., Chen, C., Lee, S. Y., & Fuligni, A. J. (1991). Schooling, culture, and cognitive development. In R. J. Sternberg & L. Okagaki (Eds.), *Influences on the development of children's thinking* (pp. 243-268). Hillsdale, NJ: Erlbaum.

Stevenson, H. W., Lee, S. Y., Chen, C., Lummis, M., Stigler, J., Fan, L., & Ge, F. (1990). Mathematics achievement of children in China and the United States. *Child Development, 61,* 1053-1066.

Stevenson, H. W., Lee, S. Y., Chen, C., Stigler, J. W., Hsu, C. C., & Kitamura, S. (1990). Contexts of achievement: A study of American, Chinese, and Japanese children. *Monographs of the Society for Research in Child Development, 55*(1-2, Serial No. 221).

Stevenson, H. W., Lee, S. Y., & Stigler, J. W. (1986). Mathematics achievement of Chinese, Japanese, and American children. *Science, 231,* 693-699.

Stevenson, H. W., Parker, T., Wilkinson, A., Hegion, A., & Fish, E. (1976). Longitudinal study of individual differences in cognitive development and scholastic achievement. *Journal of Educational Psychology, 68,* 377-400.

Stevenson, H. W., & Stigler, J. W. (1992). *The learning gap: Why our schools are failing and what we can learn from Japanese and Chinese education.* New York: Summit Books.

Stevenson, H. W., Stigler, J. W., Lee, S. Y., Lucker, G. W., Kitamura, S., & Hsu, C. C. (1985). Cognitive performance and academic achievement of Japanese, Chinese, and American children. *Child Development, 56,*

718-734.

Stigler, J. W. (1984). "Mental abacus": The effect of abacus training on Chinese children's mental calculation. *Cognitive Psychology, 16,* 145-176.

Stigler, J. W., Fuson, K. C., Ham, M., & Kim, S. M. (1986). An analysis of addition and subtraction word problems in American and Soviet elementary mathematics textbooks. *Cognition and Instruction, 3,* 153-171.

Stigler, J. W., Lee, S. Y., Lucker, G. W., & Stevenson, H. W. (1982). Curriculum and achievement in mathematics: A study of elementary school children in Japan, Taiwan, and the United States. *Journal of Educational Psychology, 74,* 315-322.

Stigler, J. W., Lee, S. Y., & Stevenson, H. W. (1987). Mathematics classrooms in Japan, Taiwan, and the United States. *Child Development, 58,* 1272-1285.

Stigler, J. W., & Perry, M. (1988). Mathematics learning in Japanese, Chinese, and American classrooms. In G. B. Saxe & M. Gearhart (Eds.), *Children's mathematics* (pp. 27-54). (New Directions for Child Development, Series No. 41). San Francisco: Jossey-Bass.

Strang, J. D., & Rourke, B. P. (1985). Arithmetic disability subtypes: The neuropsychological significance of specific arithmetical impairment in childhood. In B. P. Rourke (Ed.), *Neuropsychology of learning disabilities: Essentials of subtype analysis* (pp. 167-183). New York: Guilford Press.

Strauss, M. S., & Curtis, L. E. (1981). Infant perception of numerosity. *Child Development, 52,* 1146-1152.

Strauss, M. S., & Curtis, L. E. (1984). Development of numerical concepts in infancy. In C. Sophian (Ed.), *Origins of cognitive skills: The Eighteenth Annual Carnegie Symposium on Cognition* (pp. 131-155). Hillsdale, NJ: Erlbaum.

Sutaria, S. D. (1985). *Specific learning disabilities: Nature and needs.* Springfield, IL: Charles C. Thomas.

Svenson, O., & Broquist, S. (1975). Strategies for solving simple addition problems: A comparison of normal and subnormal children. *Scandinavian Journal of Psychology, 16,* 143-151.

Svenson, O., & Hedenborg, M. L. (1979). Strategies used by children when solving simple subtractions. *Acta Psychologica, 43,* 477-489.

Svenson, O., Hedenborg, M. L., & Lingman, L. (1976). On children's heuristics for solving simple additions. *Scandinavian Journal of Educational Research, 20,* 161-173.

Svenson, O., & Sjöberg, K. (1983). Evolution of cognitive processes for solving simple additions during the first three school years. *Scandinavian Journal of Psychology, 24,* 117-124.

Sweller, J., Mawer, R. F., & Ward, M. R. (1983). Development of expertise in mathematical problem solving. *Journal of Experimental Psychology: General, 112,* 639-661.

Symonds, P. M., & Chase, D. H. (1929). Practice vs. motivation. *Journal of Educational Psychology, 20,* 19-35.

Tartre, L. A. (1990). Spatial skills, gender, and mathematics. In E. Fennema & G. C. Leder (Eds.), *Mathematics and gender* (pp. 27-59). New York: Teachers College Press.

Temple, C. M. (1989). Digit dyslexia: A category-specific disorder in developmental dyscalculia. *Cognitive Neuropsychology, 6,* 93-116.

Temple, C. M. (1991). Procedural dyscalculia and number fact dyscalculia: Double dissociation in developmental dyscalculia. *Cognitive Neuropsychology, 8,* 155-176.

Terman, L. M. (1954). The discovery and encouragement of exceptional talent. *American Psychologist, 9,* 221-230.

Thompson, L. A., Detterman, D. K., & Plomin, R. (1991). Associations between cognitive abilities and scholastic achievement: Genetic overlap and environmental differences. *Psychological Science, 2,* 158-165.

Thorndike, E. L. (1911). *Individuality.* Cambridge, MA: Riverside Press.

Thurstone, L. L. (1938). Primary mental abilities. *Psychometric Monographs* (No. 1).

Thurstone, L. L., & Thurstone, T. G. (1941). Factorial studies of intelligence. *Psychometric Monographs* (No. 2).

Tobias, S. (1978). *Overcoming math anxiety.* New York: Norton.

Travers, K. J., & Westbury, I. (1989). *The IEA study of mathematics: I. Analysis of mathematics curricula.* Oxford, England: Pergamon Press.

Trivers, R. L. (1972). Parental investment and sexual selection. In B. Campbell (Ed.), *Sexual selection and the descent of man 1871-1971* (pp. 136-179). Chicago: Aldine-Atherton.

Tsang, S. L. (1984). The mathematics education of Asian Americans. *Journal for Research in Mathematics Education, 15,* 114-122.

Tsang, S. L. (1988). The mathematics achievement characteristics of Asian-American students. In R. R. Cocking & J. P. Mestre (Eds.), *Linguistic and cultural influences on learning mathematics* (pp. 123-136). Hillsdale, NJ: Erlbaum.

U.S. Department of Education. (1991). *America 2000: An education strategy.* Washington, DC: Author.

Vandenberg, S. G. (1959). The primary mental abilities of Chinese students: A comparative study of the stability of a factor structure. *Annals of the New York Academy of Sciences, 79,* 257-304.

Vandenberg, S. G. (1962). The Hereditary Abilities Study: Hereditary components in a psychological test battery. *American Journal of Human Genetics, 14,* 220-237.

Vandenberg, S. G. (1966). Contributions of twin research to psychology. *Psychological Bulletin, 66,* 327-352.

VanLehn, K. (1990). *Mind bugs: The origins of procedural misconceptions.* Cambridge, MA: MIT Press.

van Loosbroek, E., & Smitsman, A. W. (1990). Visual perception of numerosity in infancy. *Developmental Psychology, 26,* 916-922.

Vergnaud, G. (1983). Multiplicative structures. In R. Lesh & M. Landau (Eds.), *Acquisition of mathematics concepts and processes* (pp. 127-174). New York: Academic Press.

Verschaffel, L., De Corte, E., & Pauwels, A. (1992). Solving compare problems: An eye movement test of Lewis and Mayer's consistency hypothesis. *Journal of Educational Psychology, 84,* 85-94.

Very, P. S. (1967). Differential factor structures in mathematical ability. *Genetic Psychology Monographs, 75,* 169-207.

von Glaserfeld, E., & Steffe, L. P. (1991). Conceptual models in educational research and practice. *Journal of Educational Thought, 25,* 91-103.

Wagner, R. K., & Torgesen, J. K. (1987). The nature of phonological processing and its causal role in the acquisition of reading skills. *Psychological Bulletin, 101,* 192-212.

Walker, D. F., & Schaffarzick, J. (1974). Comparing curricula. *Review of Educational Research, 44,* 83-111.

Warrington, E. K. (1982). The fractionation of arithmetic skills: A single case study. *Quarterly Journal of Experimental Psychology, 34A,* 31-51.

Washburn, D. A., & Rumbaugh, D. M. (1991). Ordinal judgments of numerical symbols by macaques (Macaca mulatta). *Psychological Science, 2,* 190-193.

Washburne, C., & Vogel, M. (1928). Are any number combinations inherently difficult? *Journal of Educational Research, 17,* 235-255.

Wasserman, E. A. (1993). Comparative cognition: Beginning the second century of the study of animal intelligence. *Psychological Bulletin, 113,* 211-228.

Wechsler, D. (1949). *Wechsler Intelligence Scale for Children.* New York: Psychological Corporation.

Wechsler, D. (1967). *Manual for the Wechsler Preschool and Primary Scale of Intelligence.* New York: Psychological Corporation.

Wechsler, D. (1974). *Manual for the Wechsler Intelligence Scale for Children–*

Revised. New York: Psychological Corporation.

Welsh, M. C., Pennington, B. F., & Groisser, D. B. (1991). A normative-developmental study of executive function: A window on prefrontal function in children. *Developmental Neuropsychology, 7,* 131-149.

Wenger, R. H. (1987). Cognitive science and algebra learning. In A. H. Schoenfeld (Ed.), *Cognitive science and mathematics education* (pp. 217-251). Hillsdale, NJ: Erlbaum.

Wheeler, L. R. (1939). A comparative study of the difficulty of the 100 addition combinations. *Journal of Genetic Psychology, 54,* 295-312.

Widaman, K. F., Geary, D. C., Cormier, P., & Little, T. D. (1989). A componential model for mental addition. *Journal of Experimental Psychology: Learning, Memory, and Cognition, 15,* 898-919.

Widaman, K. F., & Little, T. D. (1992). The devel opment of skill in mental arithmetic: An individual differences perspective. In J. I. D. Campbell (Ed.), *The nature and origins of mathematical skills* (pp. 189-253). Amsterdam: North-Holland.

Widaman, K. F., Little, T. D., Geary, D. C., & Cormier, P. (1992). Individual differences in the development of skill in mental addition: Internal and external validation of chronometric models. *Learning and Individual Differences, 4,* 167-213.

Wilson, M., & Daly, M. (1985). Competitiveness, risk taking, and violence: The young male syndrome. *Ethology and Sociobioloby, 6,* 59-73.

Wilson, R. S. (1978). Synchronies in mental development: An epigenetic perspective. Science, 202, 939-948.

Wise, L. L. (1985). Project TALENT: Mathematics course participation in the 1960s and its career consequences. In S. F. Chipman, L. R. Brush, & D. M. Wilson (Eds.), *Women and mathematics: Balancing the equation* (pp. 25-58). Hillsdale, NJ: Erlbaum.

Witelson, S. E. (1987). Neurobiological aspects of language in children. *Child Development, 58,* 653-688.

Wolpe, J. (1958). *Psychotherapy by reciprocal inhibition*. Stanford, CA: Stanford University Press.

Wolters, M. D. (1983). The part-whole schema and arithmetical problems. *Educational Studies in Mathematics, 14,* 127-138.

Woltz, D. J. (1988). An investigation of the role of working memory in procedural skill acquisition. *Journal of Experimental Psychology: General, 117,* 319-331.

Wood, R. (1976). Sex differences in mathematics attainment at GCE ordinary level. *Educational Studies, 2,* 141-160.

Woods, S. S., Resnick, L. B., & Groen, G. J. (1975). Experimental test of five process models for subtraction. *Journal of Educational Psychology, 67,* 17-21.

Wynn, K. (1990). Children's understanding of counting. *Cognition, 36,* 155-193.

Wynn, K. (1992a). Addition and subtraction by human infants. *Nature, 358,* 749-750.

Wynn, K. (1992b). Children's acquisition of the number words and the counting system. *Cognitive Psychology, 24,* 220-251.

Wynn, K. (1992c). Evidence against empiricist accounts of the origins of numerical knowledge. *Mind & Language, 7,* 315-332.

Young, R. M., & O'Shea, T. (1981). Errors in children's subtraction. *Cognitive Science, 5,* 153-177.

Zaslavsky, C. (1973). *Africa counts: Number and pattern in African culture.* Boston: Prindle, Weber, & Schmidt.

Zawaiza, T. R. W., & Gerber, M. (1993). Effects of explicit instruction on math word-problem solving by community college students with learning disabilities. *Learning Disability Quarterly, 16,* 64-79.

Zentall, S. S., & Ferkis, M. A. (1993). Mathematical problem solving for youth with ADHD, with and without learning disabilities. *Learning Disability Quarterly, 16,* 6-18.

Zentall, S. S., & Meyer, M. (1987). Self-regulation of stimulation for ADD-H children during reading and vigilance task performance. *Journal of Abnormal Child Psychology, 15,* 519-536.

찾아보기

[내 용]

저자 소개

David C. Geary

David C. Geary는 수학적 학습능력과 그 발달과정에 관심을 두고 연구하고 있는 인지발달 심리학자다. 그는 1986년 미국의 캘리포니아 대학교 리버사이드캠퍼스에서 철학박사 학위를 받은 후, 텍사스 대학교 엘파소캠퍼스, 미주리 대학교 롤라캠퍼스 교수를 역임하였다. 현재는 미주리 대학교 컬럼비아캠퍼스의 심리과학과 관리책임 교수로 재직하고 있다.

그는 지금까지 인지, 발달심리, 교육, 생물과 의학의 발달, 아동의 수학 발달과 여기에서의 성차 등에 관한 약 175편 이상의 논문과 여러 권의 저서를 발표하였다.

그는 미국은 물론, 오스트리아, 벨기에, 영국, 캐나다, 독일, 이탈리아 그리고 포르투갈 등에서 활발하게 학술 발표를 수행하고 있다. 특히 캘리포니아 학교현장의 수학교육의 기본 틀을 제시한 바 있다.

그는 그동안의 학술활동에 대한 공로로 'the Chancellor's Award for Outstanding Research and Creative Activity in the Social and Behavioral Sciences'와 'A Scientific MERIT Award from the National Institutes of Health'를 수상한 바 있다.

역자 소개

신현기

- 단국대학교 사범대학 특수교육과
- 단국대학교 대학원 특수교육학과(교육학박사)
- 전 한국특수교육학회 부회장(학술지편집위원장)
  (사)그린티처스 이사장
  SBS-TV 〈세상에서 가장 아름다운 여행〉 솔루션위원
- 현 단국대학교 사범대학 학장
  단국대학교 특수교육연구소 소장
  서울특별시 청소년육성위원회 위원

〈주요 저서 및 논문〉

『정신지체아 교수방법론』(교육과학사, 2004) 외 다수

「정신지체아동의 대인문제해결 특성」(1995) 외 다수

이병혁

- 미국 텍사스 대학교 오스틴 대학원 특수교육과(교육학석사)
- 단국대학교 대학원 특수교육학과(교육학박사)
- 현 극동대학교 중등특수교육학과 교수

〈주요 역서 및 논문〉

『통합교육 효율화를 위한 장애아동 수학지도 방법』(공역, 시그마프레스, 2009) 외 다수

「초임 특수학급 교사들이 경험하는 수학과 지도의 어려움과 교사교육에 대한 인식」(공동, 2010) 외 다수

이태수

- 단국대학교 사범대학 특수교육과
- 서울대학교 대학원 특수교육전공(교육학박사)
- 현 전남대학교 사범대학 특수교육학부 초등특수교육 전공주임
  한국학습장애학회 이사

〈주요 저서 및 논문〉

『특수교육 연구의 실제–증거기반 교육실천을 위한 주제와 방법론』(공저, 학지사, 2012) 외 다수

「수학학습장애아동의 연산능력 발달 특성」(2006) 외 다수

박경옥

- 단국대학교 사범대학 특수교육과
- 단국대학교 대학원 특수교육학과(교육학박사)
- 전 한국우진학교 교사
- 현 대구대학교 사범대학 초등특수교육과 교수
  한국재활공학학회 편집위원

〈주요 저서 및 논문〉

『뇌성마비학생을 위한 컴퓨터 접근의 실제』(공저, 학지사, 2012) 외 다수

「지체 및 뇌성마비 학생의 비상징적 의사소통 행동 평가척도 타당화 및 유형화」(2011) 외 다수

아동의 수학 발달

-연구와 실제의 적용-

Children's Mathematical Development
: Research and Practical Applications

2012년 10월 5일 1판 1쇄 인쇄
2012년 10월 10일 1판 1쇄 발행

지은이 • David C. Geary
옮긴이 • 신현기 · 이병혁 · 이태수 · 박경옥
펴낸이 • 김진환
펴낸곳 • (주) 학지사
121-837 서울시 마포구 서교동 352-29 마인드월드빌딩 5층
대표전화 • 02)330-5114 팩스 • 02)324-2345
등록번호 • 제313-2006-000265호

홈페이지 • http://www.hakjisa.co.kr
커뮤니티 • http://cafe.naver.com/hakjisa

ISBN 978-89-6330-975-0 93370

정가 18,000원